Ihr seid das Licht der Welt

Martin Rhonheimer

Ihr seid das Licht der Welt

Das Opus Dei –
jungen Menschen erklärt

Adamas

Paulistraße 22, D-50933 Köln
www.adamasverlag.de

Umschlaggestaltung: Ignaz Brosa
Druck und Bindung: CPI Moravia Books

Printed in Germany 2009
ISBN 978 3 937626 10 9

Inhalt

Vorwort

Dieses Buch möchte darlegen, worin die Berufung zum Opus Dei besteht, was einen dabei erwartet, wie das Leben der Menschen, die dieser Personalprälatur der katholischen Kirche angehören, aussieht, worin ihre Pflichten und Aufgaben bestehen. Die Berufung zum Opus Dei soll auf dem Hintergrund des Evangeliums und im größeren Zusammenhang verständlich werden: Wer war und was wollte eigentlich Jesus Christus? Was ist die katholische Kirche? Welches ist die Berufung des Christen? Was heißt Christsein? Die ersten Kapitel sprechen deshalb gar nicht spezifisch über das Opus Dei, sondern über Grundlegendes des katholischen Glaubens.

Dieses Buch *Ihr seid das Licht der Welt* ist kein systematisches Werk über das Opus Dei. Es enthält deshalb nicht alle historischen, theologischen und organisatorischen Informationen über diese Institution der katholischen Kirche. Diese kann man in vielen anderen Publikationen sowie im Internet (www.opusdei.org) finden. Das Buch will allein helfen, die *Berufung* zum Opus Dei zu verstehen und sich damit persönlich zu konfrontieren.

Der Leser soll sich also die Zeit nehmen, sich die Dinge durch den Kopf – und durchs Herz – gehen zu lassen. Mehr als einfach nur informieren will dieses Buch Stoff zur Meditation, ja sogar zum persönlichen Gebet bieten. Es ist also für die geistliche Lektüre gedacht. Es schöpft vor allem reichlich aus dem Schatz der Heiligen Schrift, besonders der Evangelien, die uns das Leben des Herrn vor Augen führen, der Apostelgeschichte und der Apostelbriefe und lässt selbstverständlich ganz besonders den Gründer des Opus Dei, den hl. Josemaria Escrivá de Balaguer, mit prägnanten und charakteristischen Formulierungen zur Sprache kommen. Das Buch will auch etwas provozieren, im Leser eine Reaktion hervorrufen – keineswegs unbedingt jene, sich zum Opus Dei hingezogen zu fühlen, wohl aber, mit vermehrter Intensität den Wunsch nach einem wirklich christlichen Leben zu verspüren.

Anderen vielleicht – ich hoffe vielen – wird, mit der Gnade Gottes, diese Schrift helfen, ihre Berufung zum Opus Dei zu entdecken, oder mindestens zu beginnen, sich über eine solche Möglichkeit Gedanken zu machen. Jenen, die bereits ernsthaft in Erwägung ziehen, sich im Dienst an der Kirche auf diesem Weg Gott hinzugeben, wird das Buch vielleicht helfen, letzte Zweifel zu beseitigen und Schwierigkeiten auf ihrem Weg zur Entscheidung zu überwinden.

Als Lesehilfe noch folgende Anregung: Da die einzelnen Kapitel jeweils ein in sich geschlossenes Ganzes bilden, können sie an sich auch jedes für sich gelesen werden, je nach den augenblicklichen Bedürfnissen und Interessen des Lesers. Allerdings möchte ich auch betonen, dass das Buch eine Einheit bildet, die einzelnen Kapitel in einem inneren Zusammenhang und in logischer Abfolge stehen. Sie der Reihe nach zu lesen, auch wenn dies etwas mehr Zeit kostet, wird deshalb den größten Nutzen bringen.

An dieser Stelle möchte ich allen danken, die mir in irgendeiner Weise bei der Abfassung dieses Buches behilflich waren, besonders jenen, die sich die Mühe nahmen, verschiedene Entwürfe zu lesen und kritisch zu kommentieren. Dadurch sind zahlreiche Verbesserungen in den Text eingeflossen, und nicht wenige ihrer Hinweise haben mir geholfen, Fehler sowie stilistische und gedankliche Unstimmigkeiten auszumerzen. Ganz besonders dankbar bin ich den jüngeren bis sehr jungen unter ihnen. Ihre Vorschläge und Ideen habe ich in fast allen Fällen übernommen. Ihre kritischen Hinweise, aber auch ihre Zustimmung waren für mich eine stete Ermutigung und gaben mir die Zuversicht, dass ich gerade für sie, die Jugendlichen, den richtigen Ton gefunden hatte.

Alle Leserinnen und Leser dieses Buches sind in mein Gebet eingeschlossen. Möge ein jeder entdecken, was Gott von ihm erwartet, und zu seinem Willen ein großzügiges Ja sprechen.

18. März 2009

Martin Rhonheimer

Abkürzungsverzeichnis

Heilige Schrift (zitiert nach der Einheitsübersetzung)

Mt	Matthäusevangelium
Mk	Markusevangelium
Lk	Lukasevangelium
Joh	Johannesevangelium
1 Joh	Erster Brief des hl. Johannes
Apg	Apostelgeschichte
Röm	Brief des hl. Paulus an die Römer
1 Kor	Erster Brief des hl. Paulus an die Korinther
2 Kor	Zweiter Brief des hl. Paulus an die Korinther
Eph	Brief des hl. Paulus an die Epheser
Phil	Brief des hl. Paulus an die Philipper
Gal	Brief des hl. Paulus an die Galater
1 Petr	Erster Brief des hl. Petrus
Gen	Genesis (Erstes Buch Mose)
1 Sam	Erstes Buch Samuel

Werke von Josemaria Escrivá (soweit nicht anders vermerkt, sämtlich im Adamas Verlag, Köln erschienen)

Der Weg	Der Weg
SdS	Die Spur des Sämanns
FdS	Im Feuer der Schmiede
CB	Christus begegnen
FG	Freunde Gottes
LzK	Loyal zur Kirche (Schriftenreihe der Karlskirche Nr. 7, Wien)
Gespräche	Gespräche mit Msgr. Josemaria Escrivá de Balaguer
Kreuzweg	Der Kreuzweg

Außerdem zitiert:

Das Opus Dei in der Kirche
P. Rodríguez, F. Ocáriz, J. L. Illanes, Das Opus Dei in der Kirche. Ekklesiologische Einführung in das Leben und das Apostolat des Opus Dei, Paderborn 1997

Zur Einführung

Dieses Buch wurde zwar nicht ausschließlich, aber doch vor allem für junge Menschen geschrieben, für Menschen jedenfalls, die den Wunsch verspüren, aus ihrem Leben etwas Großes zu machen. Haben wir nicht alle in irgendeiner Form diesen Wunsch? Oder mindestens: Haben wir ihn nicht alle irgendeinmal verspürt? Es ist ein typisch menschlicher Wunsch, denn jeder Mensch trägt als Geschöpf Gottes in sich das Siegel der Unendlichkeit, das Bild Gottes, und nur Großes und Unendliches vermag den Durst seiner Seele zu stillen: Gott selbst. Deshalb schrieb Augustinus in seinen *Bekenntnissen* die berühmten Worte: »Geschaffen hast Du uns zu Dir, und ruhelos ist unser Herz, bis dass es seine Ruhe hat in Dir.« Gott selbst hat uns das Verlangen nach Großem in unser Herz gelegt, und nur er ist das Große, das dieses Verlangen zu sättigen vermag – obwohl wir Menschen uns so leicht täuschen lassen und die Erfüllung unseres Strebens nach dem Unendlichen dort suchen, wo es nicht zu finden ist: in den von Gott erschaffenen Dingen anstatt in ihrem Schöpfer selbst.

Jemand, den ich sehr, sehr gut kenne, betete vor vielen Jahren, als er noch jung war: »Herr, mach, dass aus meinem Leben etwas Bedeutendes, Wichtiges, Großes wird.« Diesem jungen Menschen graute es vor dem Gedanken, einmal ein eintöniges oder mittelmäßiges Leben zu fristen. Er wollte nicht einfach nur mit der Masse mitschwimmen. Und er hatte Angst, es werde einmal eine Zeit kommen, in der sich niemand mehr an ihn erinnern würde. Das ist ja tatsächlich eine etwas beklemmende Vorstellung. Wahrscheinlich war dieser junge Mensch damals doch etwas zu sehr von dem Wunsch beseelt, bewundert oder berühmt zu werden. Das sind sehr menschliche Ambitionen. Tiere können nicht auf solch abwegige Gedanken kommen, denn sie haben kein Glücksverlangen und können deshalb, da sie gar nicht aufs Glücklichsein aus sind, das Glück auch nicht am falschen Ort suchen.

Der Leser wird sich vielleicht fragen, was wohl aus diesem jungen Mann geworden ist. Ich weiß es: Der Herr hat sein Gebet erhört, aber auf andere Weise, als er es damals dachte. Der junge Mann hat, wie es der Gründer des Opus Dei einmal schrieb, lernen müssen, »dass der übernatürliche Wert unseres Lebens nicht davon abhängt, ob die großen Taten, die unsere Phantasie sich manchmal ausmalt, Wirklichkeit werden, sondern davon, dass wir den göttlichen Willen getreu annehmen« (CB 172). Dieser junge Mensch von damals ist heute etwas älter. Er gehört seit über dreißig Jahren dem Opus Dei an. Und wie der Leser sicher schon erraten hat: er ist der Autor dieses Buches. Nie hätte er sich träumen lassen, auf welche Weise sein Gebet schließlich erhört werden sollte. Aber Gott ist so gut mit uns, dass er sogar unser verkehrtes Beten erhört!

Wie gesagt: Alle, ganz besonders junge Menschen, verspüren irgendwie den Wunsch, aus ihrem Leben etwas Großes zu machen. Seien wir doch ehrlich: Wir malen uns manchmal in unserer Phantasie Heldengeschichten aus, in denen wir selber der Held sind. Jeder möchte Anerkennung und dass man ihn liebt. Man möchte etwas leisten, es zu etwas bringen, von sich reden machen. Ist es den Aposteln nicht ebenso ergangen? Haben sie sich nicht zunächst mit dem Herrn eingelassen in der Meinung, dass sie dann in seinem Reich »zu seiner Rechten und zu seiner Linken« sitzen dürften und wichtige Persönlichkeiten würden (s. Mt 20, 21)? Diejenigen, die ihm die Treue hielten, sind dann auch tatsächlich Persönlichkeiten geworden, aber auf ganz andere Weise, als sie es sich ursprünglich vorgestellt hatten. Sie haben schließlich nach vielen Mühen und Demütigungen alle in der einen oder anderen Form ihr Leben verschenkt und sind so zu Grundsäulen der Kirche Jesu Christi geworden. Jesus hatte ihnen damals, als sie noch von allzu persönlichen Ambitionen beherrscht waren, klar und deutlich gesagt, »wer bei euch groß sein will, der soll euer Diener sein«; ja er selber sei nicht gekommen, um sich bedienen zu lassen, um als eine wichtige Persönlichkeit angesehen zu werden, »sondern um zu dienen und sein Leben hinzugeben ...« (Mt 20, 26-28).

Wer schon einmal den Herrn in der Stille darum gebeten hat, er, der Herr, solle etwas Großes aus seinem Leben machen, oder wer vor einem mittelmäßigen und eintönigen Leben Angst hat und den Wunsch verspürt, irgendein großes Ideal zu verwirklichen, der sollte dieses Buch unbedingt lesen (er hält es ja ohnehin schon in der Hand)! Wer unter meinen Lesern bereits ein wenig älter ist und denkt, in dieser Welt hätten Idealisten ohnehin keine Chance oder so etwas gäbe es gar nicht, soll sich dennoch nicht davon abhalten lassen, weiterzulesen. Vielleicht wird er seine Meinung ändern.

Dieses Buch spricht von Jesus Christus. Genauer: Es spricht davon, Christus nachzufolgen, ja mehr noch: ihn wirklich als Herrn, Meister, Bruder und Erlöser aus ganzem Herzen zu lieben und mit ihm und seinem großen Anliegen eins zu werden. Jesus kennt unser Herz besser als wir selbst. Und er kennt auch dessen geheime Wünsche und Sehnsüchte. Er weiß auch, wovor wir uns ängstigen. Er hat auf all das eine Antwort: »Folge mir nach!« Letztlich ist nur eines von Bedeutung: Jesus Christus wirklich zu lieben und deshalb seine Ideale zu teilen. Jesus sagte von sich selbst, er sei »gekommen, um Feuer auf die Erde zu werfen. Wie froh wäre ich, es würde schon brennen« (Lk 12, 49). Es ist das Feuer der göttlichen Liebe, durch das die Herzen der Menschen und die Welt verändert werden sollen. Christus lieben heißt mit ihm den Wunsch teilen, dieses Feuer auf der Erde zu entfachen und das nicht als Einzelner, sondern als Teil dieser großen Familie der katholischen Kirche, die am Pfingstfest in Jerusalem ihr öffentliches Wirken begann, als das Feuer des Heiligen Geistes – das Feuer der göttlichen Liebe – auf die Apostel herabkam und diese von Natur aus begrenzten und schwachen Männer in machtvolle Zeugen Christi verwandelte. Der heilige Josemaria Escrivá, der Gründer des Opus Dei, sagte von sich selbst, er sei ein »Sünder, der Jesus Christus wie verrückt liebt«. Und deshalb hat er als junger Priester die Worte Jesu »Ich bin gekommen, um Feuer auf die Erde zu werfen. Wie froh wäre ich, es würde schon brennen« (Lk 12, 49) sogar vor sich hin gesungen – sie haben ihn begeistert!

Dieses Buch ist für Menschen geschrieben, die wissen, dass sie nur Menschen sind und es immer bleiben werden, Menschen mit Fehlern und Schwächen, wie auch die Apostel es waren, die aber trotzdem Jesus Christus »wie verrückt lieben« wollen und den Wunsch haben, mit ihm zusammen am großen Werk der Erlösung mitzuarbeiten.

Nun mag der eine oder andere Leser denken, das sei nichts für ihn. Er sei doch schließlich kein Frömmler und verspüre auch nicht im geringsten die Neigung dazu, seinen Platz in der Welt oder seine beruflichen Zukunftspläne aufzugeben. Es ziehe ihn weder ins Priesterseminar, noch ins Kloster oder in die Mission. Er habe auch keine besondere Anlage zu »frommen« oder besonders geistlichen Dingen, obwohl er sich als durchaus katholisch betrachte, er fände es jedenfalls ganz unangebracht, sein Christsein zur Schau zu stellen oder »anders« oder »eigenartig« zu sein. So gelüste es ihn etwa keineswegs danach, mit einem Holzkreuzchen auf der Brust herumzulaufen, und er fühle sich auch nicht besonders wohl in einer Sakristei, und der Geruch von Weihrauch bringe ihn keineswegs in Verzückung. Das seien zwar an sich alles keine üblen Dinge, aber nichts für ihn!

Falls es sich beim Leser dieses Buches so verhält, dann passen wir gut zusammen. Mir ging und geht es nämlich genauso. Deshalb schreibe ich für Menschen, die ganz »normal« sind, keine besondere Freude daran haben, fromme Sprüche zu klopfen, und die sich nicht mit Unmengen von Heiligenbildchen einzudecken pflegen (auch wenn sie vielleicht gerne ein Bild der Muttergottes bei sich tragen und sich keineswegs schämen, als überzeugte Christen bekannt zu sein). Mein Buch wendet sich an Leute, die sich im Prinzip mehr für ein Fußballmatch, eine Bergtour, Computerspiele, einen spannenden Film oder ein schönes Konzert als für irgendwelche superfromme Gebetsgruppen begeistern können. Ich schreibe für Leute, die es vielleicht manchmal etwas Mühe kostet, am Sonntag in die Kirche zu gehen, weil sie mehr Freude an ihren eigenen vier Wänden als an Kirchenbänken haben, und die sich in einer Sakristei viel weniger wohlfühlen als in einem Hörsaal, einem Laboratorium, einer Bibliothek oder mitten im Gewühl einer Geschäftsstraße. Vor allem aber wenden sich die folgenden Seiten an junge Menschen beiderlei Geschlechts, die davon träumen, einmal einen bestimmten Beruf auszuüben und durch ihre Fachkenntnisse und Fertigkeiten ihren Mitmenschen zu dienen: als Arzt, Rechtsanwalt, Modefachfrau, Lehrerin, Innenarchitektin oder Ingenieur, als Techniker, Laborant, Journalist, Schauspieler, Bildhauer oder Musiker, als Landwirt, Handwerker oder Pilot ... oder als was auch immer. Und es wendet sich auch an junge Menschen, die bisher mit der größten Selbstverständlichkeit daran gedacht haben, einmal den Mann oder die Frau ihrer Träume zu heiraten und eine Familie zu gründen, weil ihnen der Gedanke, allein oder gar in egoistischer Selbstregie als Junggeselle oder alte Jungfer ihr Leben zu fristen, gar nicht attraktiv erscheint.

Der junge Mensch, der ich auch einmal war und der unterdessen etwas älter geworden ist, hat genau solche Pläne gehabt. Gott hat in sein Leben eingegriffen. Viele seiner früheren Ambitionen sind sogar Wirklichkeit geworden, auf ganz unerwartete Weise zwar, aber auch mit einem Sinn, der damals nicht im Entferntesten zu erahnen war. Und es ist einmal mehr wahr geworden, was Jesus im Evangelium sagt: »Jeder, der um meinetwillen und um des Evangeliums willen Haus oder Brüder, Schwestern, Mutter, Vater, Kinder oder Äcker verlassen hat, wird das Hundertfache dafür empfangen: Jetzt in dieser Zeit wird er Häuser, Brüder, Schwestern, Mütter, Kinder und Äcker erhalten, wenn auch unter Verfolgungen, und in der kommenden Welt das ewige Leben« (Mk 10, 29-30).

Wir werden diesem Satz aus dem Evangelium später wieder begegnen. Er bedeutet nicht unbedingt, aufs Heiraten und die Gründung einer eigenen Familie zu verzichten. In meinem Fall war es so, der Herr verlangte es von mir. Auf die Ehe verzichten heißt nicht auf die Liebe verzichten. Für mich war das damals in einem gewissen Sinne, als ob ich mich verliebt hätte. Ich war damals bereits mehrmals verliebt gewesen und hatte schon die eine oder andere feste Freundin gehabt. Für mich, wie für so viele andere, wollte der Herr jedoch etwas anderes, eine andere Art von Verliebtsein, und deswegen stellte er mein ganzes Leben auf den Kopf. Bis ich mich entschied, habe ich etwas gelitten. Als ich endlich Ja gesagt hatte, wurde alles klar. Gott erwartet, dass wir den Schritt auf ihn zu tun. Dann kommt die Klarheit – und die Freude.

Was für einen Schritt? Wozu? Worum geht es? Was erwartet einen? Auf den folgenden Seiten möchte ich im Klartext von der Berufung zum Opus Dei sprechen. Vielleicht wird das dem einen oder anderen meiner Leser das erforderliche Licht geben, um jetzt, oder vielleicht später einmal, zu entdecken, dass es genau das ist, was der Herr von ihm will. Und falls nicht dies sein Weg ist, damit er dann zumindest weiß, worum es sich handelt, und vielleicht mit Hilfe dieser Seiten *seinen* Weg findet, den, auf den Gott ihn ruft. Als der junge Gründer des Opus Dei 1939, unmittelbar nach dem spanischen Bürgerkrieg ein Haus betrat, das während des Krieges von der republikanischen Armee besetzt gehalten worden war, sah er in großen Buchstaben auf einer Wand die Worte eines bekannten Dichters: *Cada caminante siga su camino*, »Jeder Wanderer soll seinem Weg folgen«. »Das gefällt mir«, meinte er, »lasst es stehen«. Nicht jeden ruft Gott auf denselben

Weg. Der des Opus Dei ist einer unter vielen und um ihn zu verstehen, wurde dieses Buch geschrieben.

Doch dazu müssen wir etwas weiter ausholen. Man kann das Opus Dei nur verstehen, wenn man die Kirche versteht. Und die Kirche verstehen wir nur, wenn wir verstehen, weshalb eigentlich Jesus Christus sich selbst, aber auch seine Jünger »das Licht der Welt« nennt. Das scheint ja zunächst einmal eine unerhörte Anmaßung zu sein. Und doch hat Jesus nicht nur sich selbst, sondern auch seine Jünger »Licht der Welt« genannt. Damit müssen wir uns auseinandersetzen. Ohne authentische Jünger Christi ist die Welt ohne Licht. Sie ist dann ohne jenes Licht, das uns den wahren und letzten Sinn unseres Daseins und die wahre Hoffnung klar werden lässt, das Licht, das, wie der Apostel Johannes in seinem Evangelium sagt, »in der Finsternis leuchtet« und von dem ausgeht, der uns »die Macht gibt, Kinder Gottes zu werden« (Joh 1, 5; 12).

Um dieses Buch zu lesen, braucht es deshalb einen etwas langen Atem und Geduld. Es dient nicht der schnellen Information, obwohl man, wie im Vorwort gesagt, jedes Kapitel auch einzeln lesen kann, da sie alle jeweils ein geschlossenes Ganzes bilden. Dieses Buch bezweckt jedoch vor allem, dass sich der Leser mit dem Thema eine Zeit lang gründlich und in die Tiefe gehend auseinandersetzt. Es dürfte sich lohnen! Das ist wenigstens meine Hoffnung. Nicht nur vom Opus Dei ist hier die Rede, sondern von Jesus Christus, von der Kirche – denn das Opus Dei ist in und aus der Kirche entstanden und existiert, um ihr zu dienen –, und es handelt von all dem, was für das Leben eines jeden Christen zentral sein sollte. Auf diesem Hintergrund soll schließlich verdeutlicht werden, worin die Berufung zum Opus Dei besteht und welche Anforderungen die Zugehörigkeit zu dieser Personalprälatur der katholischen Kirche konkret stellt. Wir werden also zusammen einen beträchtlichen Weg zurücklegen, der, gerade weil er etwas Zeit braucht, Gelegenheit zum Nachdenken gibt, aber auch um im persönlichen Gebet mit Gott darüber zu sprechen. Er möge dem Leser dieser Zeilen helfen, das eine oder andere mit größerer Klarheit zu sehen.

Im ersten Kapitel (»Christliche Berufung«) wird erklärt, was die Berufung des Christen im allgemeinen ist, nämlich Licht der Welt zu sein, und was das ganz besonders für junge Menschen bedeutet. Im zweiten Kapitel (»Der Christ: Zeuge der Wahrheit und des Glaubens«) geht es um die Liebe zur Wahrheit: Der christliche Glaube, und nur er allein, ist die ganze Wahrheit über Gott, den Menschen und die Welt, und der Christ ist berufen, Zeuge dieser Wahrheit zu sein. Dieses Kapitel will zeigen, was das bedeutet, und bietet eine Zusammenfassung der grundlegenden christlichen Glaubenswahrheiten, ohne deren Kenntnis man nicht verstehen kann, was eine göttliche Berufung wie diejenige des Christen, aber auch nicht, was die Berufung zum Opus Dei ist. Es spricht auch von der Kirche und davon, dass Christen aus dem Glauben der Kirche leben müssen. Im dritten Kapitel (»Die göttlichen Wege der Erde: Geist und Ziel des Opus Dei«) wird gezeigt, worum es dem Opus Dei eigentlich geht, nämlich darum, die christliche Berufung im gewöhnlichen, alltäglichen Leben zu verwirklichen, und was das heißt. Wir werden in diesem Kapitel besonders viel über Jesus Christus sprechen, denn die Mitglieder des Opus Dei versuchen nichts anders, als in ihrem Leben, inmitten ihrer beruflichen Arbeit und ihrer jeweiligen Lebensumstände das Leben Christi nachzuahmen: Genau das ist das Ziel des Opus Dei, es besitzt keine andere, besondere Zielsetzung. Das vierte Kapitel (»Dienen wollen: Die Berufung zum Opus Dei«) handelt dann genauer davon, was Aufgabe und Sendung des Opus Dei innerhalb der Kirche ist und was es deshalb bedeutet, von Gott eine Berufung zum Opus Dei zu erhalten. Im fünften Kapitel (»Derselbe Weg, verschiedene Weisen, ihn zu gehen«) werden die verschiedenen Möglichkeiten, die eine und für alle gleiche Berufung zum Opus Dei zu verwirklichen, detailliert vorgestellt – die Berufung als Numerarier, Assoziierter oder Supernumerarier – und gezeigt, wie sowohl die Ehe wie auch die Lebensform der Ehelosigkeit um des Himmelreiches willen, der so genannte apostolische Zölibat, beides gottgewollte Möglichkeiten sind, heilig zu werden, was das im Opus Dei bedeutet und weshalb die Numerarierinnen (darin eingeschlossen die Auxiliarinnen) und die Numerarier so wichtig sind. Das sechste Kapitel (»Aufnahme und Leben im Opus Dei: Ausbildung, Mittel, Tugenden«) geht dann genauer darauf ein, wie man zum Opus Dei kommt, auf die Ausbildung, welche Mittel den Mitgliedern des Opus Dei für ihr geistliches Leben, ihre Bildung und ihr Apostolat während ihres ganzen Lebens zur Verfügung stehen, ihre Rechte und Pflichten, welche Tugenden sie pflegen und auf welche Weise das geschieht. Auch dabei wird ein besonderes Augenmerk auf das Leben der Numerarierinnen und Numerarier gerichtet, denn auf diesen Weg ruft Gott gerade junge Menschen. Es ist hoffentlich für den Leser spannend, mehr darüber zu erfahren. Für ein volles Verständnis sind aber die vorhergehenden Kapitel wichtig. Das letzte, siebte Kapitel schließlich (»Wie die Berufung erkennen?«) befasst sich mit der Frage, wie man sich über die eigene Berufung Klarheit verschaffen kann, und verschiedenen damit verbundenen Themen, insbesondere auch mit der Beziehung zwischen Berufung und Elternhaus, für junge Menschen ein wichtiger Punkt.

Mit diesem Buch möchte ich niemanden »überzeugen«, dass das Opus Dei ein Weg für ihn ist. Zum Opus Dei kommt man, weil Gott einen ruft. Das läuft nicht einfach nur über die Lektüre eines Buches, sondern bedarf eines mehr oder weniger langen Prozesses des Kennenlernens und der persönlichen Vorbereitung, zumeist auf Grund des persönlichen Kontaktes mit einem oder mehreren Mitgliedern des Opus Dei und im Rahmen der Bildungstätigkeit, wie sie sich in den verschiedenen Zentren der Prälatur vollzieht. Denn das Opus Dei ist eine lebendige Wirklichkeit. Es besteht, wie das Leben der ersten Christen, darin, in den vielfältigen Lebensumständen Jesus Christus nachzufolgen, sich mit ihm zu identifizieren, und zwar auf eine bestimmte Art und Weise: so wie Gott es seinen Gründer hat »sehen« und verstehen lassen. Vor allem aber entscheidet sich ein solcher Schritt im persönlichen Gebet, im vertrauensvollen, betenden Umgang mit dem Herrn. Er ist es, der ruft und der direkt im Herzen eines jeden Menschen spricht, unseren Verstand erleuchtet und durch seine Gnade unseren Willen bewegt. Sollte jedoch die Lektüre der folgenden Seiten diesem oder jenem Leser, der sich vielleicht schon auf diesem Weg befindet, größere Klarheit darüber verschaffen, dass der Herr ihn zum Opus Dei ruft, dann sage ich ihm mit den Worten des Gründers des Opus Dei: »Wenn du deinen Weg klar siehst, dann folge ihm. – Warum wirfst du nicht die Feigheit von dir, die dich festhält?« (Der Weg 903).

Vielleicht braucht es also bereits etwas Mut, dieses Buch überhaupt zu lesen. Nicht nur, weil es lang ist, sondern weil man ein Risiko eingeht: das Risiko, klar zu sehen und die Stimme des Herrn zu vernehmen: »Sei nicht feige!« Machen wir uns also auf, nehmen wir unser Herz in beide Hände und beginnen wir!

Erstes Kapitel

Christliche Berufung

Ihr seid das Licht der Welt.
(Mt 5, 14)

Das Licht Christi widerspiegeln

Stellen wir uns folgende Szene aus dem Evangelium vor: Jesus befindet sich auf einer Anhöhe, einem »Berg« in Galiläa, und etwas unter ihm befinden sich tausende von Zuhörern. Jeder von uns könnte einer von ihnen sein. Es ist die so genannte Bergpredigt. Jesus spricht lange zu all diesen Menschen: Männer und Frauen, Kinder, Jugendliche, Erwachsene und ältere Menschen sind hier versammelt. Sie alle sind begierig zu wissen, was dieser Jesus von ihnen will. Er spricht mit Autorität und eröffnet ihnen ganz neue Perspektiven. Das Alte erscheint in neuem Licht und allmählich entdecken sie den wahren Sinn ihres Lebens. Jesus lehrt sie, in Gott ihren Vater zu sehen, und spricht vom ewigen Leben und von seinem Reich, das kommen soll und dem wir alle angehören können. »Selig die arm sind vor Gott, denn ihnen gehört das Himmelreich ... selig die hungern und dürsten nach der Gerechtigkeit ... selig die Barmherzigen ... selig die ein reines Herz haben, die Frieden stiften ... selig seid ihr, wenn ihr um meinetwillen verfolgt und auf alle mögliche Weise verleumdet werdet. Freut euch und jubelt: Euer Lohn im Himmel wird groß sein.« Und dann, unerwartet, fügt er hinzu: »Ihr seid das Licht der Welt.« Wie eine Stadt auf einem Berg solle dieses Licht für alle sichtbar sein, wie ein Licht auf einem Leuchter »soll euer Licht vor den Menschen leuchten, damit sie eure guten Werke sehen und euren Vater im Himmel preisen« (Mt 5, 3-16).

Wir, die Jünger Jesu Christi, sollen »Licht« sein? Tatsächlich verglichen die ersten christlichen Theologen, die so genannten Kirchenväter, Jesus mit der Sonne, die Ursprung des Lichtes ist, uns Menschen, die Christen, aber mit dem Mond, der zwar leuchtet, aber nur mit dem Licht, das er von der Sonne empfängt. Unsere Aufgabe ist, das Licht widerzuspiegeln, das wir von Christus empfangen, so dass es in alle Ritzen der menschlichen Gesellschaft hineinstrahlt.

Genau so haben es die ersten Christen verstanden. Paulus wendet sich an die Christen von Philippi, indem er sie »Kinder Gottes ohne Makel inmitten einer verdorbenen und verwirrten Generation, unter der ihr als Lichter in der Welt leuchtet« nennt (Phil 2, 15). Wenn wir wissen wollen, was die Welt wie eh und je auch heute braucht, dann schauen wir auf die ersten Christen! Sie wurden »Christen« genannt, weil sie sich zu Christus bekannten und das Licht seiner Lehre verbreiteten und sich bemühten, den Menschen die Wärme seiner Liebe zu bringen. »Christ sein« bedeutete für sie, ganz zu Christus zu gehören, ein neues Leben zu führen und an ihrem Platz in der Welt, etwa in den großen Städten des römischen Weltreiches, zu tun, was Christus getan hatte. »Seht, wie sie sich lieben«, so sagten die damaligen Heiden mit oft spöttischem Unterton über die Christen. Die ersten Christen waren bereit, für ihre Treue zu Christus ihr Leben hinzugeben, wenn es auch von Anfang an viele gab, die lau, schwach und in der Stunde der Prüfung untreu waren. Die Kirche ist keine Gemeinschaft von Vollkommenen und Heiligen, sondern von Menschen, die zur Heiligkeit berufen sind. In der Gemeinschaft der Kirche sind alle Sünder, aber einige sind großzügiger als andere. Es waren schließlich jene, die als Märtyrer in Zeiten der Verfolgung aus Treue zu ihrem Glauben und aus Liebe zu Christus ihr Leben hingaben, denen wir es verdanken, dass das Licht Christi durch die nachfolgenden, oft finsteren Jahrhunderte weitergetragen werden konnte.

Träumen wir nicht von einer früheren goldenen Zeit des Christentums, in der alles gut und perfekt war! Eine solche Zeit hat es nie gegeben und wird es nie geben. Gerade deshalb sollten wir uns am Leben der ersten Christen orientieren: an ihrer schlichten und unkomplizierten Art, Christ zu sein, ohne Minderwertigkeitskomplexe und ohne zu denken, voll und ganz zu Christus zu gehören sei »zu viel«, das sei nur für einige wenige so ganz ernst gemeint, man solle ja nicht übertreiben. Bereits der große Kirchenlehrer Johannes Chrysostomus hat in der Mitte des vierten Jahrhunderts in seinen Predigten über das Matthäusevangelium zu seinen Zuhörern in Antiochia von Berufung zur Heiligkeit gesprochen und ihnen dabei zugerufen, sie sollten jetzt nur nicht mit der Ausrede kommen: »Wir sind doch keine Einsiedler oder Mönche!« Man hatte sich offenbar schon daran gewöhnt zu denken, dass der »Normalchrist« es mit dem Christsein nicht ganz so ernst nehmen müsse wie etwa die Mönche und Eremiten, die in der Wüste lebten und »vollkommen«, ganz mit Christus verbunden sein wollten.

Und doch hatte Jesus in der Bergpredigt eben *zu allen* gesagt: »Ihr sollt also vollkommen sein, wie es auch euer himmlischer Vater ist« (Mt 5, 48). »Vollkommen sein«: das heißt nicht übermenschlich und überirdisch, fehlerfrei und makellos, »perfekt« sein. Sondern es heißt Gott an uns und in uns wirken lassen und dadurch das Licht Christi widerspiegeln. Es bedeutet klein sein wollen vor Gott, demütig, damit er Großes in und durch uns wirken kann: »Selig, die arm sind vor Gott, denn ihnen gehört das Himmelreich«: nicht unbedingt materielle Armut ist hier gemeint, sondern sich vor Gott »arm«, bedürftig, niedrig wissen und deshalb auf *ihn* hoffen. Vorbild ist hier Maria, die in ihrem Dankgebet spricht: »Meine Seele preist die Größe des Herrn ... denn auf die Niedrigkeit seiner Magd hat er geschaut ... der Mächtige hat Großes an mir getan ...« (Lk 1, 46-49): Durch das »Ja« Marias, einer vor den Augen der damaligen Menschen unbedeutenden und unbekannten jungen Frau aus Galiläa, und *in ihr* und *durch sie* ist wahrhaft Großes geschehen: Gott wurde Mensch, einer von uns, und damit zu einem Geschenk für die ganze Menschheit. Genau dieses von Maria gesprochene »Ja« – »mir geschehe wie du es gesagt hast« (Lk 1, 38) – oder besser gesagt: die Haltung, die sich darin ausdrückt, ist »christliche Vollkommenheit«.

Sie zu erstreben ist das übernatürliche Abenteuer, Christus in unser Leben hineinzulassen, wie er einst in das Boot des Apostels Petrus gestiegen ist, und die Richtung unseres Lebens von ihm bestimmen zu lassen. Diese »Vollkommenheit« ist gerade keine eigene »Leistung«, sondern eine Leistung Gottes, aber in uns und durch uns, durch die unser ganzes Leben eine neue Dimension und erst seinen eigentlichen Sinn und Tiefgang erhält. Sie macht uns, einen jeden mit seiner je eigenen, unverwechselbaren und einmaligen Persönlichkeit, Christus ähnlich und bedeutet deshalb auch die volle Entfaltung all unserer *menschlichen* Fähigkeiten sowie menschliche Reife. Diese Vollkommenheit ist jedermann zugänglich, wenn er sich wie Maria vom Heiligen Geist, dem Geist Gottes, leiten lässt.

Wenn wir an »Christen« und an »Christsein« denken, so haben wir das jedoch zumeist nicht so vor Augen. Leider bedeutet dies für viele nicht viel mehr als am Sonntag in die Kirche zu gehen und die Kirchensteuern zu bezahlen. Vielleicht heißt es für sie auch noch, zu einer Pfarrei zu gehören, wo man im besten Fall mitmacht, sich vielleicht sogar ein wenig engagiert. Doch das wäre ein armseliger Begriff von Christsein. Zur Zeit der ersten Christen war natürlich gerade Teilnahme an der sonntäglichen Eucharistiefeier wesentlich. Das jedoch nicht, weil man dachte, dadurch seine »Pflicht« als Christ schon erfüllt zu haben, sondern aus einem viel tieferen Grund.

Es ist wichtig, genau zu verstehen, welcher dieser Grund ist.

Der »Tag des Herrn«: Eucharistie und Sendung

Der Sonntag, der Tag der Auferstehung Jesu, wurde von Anfang an als der »Tag des Herrn« (*dies dominicus*, davon *dimanche*, *domenica* usw.) verstanden; er wurde auch, in Übernahme und Abwandlung eines römischen Brauches, als der »Tag der Sonne« (davon Sonntag, Sunday) gefeiert: Christus ist die Sonne, Quelle des Lebens und des Lichtes. Die Eucharistie bedeutet Gegenwart des Herrn Jesus Christus in seinem erlösenden Opfer am Kreuz, an dem er aus Liebe zu uns Menschen gestorben ist. Die sonntägliche Eucharistiefeier ist wie ein Bild der Kirche, die das Volk Gottes ist: In der liturgischen Versammlung dieses heiligen Gottesvolkes bringen die Priester, die Christus vertreten, in seinem Namen – »in der Person Christi«, wie man sagt – Gott dem Vater das Opfer der Erlösung dar: ein Opfer der

Danksagung und Anbetung, der Sühne und der Bitte. Das ganze versammelte Volk schließt sich diesem Opfer an und trägt damit vereint mit Christus die Bitten der ganzen Menschheitsfamilie vor Gott. Die Eucharistie ist deshalb Höhepunkt und Zentrum des christlichen Lebens.

Die Teilnahme an der sonntäglichen Eucharistie, das Mitfeiern wurde für das Leben eines Christen als so grundlegend verstanden, dass die ersten Christen in Zeiten der Verfolgung dafür sogar das Leben riskierten. Viele wurden deshalb als Christen erkannt und mussten in solchen Perioden für ihren Glauben sterben. Dennoch war klar, dass die sonntägliche Eucharistie niemals als eigentliches Ziel oder Zweck des Christseins begriffen wurde. Als Christ galt damals nicht schon jemand, der am Sonntag »in die Kirche« ging. Die Eucharistie, so war man überzeugt, ist zwar Mittelpunkt des christlichen Lebens, denn jede Eucharistiefeier ist eine lebendige Begegnung mit Christus; aber gerade deshalb wird sie dann zum Ausgangspunkt einer Sendung, die das ganze Leben prägt. Das »Gehet hin in Frieden« am Ende der Messe heißt nicht, dass jetzt der Gottesdienst fertig ist, man nach Hause gehen und sich wieder anderen Dingen zuwenden kann. Im Gegenteil: Der Entlassungsruf am Ende der Eucharistiefeier kündet gerade davon, dass jetzt etwas *beginnt*. Er ist eine Art Startzeichen, nun, gestärkt mit der eucharistischen Speise, hinauszugehen und, jeder an seinem Platz in der Welt, Christus in allen menschlichen Tätigkeiten gegenwärtig zu machen. Der Sonntag ist nicht der am Ende des Schöpfungswerkes stehende Ruhetag, wie es einst der Sabbat war, sondern der *erste* Tag der Woche, der Tag der Auferstehung. Die Auferstehung ist der große und entscheidende Neubeginn, der in jeder Eucharistiefeier und ganz besonders am Sonntag gegenwärtig wird und uns ergreifen sollte. Dieser Sendungscharakter klingt noch an in der ursprünglichen lateinischen Fassung des Entlassungsrufes: *Ite missa est*: »Missa« (davon: »Messe«) stammt also von einem Wort, das zugleich »entlassen« und »senden« bedeutet (wie in »Mission«). Der Entlassungsruf am Ende der Heiligen Messe ist demnach eigentlich ein Aufruf zum »Missionieren«.

»Missionieren«: das klingt für viele schrecklich, und so, wie man dieses Wort heute oft versteht, ist es natürlich nicht gemeint. Die Kirche hat eine Sendung, und jeder Christ hat eine Sendung – eine »Mission« eben –, und immer schon war es eine der edelsten Aufgaben der Kirche, den Glauben in die Welt und zu allen Völkern hinauszutragen. Freilich gibt es auch das »Missionieren« der Fanatiker und Sektierer. Nichts Abstoßenderes als Leute, die in diesem Sinne »missionieren«! Und doch waren Jesu letzte Worte auf dieser Welt gerade: »Geht zu allen Völkern und macht alle Menschen zu meinen Jüngern … lehrt sie alles zu befolgen, was ich euch gelehrt habe« (Mt 28, 19-20). Auch das Wort »Apostel« meint nichts anderes: Es kommt von »aussenden« und heißt »Gesandter«. Wir sind also alle von Jesus Christus gesandt in diese Welt hinein, um den Menschen das Licht des Glaubens zu bringen, sie »zu Jüngern Christi zu machen«. Die Kirche und das christliche Leben sind wesentlich »missionarisch« oder »apostolisch«: Die Kirche ist ein großes Apostolat, und wir alle sind in der einen oder anderen Form, aber ganz und gar wirklich und von Christus selbst gesandt. Wir sind Apostel Jesu Christi.

Beurteilen wir also das Christsein oder das »Am-Sonntag-in-die-Kirche-Gehen« danach, »was mir das gibt« oder »was ich davon habe«, so begehen wir einen großen Fehler. Wir haben dann eigentlich noch nichts verstanden, und unser Glaube muss erst noch reifer werden. Genau hier liegt das Grundproblem vieler, auch junger Menschen: Sie fragen immer und immer wieder: »Was bringt mir das?«, »Was habe ich davon?«. Wenn es einem »nichts bringt«, dann heißt es schnell einmal, man sei nicht »motiviert«. Doch wer grundsätzlich und in allem immer nur so spricht, entpuppt sich als Egoist! Er wird Mühe haben, in seinem Leben etwas Gutes und Nützliches für seine Mitmenschen zu tun. Deshalb kann er auch der sonntäglichen Eucharistiefeier, ja dem Christsein überhaupt nicht viel abgewinnen. Es ist paradox: Wer nur deshalb in die Kirche geht, weil es »ihm etwas bringt«, dem kann es gar nichts bringen. Er wird es vielmehr mit der Zeit als eine Last empfinden, die er bei der erstbesten Gelegenheit gerne abschüttelt, vor allem wenn er einmal »groß« und unabhängig geworden ist und ihm niemand mehr etwas in diesen Dingen vorschreiben kann.

Dieses Problem, das Problem der »Motivation«, lösen wir erst, wenn wir in Bezug auf Gott unseren Egoismus und unsere Undankbarkeit überwinden und verstehen, dass wir »in die Kirche gehen« und an der Eucharistie teilnehmen, um etwas zu *geben*. Wem? Gott. Was? Unser Herz. »Eucharistie« heißt »Danksagung«. In der Messe danken wir dem Herrn, wir loben und preisen ihn, und zwar nicht durch *unser* Gebet und *unsere* Leistung, sondern durch das Gebet Christi am Kreuz: durch das Opfer Christi, das hier Gegenwart wird und mit dem wir uns vereinen. Vielleicht kann jemand im Wald oder auf einem Berg besser beten, aber dort betet er allein; in der heiligen Eucharistie betet er zusammen mit Christus, ja er betet »durch ihn und mit ihm und in ihm«, wie es am Ende des Eucharistischen Hochgebetes heißt. Auf diese Weise gibt er »Gott, dem allmächtigen Vater, in der Einheit des Heiligen Geistes alle Herrlichkeit und Ehre«. Allein, im eigenen Namen, könnten wir das niemals. In den liturgischen Gebeten richten wir uns an Gott unseren Vater »durch unseren Herrn Jesus Christus«, und nicht im eigenen Namen.

Freilich: Es ist ausgezeichnet, wenn die Stille und Geborgenheit eines Waldes oder die Erhabenheit eines Berges uns zum Beten einlädt. In die Eucharistiefeier, vor allem am Sonntag, gehen wir jedoch, um am Tag der Auferstehung des Herrn, am ersten Wochentag, Gott unserem Vater zu danken, ihn zu lobpreisen, indem wir ihm das Kreuzesopfer unseres Herrn und Erlösers anbieten, Gott also mit der Liebe und den Verdiensten Christi danken und lobpreisen. In der Heiligen Messe vereinen wir unser Leben mit der liebenden Hingabe Jesu am Kreuz und stärken unsere Seele mit seinem Leib und seinem Blut und gehören so immer mehr zu ihm – gerade, damit wir dann auch im Wald, auf den Bergen, aber auch mitten in unserer täglichen Arbeit, zum Beispiel in der Schule, im Hörsaal, beim Studieren, aber auch beim Plaudern mit unseren Kollegen und Freunden, beim Fußballspielen oder im Biergarten uns weiter als Kinder Gottes wissen; damit wir mit ihm im Gespräch bleiben und deshalb auch mit unseren Freunden über ihn sprechen und ihnen helfen können, Jesus kennenzulernen.

Die Heilige Messe, die Eucharistie, ist also ein Moment der vollkommenen Einswerdung mit Jesus Christus, ganz besonders in der Kommunion. »Kommunion« heißt ja »Vereinigung« und »Gemeinschaft«. Aber dann geht es hinaus: »Gehet hin in Frieden«: So, wie Jesus am Tag der Auferstehung seinen Aposteln sagte: »Friede sei mit euch: Wie mich der Vater gesandt hat, so sende ich euch« (Joh 20, 21). Jede Eucharistiefeier endet mit der Erneuerung der

Sendung, die wir durch die Taufe erhalten haben. Was sich in der Eucharistiefeier unter den heiligen Zeichen von Brot und Wein, die wahrhaft zum Leib und Blut Christi und damit zur Speise für unsere Seele werden, vollzogen hat, muss jetzt auch in unserem täglichen Leben Wirklichkeit werden, bei der Arbeit und in der Freizeit; immer und überall gehören wir zu Christus und leben wir als Kinder Gottes. Alles sollte nun Dank und Lobpreis Gottes unseres Vaters werden, all unser tägliches Tun, sogar der wohlverdiente Schlaf. Deshalb sagte der hl. Josemaria oft, dass unser Tagesablauf wie eine Heilige Messe sein sollte, »die vierundzwanzig Stunden dauert«.

Wir lösen das Problem der Motivation also, indem wir nicht mehr fragen, was der Glaube, die Kirche, der sonntägliche Messbesuch usw. »uns bringt« oder »was wir davon haben«, sondern indem wir uns entschließen, zunächst selber etwas zu *geben*. Was Gott interessiert ist aber nicht irgend »etwas«, irgendwelche »Dinge«. Was können wir denn Gott schon geben! Er braucht ja nichts, weil er schon alles hat, oder besser: weil ohnehin alles, was ist, von ihm kommt. Weil er uns grenzenlos liebt und glücklich haben will, ist das einzige, was ihn interessiert, unser Herz. Er möchte, dass wir ihn lieben – nicht weil er unserer Liebe und Zuneigung bedürfte, sondern weil *er uns* liebt und weil er weiß, dass nur die Liebe zu ihm uns wirklich erfüllen und für die Ewigkeit glücklich machen kann. Gott will unser Herz nicht, um es uns »wegzunehmen«, sondern damit er es verwandeln und mit seinen Gaben erfüllen kann.

Papst Johannes Paul II. hatte sein Pontifikat 1978 begonnen, indem er ganz besonders den jungen Menschen zurief: »Habt keine Angst vor Christus!« Papst Benedikt XVI. griff diese Formulierung auf, als er fast dreißig Jahre später, am

19. April 2005, an derselben Stelle in einer feierlichen Messe auf dem Petersplatz sein Amt als Bischof von Rom antrat. In seiner Predigt sagte er: »Haben wir nicht alle irgendwie Angst, wenn wir Christus ganz hereinlassen, uns ihm ganz öffnen, könnte uns etwas genommen werden von unserem Leben? Müssen wir dann nicht auf so vieles verzichten, was das Leben erst so richtig schön macht? Würden wir nicht eingeengt und unfrei?« Doch das wäre falsch gedacht, Gott ist nicht so. Deshalb fährt Benedikt fort: »Wer Christus einlässt, dem geht nichts, nichts – gar nichts verloren von dem, was das Leben frei schön und groß macht. Nein, erst in dieser Freundschaft öffnen sich die Türen des Lebens … Habt keine Angst vor Christus! Er nimmt nichts, und er gibt alles.«

Das oben genannte Problem löst sich also, wenn wir zu verstehen beginnen, dass Christsein heißt, *sich selber zu geben*: das Herz wahrhaftig Gott zu schenken und dann, weil er unser Herz mit seiner Liebe erfüllt, uns unseren Mitmenschen schenken zu können, indem wir ihnen dienen. Dies natürlich gerade mit unserer täglichen Arbeit, mit unserer Freundschaft, mit allem, was das Leben eines Menschen in dieser Welt ausmacht. Am Ende bekommen wir also doch etwas und haben wir tatsächlich etwas davon, aber eben erst, wenn wir *zunächst* nicht uns selbst suchen, sondern Gott, und bereit sind, unser ganzes Leben von ihm erfüllen zu lassen. Denn das ist es, was das Leben schön und groß macht.

Es geht also nicht einfach darum, »in die Kirche zu gehen« oder »zur Kirche zu gehören«. Das wäre schlicht und einfach zu wenig! Beruhigen wir uns auch nicht damit, dass wir zum Beispiel einer Ministrantengruppe angehören, im Kirchenchor mitsingen oder in irgendeiner katholischen Studentenvereinigung oder -gruppierung mitmachen. Das ist schön, aber viel zu wenig, und es ist ja zumeist auch nicht für das ganze Leben und ohnehin eher eine Art »Nebenbeschäftigung«. Die Kirche ist nicht einfach etwas zum »mitmachen«. Es genügt nicht, sich in Oasen des Christseins im Kirchenraum zurückzuziehen und unser Christsein in der Freizeit zu verwirklichen. Wir müssen alle Tage und in allen Situationen unseres Lebens Kirche *sein*. »Kirche«, das ist etwas, was sich letztlich *in uns* und in unserem ganzen Leben verwirklichen muss, denn es ist Verbundenheit mit Christus, die in uns die Liebe entzündet und uns den Glauben gibt, der dann wie ein Licht in die Welt hineinstrahlt. Christsein ist also nicht etwas Äußerliches, etwas, was zu unserem normalen Leben »dazukommt«. Es muss unser Leben von innen her ergreifen und gestalten. Deshalb sagt Jesus auch: »Wer das Leben gewinnen will« – wer also immer nur fragt, was ihm dies und jenes »bringe« –, »wird es verlieren; wer aber das Leben um meinetwillen verliert, wird es gewinnen« (Mt 10, 38). Christsein hat also etwas damit zu tun, das eigene Leben zu »verlieren«, es *hinzugeben*, irgendwie sich selbst *aufzugeben*, aber natürlich nur, damit Christus in uns lebt und wir in Christus leben. Dadurch verlieren wir nichts, sondern gewinnen und werden erst richtig wir selbst. Christsein heißt deshalb immer auch tun, was die ersten Apostel getan haben, »alles verlassen und ihm nachfolgen«; es heißt, wie Maria »arm« sein vor Gott und von ihm alles erwarten.

»Stopp!« wird mancher Leser jetzt ausrufen. »Das ist nichts für mich, ich will doch nicht Bettelmönch werden, ins Kloster gehen oder als Einsiedler leben!« Richtig. Das wäre ein Missverständnis, das es sofort auszuräumen gilt.

»Wenn du vollkommen sein willst ... folge mir nach«

Eine berühmt gewordene Geschichte, die uns die Evangelien erzählen, hat dazu beigetragen, das Missverständnis zu fördern, die Aufforderung Jesu, »alles zu verlassen und ihm nachzufolgen«, richte sich nur an Einsiedler, Mönche oder andere spezielle Berufungen innerhalb der Kirche und nicht auch an den gewöhnlichen Christen, der mitten in dieser Welt lebt. Natürlich ist nicht die Geschichte selbst an diesem Missverständnis schuld, sondern eine bestimmte, festgefahrene Interpretation. Es ist die Geschichte vom so genannten »reichen Jüngling«, einem jungen Mann, der zu Jesus mit der Frage kam: »Meister, was muss ich Gutes tun, um das ewige Leben zu gewinnen?« (Mt 19, 16). Nach dem Evangelisten Lukas handelte es sich bei dem reichen Jüngling um einen »von den führenden Männern«, und er war »überaus reich« (Lk 18, 18; 23). Das »ewige Leben«, nach dem er fragt, ist nicht einfach das Leben nach dem Tod, sondern das wahrhafte, göttliche Leben in uns, schon jetzt, das aber nicht mit dem Tod zu Ende ist, sondern eben »ewig« dauert, da es Vereinigung mit Gott bedeutet, höchstes und unvorstellbares Glück. Und dieser junge Mann fragt, was er Gutes tun müsse, um dieses ewige Glück zu erlangen.

Jesus sagt ihm nun zunächst, was der junge Mann natürlich schon längst weiß, nämlich er solle die Gebote halten, die so genannten »Zehn Gebote«, wie sie ja im Gesetz, das die Juden von Moses erhalten hatten, genau formuliert waren: »Du sollst nicht töten, du sollst nicht die Ehe brechen, du sollst nicht stehlen, du sollst nicht falsch aussagen; ehre Vater und Mutter! Und: Du sollst deinen Nächsten lieben wie dich selbst« (Mt 19, 18-19). Der junge Mann erwidert erwartungsgemäß, er habe all dies schon von Jugend auf beachtet, er möchte nun wissen, was ihm noch fehlt. Er war ein rechtschaffener Typ. Und weil Jesus »ihn liebte« (wie das Markusevangelium hinzufügt), antwortet er: »Wenn du vollkommen sein willst, geh, verkauf deinen Besitz und gib das Geld den Armen; so wirst du einen bleibenden Schatz im Himmel haben; dann komm und folge mir nach« (Mt 19, 21). Doch so hatte sich der reiche Jüngling das nicht vorgestellt. »Als der junge Mann das hörte, ging er traurig weg, denn er hatte ein großes Vermögen« (Mt 19, 22).

Leute, die in der Antike ein großes Vermögen hatten, waren für unsere Vorstellungen zumeist ungeheuer reich. Sie besaßen riesige Ländereien, Häuser, beschäftigten vielleicht Hunderte oder gar Tausende von Sklaven und hatten enorme Macht. Es gab in der Antike Reiche, die besaßen Gebiete in der Größe eines deutschen Bundeslandes oder zumindest eines Schweizer Kantons. Der junge Mann führte jedenfalls ein Leben, das mit dem, was Christus konkret mit ihm vorhatte, nicht vereinbar war. Es ist aber auch möglich, dass er ein hartherziger Mensch war und sich seiner »Korrektheit«, mit der er bisher die Gebote des Gesetzes gehalten hatte, brüstete, in Wirklichkeit aber kein Gespür für die Bedürfnisse seiner Mitmenschen hatte, für die Armen eben (das waren damals die meisten, die nicht wirklich reich waren). So interpretiert im vierten Jahrhundert der hl. Ambrosius von Mailand die Geschichte (Kommentar zum Lukasevangelium VIII, 69). Jedenfalls verlangte der Herr von dem jungen Mann eine klare Entscheidung: entweder weiterhin seinem bequemen, religiös minimalistischen und letztlich egoistischen Lebensstil anzuhangen oder ihm, Jesus, zu folgen.

»Was muss ich Gutes tun?« so lautete die Frage des jungen Mannes, und die Antwort des Herrn ist: Es genügt nicht, die Gebote zu halten, niemandem etwas zuleide zu tun, nicht zu töten, nicht zu lügen, nicht die Ehe zu brechen und so weiter. »Wenn du vollkommen sein willst … dann komm und folge mir nach.« Das ist es, was dem jungen Mann noch fehlt. Es geht darum, Jesus nachzufolgen, es geht nicht einfach nur um das Halten von Geboten. Auch das gehört selbstverständlich dazu, denn sonst kommt man vom Weg ab, aber schließlich lädt der Herr dazu ein, *ihm* zu folgen, er sagt, dass *er selbst* der Weg sei, den man gehen muss, um das Gute zu tun, das uns zur Vollkommenheit und zum ewigen Leben führt, und er verlangt deshalb, alles aufzugeben, was davon zurückhält oder dabei hinderlich sein kann. Deshalb die Aufforderung an den jungen Mann: »Verkauf deinen Besitz und gib das Geld den Armen und du wirst einen bleibenden Schatz im Himmel haben.«

Nicht dass Reichtum grundsätzlich mit Vollkommenheit, zu der Jesus einlädt, einem Leben also in seiner Gemeinschaft, unvereinbar gewesen wäre! Die Einladung des Herrn geht tiefer. Wie der bereits erwähnte Kirchenvater Johannes Chrysostomus kommentiert, sucht Jesus den jungen Mann zunächst »vom Irdischen loszumachen und mit Gott zu vereinigen; er will ihn für das Himmlische gewinnen, zur Erkenntnis des wahrhaft Guten führen, der die Quelle und Wurzel alles Guten ist« (Kommentar zum Matthäusevangelium, 63). Das ist wesentlich für jeden Jünger Christi. Jesus hatte aber überdies offenbar besondere Pläne mit diesem jungen Mann, und deshalb verlangte er von ihm, sein bisheriges Leben hinter sich zu lassen und mit ihm zu kommen. Er wollte ihm aber eine solche Entscheidung nicht aufzwingen. Der Herr liebt und achtet unsere

Freiheit. Der junge Mann geht, wie es heißt, »traurig« weg, er ist immer noch gut, aber er hat es nicht geschafft, den Willen Gottes zu erfüllen: er war nicht bereit, sich ganz auf Christus einzulassen. Und da er nicht großzügig war, erstirbt jetzt vielleicht sogar immer mehr sein Wunsch nach dem ewigen Leben, und er wird zu einem mittelmäßigen und lauen Zeitgenossen.

Während vieler Jahrhunderte hat man nun aus dieser Geschichte eigenartigerweise, zumindest sehr einseitig, folgendes herausgelesen: Es gebe grundsätzlich zwei Arten von Christen. Erstens diejenigen, von denen Gott einfach erwarte, dass sie die »Gebote halten«, das Böse meiden und nach Kräften, so weit es in dieser Welt eben geht, Gutes tun, um schließlich in den Himmel zu kommen. Zweitens jene, die schon in diesem Leben nach der christlichen Vollkommenheit streben und Christus auf seinem Weg der Hingabe und radikalen Liebe nachfolgen und damit das christliche Ideal, den Geist des Evangeliums, in ihrem Leben ohne Abstriche voll und ganz verwirklichen.

Tatsächlich haben unzählige Menschen im Laufe der Geschichte, darunter viele Heilige, die Geschichte so verstanden und in bewunderungswürdiger Weise ein so genanntes Leben der »evangelischen Armut« gelebt, mehr oder weniger abgesondert vom Getriebe dieser Welt und gleichzeitig dieser Welt die geistliche Energie ihres Lebens des Gebetes und der Buße schenkend: Einsiedler, Mönche, allmählich ganz allgemein, was wir heute »Ordensleute« nennen, später darunter auch mehr der Welt und der apostolischen Arbeit in der Welt zugewandte Ordensinstitute und Kongregationen. Sie alle haben viel Segensreiches und Großartiges für die Kirche und auch für die menschliche Gesellschaft geleistet und tun es immer noch. Ohne sie wäre die Kirche nicht, was sie ist. Sie waren für die Kirche mehr als einmal der Rettungsanker oder haben das Schiff Petri wieder flott gemacht. Sie haben sich aus Liebe zum Nächsten und um ein Zeugnis für die Liebe, mit der Christus uns liebt, zu geben, in vielfältiger Weise für das Wohl der menschlichen Gesellschaft aufgeopfert.

So haben die großen abendländischen Orden entscheidende Impulse für die Entstehung unserer westlichen, christlich geprägten Zivilisation gegeben. Sie haben im Mittelalter und auch später noch Europa mit Klöstern übersät, die einflussreiche geistliche und kulturelle Brennpunkte des entstehenden Europas waren. Sie haben uns das antike Kulturerbe übermittelt und im Vergleich zur heidnischen Antike die menschliche Arbeit, vor allem die Handarbeit aufgewertet. Sie hatten auch entscheidenden Anteil an der Entstehung des westlichen Bildungswesens, insbesondere der Universitäten und anderer Zentren der wissenschaftlichen Forschung, und leisteten Enormes für die Entstehung der europäischen Landwirtschaft und in der Verbreitung produktiver landwirtschaftlicher Anbaumethoden, in der Armenfürsorge und Krankenpflege. Schließlich haben sie wesentlich mitgeholfen, durch die Mission das Licht des Glaubens überall in die Welt hinauszutragen und durch ihre Schulen an der christlichen und wissenschaftlichen Erziehung der Jugend mitzuwirken. Auch heute noch sind die Ordensleute ein kostbarer Schatz der Kirche und ein lebendiges, für alle sichtbares und aufrüttelndes Zeichen des Geistes des Evangeliums. Die Kirche schöpft aus dem unermesslichen Schatz geistlicher Schriftsteller, den sie hervorgebracht haben und immer noch hervorbringen. Wer die Berufung der Ordensleute nicht liebt, so schrieb und sagte der Gründer des Opus Dei, der liebt auch nicht wirklich die Kirche Christi.

Doch gibt es da auch eine andere Seite der Medaille. Klöster, Mönche und Ordensgemeinschaften haben die christliche Welt geformt, und so identifizierte man die Idee, Christus nachzufolgen und das Ideal der christlichen Vollkommenheit schon sehr bald mit dem Ideal, in irgendeiner Form das gewöhnliche Leben zu verlassen und sich durch die klassischen Gelübde von Armut, Keuschheit und Gehorsam in eine Art alternative Sonderwelt, die Welt des so genannten »geweihten Lebens«, zu begeben, um von dort aus öffentlich erkennbar und mahnend Zeugnis für den Geist des Evangeliums abzulegen. »Heiligkeit«, ja Christusnachfolge überhaupt wurde aber dadurch selbst zu etwas »Außergewöhnlichem«. Man erkannte nicht mehr, dass alle Christen, auch jene, die sich inmitten des Getriebes der Gesellschaft, in Beruf und Familie, Wissenschaft und Technik, Politik und Kultur mit den ehrenwerten aber auch ebenso alltäglichen Dingen dieser Welt befassen, von Gott zur Heiligkeit gerufen sind, dazu also, das Evangelium in seiner ganzen Fülle zu leben. Ja es ging so weit, das gewöhnliche Leben in der Welt, Besitz und Reichtum sogar als eine Art Barriere zu verstehen, die den Menschen von Christus trennt und es unmöglich macht, den Geist des Evangeliums zu verwirklichen und am Erlösungswerk mitzuarbeiten. Man war also der Meinung, die Sorge um die Dinge dieser Welt und die gewöhnliche tägliche Arbeit seien eigentlich eher Hindernisse, um Gott zu finden und für ihn verfügbar zu sein. Die biblischen Stellen, in denen Jesus von den »Arbeitern in seinem Weinberg« spricht, wurden jetzt nur noch auf Priester- und Ordensberufungen bezogen und nicht auf die Jünger Christi generell. »Berufung haben« wurde zu einem Privileg für Priester und Ordensleute (bzw. für Mitglieder von so genannten »Instituten des geweihten

Lebens«). Gewöhnliche Gläubige, so meinte man, hätten keine Berufung, eine Berufung zur Heiligkeit verlange vielmehr, sich in den Stand des »geweihten Lebens« zu begeben oder Priester zu werden.

War wirklich dies mit der Aufforderung Jesu an den jungen Mann gemeint? Es gibt sicherlich verschiedene Interpretationsmöglichkeiten. Die Kirchenväter, wie etwa die oben erwähnten Johannes Chrysostomus und Ambrosius von Mailand, ebenso auch Klemens von Alexandrien, der uns im sechsten Kapitel begegnen wird, haben in dieser Geschichte jedenfalls keine Aufforderung gesehen, eine Vollkommenheit zu suchen, die über diejenige hinausgehen würde, die zu erstreben Jesus von *allen* seinen Jüngern ohne Ausnahme erwartet. Schauen wir noch einmal, was genau Jesus von dem jungen Mann verlangt hat. Er bat ihn, ihm nachzufolgen, mit ihm zu kommen, einer seiner Apostel zu werden. Da gab es Hindernisse: er musste frei sein von allem, was ihn an dieser Aufgabe hinderte. Dieser junge Mann war sehr reich, sein Besitz hielt ihn zurück. Jesus verlangte von ihm, das alles aufzugeben, weil es ihn an seiner neuen Aufgabe hindern würde. Jesus hatte also mit diesem überaus reichen jungen Mann, der zudem »einer der führenden Männer« in der damaligen Gesellschaft war, eine Art Radikalkur vor. Doch in dieser Radikalkur, die freilich für jeden wieder anders aussieht, zeigt sich nur, was der Herr von einem *jeden* von uns verlangt: klare Prioritäten zu setzen und alles aufzugeben, was uns daran hindert, ihm zu folgen. Das Entscheidende ist nicht, *wie* das geschieht, sondern *dass* es geschieht. Dass also jeder in seinen konkreten Lebensumständen dem Ruf des Herrn entspricht, ihm zu folgen, damit *sein* Leben und das Leben seiner Apostel sich in dem seinen wiederholt. Erst dann sind wir wirklich Jünger des

Herrn, wirkliche Christen. Nicht »perfekte« und fehlerfreie Menschen, das keineswegs. Doch durch die enge Verbundenheit mit Christus erhält unser Leben, wie das der Apostel, dann übernatürliche Wirksamkeit.

Es gibt folgendes grundlegendes Prinzip im Verhältnis des Menschen zu Gott (und Jesus ist ja Gott): Wenn Gott vom Menschen etwas verlangt, so verlangt er immer alles, was ein Mensch in einer konkreten Situation geben kann. Er akzeptiert keine Halbheiten, keine Liebe mit Bedingungen und Einschränkungen von Seiten des Menschen. Deshalb sagt Jesus an einer anderen Stelle, nun deutlich an *alle* seine Zuhörer gerichtet: »Darum kann keiner von euch mein Jünger sein, wenn er nicht auf seinen ganzen Besitz verzichtet« (Lk 14, 33). Und an gleicher Stelle sagt er jenen, die ihn begleiten: »Wenn jemand zu mir kommt und nicht Vater und Mutter, Frau und Kinder, Brüder und Schwestern, ja sogar sein Leben gering achtet, dann kann er nicht mein Jünger sein« (Lk 14, 26). Was Jesus von dem jungen Mann verlangte, das verlangt er also in der einen oder anderen Form von jedem seiner Jünger: ihn, Jesus Christus, bedingungslos allem anderen vorzuziehen! Letztlich geht es um die innere Loslösung, um die Freiheit des Herzens für Gott. Sonst kann das menschliche Herz nicht auf Gott ausgerichtet werden, es bleibt dem Nur-Menschlichen verhaftet und ist der wahren Gottesliebe unfähig. Wir können dann eben nicht das Gute tun, das Gott von uns erwartet.

Die Frage ist also, was jeder von uns vorzieht, wenn er vor der Möglichkeit steht, der Einladung des Herrn zu folgen. Die Frage ist, ob es irgendetwas gibt, das er dem konkreten, *an ihn* gerichteten Ruf des Herrn vorzieht. Nicht alle Menschen leben in den gleichen Lebensumständen und nicht alle haben die gleiche Aufgabe. Doch der *Geist* Jesu

Christi, der Geist, aus dem wir Christen leben müssen und der uns zu Kindern Gottes macht, ist für alle ohne Ausnahme der gleiche. Die Geschichte des jungen Mannes betrifft nicht nur einige Ausnahmeberufungen oder Privilegierte in der Kirche. Papst Johannes Paul II. hat dies einmal (in seiner Enzyklika »Veritatis splendor«, Nr. 18) ausdrücklich gesagt: Die Einladung Jesu an den reichen jungen Mann, diese »Berufung zu vollkommener Liebe ist nicht ausgewählten Gruppen vorbehalten«, sie »betrifft alle« und steht so wie die zehn Gebote »im Dienst einer einzigen, unteilbaren Liebe, die aus eigenem Antrieb nach Vollkommenheit strebt und deren Maß allein Gott ist«.

Wenn der Herr will, dass jemand als Bankdirektor die Vollkommenheit der Liebe zu ihm lebt, dann kann der Betreffende das, ohne seine Stellung aufzugeben oder seine Bank zu verkaufen; er muss jedoch bereit sein, seinen ganzen Besitz, wie Jesus sagt, »gering zu achten«, sein vielleicht hohes Salär nicht dafür zu verwenden, ein für ihn bequemes und luxuriöses Leben zu führen oder auf Prestige und Macht aus zu sein, sondern seinen Mitmenschen zu dienen! Immer geht es also um die Frage, was Gott von uns will. Wenn wir in allem seinen Willen erfüllen, dann können wir heilig werden, vollkommen, und zwar dort wo wir leben und arbeiten. Denn Gott unser Vater und auch das Kreuz Jesu Christi warten überall auf uns.

Die Würde des gewöhnlichen Lebens

Doch denken auch heute immer noch viele Menschen und vielleicht auch der eine oder andere Leser dieses Buches: Wenn man wirklich Christus ernsthaft nachfolgen will, dann muss man irgendwie das Leben eines gewöhnlichen Bürgers dieser Welt und das normale Berufsleben verlassen. Christus wirklich *nachzufolgen* sei nicht vereinbar mit dem Wunsch, ob als Mann oder Frau, einmal Arzt, Rechtsanwalt, Hochschulprofessor, Pilot, Sport- oder Tanzlehrer, Börsenmakler, Laborant, Krankenpfleger, Computerfachmann oder was sonst auch immer zu werden; es sei auch nicht damit vereinbar, eine Familie zu gründen, Mutter oder Vater zu werden. In der Kirche, so meinen wir, gebe es zwei Arten von Leuten: die kirchlichen »Profis«, Priester, Pfarrer, Ordensleute, die sich mit Gott beschäftigen, beten, sich im Glauben auskennen und für das Religiöse im Leben zuständig sind und auch gutes Beispiel geben, eben »heilig« sein sollten; und die anderen, die »gewöhnlichen Christen«, die sich um die Dinge »der Welt« kümmern und es deshalb auch mit Gott nicht so ganz ernstnehmen müssen, die keine Verpflichtung haben, sich in Glaubensfragen wirklich auszukennen und nach Heiligkeit zu streben.

Doch würde das bedeuten, alles auf den Kopf zu stellen und zu vergessen, dass Jesus in der Bergpredigt nicht für einige wenige gesprochen hat. Alle, sagte er, sollen »vollkommen sein, wie auch euer himmlischer Vater vollkommen ist«. Zudem würde es auch bedeuten, davon auszugehen, das Christentum sei eine Religion, die die Menschen nur aufs Jenseits vorbereitet und ihnen sagt, die Dinge dieser Welt seien für das Reich Gottes unwichtig, ja ein Hindernis. Doch das ist falsch. Die Lehre Jesu Christi ist nicht eine Aufforderung an uns Erdenbürger, unseren Platz in der Welt, unsere Arbeit, unseren Beruf, unsere Engagements in Familie und Gesellschaft als unwichtig für das Reich Gottes zu betrachten oder diesen unseren Platz gar zu verlassen, im Gegenteil. Hat Jesus nicht beim letzten Abendmahl für seine Jünger zum göttlichen Vater mit den Worten gebetet: »Ich bitte nicht, dass du sie aus der Welt nimmst, sondern dass du sie vor dem Bösen bewahrst« (Joh 17, 15)? Und wenn wir die Briefe des heiligen Paulus aus dem Neuen Testament lesen, dann merken wir erstaunt, wie er den damaligen Christen, allen ohne Ausnahme, sagt: »Das ist es, was Gott will: eure Heiligung« (1 Thess 4, 3). Dabei richtet sich Paulus offenbar an Menschen, die im Geschäftsleben standen, denn heilig zu sein, so schreibt er, bedeute zunächst einmal, dass »keiner seinen Bruder bei Geschäften betrügt«. Diese Aufforderung, wie auch jene, »dass jeder lernt, mit seiner Frau in heiliger und achtungsvoller Weise zu verkehren« und »nicht unrein zu leben«, war offenbar nicht an Priester oder gar an Mönche, die es ja zu Paulus' Zeiten noch gar nicht gab, gerichtet. Nein, Jesus ist gekommen, um in *dieser* Welt, in den Herzen der Menschen mit der Errichtung seines Reiches zu beginnen – »Das Reich Gottes ist mitten unter euch« (Lk 17, 21) – und durch die Christen diese Welt gemäß dem ursprünglichen Plan der Schöpfung umzugestalten. Allerdings wird dieses Reich erst am Ende der Zeiten, wenn Christus nach seiner Wiederkunft »alles neu machen« wird, seine vollendete und endgültige Gestalt erhalten.

Man hatte sich im Laufe der Jahrhunderte so sehr an die Idee gewöhnt, nur Bischöfe, Priester und Ordensleute seien für die Sendung der Kirche verantwortlich, weil sie es sind, die das Boot der Kirche durch ihr mit Gott verbundenes Leben flott halten und sich auch in Glaubenssachen auskennen, dass man meinte, die gewöhnlichen Christen, also die Laien, hätten gar keine »Berufung«. (»Laien« nennt man zunächst einmal jene Christen, die nicht Priester oder Diakone, also keine Kleriker sind; in einem genaueren und tieferen Sinn sind sie die »gewöhnlichen Christen«, deren Aufgabe die weltlichen Dinge sind, im Unterschied zu Klerikern und Ordensleuten oder »geweihten Personen« aller Art.) Man betrachtete die Laien sozusagen als Christen zweiter Klasse, die keine wirkliche und aktive Mitverantwortung für die Sendung der Kirche tragen.

Jemand könnte hier einwenden, das alles sei doch heute ganz anders geworden. Heute würden sich doch gerade *alle* in der Kirche engagieren und sogar verantwortungsvolle Ämter übernehmen, auch die »Laien«, also jene, die keine Priesterweihe erhalten haben, und auch solche, die keiner Ordensgemeinschaft angehören. Heute fühlten sich alle, Männer und Frauen, zu einer Aufgabe in der Kirche berufen und das althergebrachte Vorurteil, dass in der Kirche nicht alle im Vollsinne Christ sein könnten, sei doch schon längst nicht mehr vorhanden.

Doch lassen wir uns nicht vom Schein täuschen! Selbstverständlich: Die Mitarbeit von Laien in der Katechese und, in seitens der Kirche genau festgelegten Grenzen, auch im Gottesdienst und in anderen Bereichen des kirchlichen Lebens ist weit verbreitet; sie ist gut und eine Bereicherung. Vergessen wir nicht die vielen Männer und Frauen, die in unseren Pfarreien großzügig und mit oft heroischer Opferbereitschaft ihre Kräfte als Katechetinnen und Katecheten, in der Ehevorbereitung, in der Kranken- und Altenbetreuung usw. einsetzen! Aber diese Art von Dienst an der Kirche ist nicht für die Mehrheit der Christen. Gerade wenn sie ihr Christsein in der Welt mit Großzügigkeit leben – vielleicht haben sie eine kinderreiche Familie und einen anfordernden Beruf –, haben sie dafür zumeist schlicht keine Zeit. Falls man aber meinte, man sei allein schon auf Grund eines solchen Engagements in der Pfarrei und in innerkirchlichen Strukturen im volleren Sinne Christ, so würde man vielleicht gerade damit beweisen, dass man noch immer dem alten Vorurteil verhaftet ist, es gebe Christen erster und zweiter Klasse und wer zu ersteren gehören wolle, müsse sich »kirchlich engagieren«.

Man würde dabei auch vergessen, dass Gott in Jesus Christus Mensch geworden ist und so, wie wir in den folgenden Kapiteln noch genauer sehen werden, alle in sich wertvollen Realitäten des menschlichen Lebens zu einer Gelegenheit geworden sind, um Gott zu begegnen und der Kirche zu dienen. Wie der hl. Josemaria es einmal ausdrückte, ist nicht das Gotteshaus der einzige wahre Ort des christlichen Lebens. Christsein würde dann bedeuten, »zur Kirche zu gehen, an sakralen Zeremonien teilzunehmen und sich in einer kirchlich geprägten Umgebung abzukapseln, in einer isolierten Welt, die sich als Vorhalle des Himmels darstellt, während die gewöhnliche Welt draußen ihre eigenen Wege geht« (Gespräche 113). Man würde dabei übersehen, was der hl. Josemaria die »Würde des gewöhnlichen Lebens« genannt hat: dass Christen gerade die Aufgabe zukommt, die Wege dieser Welt, ihre innersten Strukturen und Gefüge, mit dem Licht des christlichen Glaubens zu erhellen.

Christsein besteht seinem Wesen nach nicht darin, sich mehr oder weniger in irgendwelchen kirchlichen Strukturen zu engagieren – als so genannter »engagierter Christ« –, sondern verlangt ein Engagement, das sich auf das gesamte Leben erstreckt, eine die ganze Existenz fordernde Bindung an Christus. »Sich aus Liebe binden! Wie schön ist das! Als Kinder Gottes verpflichten wir uns aus freien Stücken, unser Leben dem Herrn zu widmen. Wir wollen, dass er unumschränkt und vollständig in unserem Leben herrscht«

(FdS 855). Die Kirche Christi ist kein Verein oder Klub, dessen Haupttätigkeit in bestimmten Versammlungen und gemeinsamen Aktivitäten besteht. Zudem: Weder Bischöfe noch Priester, nicht einmal der Papst und viel weniger noch so genannte »Laien im kirchlichen Dienst« sind die Hauptpersonen in der Kirche! Die Hauptperson ist Christus. Die Priester haben allein die Aufgabe, Christus gegenwärtig werden zu lassen. Wie es die Reaktion von Papst Benedikt XVI. zeigte – vor seiner Wahl zum Papst war er ja ein weltberühmter Theologe und Kardinal –, als man ihn darauf ansprach, welch große Zuneigung ihm so viele Menschen, die in noch nie dagewesener Zahl zu seinen Audienzen strömten, nun erwiesen: »Sie sehen in mir eben Christus« war seine schlichte Antwort. Priester, Bischöfe und der Papst sind wichtig nur, insofern sie durch die Verkündigung des Wortes Gottes und die Sakramente Christus gegenwärtig machen. Sie sind nicht in einem volleren Sinne Christen als die anderen Gläubigen, sie sind es nur auf eine andere Weise. Für die Sendung der Kirche sind dann aber gerade die Laien, und zwar nicht die, wie man sagt, »kirchlich engagierten Laien«, sondern die ganz *gewöhnlichen Gläubigen* die entscheidenden Hauptpersonen. Sie tragen Christus in die Welt hinaus, dorthin wo die Menschen leben und arbeiten und wo sich die Erlösung verwirklichen muss. In ihnen sollten ihre Mitmenschen Christus erkennen können, denn alle Gläubigen haben am Priestertum Christi teil, indem sie auf Grund der Taufe die Sendung Christi, die Welt von innen her zu heiligen, mittragen.

Heiligkeit: die wahre christliche »Karriere«

Es gibt ein Phänomen, das man »Klerikalismus« nennt. »Klerikalismus« kommt von »Klerus« und »Kleriker«. Zum Klerus gehören jene, die in der Kirche ein Amt ausüben, das die Diakons-, Priester- oder Bischofsweihe zur Voraussetzung hat. Kleriker sind also vereinfacht gesagt jene, die in der Kirche ein geistliches Amt innehaben. »Klerikalismus« ist eine Art des Missbrauchs des kirchlichen Amtes. Er rührt daher, dass man denkt, Kleriker seien die eigentlichen und »wichtigen« Christen. Und die eigentlichen, ja einzigen Verantwortlichen für die Sendung der Kirche. Diese Überzeugung führte früher leicht zur Einmischung der Kleriker in alle Bereiche des Lebens, zum Versuch, in der Gesellschaft den Ton anzugeben, nicht nur durch die Verkündigung der Lehre Christi und die Spendung der Sakramente, durch den eigentlichen Dienst des Priesters also, sondern dadurch, dass sie überall »Chef« sein wollten, auch in Dingen, die Christus der Freiheit der Menschen überlassen hat.

»Kleriker« nannte man ursprünglich die des Lesens und Schreibens Kundigen, die eine Schulbildung hatten und deshalb in einer allgemein analphabetischen Gesellschaft hohes Ansehen besaßen. Da die meisten dieser »Kleriker« Kirchenleute (Priester und Mönche) waren, wurde »Kleriker« und »Klerus« zu einem Synonym für Angehörige der kirchlichen Hierarchie. Kleriker sein war ein sozialer Aufstieg, eine »Karriere«, die mit gesellschaftlichem Prestige und Einfluss verbunden war, aber eben in einer oft allzu menschlichen, irdischen Weise. So war es noch bis in die jüngste Vergangenheit, und manchmal kann man auch heute noch eine entsprechende Mentalität antreffen. Jesus hat das

Karrieredenken unter seinen Aposteln scharf verurteilt. Als die Mutter der Apostel Jakobus und Johannes Jesus um Ehrenplätze in seinem Reich für ihre beiden Söhne bat, erklärte Jesus seinen Aposteln, er sei nicht gekommen, »sich dienen zu lassen« – Karriere zu machen –, »sondern um zu dienen und sein Leben hinzugeben als Lösegeld für viele«. Und so solle auch unter seinen Jüngern derjenige groß und der Erste sein, der der Diener der anderen ist (vgl. Mt 20, 20-28).

Der Geist Christi ist das Gegenteil von »Klerikalismus«. Doch auch heute noch streiten sich Christen oft um Posten, um »Einfluss« oder »Mitsprache« in der Kirche und träumen von einer kirchlichen Karriere. Viele Laien drängt es eigenartigerweise dazu, Aufgaben des Klerus zu übernehmen, ja in einigen Ländern wollen Laien sogar am Altar irgendwie »mitzelebrierend« dabei sein oder zumindest predigen dürfen; sie sind »klerikalisierte Laien«. Andere benutzen ein katholisches Etikett, um ihre persönlichen Ansichten in Fragen der Politik, Wirtschaft, aber auch der Theologie und Ethik ihren Mitchristen als die allein »katholischen« oder »christlichen« aufzudrängen. Sie maßen sich an, in Dingen, die die Kirche der freien und persönlichen Meinungsbildung der Gläubigen überlässt und wo sie gesunden Pluralismus und Vielfalt wünscht, im Namen aller Katholiken zu sprechen und eine katholische Einheitsposition zu repräsentieren, die dann für alle verpflichtend sein sollte. Sie verhalten sich also, obwohl sie Laien sind, wie Kleriker »der alten Schule«.

Christus sucht Menschen, die bereit sind zu dienen und ihm dazu auf dem Weg der Selbstverleugnung und Demut nachfolgen, nicht solche, die in der Kirche Karriere machen wollen oder dort gar nach Einfluss und Macht streben. Maria hat keine Karriere gemacht, sie war nicht Apostel, hatte keine Leitungsbefugnis in der Kirche und doch ist sie zweifellos die wichtigste Person innerhalb der Kirche Jesu Christi – wichtiger als alle Apostel zusammen. Indem sich Maria, als Geschöpf Gottes, dem Wirken des Heiligen Geistes öffnete, hat sie durch ihr Frau- und Muttersein Christus in die Welt hineingetragen. Viele große Heilige waren Frauen. Sie waren für die Kirche und den Gang der Geschichte oft einflussreicher und wichtiger als Bischöfe und sogar Päpste. Solche Frauen braucht die Kirche auch heute, aber nicht in den Sakristeien unserer Kirchen oder gar am Altar, sondern vor allem in der Familie, aber auch in Schulen, Universitäten, Krankenhäusern, Büros, Arztpraxen, in der Welt der Mode, der Kunst und der Massenmedien, in der Politik, der Wirtschaft und in den vielfältigen Formen des sozialen Engagements.

Ich möchte niemandem den aufrichtigen Wunsch absprechen, Christus und der Kirche dienen zu wollen. Was ich jedoch soeben dargestellt habe, zeigt, dass wir auch heute immer noch Mühe haben zu verstehen, dass unter Umständen ein Bankdirektor, Linienpilot, eine Krankenschwester oder Schauspielerin, ein Taxichauffeur, Zahnarzt oder eine Hochschulprofessorin mehr für die Kirche Christi tut und das Ideal christlicher Vollkommenheit besser verkörpert als Menschen, die kirchliche Ämter innehaben oder in irgendeiner Weise mit dem offiziellen Etikett »Katholik« auftreten. Groß ist für Christus derjenige, der heilig ist. »Groß« waren deshalb, zumindest am Anfang, nicht die Apostel, sondern eben Maria. »Groß« und »wichtig« sind im Reich Gottes auch nicht Priester, Bischöfe oder Päpste nur schon, weil sie Priester, Bischof oder Papst sind, sondern die *Heiligen* (und es gab und gibt natürlich auch viele heilige

Priester, Bischöfe und Päpste). Auf die Heiligkeit, das heißt die innere Verbundenheit mit Christus, die Liebe zu Gott und die Hingabe des eigenen Lebens im Dienst an den Mitmenschen kommt es an. Diese »Karriere« steht jedem offen. Sie ist die eigentliche Karriere im Reich Gottes und damit in der Kirche Jesu Christi. Das Wort des Herrn »Wer bei euch groß sein will, der soll euer Diener sein« gilt auch für all die oben genannten Menschen, die ihren Alltag in Büroräumen, Laboratorien, Cockpits oder Fabrikhallen verbringen, wie für sie auch gilt: »Seid also vollkommen, wie es auch euer himmlischer Vater ist.«

Lösen wir uns also von falschen Vorstellungen von Christsein. Nochmals: Christen sind nicht dazu berufen, »an sakralen Zeremonien teilzunehmen und sich in einer kirchlich geprägten Umgebung abzukapseln, in einer isolierten Welt, die sich als Vorhalle des Himmels darstellt, während die gewöhnliche Welt draußen ihre eigenen Wege geht« (Gespräche 113). Das Verhängnisvolle an einer solchen Sicht ist ja gerade, dass dabei die Welt »ihre eigenen Wege geht«, nicht die Wege Gottes. Freilich haben die Strukturen dieser Welt (Politik, Wirtschaft, wissenschaftliche Forschung, Kunst und Technik) ihre eigenen Gesetzmäßigkeiten. Sie sollen nicht unter die Leitung oder gar »Kontrolle« der Kirche gestellt werden. Gott sei Dank sind die Zeiten, da man solches erwartete, vorbei! Doch brauchen die Strukturen dieser Welt trotz ihrer legitimen Eigengesetzlichkeit doch immer auch das Ferment und das Licht Christi, um sich nicht schließlich durch Missbrauch oder Selbstzerstörung gegen den Menschen zu wenden.

Trotz großartiger wissenschaftlicher, kultureller, politischer und sozialer Fortschritte, die alle auch irgendwie durch den Geist der christlichen Tradition und nur durch den Nährboden des Christentums ermöglicht wurden, ist unsere moderne Welt ja in wichtigen Aspekten abseits vom Geist Christi entstanden. In mancher Hinsicht ist sie diesem Geist sogar entgegengesetzt. Die zumeist großartigen Fortschritte der Moderne in Wissenschaft, Technik oder Medizin, die das Leben revolutionierten und es so viel besser werden ließen, haben sich deshalb in mancher Hinsicht von der Wahrheit über Gott und den Menschen getrennt und sich so auch immer wieder gegen den Menschen gekehrt. Unsere Welt ist neuen Bedrohungen ausgesetzt, die letztlich die Folge der Kombination zweier Faktoren sind: Auf der einen Seite immenses Wissen und enorme menschliche Macht durch Wissenschaft und Technik, auf der anderen Seite große religiöse und »metaphysische« Unwissenheit; eine Unwissenheit über Ursprung, Sinn und Ziel des menschlichen Lebens. Dazu kommt eine oft fatale moralische Schwäche des Menschen, die leicht zum Missbrauch dieser Macht und zur Selbstzerstörung führt. Letzteres zeigt sich auch darin, dass man heute oft die Versklavung durch niedrige Instinkte als »Befreiung« und Fortschritt preist; wer dagegen rebelliert und das nicht mitmacht, wird als rückständig und ewiggestrig beschimpft.

Die moderne Welt braucht Menschen, die einen festen Halt im Glauben, klare moralische Werte und eindeutige Orientierungen haben; Menschen, die der Zukunft nicht mit Misstrauen, sondern mit der Erwartung entgegenblicken, dass Gott diese Welt und die Menschheit nicht vergessen hat, sondern will, dass der Geist Christi diese Welt durchdringe. Die menschliche Gesellschaft braucht Menschen und Staatsbürger, die fähig sind, für ihr Leben ein Projekt zu formulieren und feste Bindungen einzugehen. Sie hat Menschen nötig, die keinen Spaß an einer bloßen

Spaßgesellschaft haben, in der jeder versucht, ein möglichst leidfreies und genussreiches Leben zu führen, Menschen, die sich von den Diktaten der Konsumgesellschaft zu befreien vermögen und stattdessen den Wunsch haben, ihren Mitmenschen mit ihrer täglichen Arbeit in Schule, Studium, Beruf und Familie zu dienen, auch wenn das Opfer verlangt. Nicht Wissenschaft und Technik allein sowie die Segnungen der modernen Demokratie sind letztlich die Lösung für die Probleme der Menschheit; es braucht zusätzlich auch einen geistlichen *Input* von Werten des christlichen Glaubens.

Die moderne Zivilisation und Kultur haben sich von ihrem Ursprung und Quellgrund, dem Christentum, entfernt. Natürlich lernt man in Schulen und Universitäten nicht selten, dass die katholische Kirche und sogar das Christentum generell ein Feind von Wissenschaft und Fortschritt gewesen sei und die Kirche die Segnungen der Moderne bekämpft habe. Doch so oft man das auch wiederholt, es wird dadurch nicht wahrer; es bleibt vielmehr grundfalsch. Als Christen, und noch mehr als Katholiken, brauchen wir da überhaupt keine Komplexe zu haben. Allerdings müssen wir die Geschichte unparteiisch, mit Gelassenheit und Objektivität studieren, aus Fehlern der Vergangenheit lernen, auch aus vielen Fehlern von Katholiken und wichtigen kirchlichen Persönlichkeiten! Dabei sollten wir aber auch nicht die Realität verzerren und meinen, die Geschichte der Kirche sei eine Geschichte von Fehlleistungen.

In Wirklichkeit nämlich ist die Geschichte der katholischen Kirche eine einzigartige Erfolgsgeschichte! Vor allem dank der katholischen Kirche wurde das antike Kulturerbe vor dem Untergang und die römische Rechtskultur in die Gegenwart hinübergerettet, entstanden die ersten Universitäten und wurde die Grundlage für den gesamten abendländischen Wissenschaftsbetrieb gelegt. Und es war das Christentum, das immer am Prinzip der Unterscheidung von weltlicher und geistlicher Gewalt festgehalten hat und deshalb unsere heutige moderne Säkularität, die Unabhängigkeit der staatlichen von der religiösen Gewalt ermöglichte. Es waren nicht *katholische* Theologen, die Kopernikus als erste bekämpften, und es waren auch nicht katholische Gebiete, in denen der heidnische Hexenglauben sich am hartnäckigsten hielt und es am längsten die meisten Hexenverbrennungen gab! Was den gewiss betrüblichen »Fall Galilei« betrifft: er ist komplizierter als allgemein angenommen, und er ist der einzige Fall katholisch-kirchlicher Zensurierung eines Naturwissenschaftlers. Er wird nur deshalb immer wieder aufgeführt, weil er der einzige Fall und in Wirklichkeit eine Ausnahme ist! Die katholische Kirche und die durch sie ermöglichte Gesellschaftsstruktur haben nämlich die moderne Wissenschaft nicht nur stets gefördert, sondern sie geradezu ermöglicht. Viele Vertreter der Kirche haben selbst Bahnbrechendes geleistet (etwa gerade der katholische Kleriker Kopernikus oder der Mönch Mendel mit der Entdeckung der Erbgesetze; selbst Galilei hat erst *nach* seiner Konfrontation mit der Kirche und unter ihrem Ansporn, wissenschaftlich weiterzuarbeiten, seine entscheidenden Beiträge zur modernen Physik, die Fallgesetze, erbracht; kein Papst hat je Kopernikus verurteilt, die protestantischen Reformatoren Luther und Melanchthon haben das jedoch getan).

Aber auch wenn sich moderne Zivilisation und Kultur von ihrem christlichen Ursprung in einer gewissen Weise abgekoppelt haben, bedeutet das doch nicht, dass wir Christen nun versuchen müssten, die Zustände der Vergangenheit wieder herzustellen. Es gab nie die »gute alte Zeit«. Jede Epoche hat ihre eigenen Vorzüge und Nachteile. Wer wollte schon ins Mittelalter zurück! Wir Christen fühlen uns wohl in der Moderne, und das ist gut so. Diese moderne Welt braucht jedoch wirklich *christliche* Bürger. In der heutigen Welt fallen ja die wichtigen Entscheidungen und Weichenstellungen dort, wo die Menschen arbeiten: in Wissenschaft, Technik, an den Schulen und Universitäten, im Labor und in den Chefetagen der großen Unternehmen, in gewählten Regierungen und Parlamenten, in demokratischen Prozessen und unter dem enormen Einfluss der Massenmedien sowie der von ihnen weitgehend bestimmten öffentlichen Meinung. Aber auch schon als bloßer Konsument lenkt der gewöhnliche Bürger den Gang der Weltgeschichte. Was immer er kauft, auch Bücher, Zeitungen, Magazine, Eintrittskarten für Filme, Theater, Konzerte usw.: er bestimmt damit, *was* produziert und *wie* es produziert wird und ist daran beteiligt, das geistige Klima der Gesellschaft, in der er lebt, mitzuprägen.

Ganz zu Unrecht erscheint in einer solchen Welt vielen Menschen Religion, insbesondere die christliche, wie ein Relikt aus der Vergangenheit, bestenfalls als ein Stück fürs Museum. Viele Menschen, zumal junge, glauben deshalb heute vor der Wahl zu stehen: »Will ich Christ sein oder will ich modern, ein Mensch von heute sein?« Man will gerade der Jugend weismachen, Christsein sei etwas Verstaubtes, Gott und noch mehr die Kirche seien eigentlich Spielverderber. Zuweilen erhält man den Eindruck, man müsse sich heute dafür entschuldigen, Christ und gar Katholik zu sein! Die meisten Massenmedien nehmen die Kirche gerade noch als ein folkloristisches Phänomen wahr, und die wenigsten Journalisten bemühen sich darum, was in anderen

Ressorts selbstverständlich ist: etwas von der Materie, über die sie schreiben, zu verstehen. Wer in Zeitungen, im Radio und Fernsehen über die katholische Kirche berichtet und urteilt, hat in vielen Fällen weder Theologie noch Kirchengeschichte studiert, hat keine Ahnung vom kirchlichen Recht und nur sehr bruchstückhafte und oft ganz falsche Vorstellungen von dem, was die Kirche tatsächlich glaubt und lehrt; entsprechend mangelhaft, ja falsch und irreführend wird deshalb zumeist auch berichtet. Leider beziehen die meisten Menschen, selbst viele Katholiken, ihre Informationen über die katholische Kirche nur noch aus solchen Quellen und sind entsprechend unzulänglich und tendenziös informiert.

Die heutige Welt braucht deshalb wirkliche Christen, die so modern sind wie diese Welt, gleichzeitig aber ganz aus dem Evangelium leben, die Lehre der Kirche genau kennen, mit Christus durch ein intensives Gebetsleben zutiefst verbunden sind und verstehen, dass sie als Christen eine *Sendung* haben. Es braucht also, wie Papst Johannes Paul II. im Jahre 1985 sagte, »Herolde des Evangeliums (…), die Experten im Umgang mit den Menschen sind, die das Herz des heutigen Menschen gründlich kennen, seine Freuden und Hoffnungen, Ängste und Sorgen teilen, und zugleich beschauliche Freunde Gottes sein wollen.« Der Papst fügte hinzu: »Dazu bedarf es neuer Heiliger.« Schon in den 1930er Jahren schrieb der Gründer des Opus Dei in »Der Weg«: »Ein Geheimnis. – Ein offenes Geheimnis: es gibt Weltkrisen, weil es an Heiligen fehlt. Gott wünscht eine Handvoll ›seiner‹ Leute in jeder menschlichen Tätigkeit …« (301).

Diese Heiligen, Christen also, die ihr Christsein konsequent und im Bewusstsein leben, eine göttliche Berufung zu haben, braucht es in allen Bereichen der Gesellschaft und der menschlichen Arbeit, inmitten der Familien, in den Schulen und Universitäten, in der wissenschaftlichen Forschung und im Showbusiness, in der Welt der Kunst, des Theaters, der Musik, in den tausendfältigen Arten menschlicher Dienstleistungen, überall dort, wo Menschen leben und arbeiten. Nicht dass Christen hier besondere »christliche« oder gar »katholische« Lösungen parat hätten, so als ob Christen oder Katholiken alle geschlossen jeweils den gleichen Lösungen zustimmen sollten! Es geht darum, mit allen Menschen, auch jenen, die unseren Glauben nicht teilen, zusammenzuarbeiten und in diese Welt, die durch Sünde und menschliche Schwachheit gezeichnet, ja oft regelrecht verunstaltet ist, das Ferment des christlichen Glaubens hineinzutragen. Der christliche Glaube löst nicht als solcher schon die Probleme und Aufgaben dieser Welt, er gibt nicht Antworten auf Fragen der Wissenschaft, der Technik, der Medizin, und auch die meisten politischen Fragen werden nicht durch den Glauben entschieden, noch gibt er Rezepte für die Lösung der meisten gesellschaftlichen Probleme. Dazu hat uns Gott unseren menschlichen Verstand geschenkt. Auf dieser Ebene können wir mit vielen Menschen zusammenarbeiten, die nicht den christlichen Glauben mit uns teilen. Umgekehrt ist jedoch der christliche Glaube auch eine kräftige Stütze für die menschliche Vernunft. Denn der Glaube selbst ruht ja auf der Vernunft auf. Zudem stammt er von demselben Schöpfer, der uns auch unseren Verstand gegeben hat und den das Johannesevangelium selbst *Logos* nennt. »Logos« aber heißt nicht nur »Wort«, sondern auch »Verstand« oder »Denken«.

Auch wenn die Jünger Christi nur eine Minderheit sind, so können sie als »Sauerteig in der Masse«, als »Salz der

Erde« und als »Licht der Welt« eben tatsächlich auf die Gesamtheit der menschlichen Gesellschaft einwirken. Ja gerade das Licht und die Klarheit des christlichen Glaubens, verbunden mit dem Beispiel eines christlichen Lebens aus einem Guss, wird vielen, die Christus noch nicht kennen, Mut und Kraft geben, das Gute zu tun. Vor allem verändern der Glaube und das Leben in Christus den Menschen, damit er die Kraft hat, seinen Egoismus, seine Schwachheit, das Böse, das aus seinem Herzen kommt, zu überwinden. Das befähigt ihn dann auch, seine Mitmenschen mit der Liebe Christi zu lieben und dadurch alle menschlichen Tätigkeiten zu reinigen und sie erst dadurch auf das wahre Wohl der Menschen auszurichten. »Kinder Gottes sind wir. Träger der einzigen Flamme, die die Wege der Menschen auf Erden zu erhellen vermag; des einzigen Lichtes, vor dem Finsternis, Dämmerung, Schatten für immer entweichen. Der Herr bedient sich unser als Fackeln, damit dieses Licht hell erstrahlt … An uns liegt es, dass viele Menschen nicht im Dunkeln stehen bleiben, sondern Wege gehen, die zum ewigen Leben führen« (FdS 1).

Jeder Christ: ein Apostel

Wenn ich morgens die vielen Jugendlichen sehe, die in die verschiedenen Schulen oder in die Universität strömen, dann denke ich: Die meisten von diesen jungen Menschen sind getauft und sogar gefirmt. Sind sie sich bewusst, dass sie deshalb von Christus berufen sind, *Apostel* zu sein? Und dass der Herr ihnen sagt, sie sollten *heilig* sein, »Licht der Welt«, Fackeln, die in der Finsternis der Gottvergessenheit leuchten? Dass Christus sich gerade *ihrer* und damit ihrer

Talente, ihrer Intelligenz, Arbeitskraft, Kreativität und Fähigkeit, ihr Leben für ein Ideal zu verschenken, bedienen will, um sein Werk der Erlösung in dieser Welt zu verwirklichen und alle Menschen zum ewigen Leben zu führen?

Wie groß ist das Bewusstsein junger Christen, die sich als katholisch betrachten und sich vielleicht sogar für »gute Christen« halten, *eine göttliche Sendung zu besitzen*? Jeder Leser dieser Zeilen kann sich diese Frage selber stellen. In Wirklichkeit ist es leider zumeist so, dass man sich dessen ganz und gar nicht bewusst ist oder vielleicht sogar meint (wie ich das vor vielen Jahren selber meinte), man sei doch eigentlich bereits »gut katholisch«. Vor allem aber sind die wenigsten auf eine solche Sendung vorbereitet. Denn um Apostel zu sein, müsste man doch die Lehre Jesu Christi, so wie sie uns von der Kirche bis heute treu überliefert wurde, gut kennen und sie anderen kompetent erklären können; man müsste durch ein intensives Gebetsleben eine intime persönliche Freundschaft mit Christus und durch ihn mit Gott unserem Vater und dem Heiligen Geist pflegen. Man müsste bereit sein, gegen den Strom zu schwimmen, und für die Treue zu Christus auch wirkliche, sogar materielle Opfer bringen können.

Was kostet es uns in Wirklichkeit, Christ zu sein? Nicht nur bei jungen Menschen, sondern generell unter Christen grassiert religiöse Unwissenheit, wir finden kaum ein wirkliches, seriöses Gebetsleben oder Erfahrung im vertrauten Umgang mit Christus. Wir finden hingegen Angst, gegen den Strom zu schwimmen und als Christ oder gar als Katholik erkannt zu werden. Die erste Reaktion, etwa in Gesprächen mit unseren Kollegen und Freunden, ist da oft, dass wir sogleich beschwichtigend anmerken, wir würden natürlich auch nicht alles glauben, was der Papst sagt (obwohl wir gar nicht genau wissen, was er eigentlich sagt). Als Christen, und mehr noch als Katholiken, haben wir oft Minderwertigkeitskomplexe, auch weil wir zuweilen recht naiv und ohne historische Kenntnisse die vielen Schauergeschichten, die man über die Kirche erzählt (Kreuzzüge, Inquisition, Hexenverfolgungen, »Fall Galilei« usw.), einfach für bare Münze nehmen; dabei bedenken wir nicht, dass diese Dinge zumeist einseitig und tendenziös, übertrieben und oft sogar völlig falsch dargestellt werden und dass dies leider häufig in der Absicht geschieht, die katholische Kirche und ihre Vergangenheit in ein möglichst schlechtes Licht zu rücken. Da wir nicht selten aus bloßer Unwissenheit und auf Grund äußerer Beeinflussung selber ein schlechtes Bild von der Kirche haben, schämen wir uns sogar, katholisch zu sein, werden wir lau, minimalistisch und führen, im besten Fall, ein regelrechtes Doppelleben: Am Sonntag, oder vielleicht sogar nur an Weihnachten und Ostern, gehen wir in die Kirche und singen ein paar schöne Lieder, um dann die restliche Zeit *unsere* Pläne zu verfolgen und *unser* Leben zu leben. Unser Christ- und Katholischsein verstecken wir dabei geflissentlich. Wir passen uns an, geben nach, und dabei sollten wir Christen doch eben *Licht* sein, und zwar nicht eines, das »unter den Scheffel« gestellt ist, wie Jesus sagt, das heißt eine Lampe, über die man ein Gefäß gestülpt hat. Ebenso kann ein Licht nicht als Licht wirken, wenn es so schwach ist, dass es nicht in einem gewissen Kontrast zu dem steht, was es beleuchtet. Zumindest ist es dann ziemlich überflüssig.

Das heißt nun absolut nicht, Christen müssten *um jeden Preis* den Kontrast oder gar den Widerspruch suchen, sie müssten in allem und jedem gegen den Strom schwimmen, oder »Anderssein« sei Selbstzweck. Schon gar nicht heißt es, dass wir dieser Welt mit Misstrauen und Ablehnung gegenüberstehen. Wir dürfen, ja wir sollen diese Welt lieben. Ja, *leidenschaftlich* sollen wir sie sogar lieben, wie der hl. Josemaria geschrieben hat (Gespräche 113-123). Die Herausforderung ist vielmehr: modern und normal sein und doch ganz zu Christus gehören, an seinem Erlösungswerk mitwirken. »Normalität« ist ja nicht unbedingt, was alle tun, wie auch bei einer Epidemie, bei der die Mehrheit krank ist, nun nicht plötzlich die Gesunden die Abnormalen sind! Ein Christ, der normal ist, ist ein Christ, der sich »natürlich« verhält, seiner Natur als Christ gemäß, dessen Christsein also sichtbar und deshalb oft auch Zeichen des Widerspruchs ist. »Ohne Zweifel wird dein Leben mit dem Leben anderer zusammenstoßen; der Kontrast, der dadurch entsteht, dass du deinen Glauben in deinen Werken bestätigst, ist genau die Natürlichkeit, die ich von dir erwarte« (Der Weg 380).

Das Licht Christi wird immer irgendwie zu dieser Welt in Kontrast stehen, um eben Licht zu sein, das in der Finsternis leuchtet – »Welt« hier nicht im Sinne von Gottes Schöpfung verstanden, sondern als Verkehrung von Gottes ursprünglichem Schöpfungsplan. Ursache dieser Verkehrung ist »die Begierde des Fleisches, die Begierde der Augen und das Prahlen mit dem Besitz«, wie der Apostel und Evangelist Johannes es in seinem ersten Brief erwähnt (1 Joh 2, 16): ungeordnete Begierlichkeit, unbändiges Luststreben, bloßes Besitz- und Machtstreben, also egozentrisches Genießen-, Haben- und Herrschenwollen. Dies ist »Welt« im schlechten Sinne. Das christliche Licht ist deshalb nicht Ablehnung der von Gott geschaffenen Welt, sondern ihre Heilung und Heiligung von innen her, damit sie wieder »gut« sei, so wie sie gut war, als Gott sie erschuf. Das Licht

Christi überwindet das Böse, das aus dem menschlichen Herzen kommt, durch das Gute, das von der Kraft des Herrn kommt und durch seine Jünger in diese Welt hineinströmen sollte.

Wir Christen müssen diese Welt lieben, aber wir müssen sie mit der Liebe Christi lieben: So wie Gott sie liebt, der sie schließlich erschaffen hat, der dann in sie eingetreten ist und aus Liebe zur ihr und zu uns für ihre Wiederversöhnung mit Gott sein Leben hingegeben hat. »Dazu sind wir Christen berufen«, schreibt der Gründer des Opus Dei, »das ist unsere apostolische Aufgabe, das ist der Eifer, der uns verzehren soll: das Reich Christi zu verwirklichen, Hass und Grausamkeit auszutilgen, den heilsamen und friedbringenden Balsam der Liebe auf der Erde auszubreiten« (CB 183).

Deshalb braucht Christus Menschen, die bereit sind, mit ihm diesen Weg zu gehen, und die verstehen, dass durch sie die Wege dieser Welt zu Wegen des Herrn und seiner erlösenden Liebe werden können. So trägt man den Namen eines »Christen« wirklich zu Recht, denn man gehört dann wirklich zu Christus und ist einer seiner Jünger. Genau dazu sind wir durch die Taufe berufen. Alle sollten wir in irgendeiner Weise Christus folgen und alles verlassen, was uns daran hindert, dem an uns ergehenden konkreten Ruf des Herrn zu entsprechen. Die Worte Jesu »Ihr seid das Licht der Welt« sollten uns aufrütteln. Sie weisen uns auf unsere große Verantwortung hin. Wir können ihr nur dann gerecht werden, wenn wir das Licht, das allein Christus uns geben kann, in uns aufnehmen.

Dieses Licht ist ein Licht der *Wahrheit*. Licht sein wollen bedeutet zuallererst einmal, die Wahrheit lieben und Zeuge der Wahrheit sein wollen, der Wahrheit, die Christus selber ist. »Wir wollen uns, von der Liebe geleitet, an die Wahrheit halten«, schreibt Paulus an die Epheser, »nicht mehr unmündige Kinder sein, ein Spiel der Wellen, hin und her getrieben von jedem Widerstreit der Meinungen« (Eph 4, 15; 14). *Veritatem facientes in caritate* lautet der zentrale Gedanke in der lateinischen Fassung, »in Liebe das Wahre tun«. Der »Balsam der Liebe«, den wir Christen gemäß den oben zitierten Worten des hl. Josemaria verbreiten sollen, ist also immer von der durch Christus offenbarten und von der Kirche überlieferten und bewahrten Wahrheit durchtränkt.

Das Ziel des nächsten Kapitels ist deshalb ein doppeltes: erstens zu verdeutlichen, dass ein Christ sich zunächst einmal durch seine Liebe zur Wahrheit auszeichnen muss, dass wir den Anspruch des christlichen Glaubens nicht davon trennen können, dass er beansprucht, als einziger *die ganze Wahrheit* zu sein. Andernfalls wäre christliche Liebe eine falsche Liebe. Und zweitens nimmt sich das folgende Kapitel vor, die Grundzüge dieser Wahrheit, so weit es für das Thema dieses Buches nötig erscheint, zusammenfassend darzustellen. Nehmen wir uns also die Zeit, uns die Eckpfeiler der christlichen Offenbarung in Erinnerung zu rufen. Nur auf ihrem Hintergrund wird auch Christsein als göttliche *Berufung* und dann auch Sinn und Zweck jeglicher weiteren besonderen Berufung innerhalb der Kirche, auch der Berufung zum Opus Dei, voll verständlich.

Zweites Kapitel

Der Christ: Zeuge der Wahrheit und des Glaubens

Ich bin dazu in die Welt gekommen,
dass ich für die Wahrheit Zeugnis ablege.
(Joh 18, 37)

Liebe zur Wahrheit

Jesus sagt von sich selbst, er sei »der Weg, die Wahrheit und das Leben« (Joh 14, 6). Der hl. Augustinus bemerkt scharfsinnig, Jesus sei Weg insofern er Mensch ist; insofern er aber Gott ist, sei er Wahrheit und Leben. Gott ist ja die Quelle aller Wahrheit und allen Lebens, denn er *ist* das Leben und die Wahrheit selbst, er ist sie gleichsam in Großbuchstaben geschrieben. Durch den menschlichen Mund Jesu spricht Gott selbst zum Menschen, er tut dies heute insbesondere durch das überlieferte Wort Gottes der Heiligen Schrift und die lebendige Lehrverkündigung seiner Kirche. Wenn wir als Christen das Licht der Wahrheit verbreiten wollen, dann müssen wir auf die Stimme des Herrn hören.

Nicht alle haben das während der vergangenen Jahrhunderte getan und auch heute tun es nicht alle. Das hat Konsequenzen. Eines der bekanntesten Dramen dieser Art finden wir im Johannesevangelium im Detail nacherzählt.

Jesus steht kurz vor seiner Verurteilung. Ihm gegenüber befindet sich Pontius Pilatus, der römische Statthalter von

Judäa. Er verhört Jesus, und die Antworten, die der Herr auf die Fragen des Pilatus gibt, werden über Leben und Tod entscheiden. Pilatus fragt Jesus, ob er wirklich der König der Juden sei. Das wäre Aufruhr gegen die Autorität des Kaisers. Jesus verneint es nicht, antwortet aber etwas geheimnisvoll: »Mein Königtum ist nicht von dieser Welt.« Auf die neuerliche Frage, ob er denn nun wirklich ein König sei, antwortet Jesus mit einem klaren Ja und fügt hinzu: »Ich bin dazu geboren und dazu in die Welt gekommen, dass ich für die Wahrheit Zeugnis ablege. Jeder der aus der Wahrheit ist, hört auf meine Stimme.« Doch nun fragt Pilatus achselzuckend: »Was ist Wahrheit?« (Joh 18, 33-37).

Es gibt Menschen, die die Wahrheit ablehnen, ja sie hassen, weil sie ihnen nicht passt, und das, obwohl sie sie kennen. Das ist sehr schlimm. Und es gibt andere, zu diesen gehört Pilatus, die sich schon gar nicht für so etwas wie Wahrheit interessieren. Vielleicht aus Oberflächlichkeit oder um sich nicht das Leben zu verkomplizieren, vielleicht auch, um kein Risiko einzugehen. Denn hätte Pilatus Jesus verteidigt, wäre er sicherlich in Schwierigkeiten geraten. Er stand unter Druck: eine Freilassung Jesu trotz der Anklage durch Angehörige seines eigenen Volkes hätte den Anschein erwecken können, er unterstütze einen Aufrührer gegen den Kaiser oder er sei nicht fähig, in seinem Machtbereich für Ordnung zu sorgen. Es wäre sicher das Ende seiner Karriere gewesen. Vielleicht aber wollte er auch nur deshalb mit Jesus im wörtlichen Sinn »kurzen Prozess« machen, um sich den Feierabend nicht zu verderben.

Menschen von diesem Schlag gibt es leider viele. Sie sind nicht unbedingt üble Typen, vielleicht sind sie sogar rechtschaffene Bürger, aber persönliche Interessen, Oberflächlichkeit, Bequemlichkeit oder einfach die Routine bewirken, dass ihnen so etwas wie Wahrheit letztlich egal ist. Man kann diese oberflächliche Gleichgültigkeit sehr gut hinter schön klingenden Worten verbergen: Man sei eben tolerant, respektiere andere Menschen und ihre Ansichten, man könne ohnehin nicht so genau wissen, wie es mit der Wahrheit stehe, vor allem in Dingen der Religion und der Weltanschauung. In der Wissenschaft sei das vielleicht anders, aber auch diese sage uns ja ohnehin, wir seien lediglich ein Produkt der Evolution und des Zufalls. Überdies sei Religion auch gefährlich, sie führe dazu, dass sich die Menschen bekämpfen, sie führe zu Gewalt, Hass und Krieg. Überhaupt: Man solle sich im Leben aufs Wesentliche konzentrieren. Entscheidend sei doch, ein guter Mensch zu sein, niemandem Böses zuzufügen und jeden leben zu lassen.

Trotz solch schöner Worte sind die gleichen Menschen dann oft sehr intolerant, denn »ihre« Wahrheit ist ihnen doch sehr wichtig: Welches der beste Fußballclub ist, welche Musikgruppe am besten spielt, aber auch in politischen, gesellschaftlichen, kulturellen Fragen wissen sie zumeist ganz genau, was stimmt und was nicht. Das geht uns allen mehr oder weniger so: Normalerweise finden wir unsere Ideen richtig und diejenigen der anderen falsch. Von »Toleranz« oder Respekt vor den Ansichten anderer findet sich oft keine Spur. Noch weniger akzeptieren wir dort, wo wir »unsere« Wahrheit haben, die Vorstellung, man könne es ohnehin nicht so genau wissen. Dort, wo wir uns wirklich betroffen fühlen, verteidigen wir jedenfalls unsere Meinung nach Kräften und tun alles, um andere davon zu überzeugen. Wehe denen, die nicht mit uns einverstanden sind!

Das ist vielleicht übertrieben ausgedrückt. Sicherlich ist jedoch das Interesse an *der* Wahrheit, nicht an »unserer«, sondern an der *objektiven* Wahrheit, nicht gerade das typischste Merkmal von uns heutigen Menschen. Die wichtigsten Fragen, jene nach der letzten Wahrheit über die Welt und den Menschen, nach unserem Ursprung, dem Sinn und Ziel des menschlichen Lebens, dem Ursprung des Übels in der Welt und danach, wie es denn möglich ist, dass eine Welt voller Leiden, Kriege und Ungerechtigkeit von einem guten Gott stammen könne: solche Fragen reißen die meisten Menschen nicht vom Stuhl, sie interessieren vielleicht aus bloßer Neugier oder weil man denkt, dass gewisse Erkenntnisse darüber für die Medizin oder die Technik nützlich sein und unsere Lebensqualität verbessern könnten – nicht jedoch weil wir zu erfahren wünschen, was eigentlich die Bestimmung und das ewige Schicksal von uns Menschen ist. So schiebt man auch die Frage, was nach dem Tod kommt, zur Seite. Aber auch etwa die Frage, ob unser Leben auf dem richtigen Kurs verläuft und ob es für uns Menschen überhaupt möglich ist, glücklich zu werden, scheint viele nicht sonderlich zu interessieren.

In der einen oder anderen Form passiert uns das freilich allen, und es ist keine Schande, es zuzugeben. Wir sind zwar vernünftige Wesen, besitzen Geist, Verstand und Freiheit. Als Christen wissen wir, dass wir in unserer geistigen Natur, in unserem Verstand und freien Willen, die uns ermöglichen zu lieben, das Ebenbild Gottes tragen. Wir sind aber auch Wesen dieser Welt, irdische, leiblich verfasste Wesen, der Materie verhaftet, die zwar nicht schlecht ist – auch sie stammt, wie alles, was ist, von Gott –, es uns aber auch nicht immer leicht macht, uns zu den wesentlichen Fragen, die nur dem Geist offenstehen, zu erheben. Je nach dem, was für ein Leben man führt, kann einem das mehr oder weniger schwerfallen. Schon der griechische Philosoph Aristoteles meinte, wer ein Leben nur nach den Leidenschaften, dem

Genießen-, Haben- und Herrschenwollen führe und nicht nach der Vernunft und der Wahrheit gemäß zu leben suche, dem nützten auch Vorlesungen über Ethik nichts, weil er gar kein Interesse daran haben könne, worin denn nun in Wahrheit das Gute bestehe. Tatsächlich sollte es für uns ein Alarmzeichen sein, wenn wir an diesen entscheidenden Fragen nach der Wahrheit über Gott, den Menschen und die Welt, ihren Ursprung und ihr Ziel, nur ein geringes oder gar kein Interesse haben. Vielleicht stimmt dann etwas mit unserem Leben nicht, vielleicht ist bei uns das Streben nach Genießen und Besitzen, nach Herrschen, Einfluss und Anerkennung, nach Prestige und stolzer Unabhängigkeit zu übermächtig. Die Sehnsucht nach Wahrheit wird durch diese Dinge tatsächlich bei nicht wenigen erstickt. Ja, viele haben vielleicht sogar regelrecht Angst vor der Wahrheit, weil man vor ihr sich eingestehen müsste, dass man etwas am Kurs des eigenen Lebens ändern sollte. Das kann so weit gehen, dass man sogar Hass gegenüber der Wahrheit empfindet. Der hl. Augustinus fragt sich in seiner Autobiographie, den »Bekenntnissen«: »Doch warum erzeugt die Wahrheit Hass?« Der große Kirchenvater gibt als Grund an, das könne bei denen geschehen, die das Verkehrte lieben, dennoch aber wünschen, »es möchte, was sie lieben, die Wahrheit sein«. Denn schließlich ist es nicht einfach, sich einzugestehen, dass man sich mit ganzem Herzen auf dem falschen Weg befindet (vgl. Bekenntnisse X, 23).

Ganz so weit muss es freilich nicht kommen. Doch ist Gleichgültigkeit weit verbreitet. Jesus hingegen sagt über sich selbst: »Ich bin dazu geboren und dazu in die Welt gekommen, dass ich für die Wahrheit Zeugnis ablege.« Dafür hat Jesus die Gegnerschaft derjenigen auf sich gezogen, denen ein *solcher* Messias nicht passte. Sie wollten einen

Messias, der ihren eigenen Bestrebungen nach Einfluss und weltlicher Ehre entgegenkäme. Mit dem demütigen Zimmermannssohn aus Nazareth, der auf einem Eselsfohlen in die Königsstadt Jerusalem einzog und seinen Jüngern die Füße wusch, konnten sie nichts anfangen.

Die christliche Wahrheit: eine Frohbotschaft

Man kann natürlich der Meinung sein, dass die Behauptung Jesu, er sei Zeuge der Wahrheit, noch über nichts entscheidet. Es gibt doch so viele Religionsstifter, so viele Stimmen, die sagen, sie würden uns die Wahrheit bringen! Richtig. Deshalb fügt Jesus hinzu: »Jeder, der aus der Wahrheit ist, hört auf meine Stimme.« Genau das hat Pilatus jedoch versäumt. Er stand vor Jesus, blickte in seine Augen, verstand, dass er es hier mit einem Unschuldigen zu tun hatte. Und doch stellte er nicht die entscheidenden Fragen: »Was ist diese Wahrheit?« und »Hilf mir, diese Wahrheit zu erkennen!« Vielmehr zuckt er aufgeklärt, »modern«, skeptisch, desinteressiert, vielleicht sogar angsterfüllt mit den Achseln und stellt die rhetorische Frage: »Was ist schon Wahrheit?« Noch mehr haben es diejenigen, die, wie viele Schriftgelehrte, vor allem Pharisäer, und andere wichtige Persönlichkeiten des damaligen jüdischen Volkes, Jesus aus Hass ablehnten, versäumt, die Frage nach der Wahrheit zu stellen. Dazu hätten sie sich nämlich selbst in Frage stellen und ihr Leben radikal ändern müssen.

In Wirklichkeit und im Tiefsten unserer Seele drängt es uns natürlich alle nach Erkenntnis von Wahrheit. Die Frage, mit der Pilatus das Gespräch mit Jesus beendet, ist eine elende Kapitulation, letztlich pure Feigheit. Es drängt uns alle nach Wahrheit, weil wir alle das Verlangen nach Glück haben. Jedermann weiß, dass Glück etwas mit Wahrheit zu tun hat. Schließlich wollte niemand glücklich sein wie der Titelheld im Film »The Trumanshow«: eingeschlossen in einem Fernsehstudio ein idyllisches Leben führen ohne zu wissen, dass dieses Leben nur eine gestellte Show ist und gar keine Wirklichkeit! Wir wollen nicht nur in einem bloßen *Zustand des Glücksgefühls* leben, so wie jemand, der an einer Maschine angeschlossen ist, die ihm beständige Befriedigungserlebnisse aller Art mit den dazugehörigen Gefühlen produziert, ohne dass diese jedoch mit irgendetwas Wirklichem in Verbindung stünden. Wir wollen nicht nur das *Gefühl* des Glücklichseins, sondern leben und selber handeln; unser Glücklichsein soll etwas damit zu tun haben, dass unser Leben Wirklichkeit ist, dass es *unser* Leben ist, dass es »stimmt« und inneren Wert besitzt.

Alle Menschen wollen glücklich sein, und deshalb verbringen wir mehr oder weniger das ganze Leben damit, dem nachzulaufen, wodurch wir glauben, glücklich zu werden. Für die einen ist das materieller Konsum, für andere Kunst, Musik oder Wissenschaft, für viele ist es ruheloses Arbeiten, für andere die Macht oder einfach Reichtum. Aber niemand will diese Dinge um ihrer selbst willen; er will sie, weil er glücklich sein will und weil er überzeugt ist, dass er dadurch auch tatsächlich glücklich werden kann.

So wie Jesus Christus Zeuge der Wahrheit ist, ist er deshalb auch derjenige, der uns zeigen kann, wie wir das wahre Glück finden können, nach dem unser Herz schon immer verlangt. Im Zentrum seiner Verkündigung stehen ja die Seligpreisungen, die wir schon kennengelernt haben: »Selig, die arm sind vor Gott, denn ihnen gehört das Himmelreich … selig, die hungern und dürsten nach der Gerechtigkeit …

selig die Barmherzigen … selig, die ein reines Herz haben, die Frieden stiften … selig seid ihr, wenn ihr um meinetwillen verfolgt und auf alle mögliche Weise verleumdet werdet. Freut euch und jubelt: Euer Lohn im Himmel wird groß sein« (Mt 5, 3-12). Das Evangelium ist wirklich eine Frohbotschaft, eine Botschaft und Verheißung der Freude: Im Jubel der Kinder Gottes soll alles enden, wir sind dazu bestimmt, an der unendlichen, unvorstellbaren Glückseligkeit Gottes teilzuhaben, von der alles Schöne und Beglückende in dieser Welt nur ein schwacher Abglanz ist. Ja, das »Himmelreich« selbst ist unsere Erbschaft! Aber nicht nur für den Himmel gelten die Seligpreisungen, schon für dieses Leben sagt uns der Herr: »Euer Kummer wird sich in Freude verwandeln … Bittet, und ihr werdet empfangen, damit eure Freude vollkommen ist« (Joh 16, 24), und: »Kommt alle zu mir, die ihr euch plagt und schwere Lasten zu tragen habt. Ich werde euch Ruhe verschaffen …« (Mt 11, 28). Es ist wie eine persönliche Einladung des Herrn, an seinem eigenen Glück teilzuhaben.

Dieselbe Einladung ist schon an die beiden ersten Apostel, Johannes und Andreas, ergangen. Auf die Frage dieser ersten beiden Jünger des Herrn, wo Jesus denn wohne, antwortet dieser: »Kommt und seht!« (Joh 1, 39). Johannes und Andreas gehen mit ihm und verbringen den ganzen Tag mit ihm zusammen. So begann die Geschichte ihrer Berufung, die Geschichte ihrer Liebe zu Jesus. Und so beginnt eigentlich die Geschichte jeder Berufung, auch jener ersten, die wir als Christen empfangen haben: »Komm und sieh!« So ging es auch dem Zweifler Nathanael, auch Bartholomäus genannt, einem der zwölf Apostel. Als ihm sein Freund Philippus berichtete, er habe den Messias gefunden, es sei Jesus von Nazareth, meint Nathanael etwas spöttisch (denn er stammte aus dem Nachbardorf Kana): »Aus Nazareth? Kann von dort etwas Gutes kommen?« Doch Philippus antwortet ihm einfach: »Komm und sieh!« (Joh 1, 46). Nathanael überwindet seine Vorurteile, geht mit und erkennt in Jesus tatsächlich den verheißenen Messias.

Jeder von uns ist allmählich in das christliche Leben hineingewachsen, wir haben uns auf Jesus eingelassen und deshalb immer mehr verstanden, »wo er wohnt«. Heute können wir natürlich schon im Vorhinein viel mehr über Jesus wissen, als diese beiden ersten Apostel zur Zeit ihres ersten Zusammentreffens mit dem Herrn. Entscheidend ist jedoch, dass wir mit diesen ersten Aposteln den Wunsch teilen zu wissen, wer dieser Jesus nun wirklich ist. Wer also ist dieser Christus, von dem Johannes Jahrzehnte später in seinem Evangelium schreiben wird, er sei »das wahre Licht, das jeden Menschen erleuchtet«, der denen, die ihn aufnehmen, die »Macht gibt, Kinder Gottes zu werden«, und durch ihn sei »Gnade und Wahrheit« in diese Welt gekommen (Joh 1, 9; 12; 17)?

Sündenfall und Erlösung

Um genau zu sein, die Wahrheit ist nicht erst mit Christus in diese Welt gekommen. Abgesehen davon, dass der Mensch mit dem Licht seines natürlichen Verstandes vieles erkennen kann, hat Gott, wie es am Anfang des Hebräerbriefes heißt, schon vorher »viele Male und auf vielerlei Weise zu den Vätern gesprochen durch die Propheten«, nur jetzt, »in dieser Endzeit hat er zu uns gesprochen durch den Sohn, den er zum Erben des Alls eingesetzt und durch den er auch die Welt erschaffen hat« (Hebr 1, 1-2).

Dieser Jesus Christus, den wir aus den Evangelien kennen und der von den Propheten vorausgesagt wurde, ist der Sohn Gottes des Vaters, zusammen mit dem Vater und dem Heiligen Geist ist er der eine und einzige Gott, er hat die Welt erschaffen, er ist Mensch geworden, ist »Abglanz der Herrlichkeit« des Vaters, »Abbild seines Wesens«, »er trägt das All durch sein machtvolles Wort«, er »hat die Reinigung von den Sünden bewirkt …« (Hebr 1, 3). Er ist der Herr und der »Christus«, das heißt auf Griechisch der »Messias«, zu Deutsch: der »Gesalbte«, der verheißene Erlöser der Menschheit, der aus dem Volk Israel hervorgehen sollte, aus dem Geschlecht des Königs David – sowohl Maria wie auch Josef, Jesu Pflegevater, *waren* aus diesem Geschlecht –, er ist der gute Hirt, der alle Menschen in seiner Kirche zusammenrufen sollte, damit sie als Kinder Gottes eine Herde unter einem Hirten, Jesus Christus, bilden.

Wir können Jesus nur verstehen, wenn wir begreifen, dass er Gott und zugleich wahrer Mensch ist und dass er als Erlöser die entscheidende Antwort auf das große Problem der Menschheit gegeben hat: das Problem des Übels, das Problem von Tod, Sünde und Schuld, die, wie uns die Heilige Schrift lehrt, durch den Menschen und den Missbrauch seiner Freiheit in diese Welt gekommen sind und Gottes Schöpfung verdorben haben. Gott wollte eine andere Welt, doch hat er den Menschen frei erschaffen. Die Freiheit ist Wesensbestandteil unserer Vollkommenheit. In ihr findet sich das Ebenbild Gottes. Die Welt, wie sie heute ist, ist nicht diejenige, die dem ursprünglichen Plan Gottes entspricht, sondern das Produkt des Menschen und seiner Rebellion gegen Gott. Der christliche Glaube sagt uns jedoch: Auch wenn der Mensch seine Freiheit missbraucht, bleibt Gott immer treu, liebt uns in einem unvorstellbaren

Maße und ist deshalb in Jesus Christus selber Mensch geworden, um alle menschliche Schuld auf sich zu nehmen. Dadurch wurden wir mit Gott versöhnt und wieder zu geliebten Kindern Gottes und haben Anteil an seinem Geist erhalten.

Der Mensch hat die Liebe Gottes im Paradies zurückgewiesen. Es war ein Problem des Stolzes und des damit verbundenen Ungehorsams gegen Gott. Die Bibel erzählt uns die Geschichte in einprägsamen Bildern, in denen sowohl die Wahrheit über den historischen Ursprung des Unglücks wie auch über seinen Ursprung in der menschlichen Freiheit für jedermann verständlich zum Ausdruck kommt. »Sündenfall« und »Vertreibung aus dem Paradies« sind nichts anderes als die Tatsache, dass der Mensch dagegen rebellierte, seine Erfüllung, letztlich sein Glück, als Geschenk Gottes und damit als Gnade zu empfangen. Er wollte in eigener Regie und aus eigenem Verdienst glücklich werden! Damit setzte er sich an die Stelle Gottes und verlor die ursprüngliche Freundschaft und Nähe zu ihm und damit die Teilhabe am göttlichen Leben, die Heiligkeit.

Diese Geschichte ereignete sich am Anfang, doch sie geschieht immer wieder. Sie ist in einem gewissen Sinne auch die Geschichte eines jeden von uns. Ich erinnere mich gut an einen etwa sechzehnjährigen, sehr intelligenten und sympathischen Gymnasiasten. Er war hilfsbereit, ein guter Schüler, arbeitsam und hatte viele Freunde. Doch bezeichnete er sich selbst als überzeugten Atheisten. Wir haben oft miteinander diskutiert. Er erklärte mir sehr ehrlich und aufrichtig, er wolle in seinem Leben viel Gutes tun, dass ihm aber dabei vor allem eines wichtig sei: alles Gute, das er tue, nur sich selber zu verdanken, es als sein eigenes Verdienst ansehen zu können und deshalb auch nie jemandem etwas schuldig zu sein. Es war erschreckend! Wenn man so denkt, dann stört Gott, seine Existenz ist dann sozusagen gar nicht wünschenswert. Denn wer Gott anerkennt, weiß, dass er nicht alles sich selber verdankt und immer in der Schuld eines anderen steht. An Gott zu glauben heißt auch, ständig dankbar sein zu müssen – eigentlich dankbar sein zu *dürfen* –, aber das verlangt Demut.

Ich habe in meinem ganzen Leben noch nie einen echten Atheisten kennengelernt, jemanden, der wirklich ehrlich *überzeugt* davon war, dass Gott nicht existiere, und dafür auch gute Gründe anführen konnte. Immer wenn ich bei so genannten Atheisten weiterbohrte, auch bei solchen, die sich bemühen, viel Gutes zu tun, merkte ich, dass es Menschen waren, *die gar nicht wollten*, dass Gott existiere, die in ihm einen Konkurrenten ihres eigenen Ichs sahen und sich deshalb allen Vernunftgründen, die doch sehr deutlich auf die Existenz Gottes hinweisen, verschlossen. In einigen Fällen vielleicht ist das anders, vor allem, wenn jemand unter dem Trauma eines großen erlittenen Unrechts leidet, mit dem er nicht fertig wird. Aber meistens sind so genannte Atheisten, vor allem unter Jugendlichen, weniger Menschen, die von Gottes Nichtexistenz überzeugt sind, sondern solche, die sich gegen den Gedanken seiner Existenz innerlich wehren und dabei oft zu ganz unvernünftigen Argumenten Zuflucht nehmen. Ganz ähnlich wie es im ersten Vers von Psalm 14 kurz und bündig heißt: »Die Toren sagen in ihrem Herzen: Es gibt keinen Gott.« Unter den »Toren« in diesem Sinne gibt es auch außerordentlich intelligente und hochgebildete Menschen – und auch solche, die sehr sympathisch sind.

Wir alle sind Nachkommen des ersten Adam (»Adam« heißt ja nichts anderes als »Mensch«), unfähig aus eigenem

Vermögen auf Gottes Liebe zu antworten. Der christliche Glaube nennt diesen Zustand, in dem wir in diese Welt eintreten, die Erbsünde. Aus diesem Zustand der Gottferne wurde die Menschheit wiederum durch einen *Menschen* – der heilige Paulus nennt ihn treffend den »neuen Adam« –, nämlich Jesus Christus herausgeholt. Dieser »Jesus« – der Name »Jesus« bedeutet »Gott rettet« – ist der »Gesalbte« (= *Christus, Messias*). »Jesus Christus« heißt also »Jesus der Gesalbte«, »Jesus der Messias«. Gesalbt nicht nur mit dem Öl, mit dem die Könige Israels gesalbt wurden, sondern mit dem Heiligen Geist: Als Jesus nach der Taufe durch Johannes den Täufer aus dem Wasser des Jordan stieg, öffnete sich der Himmel, und Jesus sah »den Geist Gottes wie eine Taube auf sich herabkommen«, und »eine Stimme aus dem Himmel sprach: *Das ist mein geliebter Sohn, an dem ich Gefallen gefunden habe*« (Mt 3, 16-17). Johannes der Täufer war Zeuge dieses Geschehens: »Das habe ich gesehen, und ich bezeuge: Er ist der Sohn Gottes« (Joh 1, 34).

Dieser Jesus, mit dem Heiligen Geist gesalbter Sohn Gottes, ist eine historische, in die menschliche Geschichte eingetretene Gestalt. Er ist *Jesus von Nazareth*, ein Israelit aus dem Stamme Juda, also ein Jude, von Beruf Zimmermann, Sohn der Jüdin Mirjam aus dem königlichen Geschlecht Davids, die mit Josef – er stammte ebenfalls aus dem Haus Davids – verheiratet war. Jesu Auftreten in der menschlichen Geschichte ist, wie uns die Evangelien berichten, exakt datierbar: Er wurde zur Zeit des römischen Kaisers Augustus, als Quirinius Statthalter von Syrien war, geboren (vgl. Lk 2, 2). Er ist erstmals »im fünfzehnten Jahr der Regierung des Kaisers Tiberius« öffentlich aufgetreten, als »Pontius Pilatus Statthalter von Judäa«, »Herodes Tetrarch von Galiläa, sein Bruder Philippus Tetrarch von Ituräa und Trachonitis, Lysanias Tetrarch von Abilene« und Hannas und Kajaphas Hohepriester waren (vgl. Lk 3, 1-2).

Jesus ist nicht nur auf Grund der Evangelien eine genau datierbare historische Gestalt; von seiner Existenz sprechen auch nichtbiblische Quellen, wie etwa der jüdische Geschichtsschreiber Flavius Josephus. Wie dieser berichtet, wurde Jesus von Pontius Pilatus zum Tod durch Kreuzigung verurteilt. Gemäß dem Zeugnis seiner Apostel ist er aber am dritten Tage von den Toten auferstanden und ihnen erschienen. Doch diese historische Gestalt ist, in den Worten des Apostels und Evangelisten Johannes (vgl. Joh 1, 1-14), kein anderer als das Ewige Wort Gottes, das von Anfang an bei Gott war und selbst Gott ist, durch das die Welt geschaffen wurde, das »Licht der Menschen«, das uns die Macht gibt, Kinder Gottes zu werden, das »Fleisch geworden ist und unter uns gewohnt hat« und schließlich, weil die Menschen es so wollten, in einem Akt göttlicher Liebe am Kreuz sein Blut für uns vergossen hat.

Das also ist die großartige Frohbotschaft der Evangelien: Gott ist wirklich in die menschliche Geschichte eingetreten, er hat, wie es in wörtlicher Übersetzung im Johannesevangelium heißt, »sein Zelt unter uns aufgeschlagen«, ja mehr noch: Durch die Menschwerdung ist Gott zum Bestandteil der Menschheitsgeschichte geworden, und dies bleibt er, wie wir sehen werden, durch seine Kirche und durch jeden einzelnen Christen, vorausgesetzt, dieser lässt Christus wirklich in sein Leben hinein und es von ihm bestimmen.

Jesus Christus und seine Kirche

In Jesus Christus hat Gott ein menschliches Herz bekommen, und mit diesem Herzen liebt er uns auch heute noch. In diesem menschlichen Herzen, das für uns am Kreuz alle nur denkbaren Leiden durchlitten hat, wohnt die ganze unendliche, allmächtige und barmherzige Liebe Gottes, es ist erfüllt vom Geist Gottes, dem Heiligen Geist, es leidet aus Liebe, verschenkt sich aus Liebe, aber mit einer Liebe, die göttlich ist. Dieser Jesus von Nazareth, der am Kreuz verblutet, *ist* wirklich Gott, das ewige Wort Gottes, unser Schöpfer und Herr. Er ist ein Gott, der verzeiht und zu unserem Bruder und Erlöser wird. Sein Leiden und sein Tod, aber auch alles andere, was er in seinem irdischen menschlichen Leben tat, ist von der unendlichen Größe Gottes und der Kraft der göttlichen Liebe geprägt. Deshalb schreibt der schon greise Johannes, der als junger Mann zusammen mit Maria unter dem Kreuz gestanden hatte, nicht wir Menschen hätten Gott zuerst geliebt, sondern er uns; das zeige sich gerade darin, dass er »seinen Sohn als Sühne für unsere Sünden gesandt hat« (1 Joh 4, 10).

Die Heilige Messe, die Eucharistiefeier, ist ja nichts anderes als die wirkliche und wirksame Gegenwart dieses Opfers und damit der erlösenden Liebe und Hingabe Jesu Christi am Kreuz. Gerade deshalb ist die Eucharistie die Mitte der Kirche. Die Kirche lebt aus der Eucharistie, und für den Christen ist sie, wie der hl. Josemaria zu sagen pflegte, Mitte und Wurzel des geistlichen Lebens. Die Kirche ist vor allem dadurch die lebendige Gegenwart und Wirksamkeit der erlösenden Liebe Christi in dieser Welt. Diese erlösende Liebe Gottes muss dann aber auch durch das Leben jedes einzelnen Christen gegenwärtig und zu jeder Zeit, hier und heute, wirksam werden. Ja, in dieser Perspektive können wir nun verstehen, was »Kirche« ist und worin die Größe der Berufung des Christen besteht.

Jesus Christus ist gestorben, von den Toten auferstanden und zurück zum Vater gegangen. Was hat er hinterlassen? Keinesfalls etwa ein Buch, die Bibel, oder sonst irgendwelche Schriften, sondern seine *Kirche*, genauer: die Apostel, die Grundsäulen seiner Kirche. In ihre Hände hat er den Schatz seiner Offenbarung gelegt. Die Apostel empfingen als erste den Heiligen Geist. Dies geschah am Pfingstfest in Jerusalem. Vor Menschen aller Völker und Sprachen begannen sie, Jesus von Nazareth als den »Christus«, den Messias, den verheißenen Erlöser zu verkünden und Tausende von Menschen, die zum Glauben kamen, zu taufen. Die Kirche beruht auf der Verkündigung der Apostel und der daraus entstehenden apostolischen Überlieferung! Die katholische Kirche nennt sich deshalb »apostolisch«. Nicht die Bibel ist also Grundlage der Kirche. Grundlage der Kirche sind die Apostel, geschart um Petrus, der der Garant für ihre Einheit in der Wahrheit ist. Die Bibel gab es ja zum Teil schon vorher: das Alte Testament, das von Christus spricht und ihn ankündigt. Das Neue Testament hingegen, die Evangelien, die Apostelgeschichte und die Briefe von Paulus, Petrus, Johannes, Jakobus, Judas Thaddäus sowie die »Geheime Offenbarung« wurden erst später geschrieben. Diese Schriften sind bereits Zeugen der apostolischen Tradition und des Glaubens der Kirche. Ja, nur auf Grund der apostolischen Tradition wissen wir überhaupt, welche Texte zur Heiligen Schrift gehören. Ohne die Verkündigung der Apostel und deren Weitergabe durch die Kirche gäbe es überhaupt keine christliche Bibel!

Jesus Christus hat also eine Kirche gegründet. Das ist seine zentrale Hinterlassenschaft. Aber verstehen wir richtig, was das heißt. Diese Kirche ist eigentlich nichts anderes als Christus selbst, zusammen mit jenen, die zu Christus gehören. Sie bilden, wie Paulus im ersten Korintherbrief schreibt, gleichsam einen »Leib«, Christus ist das Haupt, die Christen sind die Glieder dieses Leibes. Christus hat seine Kirche gegründet, indem er am Kreuz für uns gestorben ist und uns nach seiner Auferstehung und Rückkehr zum Vater am Pfingstfest seinen Geist, den Heiligen Geist gesandt hat. An diesem Tag beginnt die Kirche in der menschlichen Geschichte wirksam zu werden – Pfingsten ist der Beginn der »Kirchengeschichte« –, und sie tut es dadurch, dass die Apostel über Jesus zu sprechen beginnen, »diesen Jesus, den ihr gekreuzigt habt«, der aber in Wirklichkeit der verheißene Messias ist. Als die unzähligen Menschen, die aus allen möglichen Weltgegenden und Sprachregionen in Jerusalem zur Feier des jüdischen Pfingstfestes zusammengeströmt waren, das hörten, »traf es sie mitten ins Herz, und sie sagten zu Petrus und den übrigen Aposteln: Was sollen wir tun, Brüder? Petrus antwortete ihnen: Kehrt um, und jeder von euch lasse sich auf den Namen Jesu Christi taufen zur Vergebung seiner Sünden; dann werdet ihr die Gabe des Heiligen Geistes empfangen.« Dreitausend wurden an jenem Tag getauft und sie »hielten an der Lehre der Apostel fest, und an der Gemeinschaft, am Brechen des Brotes und an den Gebeten« (Apg 2, 37-42).

Die Geschichte der Kirche beginnt also in einem gewissen Sinn schon mit der Berufung der Apostel. Ja eigentlich beginnt sie noch früher, mit der Berufung Marias nämlich, Mutter des Erlösers zu werden, allein durch das Wirken des Heiligen Geistes. Maria und ihr aus Freiheit gesprochenes

»es geschehe« ist sozusagen das erste Eintrittstor Gottes in diese Welt. Marias Ja zum Willen Gottes war die größte und wichtigste Handlung, die je ein Mensch, Jesus ausgenommen, vollbracht hat.

Von Anfang an gründet die Kirche also auf der Einladung Gottes an konkrete Menschen, sich ihm zur Verfügung zu stellen. Kirche entsteht aus dem Ruf Gottes an den Menschen und aus der Antwort des Menschen auf diesen Ruf. Das war schon im Alten Testament vorgezeichnet, denken wir an Abraham, Jakob, Moses, an die zahlreichen Propheten: Sie alle haben einem Ruf Gottes Folge geleistet, der sie zu einer ganz bestimmten Aufgabe bestellte. Auch zur Kirche Jesu Christi gehört man nur durch göttliche Berufung.

Noch einmal: Am Anfang der Kirche oder des Christentums steht nicht ein Buch, die Bibel, oder eine Institution, sondern stehen konkrete Menschen, die ihr Leben ganz von Gott bestimmen ließen: zuerst Maria, dann die Apostel und die vielen anderen Jünger Jesu, Männer und Frauen in großer Zahl. Es waren Menschen, die zum Teil aus einer großen Gottferne kamen, unter ihnen gab es ehemalige Missetäter und große Sünder. Sie alle änderten ihr Leben radikal und wurden dadurch trotz ihrer menschlichen Begrenztheit und Schwachheit zu Heiligen. Die Kirche lebt nicht deshalb durch die Jahrhunderte weiter, weil man Bibeln druckt und Kirchen baut, auch wenn das natürlich wichtig ist. Die Kirche Jesu Christi ist immerfort in der Geschichte der Menschheit präsent, weil und insofern die ihr Angehörenden, die christlichen Gläubigen – Priester, Bischöfe, Päpste und Laien, Ordensleute und gewöhnliche Gläubige – dem Ruf Gottes entsprechen, der an einen jeden ganz persönlich ergeht. Die Geschichte der Patriarchen, der Propheten, der

Jungfrau Maria, der Apostel und der vielen Männer und Frauen der Urkirche muss sich auch heute wiederholen. Sie hat sich immer wiederholt. Denken wir an die vielen Heiligen im Laufe der Geschichte der Kirche! Wir alle, alle getauften Christen ohne Ausnahme, sind erst dann wirklich Christen, wenn wir uns bewusst werden, dass Christsein und zur Kirche gehören heißt, von Christus persönlich gerufen zu sein, und wenn wir auf diesen Ruf bewusst und großzügig antworten.

Der göttlichen Offenbarung, wie sie in der Bibel enthalten ist und durch die Kirche bewahrt und weitergegeben wird, entnehmen wir also das grundlegende Wissen über die göttliche Schöpfung des ganzen Universums aus dem Nichts, über den durch Sündenfall und Erbsünde bedingten erlösungsbedürftigen Zustand der Menschheit, über Jesus Christus, die Erlösung und die Kirche. Ohne diese Koordinaten könnten wir nicht verstehen, was es heißt, »Christ« zu sein, und wir könnten nicht begreifen, was »Kirche« ist. Wir würden auch nicht verstehen können, was es heißt, an der sonntäglichen Eucharistiefeier, der Heiligen Messe, teilzunehmen, und weshalb es sehr angebracht und schön, ja für das Wachsen einer tiefen inneren Beziehung zu Christus und ein intensives christliches Leben wichtig ist, dies auch an anderen Tagen der Woche, ja wenn möglich sogar täglich zu tun.

Ohne die Koordinaten der offenbarten Wahrheit über Gott, die Welt und den Menschen würden wir aber auch Mühe haben, Sinn und Wichtigkeit der Sakramente zu verstehen. Christus hat seiner Kirche nicht nur das Gedächtnis, die wirksame Gegenwart seines Kreuzesopfers und seiner Auferstehung hinterlassen, sondern auch andere heilige Zeichen, durch die er als unser Herr und Erlöser effektiv gegenwärtig ist. Wir nennen diese Zeichen, die von Christus eingesetzt wurden und durch die er uns seine Gnade schenkt, *Sakramente*. In der Taufe beispielsweise werden wir durch das Übergießen mit Wasser und unter Anrufung des Namens »des Vaters, des Sohnes und des Heiligen Geistes« von der Erbschuld gereinigt und zu Kindern Gottes. Im Sakrament der Firmung werden wir durch die Salbung mit Chrisam, dem Königsöl, und durch die Handauflegung des Bischofs oder seines Vertreters mit der Fülle des Heiligen Geistes beschenkt und erhalten so im Vollsinne Teilhabe an der Sendung Christi. Wir werden selbst zu einem Gesalbten, zu einem »Christus« (was ja »der Gesalbte« heißt). Im Sakrament der Buße oder Wiederversöhnung, der Beichte, erhalten wir durch die Lossprechung des Priesters, der in der Person Christi und im Auftrag der Kirche handelt, die Vergebung unserer Sünden und stärkende Gnaden für unseren inneren geistlichen Kampf und unser Bemühen um Heiligkeit. Durch die Sakramente ist Jesus Christus weiterhin wirksam gegenwärtig als unser Bruder, göttlicher Freund, Arzt und König. Sie sind gleichsam die Fußspuren, die Jesus auf dieser Erde hinterlassen hat und in denen wir wandeln müssen. Die Sakramente sind der eigentliche Schatz der Kirche, ihr wahrer Reichtum, ihr Kapital, mit dem sie »arbeitet«. Die geweihten Priester sind vor allem dafür da, diese Sakramente, wie man sagt, zu »verwalten«, das heißt durch ihre Spendung und Feier ihre Früchte allen Gläubigen zukommen zu lassen.

Gegenüber den Wahrheiten der Offenbarung und dem Schatz der Sakramente, die Christus seiner Kirche hinterlassen hat, kann es für den wahrhaft gläubigen Christen keine Gleichgültigkeit geben. Wenn wir wirklich *glauben*, also überzeugt sind, dass Jesus von Nazareth Gottes eingeborener Sohn ist, der Christus, dass er die Menschheit von der Schuld erlöst hat und wir durch ihn Zugang zum göttlichen Vater haben, als seine geliebten Kinder leben können und nun zu Erben des Himmelreiches, von Gottes ganzer Herrlichkeit geworden sind, dann können wir nicht einfach die Achseln zucken oder denken, Hauptsache sei es, *irgendeine* Religion zu haben oder einfach »ein guter Mensch« zu sein. Nein, wir müssen dann klar erkennen, dass die christliche Offenbarung die einzige Wahrheit und die Kirche Jesu Christi (die »eine, heilige, katholische und apostolische Kirche«) die wirkliche »Arche Noah« ist: das Rettungsboot in der großen Sintflut, außerhalb derer niemand gerettet werden, das heißt: seine Bestimmung als Geschöpf Gottes und damit das ewige Glück erlangen kann.

Um als Zeugen der offenbarten Wahrheit zu leben, müssen Christen Menschen des Glaubens sein. Der Glaube ist ein Geschenk der Gnade Gottes, ein Licht, das Gott in unserem Verstand anzündet, und eine übernatürliche Kraft, mit der er unseren Willen bewegt, damit wir der Offenbarung, so wie sie im Auftrag des Herrn von der Kirche verkündet wird, aus ganzem Herzen zustimmen. Wir glauben *in* der Kirche und *mit* der Kirche. Wir sind in diesen Glauben hineingewachsen. Wir sind eingetreten in eine große Glaubensgemeinschaft, die seit über zweitausend Jahren besteht. Ein jeder Christ bekennt nicht einfach »seinen« Glauben, sondern den Glauben der Kirche. Es ist der Glaube, der auf der Überlieferung der Apostel beruht. Durch das Hineinwachsen in die Kirche wird dieser Glaube der Kirche dann auch *unser* Glaube, der persönliche Glaube eines jeden einzelnen. Auch wenn wir dabei nicht immer alles verstehen – vieles im Glauben ist Geheimnis und übersteigt die Fassungskraft des menschlichen Verstandes –, so können wir uns den Glauben nicht nach unserem Geschmack wie ein Gericht *à la carte* in einem Restaurant zusammenstellen. Damit wir, wie Papst Benedikt XVI. am 7. November 2006 in einer Versammlung von Bischöfen sagte, »in dem großen ›Ich‹ der Kirche, in ihrem lebendigen ›Wir‹, Mitglaubende sind und dadurch in der großen Gemeinschaft des Glaubens stehen«, dürfen wir ihn uns nicht »selbst ausdenken und zusammensetzen aus Stücken, die man ›verkraften‹ kann«, also nur das akzeptieren, was uns schmackhaft und realisierbar erscheint. Vielmehr müssen wir bereit sein, uns im Glauben Gottes Größe zu öffnen und damit Herz und Geist auszuweiten. Erst dadurch können wir auch unseren eigenen beschränkten menschlichen Horizont übersteigen auf das hin, was für die Ewigkeit Bedeutung und Bestand hat.

»Das ist der Sieg, der die Welt besiegt hat: unser Glaube« (1 Joh 5, 4), durch den Glauben, durch eine wahrhaft übernatürliche, von Gott geschenkte Sichtweise überwinden wir alle Hindernisse, die sich unserer Verbundenheit mit Gott entgegenstellen. Durch den Glauben bekommen wir erst das Ganze der Wirklichkeit in den Blick. »Die meisten Leute haben nur Augen für das Flache, für die Fläche der Erde, zweidimensional. – Wenn du ein übernatürliches Leben führst, wirst du von Gott die dritte Dimension bekommen: die Tiefe, und damit das Relief, das Gewicht und die Fülle« (Der Weg 279). Stellen wir uns ein Wesen vor, das auf einer großen Kugel lebt, aber nur zweidimensional erkennen und denken kann. Es wird fälschlicherweise meinen, dass es sich auf einer unendlich ausgedehnten Ebene befindet, und wenn es beim fortwährenden Geradeausgehen wieder auf seine eigenen Fußspuren trifft, überhaupt nicht verstehen können, was das bedeutet. Es fehlt ihm einfach die dritte Dimension, die es ihm ermöglichen würde zu erkennen, dass es auf einer begrenzten, kugelförmigen Oberfläche lebt und deshalb beim stetigen Vorwärtsgehen immer wieder an die gleiche Stelle zurückkommt. So ist es bei Menschen ohne Glauben: Sie tappen, was den tiefsten Sinn ihres Lebens und ihres eigenen Schicksals betrifft, im Dunkeln und verstehen nicht, was für Glaubende offensichtlich ist.

Die Kirche Jesu Christi ist das große Licht, das in diesem Dunkel allen Völkern leuchtet, sie ist, wie das Zweite Vatikanische Konzil lehrt, »das Licht der Völker«. Und durch den Glauben sind die Christen dazu berufen, dieses Licht überall gegenwärtig werden zu lassen.

Die katholische Kirche: das Licht der Völker

Wir begannen dieses Kapitel mit dem bekannten Wort Jesu »Ich bin der Weg und die Wahrheit und das Leben; niemand kommt zum Vater, außer durch mich«. Als Gott, so sahen wir, ist Jesus Leben und Wahrheit schlechthin. In ihm offenbart sich die Liebe des göttlichen Vaters. Doch bezeichnet sich Jesus auch als »Weg«. Er bestätigt zudem ausdrücklich, dass es nur *einen* Weg zum göttlichen Vater gibt und dass dieser Weg er selber ist. Den obigen Satz hatte Jesus ja beim letzten Abendmahl ausgesprochen, als er mit seinen Aposteln zusammen war, vom »Haus seines Vaters« sprach und hinzufügte: »Den Weg dorthin kennt ihr«. Der Apostel Thomas hatte erwidert: »Wieso sollen wir den Weg kennen?« Sie wüssten ja gar nicht, wohin Jesus zu gehen beabsichtige. Und da antwortet Jesus eben: »*Ich* bin der Weg … niemand kommt zum Vater, außer durch mich« (Joh 14, 1-7).

Das ist stark! Im Jahr 384 schrieb der heidnische Senator Symmachus in seiner berühmten Relatio an den römischen Kaiser Valentinian II., der Christ war, »es kann nicht sein, dass man nur auf einem Weg zu einem so großen Geheimnis (dem Geheimnis des Göttlichen) gelangt«. Gott zeige sich doch im Laufe der Geschichte auf ganz verschiedene Weise! »Was spielt es für eine Rolle, aus welchem Blickwinkel ein jeder nach dem Wahren strebt? Wir betrachten doch alle dieselben Sterne, wir leben doch alle unter einem einzigen Himmel, und die Welt, die uns umgibt, ist doch dieselbe«, schrieb Symmachus. In der Tat hatten die alten Römer das Pantheon gebaut, in dem alle Götter Platz hatten. Die Christen aber wurden von den Heiden als intolerant empfunden, weil sie behaupteten, Gott habe sich nur in Jesus Christus offenbart und dieser habe gelehrt, »niemand kommt zum Vater außer durch mich«. Was Symmachus hier vor über tausendsechshundert Jahren geschrieben hat, klingt ganz modern und »aufgeklärt«. In Wirklichkeit ist eben, was modern erscheint, oft sehr alt und schon oft dagewesen.

Ist das Wort Jesu, »niemand kommt zum Vater außer durch mich« wirklich eine Aufforderung zur Intoleranz? Nein. Für den gläubigen Christen ist es Aufforderung und Einladung dazu, sich für die Wahrheit verantwortlich zu fühlen. Wie Christus sagte: »Ich bin dazu in die Welt gekommen, dass ich für die Wahrheit Zeugnis ablege«, so müssen auch wir Christen uns dafür verantwortlich fühlen, Zeugen der Wahrheit zu sein. Natürlich, es gibt viele Religionen und es gibt viele andersgläubige Menschen, die gute Menschen sind. Sie sind als Muslime, Hindus oder was auch immer aufgewachsen, sie haben Christus nie gekannt, wissen nichts über seine Kirche, sie haben Jesus nie zurückgewiesen. Sie bemühen sich auch nach Kräften, rechtschaffen zu leben. Was auch immer man von Religionen wie dem Islam denken mag, ein negatives Urteil kann sich nicht auf die Menschen beziehen, die ihnen angehören! Die Früchte der Erlösung sind nicht nur für die Christen, sie sind für alle. Menschen, die ohne eigene Schuld Christus nicht kennen, die sich nicht von ihm getrennt haben, die nicht wissen können, dass die Kirche Christi die neue und definitive »Arche Noah« ist, und die auf Grund ihrer eigenen religiösen Traditionen und vor allem auf Grund ihrer natürlichen Vernunft den Willen Gottes zu erfüllen suchen: auch sie gelangen zum Heil, aber immer kraft des Kreuzestodes und der Auferstehung Jesu Christi und durch die Kirche. Gott wirkt mit seiner Gnade in den Herzen aller Menschen, er sucht alle und will, wie der hl. Paulus in seinem ersten Brief an Timotheus schreibt, »dass alle Menschen gerettet werden und zur Erkenntnis der Wahrheit gelangen« (1 Tim 2, 4). Niemand, so lehrt die katholische Kirche, geht ohne eigene Schuld verloren; doch alle, die zum ewigen Heil gelangen, tun dies auf Grund der Verdienste Jesu Christi und durch seine Kirche, auch wenn sie das in diesem Leben noch gar nicht wissen können.

Katholischsein bedeutet also zu glauben, dass wir nur durch die Kirche Jesu Christi zum ewigen Heil gelangen können, dass dieses Heil aber auch jene erlangen können, die ohne eigene Schuld Jesus Christus und seine Kirche nicht kennen. Katholiken wissen, dass sie nicht durch die Leistung des eigenen Glaubens gerettet werden, sondern durch die Verdienste Christi, die uns durch die Sakramente der Kirche zufließen, uns innerlich erneuern und in denen uns Gott beständig entgegenkommt wie der Vater im Gleichnis vom verlorenen Sohn aus dem Lukasevangelium.

Wir Christen haben in dieser Welt die Aufgabe, für alle Menschen das Licht der Wahrheit zu sein. Der Herr sagt auch: »Ihr seid das Salz der Erde« (Mt 5, 13). Mit Salz werden Nahrungsmittel vor Fäulnis bewahrt, es ist auch Würze, die der Nahrung Geschmack gibt. Jesus nennt seine Jünger auch »Sauerteig in der Masse« (Mt 13, 33), wie die Hefe im Brotteig: Es braucht nur wenig, damit der Teig wunderbar aufgeht. Und so ist es auch mit dem Licht: Es braucht wenige Lichtquellen, um einen finsteren Ort zu erhellen. Eine einzige genügt sogar, um einen großen dunklen Raum hell werden zu lassen; eine einzige Lampe macht den ganzen Unterschied aus. Wenn wir also wirklich Christen sind, dann sind wir fähig, vieles in dieser Welt zu verändern, auch wenn unsere Zahl gering ist.

Jesus Christus ist das »Licht der Völker«, und die Kirche sollte dieses Licht auf ihrem Antlitz widerspiegeln. Das Antlitz der Kirche aber sind ganz besonders die ihr Angehörenden, die Gläubigen. Doch die Kirche Jesu Christi ist heute gespalten. Wir können uns fragen: Was ist mit den Orthodoxen? Den Anglikanern, den Protestanten: Lutheranern, Reformierten, Calvinisten, Zwinglianern, Presbyterianern, den Baptisten, Methodisten, Quäkern usw.? Sie alle – und das ist, was jeden, der die Kirche liebt, schmerzen muss – haben, in allerdings ganz verschiedenem Maße, die Einheit mit der katholischen Kirche ganz verloren oder besitzen sie in einem nur verminderten Grad. Dieser Mangel an Einheit ist das große Hindernis dafür, dass die Kirche Jesu Christi, die »eine, heilige, katholische und apostolische Kirche«, die wir im Glaubensbekenntnis der Heiligen Messe bekennen, nicht in dem Maße das »Licht der Völker« zu sein vermag, wie sie das eigentlich sollte.

Kirche – Papst – Einheit der Christen

Die katholische Kirche ist nicht einfach eine unter vielen anderen christlichen Konfessionen. »Katholische Kirche« ist auch nicht einfach eine moderne Bezeichnung für diejenigen Christen, die keine Protestanten sind. »Katholisch« ist nicht eine »Konfession« im modernen Sinn, sondern die ursprüngliche Bezeichnung der Kirche Jesu Christi. »Katholisch« nannten sich schon in den ersten Jahrhunderten jene, die in Ost und West dem Glaubensbekenntnis der ersten großen »ökumenischen«, das heißt alle Bischöfe der damaligen Welt versammelnden Konzilien anhingen. »Katholisch« waren also all jene, die sich schon damals gegenüber den großen Abspaltungen (vor allem der Arianer, Nestorianer und Monophysiten) zum Glauben der Gesamtkirche unter der Leitung jener Bischöfe, die mit dem römischen Papst in Einheit standen, bekannten. Auch die Protestanten stammen aus der katholischen Kirche, sie haben sich auf Grund bedauerlicher Vorkommnisse, menschlicher Unzulänglichkeiten und gegenseitiger Missverständnisse von ihr getrennt, ja gegen sie gestellt, bekennen sich aber grundsätzlich zu denselben Glaubensbekenntnissen dieser ersten katholischen Konzilien (Nizäa, Konstantinopel, Ephesus, Chalzedon) des christlichen Altertums. Auch die Protestanten wollten eigentlich anfänglich nur die wahren Katholiken sein – aber ohne den Papst. Sie hielten das Papsttum für eine Verirrung, und das war letztlich ihr Fehler.

Die »katholische Kirche«, so sagt es der katholische Glaube, ist die von Anfang an, seit dem Pfingsttag bestehende Kirche Jesu Christi, geleitet vom Kollegium der Apostel und ihren Nachfolgern, dem Kollegium der Bischöfe, in der

Einheit mit Petrus, dem Felsenfundament der Einheit der Kirche, und seinem Nachfolger, dem Bischof von Rom. Deshalb sprechen wir heute von der »römisch-katholischen Kirche«. Nicht weil »römisch« eine Einschränkung wäre, sondern weil wir damit gerade darauf hinweisen wollen, dass in der Einheit mit dem Bischof von Rom, dem Papst, und der von ihm geleiteten Kirche von Rom (der Diözese Rom) allein sichergestellt ist, dass man in der vollen Gemeinschaft mit der katholischen Kirche und damit mit Christus steht. Sie ist die Kirche, die Christus gewollt hat und für deren Einheit er vor seiner Verurteilung und Kreuzigung zum Vater gebetet hat.

Die Gemeinschaft mit Rom, mit dem Nachfolger des hl. Petrus, ist die Garantie für wahre Universalität, für das echt Katholische, für die Treue zum Ganzen des christlichen Glaubens. »Diese katholische Kirche ist römisch«, schreibt der hl. Josemaria. »Wie koste ich dieses Wort aus: römisch! Ich fühle mich römisch, denn römisch bedeutet universal, katholisch; es führt mich zu einer innigen Liebe zum Papst, *il dolce Cristo in terra* [dem liebenswerten Christus auf Erden], wie ihn die heilige Katharina von Siena, die mir eine überaus liebe Freundin ist, so gerne genannt hat. (...) Ich verehre mit allen meinen Kräften das Rom des Petrus und des Paulus, das getränkt ist vom Blut der Märtyrer, den Mittelpunkt, von dem so viele hinausgezogen sind in die ganze Welt, um die Heilsbotschaft Christi zu verkünden. Römisch sein bedeutet in keiner Weise Abkapselung, sondern rechte Ökumene; es beinhaltet den Wunsch, das Herz weit zu machen, es allen Menschen mit dem Erlöserverlangen Christi zu öffnen, der alle sucht und alle aufnimmt, weil er alle zuerst geliebt hat« (LzK S. 16). Gerade in den ersten christlichen Jahrhunderten hat sich die Wichtigkeit der

Verbundenheit und Einheit mit dem Bischof von Rom als entscheidend erwiesen, um die Freiheit der Kirche vor den Einmischungen durch die weltliche Gewalt der damaligen christlichen Kaiser und die Unterjochung durch sie zu verteidigen. Wo diese Einheit mit Rom verlorenging, wie im byzantinischen Osten, hat sich der Staat der Kirche bemächtigt – bis zum heutigen Tag.

Natürlich sind alle, die an Jesus Christus als den Erlöser der Menschheit glauben, auch die Nichtkatholiken, Christen: Sie sind getauft, sind Kinder Gottes, haben (fast) dieselbe Heilige Schrift und damit das Wort Gottes. Wir Katholiken können auch immer wieder von nichtkatholischen Christen lernen und müssen oft sogar beschämt zugeben, dass manche von ihnen bessere Christen sind als wir selbst. Und doch sind wir überzeugt, dass sie nicht mehr die ganze Fülle der Wahrheit besitzen und damit als Kirche oder kirchliche Gemeinschaft auch nicht mehr die ganze Wirksamkeit der Erlösung in dieser Welt zu entfalten vermögen. Ihr Licht ist getrübt und gebrochen. Die katholische Kirche, so wie sie in der Einheit mit dem Bischof von Rom besteht, ist zwar nicht die »einzig wahre« Kirche oder christliche Glaubensgemeinschaft (in dem Sinne, dass nur sie Wahrheit besitzt), aber sie ist die einzige, die die *ganze* Wahrheit der christlichen Offenbarung besitzt und *alle* Mittel, die Christus seiner Kirche zu unserem Heil hinterlassen hat.

Wir dürfen also nicht erstaunt sein, wenn wir auch in anderen christlichen Konfessionen und, wenn auch in einem verschiedenen Sinne, sogar in anderen Religionen viel Wahres, Gutes, Schönes entdecken. All dies Wahre, Gute und Schöne stammt, insofern es wahr, gut und schön ist, letztlich von Gott und ist der Kirche Christi nicht fremd, ja gehört irgendwie sogar zu ihr. Insbesondere Taufe, Heilige Schrift, Liturgie, Gebete und anderes mehr, was sich auch in nichtkatholischen (orthodoxen, koptischen, armenischen) christlichen Kirchen und anglikanischen oder protestantischen (lutherisch-evangelischen, kalvinistisch oder zwinglianisch reformierten, presbyterianischen, methodistischen, baptistischen usw.) kirchlichen Gemeinschaften findet, werden vom Zweiten Vatikanischen Konzil »Elemente der Wahrheit und der Heiligung« genannt, die zur einen und einzigen Kirche Jesu Christi gehören. Gleichzeitig muss es uns aber auch traurig stimmen, dass die Kirche und wir Christen untereinander gespalten und uneins sind. Es muss unser tiefer Wunsch sein, dass diese Einheit wieder zustande kommt. Sie kann jedoch nur eine Einheit in der *Wahrheit* sein und damit in der einen katholischen Kirche, die auf dem Felsenfundament des Apostels Petrus und seiner Nachfolger ruht. Das bedeutet nicht, in die Vergangenheit und zur verlorenen Einheit *zurückzukehren*, sondern nach vorne, in die Zukunft zu schauen. Die Einheit der Kirche wird schließlich, als Frucht der Treue zu Christus in der Suche nach der einen Wahrheit, ein Geschenk des Heiligen Geistes sein.

So haben wir katholische Christen also auch eine besondere Verantwortung für die Einheit der Kirche. Wir sollten mit unserem Leben und unserem Beispiel nicht nur »Licht der Welt«, sondern auch »Licht unter den Christen« sein. Leider steht es in dieser Beziehung gar nicht zum Besten! Auch wenn die katholische Kirche die ganze Fülle der Wahrheit und der Heilsmittel besitzt, so sind wir Katholiken oft wie erloschene Laternen. Wir geben kein Licht, weil wir unseren Glauben nicht kennen oder ein laues und religiös oberflächliches Leben führen, das nicht im Einklang mit unserer Berufung als Christen steht. Es gibt letztlich nur einen Weg, das zu ändern: dass wir Katholiken uns entschließen, wirklich ganz zu Christus zu gehören, mit ihm zusammen Zeugen der Wahrheit und der Liebe Gottes zu uns Menschen sein wollen. Wir Katholiken sollten endlich voll und ganz entdecken, dass wir ohne Ausnahme gerufen sind, wirklich nach Heiligkeit zu streben und dadurch das wahre Antlitz Jesu Christi und seiner Kirche in der Welt erstrahlen zu lassen. Wir erinnern uns an die Worte Jesu aus der Bergpredigt: »Ihr sollt also vollkommen sein, wie es auch euer himmlischer Vater ist« (Mt 5, 48), und: »So soll euer Licht vor den Menschen leuchten, damit sie eure guten Werke sehen und euren Vater im Himmel preisen« (Mt 5, 16).

Wie wir in den beiden nächsten Kapiteln sehen werden, hat Gott das Opus Dei in seiner Kirche gewollt, damit genau dieses Anliegen entscheidend gefördert werde, damit wieder alle Christen ohne Ausnahme zum Bewusstsein der Größe ihrer Berufung kommen und aus der Mitte und mit der ganzen Kraft ihres Glaubens leben und daraus alle Konsequenzen für ihr tägliches Leben und ihr Wirken in dieser Welt ziehen. Schon als junger Priester – das Opus Dei war erst wenige Jahre alt – betete der hl. Josemaria: *Omnes cum Petro ad Iesum per Mariam!* (»Alle gemeinsam mit Petrus zu Jesus durch Maria!«) Treue zum Papst war für ihn eine Garantie für die Verbundenheit mit dem Herrn, und um diesen Weg gehen zu können, vertraute er sich ganz der Muttergottes an. So sollten auch seine geistlichen Kinder im Opus Dei leben: Ganz auf Jesus Christus ausgerichtet, durch die Treue zum Papst und seinem Lehramt im Glauben gefestigt und unter dem mütterlichen Schutz Mariens.

Menschen sein, die aus dem Glauben leben! Dieser Glaube richtet sich nicht einfach auf eine Idee oder ein Programm, sondern auf eine Person, auf Jesus Christus. Er bedeutet, an ihn zu glauben, ihm zu folgen, ihn in sich leben zu lassen und sich mit ihm zu identifizieren und so für seine Mitmenschen gleichsam Christus zu werden.

Der Weg: Die heiligste Menschheit Jesu Christi

Gegen die Aufforderung Jesu, wir sollten so vollkommen wie unser himmlischer Vater sein, könnte man selbstverständlich einwenden: Wie sollten wir nach der Vollkommenheit des göttlichen Vaters streben, den wir doch nicht sehen und nicht kennen? Wie überhaupt kann Gott für uns ein Maßstab oder ein Vorbild sein? Wir sind doch nur Menschen! Und wir haben es doch mit menschlichen Dingen zu tun. Ist das nicht ein weltfremdes, entrücktes, realitätsfernes Ideal? Was heißt »vollkommen sein wie unser himmlischer Vater«?

Doch hat uns ja Jesus selbst die Antwort auf diese Frage gegeben. Er sagt seinen Aposteln beim letzten Abendmahl: »Wenn ihr mich erkannt habt, werdet ihr auch meinen Vater erkennen.« Der Apostel Philippus, der offenbar etwas schwer von Begriff war oder einfach nicht richtig zugehört hat, bittet daraufhin: »Herr, zeige uns den Vater …« Jesus antwortet mit noch größerer Deutlichkeit und etwas vorwurfsvoll: »Schon so lange bin ich bei euch, und du hast mich nicht erkannt, Philippus? Wer mich gesehen hat, hat den Vater gesehen« (Joh 14, 7-9). Genau so ist es: In Christus offenbart sich Gott der Vater, er zeigt sich in seinem innersten Wesen, als Liebe, aber als eine Liebe, die in diesem Jesus von Nazareth Mensch geworden ist. In diesem Jesus, der als Kind in einer Familie und unter Seinesgleichen aufwächst, der Jahre lang als Zimmermann arbeitet, der schließlich umherzieht, Jünger um sich schart, lehrt und, um seine göttliche Macht zu beweisen, Kranke heilt, den Menschen die Wahrheit über Gott und den Sinn ihres Lebens verkündet und schließlich, weil er seine göttliche Macht nicht für sich selbst benutzen will, bereit ist, sein Leben hinzugeben, und sein ganzes Leiden aus Liebe zu uns Menschen zu einem Mittel der Erlösung macht. In all dem offenbart sich die Liebe Gottes auf ganz und gar menschliche Weise. Deshalb kann Jesus zu uns sagen: »lernt von mir« (Mt 11, 29), »ich habe euch ein Beispiel gegeben, damit auch ihr so handelt, wie ich an euch gehandelt habe« (Joh 13, 15) und »wie ich euch geliebt habe, so sollt auch ihr einander lieben« (Joh 13, 34).

Wenn Christus also sagt: »Ich bin der Weg und die Wahrheit und das Leben; niemand kommt zum Vater, außer durch mich«, so ist er gerade deshalb »Weg«, weil er *wirklich* Mensch ist und uns die Heiligkeit Gottes des Vaters auf menschliche Weise vorgelebt hat. Als Mensch verwirklicht er genau die Vollkommenheit der Liebe des Vaters. Damit wir also »vollkommen wie unser himmlischer Vater« sein können, müssen wir auf Christus schauen, auf sein *menschliches* Leben, und dieses Leben in unserem Leben als Menschen nachzuahmen versuchen. Nur dadurch können wir diese Welt mit der Liebe Gottes erfüllen. »Um Gott näher zu kommen, müssen wir den rechten Weg einschlagen, den Weg der heiligsten Menschheit Jesu Christi«, so der Gründer des Opus Dei. »Deswegen rate ich immer die Lektüre von Büchern über die Leidensgeschichte des Herrn an. Diese Schriften, die echt fromm sind, vergegenwärtigen uns den Sohn Gottes, der Mensch wie wir und zugleich wahrer Gott ist und der im Fleisch um der Erlösung der Welt willen liebt und leidet« (FG 299).

Auch wenn man in der Nachfolge Christi unvermeidbar auf sein Kreuz stößt, so findet sich dieses Kreuz, das vom Christen eine Antwort der Liebe verlangt, zumeist gerade in den allergewöhnlichsten Umständen des Lebens. Gerade darum geht es dem Opus Dei, das ist seine Grundinspiration. Der hl. Josemaria betonte immer wieder, durch das Opus Dei habe Gott allen Christen auf eine neue Weise zeigen wollen, dass das menschliche Leben, das ganz gewöhnliche alltägliche Leben, das Leben, das Jesus während dreißig Jahren in Nazareth geführt hat, göttlich und Teilhabe am Erlösungswerk sein kann. Und dass deshalb alle gerufen sind, nach der Vollkommenheit des göttlichen Vaters zu streben, und wir Christen auf diese Weise Gottes Plan der Erlösung der ganzen Menschheit zum Durchbruch verhelfen können. Der hl. Josemaria pflegte deshalb zu sagen, mit dem Opus Dei hätten sich die »göttlichen Wege der Erde« aufgetan. Was das genauer heißt, ist Thema des nächsten Kapitels.

Drittes Kapitel

Die göttlichen Wege der Erde: Geist und Ziel des Opus Dei

Ich bin gekommen,
um Feuer auf die Erde zu werfen.
Wie froh wäre ich, es würde schon brennen.
(Lk 12, 49)

Gott im gewöhnlichen Leben begegnen

Der große Humanist Erasmus von Rotterdam schrieb im Jahre 1519 an Ulrich von Hutten über seinen englischen Freund Thomas More, ebenfalls Humanist, Rechtsanwalt und schließlich Lordkanzler des englischen Königs, dieser sei zur »Freundschaft geradezu geboren und geschaffen«, umgänglich und charmant, auch gebildet, ja hochgelehrt, aber auch witzig, zudem bescheiden und allem äußerem Prunk abgeneigt, es sei eine Freude, mit ihm Umgang zu pflegen. Als Jurist kenne sich Thomas More aus wie kein anderer, und er sei immer bereit, für die gerechte Sache einzustehen. Er sei ein vorbildlicher Familienvater und Ehemann, auch mit seinen Hausangestellten sei er gerecht und außerordentlich liebenswürdig, suche immer Verständigung und Frieden. Er hänge nicht am Geld, sei in allem mäßig, doch freue er sich auch über die kleinen Annehmlichkeiten des Lebens, ja besitze durchaus einen Hang zum »ungebundenen und müßigen Leben«, spanne sich, wenn es angeht, gern aus, sei aber zugleich »der umsichtigste und unermüdlichste Arbeiter«. Sein Haus sei voll von exotischen Tieren, die er außerordentlich liebe. In der Auswahl seiner Speisen sei er überhaupt nicht heikel, und er trinke am liebsten Brunnenwasser; um sich das jedoch nicht anmerken zu lassen »und damit keinem auf die Nerven zu gehen«, tue er das aus einem zinnenen Trinkkrug (dass Thomas More zeitweise auch diskret ein Büßerhemd trug, wusste Erasmus nicht). Schließlich halte er »bestimmte Andachtsstunden inne, in denen er Gott seine Gebete darbringt, Gebete, die er nicht nach einem Schema, sondern aus dem Herzensbedürfnis heraus formuliert«. Ein Mann des Glaubens, so sieht ihn Erasmus: »Mit Freunden redet er über das ewige Leben so, dass man merkt, er spricht aus Überzeugung und in bestimmter Zuversicht.« Und Erasmus bringt es auf den Punkt, wenn er schließlich schreibt: »… und da gibt es noch Leute, die meinen, Christen finde man nur in den Klöstern!«

Trotz seiner hohen gesellschaftlichen Stellung repräsentiert Thomas More genau das, was man einen »gewöhnlichen Christen« nennt, der sich aber gleichzeitig der außerordentlichen Verantwortung des Christen für diese Welt bewusst ist. Der Gründer des Opus Dei sagte zuweilen, Thomas More hätte den Geist des Opus Dei gut verstehen und dazugehören können. Als Erasmus, der selber in einem Kloster aufgewachsen und Priester war, die obige Beschreibung niederschrieb, konnte er natürlich noch nicht wissen, dass Thomas More Jahre später für seine Treue zur katholischen Kirche und zum Papst auf Geheiß seines Königs und früheren Freundes enthauptet wurde: Morus hatte sich geweigert, den Eid auf den König als Oberhaupt der Kirche von England zu schwören und damit der Trennung von Rom zuzustimmen. Dafür wurde er hingerichtet, und die katholische Kirche verehrt ihn heute als Märtyrer und Heiligen. Noch mit seinem Henker witzelte er und zeigte damit, dass er in seinem Herzen keinen Groll trug. Während der langen Kerkerhaft im Tower von London schrieb er seine Betrachtungen über das Leiden Christi. Aber das Interessanteste an seinem Leben ist eigentlich nicht sein Märtyrertod, sondern das, was der Freund Erasmus an ihm gesehen hat: die Züge eines wahren Christen, normal, kompetent, liebenswürdig, fromm. Das Opfer eines Lebens aus Treue zur Kirche war nur die Konsequenz davon. Manchmal merkt man erst, wenn ein Mensch gestorben ist und durch die Art, wie er seinem Tod in die Augen blickt, dass er ein Heiliger war.

So erging es auch mir mit jemandem, den ich sehr gut kannte und der im besten Alter an einer schweren Krankheit, Leukämie, starb. Er war Maschinenbauingenieur, für mich zuerst ein lieber Freund, einer der ersten, die ich vom Opus Dei kennenlernte. Er war ein echtes Vorbild und für mich eine wichtige Hilfe bei meiner Entscheidung, selber auf den Ruf Gottes zum Werk positiv zu antworten. Sein Name war Toni Zweifel. Jahrelang hatte er gegen seine Krankheit angekämpft, aber schließlich das Unvermeidliche im Vertrauen auf den Willen Gottes angenommen. Selbst die Ärzte und Krankenschwestern wunderten sich über den Glauben und die bis zuletzt anhaltende Fröhlichkeit ihres Patienten. Wenn man Toni am Krankenbett besuchte, hatte man das Gefühl, man sei selbst die Hauptperson, er sei es, der sich um den Besucher sorge und ihm den Besuch möglichst angenehm machen wolle. Toni stammte aus vermögenden Verhältnissen. Er war eine Art »reicher Jüngling«, aber einer, der, als der Herr ihn rief, nicht Nein sagte und traurig wegging, sondern großzügig diesem Ruf folgte. Toni arbeitete nach seinem Studium zunächst als Maschinenbauingenieur und als wissenschaftlicher Mitarbeiter an der Eidgenössischen Technischen Hochschule in Zürich, wo er auch einige kleinere Erfindungen machte, die er patentieren ließ, gab dann aber aus Idealismus den Ingenieurberuf auf, um sich ganz dem Aufbau einer von ihm gegründeten Stiftung im Bereich der Entwicklungszusammenarbeit zu widmen. Darüber hinaus stand er auch für interne Aufgaben im Opus Dei zur Verfügung. Er war ein begeisterter Bergsteiger und ein Autofan; als er zum Opus Dei kam, besaß er einen zweisitzigen Sportwagen der Marke MG, der dann aber sehr bald einem eher unsportlichen, aber familienfreundlicheren und von allen im Haus benutzten Auto wich. Toni liebte elegantes Auftreten sowie Pünktlichkeit. Seine sprichwörtlich gewordene und für einen Vollblutingenieur typische Liebe zur Exaktheit und Präzision brachte die anderen oft zum Schmunzeln.

Erst im Nachhinein wurde mir klar, dass Toni nicht erst auf dem Krankenbett wurde, für was wir ihn schließlich alle hielten, ein Heiliger, sondern dass sich dies schon lange vorher anbahnte. Er lebte den Geist des Opus Dei vorbildlich, auf seine Art, gemäß seinem Charakter, mit seinen kleinen Fehlern und Schwächen, gegen die er ankämpfte, aber eben vorbildlich. In seiner Nähe fühlte man sich wohl, sein Umgang war im tiefsten Sinne des Wortes brüderlich, seine Ausstrahlung war trotz aller Festigkeit im Charakter und seiner großen Arbeitsamkeit so, wie der hl. Paulus es von einem Christen verlangt: »Güte, Demut, Milde, Geduld« (Kol 3, 12). Vor allem aber besaß Toni eine tiefe Liebe zum Herrn, die bis zum Ende seines Lebens fortwährend intensiver und reifer wurde, vor allem durch die lange Krankheit, die ihn dazu führte, immer tiefer in das Geheimnis der

Passion Jesu Christi einzudringen und sich mit Christus am Kreuz zu identifizieren.

Heilige gibt es auch heute noch und sie leben mitten unter uns. Nicht die Gewöhnlichkeit der Lebensumstände entscheidet darüber, ob jemand einer Heiliger ist, sondern das Maß seiner Verbundenheit mit Christus, seine Liebe zu Gott. Diese drückt sich schließlich darin aus, wie jemand seinen Mitmenschen begegnet und in welchem Maße er fähig ist, ihnen zu dienen. Heilig werden heißt ja nichts anderes, als sich immer mehr mit Christus zu identifizieren, in der Liebe zu ihm zu wachsen. Heiligkeit ist die Fülle der Liebe. Die Liebe ist, wie Paulus sagt, »das Band, das alles zusammenhält und vollkommen macht« (Kol 3, 14).

So schrieb der Gründer des Opus Dei im Jahr 1930 auf gleichsam programmatische Weise: »Wir sind gekommen, um mit der Demut dessen, der sich als Sünder und gering erkennt … aber im Glauben, dass Gott uns bei der Hand nimmt und führt, zu verkünden: Heiligkeit ist keine Sache für Privilegierte. Der Herr ruft uns alle, von uns allen erwartet er Liebe … denn dieses gewöhnliche, unauffällige und unscheinbare Leben kann Mittel zur Heiligkeit sein. Es ist nicht erforderlich, den eigenen Stand in der Welt zu verlassen, um Gott zu suchen … Alle Wege der Erde können Anlass der Begegnung mit Christus sein.«

Solche Worte klingen heute vielleicht selbstverständlich, im Jahre 1930 jedoch wirkten sie beinahe revolutionär. Dass man Gott auf allen, auch den gewöhnlichsten Wegen der Erde, mitten im Alltag, in der beruflichen Arbeit, bei der Erholung und beim Sport, in den vielen Aufgaben und Pflichten des Familienlebens finden könne, das ist auch heute noch keineswegs die allgemeine Auffassung, und die wenigsten Christen fühlen sich dazu gar verpflichtet. Man denkt eher mehr oder weniger unbewusst, Gott, sofern er überhaupt existiert, könne man nur in besonderen, außergewöhnlichen Situationen antreffen; das normale, alltägliche Leben innerhalb des Getriebes dieser Welt biete dazu kaum eine Möglichkeit. In der oftmaligen Rastlosigkeit des Alltags, im Prüfungsstress, im explosiven Klassenzimmer einer Schule, mitten in der Betriebsamkeit eines wissenschaftlichen Kongresses oder im Gewühl einer Ausstellung, bei Hochkonzentration vor dem Mikroskop im Labor, in einer lärmenden Fabrikhalle oder inmitten dampfender Kochtöpfe, während der gespannten Ruhe im Operationssaal, im wirbligen Getriebe eines Kinderzimmers, im von Telefonanrufen belagerten Büro der Chefsekretärin oder der von Geschrei widerhallenden Garderobe eines Fußballstadions, in der Routine und oftmaligen Monotonie der täglichen Arbeit schließlich: da gebe es keinen Raum für Gott und da sei so etwas wie die Suche nach Heiligkeit verlorene Mühe. Oft werden solche Gedanken zur bequemen Ausrede, nicht auf die Stimme des eigenen Gewissens zu hören, mit der Gott uns dazu auffordert, an die anderen zu denken, zu lieben, an uns zu arbeiten, innerlich zu kämpfen, uns nicht in unseren Egoismus zurückzuziehen.

Doch was heißt eigentlich »Gott finden« und »Christus begegnen«? Die Antwort ist einfach: Es heißt erkennen, dass Gott ohnehin immer schon da ist (nur wir vergessen ihn), dass er zu uns spricht durch unseren Verstand, durch andere Menschen, durch die Umstände und Vorkommnisse unseres Lebens, dass er uns auf diese Weise anspricht, ja oft geradezu ansieht, uns um etwas bittet und uns einlädt oder uns seine Liebe zeigt, uns auch an seinem Kreuz und Leiden teilhaben lässt. Dadurch will er unserem Leben übernatürliche Wirksamkeit verleihen. Gott begegnet uns in einem

Kollegen, der Rat und Beistand braucht, in der Aufforderung unserer Eltern, bei etwas behilflich zu sein, in den Aufgaben, die Schule oder Studium an uns stellen, aber auch in den Fehlern unserer Mitmenschen, die unser Verständnis und unsere Barmherzigkeit benötigen. »Was ihr für einen meiner geringsten Brüder getan habt, das habt ihr mir getan«, so lehrt Jesus in einem Gleichnis (Mt 25, 40). Gott wartet auf uns auch darin, dass wir oft gar keine Lust haben, unsere Pflicht zu erfüllen. Wir können ihn antreffen, wenn wir müde und schlaff sind, aber doch eben noch dies oder jenes tun sollten. Wer Gutes tun will, muss bereit sein, Opfer zu bringen, denn »wer mein Jünger sein will, der verleugne sich selbst, nehme täglich sein Kreuz auf sich und folge mir nach« (Lk 9, 23). Der Herr fordert uns auf, Egoismus und Bequemlichkeit zu überwinden und auch das Mühsame und weniger Angenehme, ja auch Schmerz und Leid so zu lieben, wie Christus sein Kreuz geliebt hat: als Mittel der Erlösung. Gott begegnen wir aber auch in den Schönheiten seiner Schöpfung, in Momenten der Freude, des Erfolges oder der Anerkennung und ganz besonders, wenn wir uns von anderen Menschen geliebt wissen: Hier sollten wir unser Herz mit Dank zu unserem göttlichen Vater erheben, in dem letztlich alles Gute seinen Ursprung hat.

Seit 1928 verkündete der Gründer des Opus Dei, dass es möglich ist, mit der Liebe, die der Herr einem jeden schenkt, das ganze Leben in ein Loblied auf Gott zu verwandeln, in Danksagung für das, was wir von ihm empfangen, und schließlich in eine Gelegenheit, unseren Mitmenschen zu dienen und damit diese Welt zu einem Ort werden zu lassen, wo die Menschen sich verstehen und in Frieden zusammenleben. »Seid gütig zueinander, seid barmherzig, vergebt einander, weil auch Gott euch durch Christus vergeben hat«, schreibt Paulus an die Christen von Ephesus, und er fährt fort: »Ahmt Gott nach als seine geliebten Kinder, und liebt einander, weil auch Christus uns geliebt und sich für uns hingegeben hat als Gabe und als Opfer, das Gott gefällt« (Eph 4, 32; 5, 1-2). In diesem Bewusstsein leben wir beschaulich, als kontemplative Seelen. »Beschaulich« oder »kontemplativ« leben heißt: wir »schauen« beständig auf Gott, leben in seiner Gegenwart, sehen ihn durch die Ereignisse des täglichen Lebens hindurch, verstehen, dass Gott uns durch diese Ereignisse beständig anspricht und fordert, aber auch Trost spendet. Wir wissen uns deshalb in jedem Augenblick unseres Lebens als Brüder Jesu Christi und damit als geliebte Kinder Gottes. Gleichzeitig, ja eigentlich gerade deshalb, stehen wir aber mit beiden Füssen auf dieser Erde, fühlen uns in dieser Welt zu Hause, für sie verantwortlich und engagieren uns in ihr. All unser Tun kann so zu einer Gott wohlgefälligen Gabe und zu einem Beitrag für die Verwandlung der Welt durch den Geist Christi werden.

Somit ist klar: Das ganz gewöhnliche Leben kann, ja sollte Anlass zu einer Begegnung mit Christus werden, zu einer Begegnung, wie sie die ersten Jünger des Herrn hatten, eine Begegnung, bei der Jesus uns in die Augen blickt und uns sagt: »Komm, folge mir nach!« Dazu müssen wir keinesfalls unseren Platz mitten in der Welt verlassen. Es braucht nur die Entdeckung, dass dieses unser Leben eine echte Begegnung mit Christus und eine Einladung zur Heiligkeit sein kann, ja, dass gerade darin der eigentliche Sinn unseres Christseins besteht. Denn in Christus hat uns unser göttlicher Vater »erwählt vor der Erschaffung der Welt, damit wir heilig und untadelig leben vor Gott« (Eph 1, 4). Der Geist des Opus Dei besteht in seinem Kern darin, inmitten dieser Welt, in der kompetenten, professionellen, sachkundigen Ausübung der eigenen Berufsarbeit und der liebevollen Erfüllung aller täglichen Pflichten und Aufgaben die Heiligkeit zu suchen und dadurch, gleichsam von innen her, diese Welt gemäß dem Geist Christi zu verändern. Das erinnert an die so oft vergessene Einladung des hl. Petrus an die ersten Christen: »Wie er, der euch berufen hat, heilig ist, so soll auch euer ganzes Leben heilig werden. Denn es heißt in der Schrift: *Seid heilig, denn ich bin heilig*« (1 Petr 1, 15-16). Wenn alle Christen, so schrieb der Gründer einmal, dies beherzigen und sämtliche Konsequenzen aus ihrem Glauben ziehen würden, so wäre dies die größte Revolution der Weltgeschichte.

In irgendeiner Weise haben die meisten großen Heiligen der Kirche verstanden, dass man Gott in allen Wirklichkeiten des Lebens finden kann und sollte. Das Christentum ist nicht eine spiritualistische, von der Welt abgehobene, nur das Geistige und Geistliche achtende Religion, sondern verkündet, dass das ewige, göttliche Wort »Fleisch geworden« ist und »unter uns gewohnt hat« (Joh 1, 14). Das göttliche Wort, der ewige Sohn Gottes ist wirklich Mensch geworden und hat sich in genau diesem Sinne »verweltlicht«. So spricht der hl. Benedikt von Nursia, der Vater des abendländischen Mönchtums und Patron Europas, davon, dass wir Gott in allem, was wir tun, verherrlichen sollen; der hl. Ignatius von Loyola sieht den Kern des christlichen Lebens darin, »Gott in allem zu suchen und zu finden«. Die hl. Theresia von Lisieux meinte, dass der Herr auf uns gerade in den kleinen Dingen wartet, die durch die Liebe, die wir in sie hineinlegen, groß werden. Und doch haben alle diese Heiligen letztlich die Meinung gefördert, dass es für die Verwirklichung dieses Ideals einer besonderen Weihe und

Lebensform bedürfe, die sich von der Normalexistenz eines Christen unterscheidet, und dass man nur innerhalb einer solchen besonderen, vom normalen Gang des weltlichen Lebens abgehobenen Lebensform und einer besonderen, zusätzlichen Weihe an Christus echt und wirksam nach Heiligkeit streben und zur christlichen Vollkommenheit gelangen könne.

Der Gründer des Opus Dei, der die Ordensleute außerordentlich liebte und verehrte, war jedoch überzeugt, dass es für die Suche nach *Heiligkeit* keiner weiteren Weihe bedürfe als derjenigen, die man durch die Taufe und die Firmung bereits erhalten hat. Wenn Gott jemanden auf den Weg des Ordenslebens ruft, so ist das dessen gottgewollter Weg. Der Herr möchte ihn dann für eine ganz spezifische Aufgabe in seiner Kirche. Für wen das nicht der Fall ist, dem ist Taufe und Firmung genug. Er ist *Christ* und als solcher bereits zur Fülle des christlichen Lebens und zur Heiligkeit berufen. Der Ruf Gottes richtet sich genau deshalb an alle, weil es zur Suche nach Heiligkeit keiner außergewöhnlichen Umstände oder Lebensformen bedarf.

Der tiefste Grund für diese Universalität und Ausnahmslosigkeit der Berufung zur Heiligkeit ist also ganz einfach, dass diese Welt von Gott stammt. Sie ist der natürliche Ort des Menschen und sie wurde von Anfang an für den Menschen geschaffen, damit er darin Gott liebe und verherrliche. Nur die Sünde ist nicht von Gott, sie stammt allein vom Menschen, und von ihr müssen wir uns, wenn wir Gott lieben wollen, entfernen, nicht aber von der Welt, die Schöpfung Gottes ist. Deshalb bittet Jesus seinen göttlichen Vater im Gebet für seine Jünger: »Ich bitte nicht, dass du sie aus der Welt nimmst, sondern dass du sie vor dem Bösen bewahrst« (Joh 17, 15), Worte, die der hl. Josemaria immer wieder betrachtete und im Zentralsitz des Opus Dei in Rom auf ein Wandfresko malen ließ. Gott wartet auf uns *in* dieser Welt. »Jede noch so alltägliche Situation birgt etwas Heiliges, Göttliches in sich, und euch ist es aufgegeben, das zu entdecken«, verkündete der Gründer des Opus Dei 1967 in Gegenwart einer großen Gruppe von Studenten und Professoren der Universität Navarra. »Entweder lernen wir, den Herrn in unserem alltäglichen Leben zu entdecken, oder wir werden ihn niemals finden.« Wenn wir das tun, dann wird es uns mit der Gnade Gottes gelingen, »aus der Prosa des Alltags epische Dichtung zu machen«, ein Heldenepos, weil wir dann inmitten unserer täglichen Arbeit und im Dienst an unseren Mitmenschen jede »Kleinigkeit mit der Größe Gottes« erfüllen können (Gespräche 114; 116).

Wesentlich ist also nicht allein, dass letztlich alle Menschen dazu berufen sind, in der Fülle Gottes zu leben und einmal »in den Himmel zu kommen« (der Himmel ist ja der Ort, wo die Heiligen sind, er ist die beseligende Schau Gottes, die völlige Vereinigung mit ihm und die Teilhabe an seinem Glück und an seiner Herrlichkeit). Kein rechtgläubiger Christ hat dies je bestritten. Was hingegen bestritten oder zumindest vergessen wurde, war, dass gerade die Welt selbst und alle in ihr anzutreffenden Wirklichkeiten, sofern sie nicht durch die Sünde verunstaltet sind, Weg der Heiligkeit und Gelegenheit sein können, um mit Gott ins Gespräch zu kommen. Die Wege dieser Welt sind wirklich Wege Gottes! Das gewöhnliche Leben, die Pflichten und Freuden, das Getriebe und die Anforderungen des normalen Lebens in der Welt sind nicht nur kein Hindernis für die Vereinigung mit Gott, sondern gerade das Mittel, ihn immer mehr zu lieben und in den vielfältigen Aufgaben dieses Lebens, jeder in seinem Studium oder in seinem Beruf, aber natürlich auch im Bereich der Familie, sich mit Christus zu identifizieren und im Dienst am Mitmenschen zu verschenken.

2. Oktober 1928: Der hl. Josemaria Escrivá ›sieht‹ das Opus Dei

Wie erwähnt, pflegte Josemaria Escrivá als junger Priester die Worte Jesu »Ich bin gekommen, um Feuer auf die Erde zu werfen. Wie froh wäre ich, es würde schon brennen« auf Latein laut vor sich hin zu singen … *ignem veni mittere in terram* … so dass sein viel jüngerer Bruder, der kein Latein verstand, meinte, er sei verrückt geworden. Christus möchte, dass das Feuer seiner Liebe auf dieser Erde entfacht werde und dadurch die Erlösung, die Rückkehr aller Menschen zu Gott, Wirklichkeit werde. Vergessen wir nicht: Gott *liebt* diese Welt, wie alles, was er geschaffen hat. Er möchte, dass wir alle als seine geliebten Kinder in dieser Welt leben und einmal ewig mit ihm vereint sind und an seiner Herrlichkeit und Freude teilhaben. Deshalb hat er seinen Sohn zu uns gesandt, dieser hat Jünger um sich geschart, Apostel erwählt und seine Kirche gegründet.

Gott wollte, dass dies auf eine neue Weise klar würde. Dazu hat der Herr Ende 1917 einen damals sechzehnjährigen, temperamentvollen und total »normalen« Jungen, der daran dachte, Architekt zu werden, und zudem eine tiefsitzende Aversion gegen Kirchenlatein hatte, eingeladen. Der junge Josemaria sah an einem kalten Wintertag im Schnee die Barfußspuren eines Karmelitermönches und fragte sich: »Andere Menschen bringen aus Liebe zu Gott solche Opfer! Was tue ich für ihn?« In diesem Augenblick verspürte er in seinem Herzen die Vorahnungen der Liebe Gottes und entschloss sich augenblicklich, ihm sein ganzes noch junges Leben zur Verfügung zu stellen, obwohl ihm klar war, dass er keine Berufung fürs Kloster hatte.

Jahrelang bereitete sich der junge Josemaria Escrivá durch ein intensives Gebetsleben darauf vor, den Ruf des Herrn genauer zu verstehen und ihm treu zu entsprechen. Er entschloss sich, Priester zu werden, nicht weil er sich zu einem »kirchlichen Beruf« oder einer klerikalen Karriere hingezogen fühlte, sondern weil er dachte, dadurch am besten ganz für Gott verfügbar sein zu können. Dann, am 2. Oktober 1928, also mehr als zehn Jahre später, während Tagen der geistlichen Einkehr, ließ Gott ihn schließlich genau *sehen*, was er von ihm wollte. Der damals sechsundzwanzigjährige Priester ging auf die Knie und dankte Gott. In diesem Augenblick war das Opus Dei »gegründet« und der hl. Josemaria hörte die Glocken der Kirche Unserer Lieben Frau von den Engeln läuten. Am 2. Oktober feiert die Kirche nämlich das Fest der heiligen Schutzengel, das nun im Opus Dei zudem als Gründungstag einen ganz besonderen Platz im Festkalender einnimmt.

Der Herr wollte diesen jungen Priester aus dem am Fuß der Pyrenäen gelegenen aragonesischen Städtchen Barbastro als sein Werkzeug, um inmitten seiner Kirche daran zu erinnern, dass auch die Wege der Welt wirklich und wahrhaft Wege Gottes sind. Nach dem 2. Oktober 1928 konnte der junge »Don Josemaria«, wie man die Priester in Spanien anspricht, mit der Gewissheit dessen, der ein übernatürliches Licht empfangen hatte, dann eben schreiben: »Heiligkeit ist keine Sache für Privilegierte … Der Herr ruft uns alle, von uns allen erwartet er Liebe … dieses gewöhnliche, unauffällige und unscheinbare Leben kann Mittel zur Heiligkeit sein … alle Wege der Erde können Anlass der Begegnung mit Christus sein«: Das war die Botschaft, die er verkünden und die Wahrheit des Evangeliums, an die er alle Christen, ja alle Menschen erinnern sollte.

Und nicht nur daran *erinnern* sollte er oder es bloß *verkünden*. Gott berief den jungen Priester zugleich dazu, es auch praktisch umzusetzen, weltweit und im großen Maßstab, als Begründer und gleichzeitig Vater einer großen geistlichen Familie, die sich innerhalb der katholischen Kirche und als Bestandteil ihrer seelsorglichen Tätigkeit genau dieser spezifischen Aufgabe widmen sollte, die große Wahrheit der allgemeinen Berufung zur Heiligkeit unter Menschen aller Art, aller Gesellschaftsschichten, Berufssparten, Völker und Kontinente zu verbreiten. Jahrzehnte später sagte deshalb Papst Johannes XXIII., der die tief im Evangelium verwurzelte Neuheit des Opus Dei gut erfasste: »Das Opus Dei ist dazu bestimmt, in der Kirche ungeahnte Horizonte des universalen Apostolats zu eröffnen.«

An jenem 2. Oktober »sah« der hl. Josemaria – er selbst sagte immer, er habe das Opus Dei damals »gesehen«, es war wohl eine Art übernatürliche innere Erleuchtung – gewöhnliche Christen, Männer und Frauen, junge und weniger junge Menschen, die in allen möglichen Berufssparten arbeiten und allen sozialen Schichten, Völkern und Nationen entstammen, die intensiv mit Christus verbunden sind, in und durch ihre gewöhnliche Berufsarbeit und in der Erfüllung ihrer Aufgaben und Pflichten in Familie und Gesellschaft, als normale Bürger, den Geist Christi, das Licht seiner Wahrheit und das Feuer seiner Liebe überall hintragen, wo Menschen leben und arbeiten. Er sah eine neue Art von Aposteln, die ihren Mitmenschen helfen, Gott im gewöhnlichen Alltag und ganz besonders in den Aufgaben, Herausforderungen und der täglichen Anstrengung ihrer Berufsarbeit zu entdecken und dort voll und ganz als Kinder Gottes zu leben. Er sah, wie er 1959 in einem Brief schrieb, »Intellektuelle und Geschäftsleute; Freiberufliche und Handwerker; Unternehmer und Arbeiter; Menschen aus der Welt der Diplomatie, des Handels, der Landwirtschaft, der Finanzen und der Geisteswissenschaften; Journalisten, Theater-, Film- und Zirkusleute, Sportler, Junge und Alte, Gesunde und Kranke«. Er sah sie inmitten des Getriebes der Welt als wahrhafte Apostel Jesu Christi, mit einer soliden religiösen und theologischen Ausbildung und einem intensiven inneren Leben, die sich aber in nichts von ihren Mitbürgern unterscheiden und dennoch inmitten der Masse der Menschen und ihrer täglichen Berufsarbeit Licht und christlicher Sauerteig sind und dazu beitragen, der Königsherrschaft Christi in dieser Welt, genauer: in den Herzen der Menschen und dadurch in allen anständigen und achtbaren menschlichen Tätigkeiten dieser Welt zum Durchbruch zu verhelfen.

Doch warum der Name »Opus Dei«? Der Gründer wollte zunächst gar keinen Namen für seine Gründung. Überhaupt widerstrebte es ihm, irgendetwas zu gründen und ein »Gründer« zu sein. Nicht einmal einen Namen wollte er diesem Werk geben, das zu beginnen der Herr ihm aufgetragen hatte. Schließlich fragte ihn eines Tages sein damaliger Beichtvater, der Jesuitenpater Sánchez Ruiz, der über die Neugründung informiert war: »Wie steht es mit diesem Werk Gottes«? Wie wir heute dank der ausführlichen Biographie von A. Vázquez de Prada wissen (›Der Gründer des Opus Dei‹, Band 1, S. 319), las der hl. Josemaria, als er nach diesem Gespräch nach Hause zurückgekehrt war, einige persönliche Aufzeichnungen, die er zuvor dem Pater Sánchez ausgeliehen hatte. Dabei merkte er plötzlich, dass er, Escrivá, selbst die von ihm begonnene apostolische Arbeit auf diesen Zetteln »Werk Gottes« genannt hatte. »Der Herr wollte«, so notierte er am 9. Dezember 1930, »dass ich diesen Namen ›Werk Gottes!‹, für andere vielleicht Ausdruck von Verwegenheit, Übermut oder gar Ungehörigkeit, zum ersten Mal schrieb, ohne zu wissen, was ich schrieb, und der Herr wollte auch, dass ich diese Bezeichnung aus dem Mund Pater Sanchez' erhielt, damit es keinen Zweifel gäbe, dass Er es ist, der diesen Namen für sein Werk wollte: Werk Gottes.«

»Werk Gottes«, auf Latein: *Opus Dei*: das passte gut mit der Idee zusammen, dass es darum geht, die Arbeit zu heiligen und inmitten der gewöhnlichen Arbeit Gott zu suchen. Aber mehr noch passte es zu der Überzeugung des Gründers, dass dieses Werk nicht die Erfindung eines schwachen und unbedeutenden Menschen war – so schätzte er sich selber ein –, sondern eine Initiative Gottes, eben ein »Werk Gottes«. Deshalb schrieb er Jahre später: »Wenn wir Menschen eine bestimmte Arbeit verrichten wollen, setzen wir die dafür geeigneten Mittel ein. Hätte ich vor einigen Jahrhunderten gelebt, so hätte ich mit einem Federkiel geschrieben – jetzt gebrauche ich einen Füllfederhalter. Bei Gott ist es anders. Wenn er ein bestimmtes Werk verwirklichen will, wählt er Mittel aus, die in keinem Verhältnis zur Bedeutung des Werkes stehen: So wird deutlich – wie oft habe ich dir das gesagt! –, *dass es sich ausschließlich um sein Werk handelt.* Deshalb wollen wir beide – du und ich –, die wir die schwere Last unseres Elends kennen, dem Herrn sagen: Trotz meiner persönlichen Armseligkeit vermag ich mich als ein göttliches Instrument zu begreifen, als ein Instrument in deinen Händen.« (FdS 610, die Kursivsetzung steht nicht im Original).

Der Name »Werk Gottes«, »Opus Dei« ist also eigentlich ein Programm der Demut: Sich als Werkzeug in der Hand Gottes wissen, sich bewusst sein, das Gott trotz unserer Armseligkeit große Dinge durch uns bewirken will und kann. Dies ist die Logik der christlichen Heiligkeit, und es ist letztlich das Lebensgesetz der Kirche, in der sich menschliche Unzulänglichkeit und Schwachheit mit der übernatürlichen Wirksamkeit des erlösenden Handelns Gottes vereinen. Es ist jene Logik, die Maria in ihrem Dankgesang, dem »Magnificat«, anspricht, weil Gott in ihr und durch sie Mensch geworden ist: »Meine Seele preist die Größe des Herrn ... denn auf die Niedrigkeit seiner Magd hat er geschaut ... der Mächtige hat Großes an mir getan« (Lk 1, 46-49). Auch an uns kann Gott Großes tun, wenn wir uns bewusst sind, dass wir nur Werkzeuge in seinen Händen und dass die großen Dinge in unserem Leben eben »Werk Gottes«, *Opus Dei* sind.

Als Kinder Gottes leben

Aber der junge Don Josemaria war allein, und es war schwierig, dieses Ideal anderen Menschen verständlich zu machen. Er vertraute sein Anliegen den Gebeten von Todkranken an, die er regelmäßig in einem Hospital für (damals noch unheilbare und ansteckende) Tuberkulosekranke betreute. Er bat diese armen Geschöpfe, dafür ihre Schmerzen und Leiden dem Herrn aufzuopfern. Aus diesen Jahren stammen die später in seinem Buch »Der Weg« dokumentierten Worte, die der junge Priester einer unter unsäglichen Schmerzen dahinsiechenden Frau ins Ohr flüsterte und die diese wiederholte: »Gesegnet sei der Schmerz. –

Geliebt sei der Schmerz. – Geheiligt sei der Schmerz ... Verherrlicht sei der Schmerz« (Der Weg 208). Sie hatte ein lasterhaftes Leben geführt und war von ihrer Familie verstoßen worden, hatte mit der Hilfe von Don Josemaria aber wieder zu Glauben und Hoffnung zurückgefunden. Das leidvolle Ende dieser Frau wurde durch die Begleitung des heiligmäßigen Priesters zu einer Begegnung mit Gott und zur Gelegenheit der Sühne für ihre Sünden. »Wir adeln den Schmerz, wenn wir ihn an seinen richtigen Platz im Heilsplan des Geistes stellen: als Sühne« (Der Weg 234). Die Frau starb strahlend vor Freude und im Frieden mit Gott.

Deshalb sagte der hl. Josemaria häufig, das Opus Dei sei in den Krankenhäusern von Madrid entstanden. Das Gebet und die Leiden der Kranken seien seine Kraft gewesen, sein einziges Kapital. Die Schwierigkeiten waren enorm, er war allein, ganz auf sich gestellt, in Madrid war er ein Auswärtiger – er gehörte ja der Diözese Saragossa an –, er hatte keine Mittel, die meisten Menschen verstanden ihn nicht, und die jungen Menschen, die zunächst den Anschein machten, für das Werk in Frage zu kommen, ließen ihn, einer nach dem andern, im Stich.

Nachdem er einmal im Jahre 1931 seine Betrachtung beendet hatte und wohl etwas niedergeschlagen war, da er glaubte, nicht gut gebetet zu haben, kaufte er sich eine Zeitung und stieg in eine Madrider Straßenbahn ein – und da durchflutete ihn plötzlich der Gedanke: »Ich bin Kind Gottes, Gott ist mein Vater«. Er wusste sich geliebt und getragen von seinem göttlichen Vater und begann laut vor sich hin zu sprechen: *Abba, Pater!* »Abba« ist das aramäische Wort für unser liebevolles »Papa« oder »Papi«, mit dem, wie uns die Evangelien berichten, Jesus seinen göttlichen Vater angesprochen hat. Von da an war ihm klar: Das Bewusstsein, Kind Gottes zu sein, war die Grundlage, das tragende Fundament von allem! »Wir müssen uns ganz davon durchtränken und erfüllen lassen, dass der Herr unser Vater ist.« Der christliche Gott ist kein ferner Gott. »Er ist da wie ein liebender Vater. Jeden einzelnen von uns liebt er mehr, als alle Mütter der Welt ihre Kinder lieben können. Er ist da, helfend, leitend, segnend … und verzeihend« (Der Weg 267). Genau so musste das Opus Dei beginnen, damit es durch alle Zeiten hindurch klar bliebe: Schwierigkeiten, Leid, Kreuz, Opfer, all das kommt aus den Händen Gottes. Er lässt es zu, weil er uns dadurch gleichzeitig an sich zieht, uns am Erlösungswerk teilhaben lässt und uns mit seiner Liebe erfüllt. Kind Gottes sein heißt zu wissen, dass, wenn wir Gott lieben, alles durch ihn zum Guten geführt wird; es bedeutet, sich mit Christus am Kreuz vereint zu fühlen und in der Freude zu leben, dass all unser Tun von Gott getragen und übernatürlich wirksam ist.

Das Bewusstsein, dass Gott unser Vater ist, das Bewusstsein der Gotteskindschaft ist das Felsenfundament, auf dem das Opus Dei und das Leben seiner Angehörigen ruhen. Das tiefe Geheimnis des Lebens Jesu ist es, Sohn Gottes zu sein. Wenn wir verstehen, dass wir in und durch Jesus Christus Gott unseren Vater nennen können, der zugleich der Schöpfer dieser Welt und unser Schöpfer ist und der diese Welt liebt, dann verstehen wir auch, dass es nichts in unserem Leben geben kann, was nicht irgendwie einen Platz im liebevollen Heilsplan Gottes hätte. Wir entdecken dann, uns in allen Umständen unseres Lebens zu fragen: »Was will Gott in dieser Situation von mir?« Wir lernen ihn, den göttlichen Vater, hinter den Ereignissen unseres alltäglichen Lebens zu sehen und zu verstehen, dass seine Liebe in allem gegenwärtig ist, er aber auch in allen Umständen unseres

Lebens eine Antwort der Liebe von uns erwartet. Genau das bedeutet es ja, »beschaulich«, »kontemplativ« zu leben. »Beschaulichkeit« und Kontemplation heißt nicht, abgerückt von den Realitäten des Lebens oder gar in ekstatischer Verzückung in Gott versunken zu sein, auch wenn dies dem einen oder anderen gegeben sein mag. Es heißt vielmehr, Gott in allen Dingen dieses Lebens zu sehen und sich seiner stets liebenden Vorsehung bewusst zu sein. Nicht etwa in dem Sinne, dass wir dächten: alles, was geschieht, wurde von Gott »inszeniert«, veranstaltet, organisiert, oder das Leben und die Geschichte der Welt würden wie ein von Gott geschriebenes und bis in alle Details festgelegtes Drehbuch ablaufen und dabei würde ohnehin alles so kommen, wie es kommen muss. Wohl aber in dem Sinne, dass Gott zumindest alles, was geschieht, zulässt, in allen Umständen präsent ist und uns gleichsam die Hand reicht, damit wir mittels dieser Umstände ihm näherkommen und dadurch ihn selbst auch unseren Mitmenschen näherbringen können.

Das Leben eines normalen Erdenbürgers und Christen besteht vor allem aus Arbeit: aus gewöhnlicher beruflicher Arbeit, die für den Schüler und Studenten die Ausbildung ist, das Studium, das Erlernen eines Berufes, einer Wissenschaft, einer Fertigkeit, einer Kunst, einer Technik. Das Leben besteht aus Arbeit in vielerlei Formen, am Arbeitsplatz, in Familie und Erziehung, im gesellschaftlichen Engagement in seinen tausenderlei Varianten. Auch die Arbeitssuche oder die Umschulung des Arbeitslosen ist Arbeit, und der Pensionierte hat immer noch mannigfach Gelegenheit, seine Zeit im Kreis seiner Familie oder sonst wo in den Dienst der anderen zu stellen. Jede Arbeit ist in irgendeiner Weise ein Dienst am Mitmenschen und an der Gesellschaft.

In der Welt der Arbeit entscheidet sich der Fortschritt der Menschheit, hier werden aber auch die großen Ungerechtigkeiten und Verbrechen begangen und die Güter dieser Welt und die menschliche Intelligenz für das Verderben des Menschen oder aber für sein Wohl gebraucht. In der Arbeitswelt findet sich menschliche Niedertracht, aber auch menschliche Größe und Tugend, und in ihr liegt das weite Feld der Verwirklichung christlicher Nächstenliebe. Diese zeigt sich nicht im Verschenken alter Kleider oder eines kleinen Almosens aus dem eigenen Überfluss, sondern im Einsatz des ganzen Lebens. Es zeigt sich in der optimalen Nutzung der eigenen Talente und Arbeitskraft in dem Beruf, den ein jeder erlernt hat und nun mit Sachverstand, Gerechtigkeitssinn und Verantwortungsbewusstsein für das Gemeinwohl ausübt, oder aber darin, dass man eine Krankheit, Invalidität und sonstige Gebrechen und Beschränktheiten dem Herrn aufopfert und daraus ein Werk der Liebe werden lässt. Auch damit dienen wir unseren Mitmenschen.

Wie Jesus in Nazareth: Heiligung der Arbeit

Der Geist des Opus Dei gründet also auf dem Bewusstsein der Gotteskindschaft. Gleichzeitig rückt er in den Mittelpunkt, dass Gott, wie der biblische Schöpfungsbericht uns sagt, den Menschen erschaffen und in diese Welt gestellt hat *ut operaretur*, »damit er sie bebaue und hüte« (Gen 2, 15). Der Mensch wurde also erschaffen und ins Paradies, in den »Garten Eden« gestellt … um zu arbeiten! Arbeit ist nicht etwa eine Folge der Sünde, der Vertreibung aus dem Paradies. Nur die Mühen der Arbeit sowie die Ungerechtigkeiten, Missstände und Missbräuche, die es in der Arbeitswelt gibt, sind es. Arbeit ist für den Menschen, was für den Vogel die Luft zum Fliegen und für den Fisch das Wasser zum Schwimmen und Atmen ist. Ohne Arbeit ist der Mensch sowohl menschlich wie auch übernatürlich gesehen nicht in seinem Element. Arbeiten ist seine ursprüngliche Berufung. Durch seine Arbeit, Werk seiner Hände und seines Geistes, bewahrt und vollendet der Mensch das Werk von Gottes Schöpfung. Für einen Christen, so schrieb der hl. Josemaria 1954 in einem Brief, liegt in der Arbeit »die Würde des Lebens und sie ist ein vom Schöpfer verliehener Auftrag«, ein »Mittel, um die menschliche – irdische – und die übernatürliche Vollkommenheit zu erlangen«, zugleich aber auch »Quelle des Fortschritts, des Aufbaus der Zivilisation und des Wohlstandes«; daran mitzuwirken, sind Christen »aufgrund der Liebe zu allen Menschen« verpflichtet. Gerade in der Wahrnehmung dieser Aufgabe können sie mit Hilfe der Gnade Gottes die christliche Vollkommenheit, die Vollkommenheit in der Liebe erreichen.

Gewöhnlich sehen die Menschen in der Arbeit eine reine Notwendigkeit, um sich das Leben zu verdienen und dadurch Mittel zu beschaffen, die ihnen zu tun erlauben, was sie für wichtig und wertvoll halten: Freizeitgestaltung, Ferien, Hobbys, Vorsorge für das Rentenalter und ähnliches. Für andere ist die Arbeit ein Werkzeug, um sich selbst zu beweisen, wie gut sie sind, eine Gelegenheit, um nach Erfolg, Anerkennung und Macht zu streben, sich selbst ein Podest zu errichten, um von anderen bewundert zu werden. Nicht wenige Menschen empfinden die Arbeit als Last, als Routine und allzu oft einfach als Hindernis, das zu tun, was das Leben vermeintlich lebenswert macht. Doch das ist eine falsche, zumindest sehr einseitige Sicht. Die Arbeit als

»Würde des Lebens« und als »einen vom Schöpfer verliehenen Auftrag« zu sehen, heißt zu verstehen, dass Arbeiten zwar nicht das Ziel unseres Lebens ist, wohl aber sein wesentlicher Inhalt, ja die eigentliche Berufung des Menschen in dieser Welt. Sie ist ein großartiges Mittel, um die großen menschlichen und übernatürlichen Ideale der Gerechtigkeit und Liebe konkrete Wirklichkeit werden zu lassen. Freizeit und Ferien sind wichtig, sie dienen der Erholung, und dies, damit man arbeiten kann; sie sind nicht Ziel und Zweck der Arbeit. Zudem sind sie Zeiten, in denen wir auf andere Weise unseren Mitmenschen dienen, im Kreis der Familie, im Pflegen von Freundschaften, in Hilfeleistungen für Bedürftige, indem wir uns auf verschiedenste Weise für das Wohl der anderen engagieren oder indem wir uns weiterbilden – eine vor allem für junge Leute äußerst interessante Weise, die Ferien zu nutzen.

Die Mühen der Arbeit, all das, was sie häufig zur Last oder gar zur Qual werden lässt, gehören nicht zum Wesen der Arbeit; sie sind Folge der durch die Sünde in die Welt gekommenen Unordnung. Die Schöpfung ist ja durch die Sünde verunstaltet. Deshalb kostet die Arbeit nicht nur Mühe, sondern die Arbeitswelt ist oft auch voller Ungerechtigkeiten, geprägt von menschlicher Schwachheit und nicht selten von Niederträchtigkeit, Egoismus, Eitelkeiten aller Art, Neid und Machtstreben, welche die Menschen entzweien und die Früchte ihrer Bemühungen oft ins Schlechte verkehren und zunichte machen. In Wirklichkeit, gemäß dem Plane Gottes, sollte jede Arbeit ein Werk der Liebe und der Verherrlichung Gottes sein. Christen sind dazu berufen mitzuwirken, damit dieser Plan Gottes sich verwirkliche. Die Erlösung muss ja gerade in der Welt der menschlichen Arbeit Wirklichkeit werden.

Nicht etwa dass Arbeit als solche schon Mittel der Erlösung wäre! Aber durch Christus und verbunden mit ihm erhält die menschliche Arbeit wieder ihre ursprüngliche Würde zurück, und das menschliche Tun und Schaffen wird zum Ort, wo das erlösende Wirken Gottes sichtbar und wirksam wird, ein Mittel des wahren Forschritts, der Gerechtigkeit, wirklicher Mitmenschlichkeit. Die Mühen der Arbeit werden zu einem Mittel der Heiligung, zu einem Werk der Liebe und einem Mittel, in der Liebe zu wachsen. Wir tragen dadurch das Kreuz *Christi* mit, aber eben das Kreuz Christi, das ja vor allem er selbst trägt, so dass es uns nicht niederdrückt, sondern eine leichte Bürde wird.

Gott ist Mensch geworden und hat unter uns gelebt, und zwar als dieser Jesus von Nazareth, der, wie uns die Evangelien berichten, »Zimmermann« war. Von seinem Pflegevater Josef hat Jesus dieses Handwerk erlernt, und er hat es bis zu seinem dreißigsten Lebensjahr ausgeübt, Tag für Tag. Es ist fast unfassbar: Gott wird Mensch … und arbeitet jahrelang in einer Werkstatt, um seine Mitbürger mit dem Werk seiner Hände zu beliefern! Sicher nicht gratis, denn Jesus hat sich und seiner Mutter damit den Lebensunterhalt verdient. In Jesus verwirklicht sich die Heiligkeit Gottes in der Menschlichkeit und Normalität eines Zimmermanns, der den allergrößten Teil seines Lebens damit verbracht hat, seinen Mitmenschen mit einer ganz gewöhnlichen Berufsarbeit zu Diensten zu sein. Dieser selbe Jesus, der dann später für relativ kurze Zeit in ganz Palästina und sogar über seine Grenzen hinweg umherzieht, lehrt, Kranke heilt, ja Tote auferweckt, lässt die Leute seiner Heimatstadt Nazareth erstaunt ausrufen: »Ist das nicht der Zimmermann, der Sohn der Maria ….? Und sie nahmen Anstoß an ihm und lehnten ihn ab« (Mk 6, 3). Dass Göttliches und Menschliches so nahe zusammenkommen, dass sie in ein und derselben Person vereint sind und der allmächtige Gott einer von uns wird, mit seinen Händen arbeitet und das normale menschliche Leben mit uns teilt, das haben die damaligen Bürger von Nazareth nicht verstehen wollen. Ein Sohn Gottes, ein Messias, ein Erlöser, der … Zimmermann in einem Provinznest ist: unmöglich!

Doch liegt gerade hier der Kern der Botschaft der Menschwerdung Gottes. »Indem Jesus wie einer von uns aufwächst und lebt, offenbart er uns, dass das menschliche Dasein, das gewöhnliche und alltägliche Tun einen göttlichen Sinn hat«, schreibt der heilige Josemaria. Diese dreißig Jahre seines verborgenen, das heißt ganz gewöhnlichen Lebens, in dem nichts darauf hinwies, dass er der Sohn Gottes, das menschgewordene ewige göttliche Wort war, waren »Jahre im Schatten, für uns aber klar wie Sonnenlicht. Oder vielmehr strahlende Jahre, die unsere Tage erhellen und ihnen ihren wirklichen Sinn geben; denn wir sind gewöhnliche Christen, die ein normales Leben führen wie Millionen von Menschen überall auf der Welt.« Diese Jahre des verborgenen Lebens der Arbeit des Sohnes Gottes auf Erden müssen wir deshalb verstehen »als Ruf des Herrn, unseren Egoismus und unsere Bequemlichkeit zu überwinden … uns selbst zu vergessen und uns für andere hinzugeben« (CB 14-15). Die Arbeit Jesu war mit Sicherheit gut getan, kompetent, sorgfältig, ohne falschen Perfektionismus, aber mit der größtmöglichen Vollkommenheit, die Zeit und Umstände jeweils erlauben, eine Arbeit, die für seine Mitmenschen wirklich nützlich und hilfreich war und damit auch der Gesamtheit diente. Jesus verrichtete diese Arbeit in der Gegenwart seines göttlichen Vaters und brachte sie ihm als seine ganz persönliche

Opfergabe dar, legte göttliche Liebe in sie hinein und vergöttlichte sie damit. Zudem wurde sie für ihn zu einer Gelegenheit, um mit vielen Menschen ins Gespräch zu kommen, ihr Leben zu erhellen, ihnen behilflich zu sein, sie durch sein Beispiel ebenfalls zum Dienst an ihren Mitmenschen zu ermutigen.

Das Leben Jesu in Nazareth ist in der einen oder anderen Weise das Leben unzähliger Menschen auf dieser Welt. Im Geiste Jesu verrichtet, erhalten die tägliche Arbeit, Schule, Studium, Berufsarbeit, die Erfüllung der tausend Pflichten einer Mutter und eines Familienvaters, die Aufgaben in Gesellschaft und öffentlichem Leben einen neuen, einen übernatürlichen Sinn. Sie werden zur Gelegenheit, ja zu einem Weg, um Christus nachzufolgen, gerade in und durch diese tägliche Arbeit Gott und unsere Mitmenschen so zu lieben, wie Christus das getan hat. Wir arbeiten dann aus Liebe zu Gott und zu den Menschen, mit lauterer Absicht und der größtmöglichen menschlichen Vollkommenheit – Pfuscharbeit ist mit Liebe und Dienst am Mitmenschen unvereinbar –, seriös, ausdauernd und mit Sorgfalt.

Das heißt: Wir *bemühen uns* ehrlich und beharrlich darum, so zu arbeiten. Wir versuchen uns dann zum Beispiel eben gewissenhaft auf eine Prüfung in der Schule vorzubereiten, anstatt unserem Lieblingshobby Priorität zu geben, dann noch schnell etwas zu lernen und schließlich bei der Prüfung abzuschreiben oder uns mit einer mittelmäßigen Note zufriedenzugeben. So können wir uns aus Liebe zu Gott nicht verhalten, ernsthaftes und seriöses Studium hingegen können wir Gott als Gabe anbieten. Dabei wachsen wir zugleich menschlich und kommen voran. Unbequemes, das aber jetzt getan werden sollte, auf später zu verschieben ist in dieser Perspektive fast dasselbe, wie etwas überhaupt nicht zu tun. Wie oft muss man in einer Aufgabe einfach durchhalten! Vielleicht hat man mit viel Eifer und Schwung begonnen – der Anfang ist ja immer mit dem Reiz des Neuen verbunden –, aber dann fehlt plötzlich der ursprüngliche Enthusiasmus, und man beginnt zu pfuschen, anstatt die Arbeit mit Beharrlichkeit, pflichtbewusst und sorgfältig zu Ende zu führen. Doch so kann man nicht aus Liebe zu Gott arbeiten! Es wäre letztlich eine versteckte Form des Egoismus, der falschen Eigenliebe, weil man sich nur dort Mühe gibt, wo man eine persönliche Befriedigung findet und wo man, wie es dann heißt, »motiviert« ist. Es fällt uns natürlich manchmal schwer, das zuzugeben, und so erfinden wir allerlei Ausflüchte. Damit gewöhnen wir uns schließlich daran, in unserer Arbeit nur uns selber zu suchen, verlieren das Durchhaltevermögen, fühlen uns frustriert, werden schlaff und unzuverlässig und schließlich unfähig, mit unserer Arbeit auch wirklich unseren Mitmenschen zu dienen.

Wenn wir hingegen aus Liebe zu Gott arbeiten und uns nicht selber darin suchen, werden gerade die Schwierigkeiten der Arbeit, aber auch ihre Freuden, zu Gebet, zum Dank und Lobpreis unseres göttlichen Vaters. Wir finden dabei auch eine Gelegenheit, all dies Gott als Sühne, als Wiedergutmachung für so vieles, was durch unsere Sünden und die Sünden aller Menschen in dieser Welt zerbrochen ist, anzubieten. Auf diese Weise lernen wir, wirklich den anderen zu dienen. Das kann natürlich oft ein harter Kampf mit uns selbst sein. Doch auch darin handeln wir als Gottes geliebte Kinder, und die tägliche Arbeit wird dann zum Ort eines beschaulichen, kontemplativen Lebens. »Die Arbeit wächst aus der Liebe, ist Zeichen der Liebe und zielt hin auf die Liebe. Wir erkennen Gott nicht nur im Betrachten der

Natur, sondern auch im Erfahren des eigenen Tuns, im Erleben der eigenen Mühe. *So wird die Arbeit zu Gebet*, sie wird Danksagung und Anbetung, Sühne und Bitten, die zum Himmel steigen. Wir wissen uns von Gott auf die Erde gestellt, von ihm geliebt und zu Erben seiner Verheißungen berufen. So ist die Aufforderung des Apostels [Paulus] nur logisch: *Möget ihr also essen oder trinken oder sonst etwas tun, so tut alles zur Ehre Gottes* (1 Kor 10, 31)« (CB 48).

Es ist also die Arbeit selbst, die Gebet werden muss. Man kann mit Worten beten, sich an den Herrn wenden, man kann aber auch durch das Tun mit ihm sprechen, wenn wir tun, was Gott will, was also in diesem Augenblick unsere Pflicht und Aufgabe ist. Wir finden dann zu einer tiefen und robusten »Einheit des Lebens«, einer Einheit und Kohärenz von Arbeit und Gebet, so dass das Übernatürliche und ganz Menschliche, Himmlisches und Irdisches in unserem Leben zu einer dynamischen und fruchtbaren Einheit verschmelzen – wie es der hl. Josemaria auf poetische Weise einmal in einer Predigt vor Studenten ausdrückte: »Himmel und Erde scheinen sich am Horizont zu vereinigen; aber nein, in euren Herzen ist es, wo sie eins werden, wenn ihr heiligmäßig euren Alltag lebt …« (Gespräche 116).

»Heiligung der Arbeit«, das ist das Programm, und weiter: uns durch die tägliche Arbeit heiligen und damit in der Liebe zu Gott wachsen; und schließlich andere durch unsere Arbeit heiligen, sie Gott näherbringen. »Heiligung der Arbeit« heißt, dass wir »Christus an die Spitze aller menschlichen Tätigkeiten stellen«, dass unser tägliches Tun nicht nur menschliches Tun ist, sondern übernatürliche Kraft, die erlösende Kraft Christi am Kreuz erhält. So kann Christus die ganze Schöpfung »zu sich ziehen« (Joh 12, 32) und sie dem göttlichen Vater übergeben, damit »Gott herrscht über alles und in allem« (1 Kor 15, 28). Indem wir so arbeiten, beten wir den ganzen Tag. Weil die Arbeit selbst zum Gebet wird, sind wir ständig dabei, uns Gott zu nähern, ja uns mit ihm zu vereinen: Alles wird dadurch zu einem Kanal, durch den die Gnade Gottes in diese Welt hineinströmt, so wie das Wasser, durch das stete Drehen des Esels am Schöpfrad aus der Tiefe eines Brunnens herausgepumpt, sich überallhin verteilt und den Feldern Fruchtbarkeit bringt (ein Bild, das der heilige Josemaria gern benutzte).

Der christliche Glaube beruht ganz auf dem Wissen, dass Jesus von Nazareth wahrer Gott ist, wesensgleich mit Gott dem Vater und dem Heiligen Geist; dass er aber auch wirklich vollkommener Mensch ist. In ihm ist das Menschliche und das Göttliche zwar unterschieden, immer aber harmonisch vereint, ja es durchdringt sich gegenseitig, so dass alles Menschliche göttlich und alles Göttliche menschlich wird. Jesus arbeitet, ist müde vom unablässigen Umherziehen, weint wegen des Todes seines Freundes Lazarus und trauert wegen der Undankbarkeit der Menschen; er ist hungrig und durstig und empfindet Freude wegen der Großzügigkeit einer einfachen Frau, die ihr ganzes Vermögen in die Opferkasse des Tempels wirft. Das ist Arbeit Gottes, es sind Tränen Gottes, Traurigkeit Gottes, Hunger und Durst Gottes und Freude Gottes.

In Jesus Christus wird Gott ganz menschlich, und dadurch wird alles Menschliche vergöttlicht, geheiligt. So muss unser Leben sein: ganz und gar menschlich, aber durch die Gnade Gottes und das Wirken des Heiligen Geistes in uns zugleich göttlich, übernatürlich, von der Sünde, von allem, was dem göttlichen Willen widerspricht, immer mehr gereinigt und geheiligt, so dass es für uns und für unsere Mitmenschen ein Weg zu Gott wird.

Auf diese Weise lebt Christus in uns weiter, so sind wir im eigentlichen und tiefsten Sinne »Kirche«, weil Kirche im eigentlichen und tiefsten Sinne Gegenwart Jesu Christi in dieser Welt ist. Es verwirklicht sich, was Paulus ausruft: »Nicht mehr ich lebe, sondern Christus lebt in mir« (Gal 2, 20). Wir sind dann, wie der heilige Augustinus sagt, ein *alter Christus*, ein »anderer Christus«, hier und heute; ja wir sind, wie der hl. Josemaria hinzufügte, sogar *ipse Christus*, »Christus selbst«: Unsere Mitmenschen können in uns Christus sehen und dadurch zu einer lebendigen Begegnung mit ihm kommen, durch die sich ihr Leben fundamental verändert, so wie sich eben das Leben so vieler radikal veränderte, die, wie uns die Evangelien berichten, Christus begegneten.

Priesterliche Seele: Opfergeist, Sorge um die anderen, Gebet

Ein »anderer Christus« sein, »Christus selbst« sein, das verwirklicht sich in verschiedener Weise oder besser gesagt: in verschiedenem Grade. Ein geweihter Priester handelt, wenn er das eucharistische Opfer darbringt oder im Sakrament der Buße Sünden vergibt, wie man sagt *in persona Christi*, »in der Person Christi«, weil er in dem Augenblick, in dem er diese Handlungen vollzieht, gleichsam Christus ist, und zwar Christus, insofern er das Haupt der Kirche ist. Was der Priester in diesen Momenten tut, tut Christus persönlich durch ihn. Er verwirklicht sein Opfer am Kreuz, er vergibt unsere Sünden, er versöhnt uns mit Gott unserem Vater, schenkt uns den Heiligen Geist und erfüllt uns mit der Gnade der Gotteskindschaft.

In einem wesenhaft verschiedenen, aber ebenfalls sehr realen Sinne sind jedoch alle christlichen Gläubigen auf

Grund der Taufe inmitten dieser Welt und für ihre Mitmenschen ein »anderer Christus«, ja »Christus selbst«. Auf Grund der Taufe haben alle Teil am Priestertum Jesu Christi. Das ganze Volk Gottes des Neuen Bundes ist, wie dasjenige des Alten Bundes, ein »auserwähltes Geschlecht, eine königliche Priesterschaft, ein heiliger Stamm, ein Volk, das sein besonderes Eigentum wurde, damit ihr die großen Taten dessen verkündet, der euch aus der Finsternis in sein wunderbares Licht gerufen hat« (1 Petr 2, 9). Man nennt dies, im Unterschied zum Amtspriestertum, das »gemeinsame Priestertum aller Gläubigen« oder auch das »königliche Priestertum der Gläubigen«. Die Taufe prägt der Seele ein unauslöschliches Merkmal ein, eine Art Siegel, durch das wir zu Christus gehören und wodurch er in einer besonderen Weise durch uns wirksam wird. Durch diesen, wie die Theologen sagen, »Taufcharakter« bekommen wir Anteil an der Sendung Christi. Wir werden Apostel Jesu Christi und sollen nun seine Lehre bis in die entferntesten Gegenden der Welt und in alle Ritzen der Gesellschaft hineintragen. Wir nehmen teil an der Vergegenwärtigung des Kreuzesopfers in der Heiligen Messe, und dies nicht etwa als »Zuschauer«, sondern als Glieder am Leibe Christi, der in der Eucharistie Gott Vater dargebracht wird. Wir sind also bei jeder Eucharistiefeier innerlich aktiv beteiligt. Wir sind deshalb auch nicht nur Empfänger und Nutznießer, sondern ebenfalls Mitopfernde und Akteure. Die Taufe macht uns fähig, zwar nicht auf den Altären der Kirchen, wohl aber auf dem Altar unseres Herzens, vereint mit dem Opfer Christi Gott wohlgefällige Opfergaben darzubringen: das Opfer unseres Lebens, unserer Arbeit, unserer Tränen und Freuden, die Leiden und Widerwärtigkeiten, die wir antreffen, unsere Schaffenskraft, aber auch unsere Müdigkeit, Hunger und Durst, Erfolge, Misserfolge und Enttäuschungen, die Erfahrung des Schönen und Beglückenden, den Schmerz über erlittenes Unrecht oder eine Demütigung, ohne mit der gleichen Münze zurückzuzahlen.

So hat Jesus während der Jahre seines verborgenen Daseins in Nazareth gelebt und gearbeitet. Die Hingabe des eigenen Lebens am Kreuz war nur der letzte Akt, die Vollendung seiner stets liebenden Hingabe im Dienst an den Mitmenschen während der verborgenen Jahre in der Zimmermannswerkstatt in Nazareth. Durch die Taufe haben wir schließlich auch Teil am Dienst der Versöhnung mit Gott, indem wir unseren Bekannten, Freunden, Kollegen helfen, durch das Sakrament der Versöhnung, der Buße, der persönlichen Beichte, immer wieder zu einem echten Neubeginn ihres Lebens zu gelangen. So ergänzen sich Amtspriestertum und gemeinsames Priestertum aller Gläubigen auf beste Weise, und es ergibt sich ein nahtloses und organisches Zusammenwirken von Priestern und Laien in der Kirche. Diese Art von Zusammenarbeit ist gerade für das Opus Dei charakteristisch.

Der hl. Josemaria sagte deshalb, im Opus Dei müssten alle eine »priesterliche Seele« haben. Diese zeige sich auch darin, was er »psychologische Voreingenommenheit« nannte. So wie es einem Schneider sofort auffällt, wenn jemand einen schlecht geschnittenen Anzug trägt, oder einem Arzt, dass jemand eine ungesunde Gesichtsfarbe hat und ihm deshalb wohl etwas fehle, so fragt sich ein Christ: Wie steht es um die Seele dieses meines Arbeits- oder Studienkollegen oder dieses Freundes? Warum ist er so traurig und niedergeschlagen? So reizbar? So faul oder so egoistisch? Die Sorge um das ewige Heil unserer Mitmenschen, die wahre »Seel-Sorge« ist, aber auch die Sorge, dass sie schon in diesem

Leben das Glück und die Freude finden, als Kinder Gottes leben zu dürfen, sowie das Bestreben, weitere Apostel Jesu Christi zu finden, damit sein Werk zur Erfüllung gelangt: dies sollte in unserem ganzen Leben, am Arbeitsplatz, in der Familie, in unserem sozialen Leben gegenwärtig, ja »dominierende Leidenschaft« sein. Alles sollte deshalb irgendwie zum Apostolat werden, zur Gelegenheit, über Gottes Liebe zu uns Menschen zu sprechen, und darüber, wie wir an dieser Liebe teilhaben und ihr entsprechen können.

Aufgabe aller Christen ist es ja, die Welt Gott zuzuführen und Gott in die Welt hineinzutragen, damit in ihr die Güte Gottes wieder zum Erstrahlen kommt. Dies tun alle Christen, auch die so genannten Laien, also die »gewöhnlichen Christen«, die mitten in dieser Welt leben und deren Grundaufgabe gerade diese Welt ist. Hören wir, was das Zweite Vatikanische Konzil (*Lumen gentium* 9) dazu sagt: »Durch die Wiedergeburt und die Salbung mit dem Heiligen Geist werden die Getauften zu einem geistigen Bau und einem heiligen Priestertum geweiht, damit sie in allen Werken eines christlichen Menschen geistige Opfer darbringen und die Machttaten dessen verkünden, der sie aus der Finsternis in sein wunderbares Licht berufen hat. So sollen die Jünger Christi ausharren im Gebet und gemeinsam Gott loben und sich als lebendige, Gott wohlgefällige Opfergabe darbringen; überall auf Erden sollen sie für Christus Zeugnis geben und allen, die es fordern, Rechenschaft ablegen von der Hoffnung auf das ewige Leben, die in ihnen ist.«

Gewöhnliche Christen, die sich ihrer priesterlichen Seele bewusst sind, suchen, wie Jesus, in einer lebendigen Beziehung des dauernden Gesprächs mit Gott ihrem Vater zu leben. Jesus war ein Mensch des Gebetes. Die Evangelien bezeugen uns, dass er aus dem beständigen Dialog mit seinem göttlichen Vater Kraft schöpfte. Frühmorgens pflegte er sich zu erheben, um den Tag im Gespräch mit dem Vater zu beginnen, und häufig zog er sich zurück, um zu beten, manchmal die ganze Nacht hindurch. Ein Jünger tritt an ihn heran mit der Bitte: »Herr, lehre uns beten«, und Jesus spricht: »Wenn ihr betet, so sprecht: Vater, dein Name werde geheiligt, dein Reich komme ...« (Lk 11, 1-2). Vor der Auferweckung seines Freundes Lazarus erhebt Jesus sein Herz in Dankbarkeit und ruft aus: »Vater, ich danke dir, dass du mich erhört hast« (Joh 11, 41). Er dankt für die Gabe seines Geistes für alle jene, die bereit sind, klein vor Gott zu sein: »Ich preise dich, Vater, Herr des Himmels und der Erde, weil du all das den Weisen und Klugen verborgen, den Unmündigen aber offenbart hast« (Mt 11, 25). Beim letzten Abendmahl bittet er den Vater für seine Jünger: »Heiliger Vater, bewahre sie in deinem Namen, den du mir gegeben hast, damit sie eins sind wie wir .... Heilige sie in der Wahrheit« (Joh 17, 11; 17). Vor seinem Leiden bittet er: »Vater, wenn du willst, nimm diesen Kelch von mir! Aber nicht mein, sondern dein Wille soll geschehen« (Lk 22, 42). Während er ans Kreuz genagelt wird, betet er für seine Henker: »Vater, vergib ihnen, denn sie wissen nicht, was sie tun« (Lk 23, 34), und im Äußersten seines Leidens ruft er aus: »Mein Gott, mein Gott, warum hast du mich verlassen?« (Mt 27, 46). Dann, im Augenblick seines Todes, sein letztes Gebet: »Vater, in deine Hände lege ich meinen Geist« (Lk 23, 46).

Dieses vertrauensvolle, oft leidenschaftliche Gespräch mit dem göttlichen Vater, zu dem auch wir durch Christus und durch das Wirken des Heiligen Geistes in uns gelangen können, ist, was wir »inneres Leben« nennen: Leben des

Gebetes, des Dialogs mit Gott, der die Wahrheit und die Liebe ist, damit auch unser Leben, die Beziehung zu unseren Mitmenschen ein Dialog der Wahrheit und der Liebe werden kann. *Veritatem facientes in caritate*, »in der Liebe die Wahrheit tun«, wie der hl. Paulus es ausdrückt (vgl. Eph 4, 15). Die priesterliche Seele lebt aus dem inneren Leben. »Das Gebet ist das Fundament des geistlichen Gebäudes .... Das Tun ist ohne das Gebet nichts wert« (Der Weg 83; 81).

Das Gebet ist das Atmen der Seele, nicht mechanisch heruntergeleierte »Gebete«, sondern ein Dialog mit Gott, ein Schauen und Hören auf ihn, das aus der Tiefe unseres Herzens kommt, in den konkreten Situationen unseres Lebens verwurzelt ist und uns dem Wirken des Geistes Gottes öffnet, so dass wir in Christus umgestaltet werden. »Du hast mir geschrieben: ›Beten ist Sprechen mit Gott. Aber wovon?‹ – Wovon? Von ihm und von dir, von Freude und Kummer, von Erfolgen und Misserfolgen, von hohen Zielen und alltäglichen Sorgen ... Von deinen Schwächen! Danksagungen und Bitten. Lieben und Sühnen. Kurz, ihn erkennen und dich erkennen: Beisammen sein!« (Der Weg 91).

Als ich vor vielen Jahren einmal den Geschäftsführer einer Stiftung, von der ich während zwei Jahren ein Forschungsstipendium erhalten hatte, in seinem Büro in Köln besuchte – der Mann stammte aus Bayern und war von Haus aus Physiker – und ihm erzählte, ich sei Mitglied des Opus Dei, sagte er mir, er wisse eigentlich nichts über das Opus Dei, er habe darüber nur eine einzige Idee im Kopf: im Opus Dei stütze sich alles auf das Gebet. Ich war natürlich erstaunt über diese völlig korrekte Auffassung, die der Mann vom Opus Dei hatte, und drückte ihm meine Freude darüber aus.

In der Tat pflegte der heilige Josemaria zu sagen, die »Waffe« des Opus Dei sei nicht etwa die Arbeit, sondern das Gebet; genau deshalb müssten wir unsere tägliche Arbeit in Gebet verwandeln. Nur wenn die Arbeit zum Gebet wird, kann sie auch übernatürliche Früchte bringen und Teil des Erlösungswerkes werden. Entscheidend ist nicht »viel« zu arbeiten oder »effizient« zu arbeiten oder »überall der Beste« zu sein, sondern in der Arbeit Gott zu lieben und den Mitmenschen zu dienen. Das ist natürlich nur dann möglich, wenn man *versucht*, viel, gut und effizient zu arbeiten, und in einem gesunden Sinne danach strebt, der Beste zu sein. Doch all das müssen wir schließlich im Umgang mit dem Herrn lernen, es ist nicht einfach menschliche Leistung, weil wir sonst am Ende nur uns selber suchen würden. Deshalb gilt: »Nur im Gebet und mit der Hilfe des Gebetes lernen wir es, den Mitmenschen zu dienen!« (FdS 72).

Laienmentalität:
Freiheit, persönliche Verantwortung, Natürlichkeit

Gebet, Opfer, Sühne, Sorge um die Seelen: das ist das Eine. Gleichzeitig jedoch müssen wir als gewöhnliche Christen mit beiden Füßen auf dieser Erde stehen. Es geht darum, als Bürger dieser Welt Seite an Seite mit unseren Mitmenschen zu leben und zu arbeiten. Wir brauchen deshalb, so betonte der Gründer des Opus Dei, nicht nur eine priesterliche Seele, sondern auch »Laienmentalität«: Die Mentalität von Menschen, die wissen, dass sie für diese Welt verantwortlich sind, die aber in ihrem eigenen Namen wirken, nicht als verlängerter Arm des Klerus, als bloße Ausführende ohne eigene Verantwortung in der Hand der kirchlichen Hierarchie (das heißt von Bischöfen und Priestern).

Der gewöhnliche Christ ist ein Bürger dieser Welt und ein Staatsbürger wie alle anderen. Er hat staatsbürgerliche Rechte und Pflichten und seine je eigene berufliche Kompetenz. In Ausübung seiner Rechte als Staatsbürger und der Erfüllung der entsprechenden Pflichten muss er frei und eigenverantwortlich seinen Glauben leben und die Gesellschaft im christlichen Geist beeinflussen. Er braucht dazu außer der Taufe keine kirchliche Beauftragung. Laienmentalität zu haben bedeutet keinesfalls, in der Wahrnehmung der bürgerlichen Rechte sein Christsein wie einen Mantel in die Garderobe zu hängen. Vielmehr geht es darum, gerade die bürgerliche und berufliche Normalexistenz in einem christlichen Sinne zu verwirklichen. Das muss in tiefer Verbundenheit mit Jesus Christus und in Treue zu seiner Lehre, wie sie von der Kirche verkündet wird, geschehen; zugleich aber aus staatsbürgerlicher Freiheit und Eigenverantwortung heraus und deshalb auch Seite an Seite mit solchen, die vielleicht einen anderen Glauben haben, aber ebenso den Wunsch in ihrem Herzen tragen, sich für das Wohl ihrer Mitmenschen und der Gesellschaft einzusetzen. Es wäre also falsch zu meinen, die Christen oder die Katholiken sollten sich alle zusammentun, eine Gruppe bilden und »im Auftrag der Kirche« wirken, gleichsam »offiziell« als Katholiken auftreten, um »katholische« Lösungen für alle Probleme der Gesellschaft anzubieten.

Die gesunde Laienmentalität besteht also nicht darin, außerhalb der Kirche das eigene Christ- und Katholischsein auszuklammern, weil man es einfach als reine Privatsache versteht. »Konfessionslosigkeit, Neutralität. – Alte Mythen, die sich immer neu aufputzen wollen. Hast du schon einmal darüber nachgedacht, wie absurd es ist, dass man aufhört, katholisch zu sein, wenn man in der Universität, in der Berufsorganisation, bei einer wissenschaftlichen Tagung, im Parlament auftritt wie jemand, der seinen Hut an der Garderobe abgibt?« (Der Weg 353). Laienmentalität besteht gerade darin sich *als Christ, als Katholik*, aus der Mitte des Glaubens heraus für die Welt verantwortlich zu fühlen, und dies aus eigener Freiheit und Verantwortung.

Deshalb sollten Christen ihr Christsein auch nicht an die große Glocke hängen, gleichsam immer mit der Aura der christlichen Rechtgläubigkeit und oder gar als eine Art Vertreter der katholischen Kirche auftreten. Der Gipfel der Verirrung wäre, dies zu tun, dabei jedoch schlecht zu studieren, schlampig zu arbeiten, beruflich inkompetent oder faul zu sein, sich nicht um die nötige Weiterbildung und um das geistliche und menschliche Wohl der Mitmenschen zu sorgen sowie das Gespräch mit Gott zu vernachlässigen.

Das alles wäre die Karikatur eines Christen. Gleichzeitig eine priesterliche Seele und Laienmentalität haben heißt hingegen, aus unserer inneren Verbundenheit mit Gott heraus in allem, was wir tun, auch an das geistliche Wohl unserer Mitmenschen zu denken, sie also mit der Liebe Christi zu lieben und nicht von der Kirche oder vom Etikett »katholisch« zu profitieren; sich nicht für unsere persönlichen Interessen der Kirche zu bedienen, sondern ihr zu dienen, so wie die Kirche will, dass man ihr diene, also nicht wie es unseren persönlichen Vorlieben, weltlichen Interessen und vielleicht sogar unserem Geltungsdrang, unserer Eitelkeit und unserem Verlangen nach Einfluss, Anerkennung und Macht entspricht. Der Kirche dienen, jedoch ohne davon Aufhebens zu machen oder mit einem Abzeichen herumzulaufen, auf dem steht: »Ich diene der Kirche«,

»ich bin katholisch«, »ich bin ein engagierter Christ«. *Gewöhnliche* Christen, so sah es der Gründer des Opus Dei, handeln im eigenen Namen, aus Freiheit und in persönlicher Verantwortung, nicht als »Vertreter« der Kirche und in deren Namen oder im Auftrag einer kirchlichen Gruppierung oder Gemeinschaft. Zugleich aber sind sie tief und innerlich mit Christus und seiner Kirche verbunden, was sich konkret auch darin zeigt, dass sie sich gegenüber den von Christus eingesetzten Hirten der Kirche, den Bischöfen, die ja die Nachfolger der Apostel sind, und ganz besonders dem Bischof von Rom gegenüber, dem Papst, loyal verhalten, die kirchliche Einheit leben und die Lehre der Kirche im Gehorsam des Glaubens annehmen, sie gut kennen, verteidigen und nach Kräften verbreiten.

Der gewöhnliche Christ, so betonte der Gründer des Opus Dei, handelt aus der »Freiheit der Kinder Gottes«, einer Freiheit, die durch ein christlich gebildetes Gewissen geleitet ist, aber wahre Freiheit, Vielfalt, Pluralismus bedeutet. »Laienmentalität« heißt deshalb auch die legitime Freiheit unserer Mitmenschen achten und nicht im Namen des Evangeliums, des Christentums oder der Kirche unsere persönlichen Ansichten in politischen, wissenschaftlichen, gesellschaftlichen Fragen aller Art anderen aufdrängen. Wenn jemand, ohne dass dies explizit von der Kirche so gelehrt wird, persönlich davon überzeugt ist, etwas sei »christlich« oder entspreche (bzw. widerspreche) dem Evangelium, dann heißt das nicht, dass andere Christen hier nicht anderer Ansicht sein können. Schon gar nicht sollte man danach streben, dass alle Katholiken in konkreten Fragen der Politik, der Wirtschaft, der sozialen Gerechtigkeit die gleiche Meinung und die gleichen Lösungen vertreten, weil man die eigenen als die einzig angeblich »christlichen« oder »katholischen« behauptet. Wir dürfen überzeugt sein von der Wahrheit oder Richtigkeit der unsrigen. Aber wir müssen auch die Meinungen der anderen respektieren, sie also nicht einfach verurteilen oder als »unchristlich« ablehnen, sondern auf sie eingehen, sie ehrlich diskutieren, wenn möglich von ihnen lernen und schließlich die Tatsache akzeptieren, dass es eine Vielfalt von Meinungen und Gesichtspunkten gibt. Nicht alle Katholiken oder gar Christen müssen derselben »Partei« angehören.

Gott hat dem Menschen diese Welt überlassen, damit er sie in eigener Verantwortung vervollkommne. Der Glaube, die offenbarte und von der Kirche bewahrte und zu allen Zeiten gelehrte Wahrheit des Glaubens und auch der Grundsätze der christlichen Moral, sind nicht dazu da, für die Probleme dieser Welt fertige Lösungen anzubieten. Im Gegenteil. Die Kirche lehrt, was notwendig ist, damit die Menschen zum ewigen Heil gelangen und damit ihr menschliches Tun nicht durch die Sünde, die Abwendung von Gott, zerstört und unfruchtbar wird. In allem, was nicht verbindliche Glaubens- und Morallehre der Kirche ist, muss sich jeder sein eigenes Urteil bilden und selbstverantwortlich handeln. Was hier jeweils von einem christlichen Standpunkt aus die richtige und beste Handlungsweise ist, darüber können Christen mit ruhigem Gewissen verschiedene Auffassungen haben. Im Opus Dei ist diese Liebe zu persönlicher Freiheit, Vielfalt und Pluralismus außerordentlich wichtig.

Natürlich ist für gläubige Katholiken auch der Gehorsam gegenüber der Kirche und ihrer Lehre schließlich ein Akt der Freiheit und persönlichen Verantwortung. Würden wir nicht wirklich im Innersten unseres Gewissens *glauben*, dass die Kirche die Kirche Jesu Christi, die Bischöfe die

Nachfolger der Apostel und der Bischof von Rom der Nachfolger des hl. Petrus ist, dem die Verheißung zuteil wurde, das Felsenfundament der Kirche Jesu zu sein, dann hätte es selbstverständlich auch keinen Sinn, ja wäre es sogar unvernünftig und geradezu unverantwortlich, dem kirchlichen Lehramt gegenüber *gehorsam* zu sein. Niemand kann einen Menschen zu einem Akt des Glaubens zwingen, genau wie man auch Liebe nicht erzwingen kann. Der Glaube muss im Innersten des Gewissens verankert sein. Gerade deshalb sind wir auch verantwortlich für alles, was wir im wahren Glaubensgehorsam gegenüber der Kirche tun. Wenn wir also katholisch sind, denken und handeln, dann tun wir das, *weil wir es aus unserem Gewissen heraus so wollen*, nicht »weil wir der Kirche gehorchen müssen«. Deshalb schrieb Kardinal Newman, der große englische Theologe des 19. Jahrhunderts, bevor er auf den Papst anstoße, wolle er auf das Gewissen anstoßen, denn ohne das Gewissen der Gläubigen hätte der Papst keinerlei Autorität.

Es ist bedauerlich, wenn Katholiken, die sich auch als solche bekennen und von sich behaupten, sie seien gläubig, für weniger populäre und angenehme Aspekte der Lehre der Kirche jede Verantwortung ablehnen und sich dabei sogar auf ihr Gewissen berufen. Doch das ist ein christliches Gewissen ohne Glauben, was ebenso widersprüchlich ist, wie ein Glaube ohne Gewissen. Wie bereits früher erwähnt wurde: Der katholische Glaube ist nicht wie eine Speisekarte im Restaurant, wo man sich etwas auswählen und nach eigenem Geschmack zusammenstellen kann. Entweder glauben wir mit der Kirche und damit *alles*, was sie seit zwei Jahrtausenden mit der Autorität Christi lehrt, oder aber wir glauben nicht wirklich! Wahrer *übernatürlicher Glaube* und Liebe zur legitimen Freiheit gehören also zusammen.

Laienmentalität bedeutet schließlich, sein Christsein ohne Aufhebens und Zurschaustellung zu leben. Auch Jesus hat ja in seinen Jahren in Nazareth kein Aufhebens von der Tatsache gemacht, dass er göttliches Leben in sich trug, dass er also Gott war! Deshalb waren die Leute dann ja auch so erstaunt: »Ist das nicht der Zimmermann …?« Das Leben Jesu war ein »verborgenes Leben«. Damit ist nicht ein Leben der Geheimnistuerei gemeint, sondern die Normalität, die von dem Großen, ja Göttlichen, das sich darin verwirklicht, kein Aufhebens macht und es nicht zur Schau stellt, keine menschliche Ehre und Anerkennung sucht, sondern danach strebt, in Stille und Natürlichkeit das Gute zu tun. »Hütet euch davor, eure Gerechtigkeit vor den Menschen zur Schau zu stellen, sonst habt ihr keinen Lohn von eurem Vater im Himmel zu erwarten« (Mt 6, 1), mahnt der Herr in der Bergpredigt.

Trotz der Göttlichkeit seiner Person war Jesus zugleich ein ganz »normaler« Mensch. Dass er seinen Mitbürgern nur als Zimmermann bekannt war, sollte uns zu denken geben. Und so sollen auch gewöhnliche Christen, mit übernatürlichem Leben in sich und mit priesterlicher Seele, jeweils als das bekannt sein, was sie eben in dieser Welt sind: Schüler, Studenten, Berufsleute aller Art, Mütter und Väter usw. Dass sie als solche das große Ideal der christlichen Liebe zu verwirklichen suchen und sich als Apostel Jesu Christi wissen, brauchen sie nicht vor sich herzuposaunen. Nicht, dass daraus ein Geheimnis gemacht werden sollte, aber es ist auch eine Frage der Demut, sich nicht selbst auf ein Podest zu stellen oder anderen ständig das eigene Beispiel unter die Nase zu reiben. »Leuchten wie ein Stern … Sehnsucht nach dem Höheren und dem strahlenden Glanz des Himmels? Besser: brennen wie eine Fackel, im

Verborgenen, alles in Brand stecken, was du berührst. – Das ist dein Apostolat: dazu bist du auf der Erde« (Der Weg 835).

»Natürlichkeit« nannte dies der hl. Josemaria, letztlich eine menschliche Tugend, die für den gewöhnlichen Christen nichts anderes als Demut ist, die Demut eben, die Größe der göttlichen Berufung nicht an die große Glocke zu hängen und anstatt Bewunderung oder Anerkennung (oder gar persönliche Vorteile) zu suchen, bereit zu sein, seinen Mitmenschen in Einfachheit und ohne falsche Feierlichkeit zu dienen. »Natürlichkeit. – Euer Leben als christliche Männer, als christliche Frauen soll ursprünglich sein wie Licht und Salz, frei von Absonderlichem und Frömmelndem: ganz im Geiste eurer Schlichtheit« (Der Weg 379). So also, dass man auch über uns sagen könnte, sollte es sich einmal herausstellen, dass wir durch die Gnade Gottes Heilige waren: »Ist das nicht der Zimmermann, kennen wir nicht seine Mutter, seine nächsten Verwandten …?«

Gemäß dem Geist des Opus Dei gehören also für einen gewöhnlichen Christen, der mitten in der Welt lebt, Laienmentalität und priesterliche Seele zusammen. Beide durchdringen sich gegenseitig. Laienmentalität ohne priesterliche Seele würde zu einer flachen Verweltlichung und sterilen Anpassung an Moden und Zeitgeist führen, priesterliche Seele ohne Laienmentalität zur apostolisch unwirksamen, ja kontraproduktiven und vielleicht auch lächerlichen Nachahmung klerikaler Haltungen und Handlungsweisen. Die priesterliche Seele wird zum übernatürlichen Motor des gewöhnlichen Lebens; sie transformiert die Existenz inmitten dieser Welt, so dass diese Existenz gleichsam zu einem Transmissionsriemen der Liebe Christi zu werden vermag. Durch die priesterliche Seele werden Arbeit, Beruf, Familienleben, Freundschaften, soziales und politisches Engagement, das Wirken in oft verantwortungsvollen Positionen der menschlichen Gesellschaft zum übernatürlichen Abenteuer, zum christlichen Apostolat.

Christliche Tugenden und Apostolat im Alltag

Um mit priesterlicher Seele und Laienmentalität in dieser Welt zu leben und zu bewirken, dass durch uns auch heute noch Christus in allen Bereichen der menschlichen Gesellschaft gegenwärtig ist, müssen wir, wie Jesus, »vollkommene Menschen« sein. Natürlich ist es nicht so, dass man das im Sinne von Unfehlbarkeit und Makellosigkeit je erreichen würde. Die wahre Vollkommenheit ist die Liebe und sie ist, sofern man demütig ist, mit menschlicher Schwachheit und Unzulänglichkeit vereinbar. Doch darf der Christ, wie gesagt, nicht eine Karikatur Christi sein. Eine Karikatur Christi sind jene »Frommen«, die trotz ihrer »Frömmigkeit« schlecht arbeiten, unzuverlässig sind, ihre Aufgaben in Familie, Beruf und Gesellschaft nicht ernstnehmen. Ein echter Christ kommt seinen Bürgerpflichten nach. Er spricht nicht nur vom Glauben, sondern sucht auch ein Mensch zu sein, dem man glauben und vertrauen kann, der seine Versprechen einhält, sich um seine Familie, je nach dem um seine Eltern, die Erziehung der Kinder, den Ehepartner kümmert, der die Probleme seiner Freunde kennt und ihnen zur Seite steht, der Zeit zu finden sucht, wenn man ihn um einen Gefallen bittet, der nicht streitsüchtig, klatschsüchtig oder unbeherrscht ist, zumindest dagegen ankämpft. Ein wirklicher Christ versucht es mit seiner Arbeit genauzunehmen, bemüht sich, auch aus Nächstenliebe und Anstand, um Pünktlichkeit, ist großzügig und meidet die Oberflächlichkeit, sucht sich beruflich weiterzubilden und auf der Höhe zu sein. Ein Christ redet nicht schlecht über seine Mitmenschen, und er versucht in seinem Herzen keinen Groll zu hegen, sondern nach Kräften zu verzeihen.

Die göttlichen Tugenden des Glaubens, der Hoffnung und der Liebe sind wie Juwelen. Doch Juwelen, Brillanten, Diamanten, Goldgeschmiedetes trägt man auf schönen und würdigen Kleidern, und diese sind die menschlichen Tugenden. »Denken wir ja nicht, dass unsere scheinbar heiligmäßige Tugend etwas wert sei, wenn sie nicht mit den elementaren Tugenden der Christen verknüpft ist. Das hieße, Juwelen auf der Leibwäsche tragen« (Der Weg 409). Die göttlichen Tugenden sollten mit den menschlichen Tugenden eine harmonische Einheit bilden, so wie die Menschheit Jesu innerlich und untrennbar verbunden ist mit seiner Gottheit. Glaube, christliche Hoffnung und Liebe müssen verschmelzen mit Sinn für Gerechtigkeit und Starkmut, mit Großzügigkeit, Loyalität, Sinn für Freundschaft, Beharrlichkeit, Demut, Verlässlichkeit, Arbeitsamkeit, Mäßigkeit, Reinheit des Herzens und der Seele (Keuschheit), Gehorsam, Loslösung von den materiellen Gütern (christliche Armut), Geduld und Barmherzigkeit und schließlich mit der Freude, sich als Kind Gottes zu wissen.

So kann die Arbeit zum »Werk Gottes« werden, zu einem Hebelarm für die Liebe Gottes in dieser Welt. Die Größe Gottes vermenschlicht sich erneut in den Kleinigkeiten des Alltags. Denn das Leben eines gewöhnlichen Erdenbürgers und Christen besteht zumeist aus kleinen, an sich unscheinbaren Dingen, die ein Christ mit der Größe der Liebe Gottes erfüllen sollte. Dadurch erst entsteht wahre christliche Brüderlichkeit. Denken wir an einen

Schüler oder Studenten hinter seinen Büchern oder beim Studieren mit seinen Kollegen, an den Handwerker in seiner Werkstatt, den Ingenieur oder die Architektin in ihrem Büro, die Ärztin in der Praxis oder den Rechtsanwalt in seiner Anwaltskanzlei: Sie alle leben als Christen das verborgene Leben Jesu in Nazareth. Doch besitzt dieses Leben auch die Dimension seines öffentlichen Wirkens. Denn durch das Apostolat werden neue Wunder gewirkt. Es sind vor allem Wunder der Bekehrung, der geistlichen Erneuerung unzähliger Menschen, die durch das Beispiel des Lebens und die Hilfe des Wortes eines wirklichen Christen entdecken, dass sie Kinder Gottes sind und deshalb ihrem Leben eine neue Richtung geben. Mit unserer Hilfe gelangen sie vielleicht dazu, sich mit Gott ihrem Vater durch das Sakrament der Buße, einer guten und vollständigen, reuevollen Beichte, wieder zu versöhnen und mit reinem Gewissen zum Tisch des Herrn hinzutreten. Die tausendfältigen Netzwerke und zwischenmenschlichen Beziehungen, Kontakte, Freundschaften, Nachbarschaften und Bekanntschaften werden zu Wegen und Kanälen der Weitergabe des Glaubens, zum Anlass, um unseren Mitmenschen Gott näherzubringen und ihnen das wahre Antlitz Christi und seiner göttlichen Lehre bekanntzumachen. Sie werden also zu einer Gelegenheit, dass wir im Sinne des vorherigen Kapitels »Zeugen der Wahrheit« sind.

Doch heißt Apostolat nicht nur, Freunden und Kollegen zu helfen, ein Leben in der Nähe des Herrn und im beglückenden Bewusstsein der Gotteskindschaft zu führen. Es bedeutet auch, sich für das Gemeinwohl verantwortlich zu fühlen, für das öffentliche Leben, danach zu trachten, als Katholik und Staatsbürger und in der Wahrnehmung der entsprechenden Bürgerrechte auf die Gesetzgebung und die

Ordnung der Gesellschaft Einfluss zu nehmen. Ein jeder soll dies seinen persönlichen Möglichkeiten und Talenten gemäß tun. Sich apostolisch verantwortlich wissen heißt schließlich, den Geist Christi in das innerste Gefüge und die Strukturen dieser Welt, in die bürgerliche Gesellschaft und ihre Institutionen hineinzutragen und sie in diesem Geist zu verwandeln, von den Spuren der Sünde, der Ungerechtigkeit, der Härte des menschlichen Herzens zu reinigen.

Auf diese Weise apostolisch zu wirken heißt, gemäß einer Formulierung des hl. Josemaria, »Säleute des Friedens und der Freude« zu sein. Das ist nicht einfach, besonders in Anbetracht menschlicher Begrenztheit und Schwäche, der vielen Irrtümer und Missgriffe, vor denen auch ein Christ, der sich um Heiligkeit bemüht, nicht gefeit ist. Und doch: Wer demütig ist und an sich arbeitet, wer im Vertrauen auf die Gnade und Güte Gottes innerlich gegen seine Schwächen kämpft, der wird trotz seiner Fehler und Armseligkeiten, ja gerade durch sie und mit Hilfe der Gnade Gottes Werkzeug in der Hand des Herrn sein und sein Leben wird übernatürliche Früchte tragen. Für ihn werden die Worte wahr, die der Herr beim letzten Abendmahl zu seinen Aposteln sprach: »Ihr seid meine Freunde, wenn ihr tut, was ich euch auftrage … Nicht ihr habt mich erwählt, sondern ich habe euch erwählt und dazu bestimmt, das ihr euch aufmacht und Frucht bringt und dass eure Frucht bleibt« (Joh 15, 14; 16).

In einem gewissen Sinn können wir also sagen: Der Geist des Opus Dei will Menschen, die mitten in der Welt leben, helfen, ihre christliche Berufung voll und ganz zu verwirklichen. Die Botschaft selbst ist »so alt wie das Evangelium, und wie das Evangelium neu«, weil sie immer wieder in Vergessenheit gerät: Durch Christus ist die gewöhnliche berufliche Arbeit, ja das gewöhnliche Leben insgesamt, wieder zu einem Mittel der Heiligung, zu einem Weg der Heiligkeit geworden. Das Ideal ist eine tiefe und feste »Einheit des Lebens«: Gottesliebe, Frömmigkeitsleben, gewöhnliche Berufsarbeit, Familienleben und gesellschaftliches Engagement und Apostolat verschmelzen zu einer Einheit, so dass die tägliche Arbeit selbst zum Gebet wird und zur Opfergabe, durch die Gott verherrlicht wird. Die »göttlichen Wege der Erde haben sich aufgetan«: Das ist der Kern der Frohbotschaft, die das Evangelium enthält. »Evangelium« heißt ja »Frohbotschaft«.

Doch vielleicht drängt sich jetzt dem einen oder anderen die Frage auf: Wieso braucht es überhaupt so etwas wie das Opus Dei? Wozu das Opus Dei als weitere Institution innerhalb der Kirche? Warum braucht es zusätzlich zu den »normalen« christlichen Gläubigen auch noch Gläubige, die dem *Opus Dei* angehören? Genügt es nicht, einfach zur Kirche zu gehören und auf diese Weise eben voll und ganz Christ zu sein? Warum überhaupt sollte ein Christ, der den Wunsch hat, sein Christsein wirklich ernstzunehmen, sozusagen *zusätzlich* noch dem Opus Dei angehören? Christsein ist eine Berufung, einverstanden: warum dann *noch eine* Berufung, die Berufung zum Opus Dei? Die Beantwortung dieser Frage wird Thema des nächsten Kapitels sein.

Viertes Kapitel

Dienen wollen: Die Berufung zum Opus Dei

Ich heilige mich für sie, damit auch sie
in der Wahrheit geheiligt sind.
(Joh 17, 19)

Die Berufung: ein neues Licht

Es war irgendwann im Jahre 1974, als mich der Leiter eines Zentrums des Opus Dei, eines Studentenheims in meiner Heimatstadt Zürich, überraschenderweise zu einem Bier einlud. Noch überraschender war, dass ich die Einladung annahm, obwohl ich Bier nicht mochte. Mein Freund war Physiker und arbeitete an einer Dissertation in Verhaltensforschung. Wir kannten uns schon seit längerer Zeit und hatten oft über Themen im Grenzbereich von Philosophie und Physik diskutiert. Er versuchte auch, mit Erfolg, mich für die gerade laufende Fußballweltmeisterschaft und vor allem für den damals exzellenten holländischen Fußball zu begeistern. Viele Spiele schauten wir uns gemeinsam an und erlebten dann auch gemeinsam vor dem Fernseher, wie unsere Lieblingsmannschaft im Finale verlor. Ich war Student und sehr in der Studentenpolitik engagiert, gab sogar eine Studentenzeitung heraus, fühlte mich sehr wichtig und hielt mich natürlich auch für »gut katholisch«. Deshalb war ich dann total erstaunt, als mein Freund mit mir – ich erinnere mich nicht mehr, was wir dann schließlich tranken, wahrscheinlich kein Bier – statt über Physik und Philosophie über die Aufgabe der Christen in dieser Welt zu sprechen begann. Wir Christen, so betonte er vor allem, müssten »Apostolat machen«. Ich fand das etwas eigenartig, wehrte mich, erhob Einspruch, meinte, nun solle er aber nicht übertreiben, ich würde doch ohnehin schon ziemlich viel »Apostolat machen«, gäbe schließlich eine Zeitung heraus, durch die ich großartige Ideen verbreiten würde, und ginge sonntags auch (meistens) in die Kirche.

Nun, heute sehe ich das etwas anders. Tatsächlich hatte ich damals überhaupt keinen Schimmer davon, was das eigentlich bedeutet: »Apostolat machen«. Es ist freilich ein eigenartiger Ausdruck, man könnte vielleicht eleganter, aber auch komplizierter, sagen »apostolisch wirksam sein«, »sich als Apostel betätigen«, aber was soll's: die Worte sind nicht so wichtig. Entscheidend war, dass mir mein Freund zu verstehen geben wollte, dass etwas mit mir geschehen sollte, er wollte mich aus einer gewissen Bequemlichkeit aufrütteln (ich lebte damals in meinem Elternhaus, in meinem schönen Zimmer mit allem Komfort). Ich weiß nicht mehr wie und warum genau, aber schließlich führte mich dieses Gespräch dazu, dass ich nicht mehr nur am Sonntag in die Messe ging, sondern früh aufzustehen begann, um das auch wochentags zu tun, dass ich begann, mir eine feste Zeit vorzunehmen, um mit dem Herrn zu sprechen, eine Zeit des Gebetes also, der Betrachtung, oder wie immer man es nennen will. Ich begann auch, mehr oder weniger regelmäßig mit dem Priester, der in diesem Studentenheim zur Verfügung stand, über mein geistliches Leben zu sprechen. Er gab mir gute Ratschläge, ermutigte mich, korrigierte, was etwas schief lag, und meinte oft, ich könnte doch etwas mehr für den Herrn tun. Dabei blieb es zunächst, da ich keine große Lust hatte nachzufragen, was denn genau ich »mehr« tun könnte …

Natürlich imponierten mir diese Leute vom Opus Dei, unter anderem ganz besonders Toni, von dem im letzten Kapitel die Rede war. Ich bewunderte diese Leute, die mit Begeisterung ihr Studium an der Universität oder an der Technischen Hochschule absolvierten, die Sport trieben, Bergtouren unternahmen und mit denen man über alles Mögliche, über Musik, Politik, Geschichte usw. diskutieren konnte. Sie waren interessante und sympathische Freunde: froh und hilfsbereit, aber auch wirklich fromm, ja sie nutzten sogar ihre Ferien dazu, um in Bildungskursen solide philosophische und theologische Kenntnisse zu erwerben, und konnten deshalb auch kompetent über Fragen des Glaubens Auskunft geben.

Die Bewunderung war also groß, bis ich eines Tages merkte, dass der Herr auch mich genau dafür haben wollte. Die Idee zog mich an und machte mir gleichzeitig etwas Angst. Nach einer Woche des inneren Ringens gab ich den inneren Widerstand auf – alles entschied sich im Gebet –, und damit veränderte sich mein Leben grundlegend. Natürlich wohnte ich zunächst weiter in meinem Elternhaus, studierte auch und arbeitete weiter als Assistent an der Universität, aber das mit dem »Apostolat machen« wurde plötzlich konkret, ja zu einer Dauerbeschäftigung. Nicht in dem Sinne, dass ich andere Aufgaben vernachlässigte, im Gegenteil, denn plötzlich sah ich in den anderen nicht nur Kollegen und Mitarbeiter, sondern *Seelen*. Alles erhielt eine apostolische Dimension, ich begann sogar Fußball zu spielen, was zuvor für mich undenkbar gewesen wäre, obwohl ich keinesfalls unsportlich war (ich spielte Tennis und war, bin es immer noch, ein begeisterter Skifahrer). Aber nun erkannte ich das Fußballspielen am Samstagnachmittag als eine der Möglichkeiten, mit

Studenten in Kontakt zu kommen und neue Freundschaften zu knüpfen.

Wenn man zum Opus Dei kommt – jedermann wird diese Erfahrung bestätigen können –, bewirkt das Ja zu dieser Einladung des Herrn in seinem Innern eine klare Veränderung. Sie bewirkt eine neue Sicht des Lebens, der Arbeit, der Möglichkeiten, auf christliche Weise im eigenen familiären, beruflichen und gesellschaftlichen Umfeld Einfluss zu nehmen und anderen Menschen Christus, die Kirche, ihre Lehre und ihre Sakramente näherzubringen. Der Umgang mit den eigenen Freunden oder Berufskollegen erhält eine neue Dimension. Man beginnt, seine Mitmenschen auf eine neue Art zu lieben, mit der Liebe Christi, mit dem Wunsch also, ihnen das beglückende Geheimnis zu eröffnen, dass wir geliebte Kinder Gottes sind und er unser Vater ist. Man lernt auf eine neue und tiefere Weise, was eigentlich »Freundschaft« ist, und spürt den Drang, viele Freunde zu haben, sich bloßen Bekannten, Kollegen oder Nachbarn zu nähern, sich, so sagte der hl. Josemaria, »wie ein Fächer zu öffnen« und ein Herz für alle zu haben. Man beginnt, im vertrauensvollen Gespräch, in der Normalität des Alltags mit ihnen über Gott zu sprechen. Auf dem Schul- oder Arbeitsweg vielleicht oder in der Kaffeepause, bei einem Glas Bier, nach dem Besuch einer Ausstellung, in den Pausen eines wissenschaftlichen Kongresses oder anlässlich einer Bergwanderung kommen plötzlich, auch weil wir vielleicht feinfühlig etwas nachhelfen, die Schwierigkeiten mit Gott und mit dem Glauben zur Sprache. Wir können dann unseren Freunden auch zeigen, dass das tägliche Tun, vor allem ihre Arbeit ein Weg sein muss, um den Menschen zu dienen und Gott zu verherrlichen: ein Weg der Heiligkeit.

Der Kern des Apostolates des Opus Dei und die apostolische »Hauptbeschäftigung« seiner Mitglieder ist gerade dieses »Apostolat der Freundschaft und des vertrauensvollen Gesprächs«, durch das ja schließlich, wie zu Beginn dieses Kapitels berichtet, auch mein Weg zur Entdeckung des tieferen Sinnes der christlichen Berufung begonnen hat. In der Folge entdeckt man auch nach und nach, wie die berufliche Arbeit selbst ein Weg ist, um in einem christlichen Sinne auf das gesellschaftliche Umfeld einzuwirken. Man wird auch zu neuen Formen des sozialen oder, falls einem dies liegt, politischen Engagements angespornt. Wer zum Opus Dei kommt, wird aber auch in irgendeiner Weise an den verschiedenen, unter der geistlichen Leitung des Opus Dei stehenden apostolischen Unternehmungen, den so genannten »körperschaftlichen Werken« des Opus Dei, mitarbeiten oder in ihnen sogar leitend tätig sein.

Durch das persönliche Apostolat der Freundschaft und des vertrauensvollen Gesprächs inmitten des beruflichen Alltags und der Familie sowie durch die Bildungstätigkeit seiner verschiedenartigen Zentren und körperschaftlichen Einrichtungen wird das Opus Dei, wie sein Gründer es ausgedrückt hat, zu einer »großen Katechese« und zu einer Art »intravenöser Injektion« christlichen Geistes direkt in den Blutkreislauf der menschlichen Gesellschaft. Als Institution der katholischen Kirche wirkt das Opus Dei damit auf eine ganz spezifische und in wesentlichen Aspekten neuartige, ganz und gar »laikale« oder »weltliche« Weise an der Verwirklichung der Sendung der Kirche mit. Diese Neuartigkeit inspiriert sich an der Neuartigkeit der ersten Christen, die wie ein Sauerteig inmitten der damaligen heidnischen Gesellschaft lebten. Das Opus Dei formt eine neue Art von Aposteln, die inmitten der Masse der Katholiken, der Christen und der Menschen überhaupt praktisch und konkret deutlich machen wollen, was, wie wir sahen, den Kern des Geistes des Opus Dei ausmacht: Es gibt keine ehrenwerte menschliche Arbeit, keinen anständigen Beruf, der nicht ein Weg zur Heiligkeit sein kann, in dem und durch den man nicht zur Fülle des christlichen Lebens gelangen könnte; jede rechtschaffene Arbeit kann zu einer Begegnung mit Gott werden, zu einer Gelegenheit, ihn zu lieben und seine Liebe anderen Menschen weiterzugeben und in die Welt hinauszutragen; Gott erwartet von allen, dass sie sich dort, wo sie leben und arbeiten, heiligen. Dies nicht, um dadurch die Welt aus den Angeln zu heben, sondern, im Gegenteil, um sie durch das Wirken des Heiligen Geistes wieder ins rechte Lot zu bringen, um sie zu einem Ort werden zu lassen, wo Gerechtigkeit und Friede herrschen.

Den Mitgliedern des Opus Dei stehen für diese Aufgabe spezifische geistliche Mittel zur Verfügung. Diese, verwurzelt in einer tiefen Liebe zur Eucharistie, gründen sämtlich auf dem Gebetsleben oder sind Ausdrucksformen und Wege des Dialogs mit Gott unserem Vater, Jesus Christus, dem Heiligen Geist, und eines vertrauensvollen Umgangs mit der Gottesmutter Maria, dem heiligen Josef, den Schutzengeln ... Wer zum Opus Dei gehört, erhält eine permanente geistliche Unterstützung. Die Berufung zum Opus Dei ist nicht eine »neue« Berufung in dem Sinne, dass sie aus jemandem etwas anderes als eben einen »gewöhnlichen Christen« macht. Sie ist eine Einladung des Herrn, im Dienst an der Kirche gerade diese Berufung mit neuer Radikalität und Hingabe im eigenen Leben zu verwirklichen, und dies nicht sozusagen als Einzelkämpfer, nicht isoliert und einsam, sondern als Glied einer großen geistlichen Familie, die sich über die ganze Welt erstreckt. Wer gemäß seiner christlichen Berufung als Angehöriger des Opus Dei lebt, tut dies gemäß dem Geist des Opus Dei (siehe vorheriges Kapitel) und mit Hilfe und Unterstützung seiner Brüder bzw. Schwestern im Opus Dei, eine Unterstützung, die weit über das hinausgeht, was die normalen, gleichsam für die religiöse »Grundversorgung« zuständigen Seelsorgestrukturen der Kirche (etwa die Pfarrei) leisten können. Wer dem Ruf zum Opus Dei Folge leistet, ist sich darüber im Klaren, dass es, um Christus wirklich zu folgen, nicht nötig ist, das gewöhnliche Leben an seinem Platz in der Welt aufzugeben. Im Gegenteil: Er wird verstehen, dass für ihn gerade dieser sein Platz in der Welt, mit all seinen Verantwortlichkeiten und Möglichkeiten, Weg und Mittel ist, um Gott, der Kirche und seinen Mitmenschen zu dienen.

Eine spezifische Sendung innerhalb der Kirche

Beim letzten Abendmahl sagt Jesus in seinem Gebet zum göttlichen Vater über seine Jünger: »Wie du mich in die Welt gesandt hast, so habe auch ich sie in die Welt gesandt« (Joh 17, 18). Die Sendung Jesu setzt sich fort in der Sendung seiner Apostel und seiner Kirche, der Sendung der Jünger Christi insgesamt, wenn auch jeden in verschiedener Weise und mit verschiedenen Aufgaben. Gott gibt allen Christen durch die Taufe das Licht des Glaubens und den Heiligen Geist, der in uns seine Liebe entzündet, damit wir mit ihm zusammen die Welt verwandeln. Es ist auch hier wichtig zu verstehen, dass Gott in dieser Welt immer auch durch andere Menschen wirkt, denen er spezifische Gnaden schenkt, um auf diese Weise den Plan seiner Vorsehung zu verwirklichen. Gott ist der Herr der Geschichte und als solcher beruft er immer wieder Menschen zu besonderen Aufgaben.

So berief er, wie wir im zweiten Kapitel sahen, Noah, Abraham, Jakob, dem er den Namen »Israel« gab, und Moses; er berief Richter, Könige und vor allem Propheten (Elias, Ezechiel, Jesaja, Jeremias, Daniel und wie sie alle heißen, bis hin zu Johannes dem Täufer), um sein Volk auf dem Weg der Treue zu seiner Verheißung zu bewahren. Das ganze Volk Israel war ein »priesterliches Volk«, hatte einen göttlichen Auftrag, eine Berufung: der Welt den Erlöser zu schenken. Schließlich berief er Maria von Nazareth, damit Gott aus ihr und in ihr Mensch würde; und Josef, aus dem Geschlecht des Königs David, berief er zum irdischen Pflegevater des menschgewordenen Wortes Gottes. Schließlich scharte Christus die Apostel um sich, zwölf an der Zahl, wie die zwölf Stämme Israels, um auf sie seine Kirche zu gründen. Und die Kirche selbst ist als Ganze das erneuerte Israel, das ebenfalls »priesterliche« Volk Gottes des neuen und ewigen Bundes, den Jesus Christus durch die Hingabe seines eigenen Lebens und das Vergießen seines Blutes begründet hat. Dieses Volk Gottes hat als Ganzes eine Sendung, eine Berufung: Licht der Welt zu sein.

Gott will also die Erlösung nicht im Alleingang bewirken, sondern mit der Mithilfe und Mitarbeit der Menschen, ja durch sie. Mehr noch: Gott ist selbst Mensch geworden, um uns zu erlösen und damit die Grundlage für seine Kirche zu legen. Die Sendung Jesu setzt sich fort in den Aposteln und der Kirche, die auf dem Fundament der Apostel ruht. Das wird schon am Tag der Auferstehung des Herrn ganz klar: Jesus erscheint seinen Aposteln und sagt zu ihnen: »*Wie mich der Vater gesandt hat, so sende ich euch* … Empfangt den Heiligen Geist! Wem ihr die Sünden vergebt, dem sind sie vergeben, wem ihr die Vergebung verweigert, dem ist sie verweigert« (Joh 20, 21-23).

Die Berufung der Apostel ist beispielhaft für jede Berufung innerhalb der Kirche, durch welche die ursprüngliche Taufberufung in konkretere und, wenn man so sagen will, in die Bahn einer intensiveren Hingabe des eigenen Lebens gelenkt wird. Es ist aber wichtig zu verstehen, dass dies nicht etwa geschieht, um einige auszuzeichnen oder zu privilegieren, damit sie »besser als die anderen« sind, sondern einzig und allein, um durch sie den göttlichen Liebesplan der Heiligung der *Gesamtheit* aller Menschen zu verwirklichen. Er beruft also mit seiner göttlichen Liebe einige, damit sie der Gesamtheit dienen, und verleiht ihnen dafür auch besondere Gnadengaben.

Der Berufung zum Opus Dei zu entsprechen, sofern man sie eben hat und auch »sieht«, ist ein Akt der Großzügigkeit im Dienst an der Gesamtheit der Christen und der Kirche. Es bedeutet, als gewöhnlicher Christ und Staatsbürger für eine ganz spezifische Aufgabe das eigene Leben Gott und dem Wirken seiner Gnade zu überlassen, um – ohne sich von seinen Mitmenschen zu unterscheiden – allen Seelen zu dienen und sich dabei als ein »anderer Christus«, ja als »Christus selbst« zu verstehen, als Apostel in der Nachfolge Christi, der ihn und seine Lehre in dieser Welt gegenwärtig werden lässt. Diese *Hingabe* des eigenen Lebens, die ein innerer Vorgang ist, bedeutet deshalb auch, konkrete Verpflichtungen einzugehen, die sich auf das eigene geistliche Leben und die christliche Bildung beziehen. Im Opus Dei muss man das ganze Leben hindurch die Bereitschaft zum Lernen aufrechterhalten und bereit sein, sich dabei helfen zu lassen, in der Liebe zu Gott zu wachsen und als Apostel Jesu Christi mitten in dieser Welt zu leben und

Frucht zu bringen. Von denen, die Gott zum Opus Dei beruft, verlangt er mehr, gibt ihnen aber auch mehr, damit sie aus der Fülle ihres geistlichen Lebens, ihrer Verbundenheit mit Christus und ihrer tiefen und soliden Kenntnis des katholischen Glaubens ihren Mitmenschen *geben* können, was sie auf Grund ihrer Berufung von Gott erhalten haben. Der Grund, zum Opus Dei zu kommen, ist also nicht ein ich-zentriertes Suchen nach persönlicher Heiligkeit – das würde ohnehin nicht christlichem Geist entsprechen –, sondern: Dienen wollen. Das allein ist die Grundlage, dass man die Berufung annimmt und ihr dann auch treu bleibt.

Das Gebet Jesu beim letzten Abendmahl für seine Jünger enthält einen Satz, der in dieser Hinsicht bezeichnend ist: »Ich heilige mich für sie, damit auch sie in der Wahrheit geheiligt sind« (Joh 17, 19). Jesus gibt sein eigenes Leben in die Hände des göttlichen Vaters und sucht in allem seinen Willen zu erfüllen und sich also zu »heiligen«, damit auch seine Jünger »in der Wahrheit geheiligt sind«. Dies ist das Lebensgesetz der Kirche: das Leben für die Brüder hinzugeben, Licht zu sein, damit alle Licht sind, ein Apostolat zu verwirklichen, das aus der Tiefe der eigenen Verbundenheit mit Gott kommt. »Du musst unbedingt ein ›Mensch Gottes‹ sein, ein Mensch des Gebetes und des Opfers. – Dein Apostolat muss ein Überfließen deines Lebens ›aus der Tiefe‹ sein« (Der Weg 961). Gott will einige näher bei sich haben, damit er durch sie alle an sich ziehen kann. Gott wollte das Opus Dei in seiner Kirche, damit es in der Masse der gewöhnlichen Christen einige gibt, die ihm besonders nahe folgen, um auf diese Weise der Gesamtheit der Christen gleichsam einen »Ruck« zu geben und ihnen zu helfen, ihre christliche Berufung neu zu entdecken und wirklich ernstzunehmen, also nicht zu denken, Heiligkeit und Apostolat seien keine Ziele für sie, das sei vielmehr nur Aufgabe für offiziell-kirchliche »Profis« wie Priester und Ordensleute.

Das Opus Dei ist also dazu da, um gerade den »gewöhnlichen« Christen daran zu erinnern, dass die Berufung zur Heiligkeit und zum Apostolat ausnahmslos alle Gläubigen betrifft und gerade die gewöhnliche berufliche Arbeit Weg und Mittel der Heiligkeit ist. Dass dieser Ruf in diesem Sinne universal ist, hat das Zweite Vatikanische Konzil im Jahre 1964 feierlich verkündigt und damit bestätigt, was der hl. Josemaria im Widerspruch zur damals allgemein herrschenden Meinung seit 1928 predigte. In einem päpstlichen Dokument aus dem Jahre 1982, der Bulle »Ut sit«, heißt es, der hl. Josemaria habe das Opus Dei aus »göttlicher Eingebung« gegründet. Mit der Errichtung des Opus Dei als Personalprälatur hat sich die Kirche den am 2. Oktober 1928 an den jungen Josemaria Escrivá ergangenen Auftrag gleichsam offiziell zu eigen gemacht und dem Opus Dei den seiner Natur gemäßen Platz innerhalb der Kirche zugewiesen.* Als Personalprälatur und damit als ein Bestandteil der weltweiten Leitungsstruktur der katholischen Kirche ist das

---

* Wer an kirchenrechtlichen Details interessiert ist: Eine Personalprälatur ist etwas Ähnliches wie eine von einem Bischof geleitete Diözese (oder Bistum), aber doch auch wieder etwas sehr Verschiedenes.

Diözesen oder Bistümer definieren sich in der Regel durch ein bestimmtes Territorium, also geographisch. Zweitens definiert sich eine Diözese nicht durch eine spezifische Aufgabe innerhalb der Kirche, sondern durch die Aufgabe der katholischen Kirche als solcher, denn die von einem Bischof geleitete Diözese ist nichts anderes als die ganze, universale katholische Kirche, aber an einem bestimmten, territorial klar umrissenen Ort (eine so genannte »Teilkirche« oder »Ortskirche«). Sie hat die Aufgabe, vor allem mittels der Pfarreien ihre Gläubigen seelsorglich zu betreuen, also

Opus Dei direkt vom Heiligen Stuhl in Rom abhängig, mit dem spezifischen Auftrag, im Dienst an den einzelnen Ortskirchen (den Diözesen) unter Menschen aller Gesellschaftsschichten und Völker das Bewusstsein der allgemeinen Berufung zur Heiligkeit zu verbreiten, ganz besonders aber klar zu machen – das ist die Grundidee, die gar nicht genug wiederholt werden kann –, dass gerade die *gewöhnliche berufliche Arbeit* ein Weg der Heiligkeit und des Apostolates ist. Mit der Selig- und Heiligsprechung des Gründers durch Papst Johannes Paul II. (1992 und 2002) schließlich hat die Kirche der Anerkennung des übernatürlichen Charakters

---

gleichsam die religiöse »Grundversorgung« sicherzustellen (Taufe, Feier der Eucharistie, Verkündigung des Wortes Gottes, Eheschließung, Bestattung der Toten, Glaubensunterweisung – »Katechese« – vor allem der Kinder und Jugendlichen, Sorge um die Armen, Kranken und Bedürftigen usw.).

Das Kollegium aller Bischöfe, vereint mit dem Bischof von Rom, dem Papst, bildet vereinfacht gesagt die oberste Leitungsstruktur, die Hierarchie der katholischen Kirche.

Eine Personalprälatur – insbesondere ist hier von der Prälatur Opus Dei die Rede – hat zwar ebenfalls die Aufgabe der seelsorglichen Betreuung der Gläubigen, die ihr angehören, und ist deshalb Bestandteil der kirchlichen Hierarchie. Sie definiert sich jedoch nicht territorial, sondern nur durch die Personen, die ihr angehören. Ein normaler Christ einer Diözese kann deshalb zusätzlich auch einer Personalprälatur angehören, bzw. eine Personalprälatur kann auch auf dem Gebiet einer Diözese wirksam sein. Zweitens ist der Prälat einer solchen Prälatur (der Bischof sein kann oder auch nicht) nur zuständig für jene Dinge, die ganz spezifisch zur Aufgabe der Prälatur gehören, also nicht für die seelsorgliche »Grundversorgung«. Eine Personalprälatur wirkt also auf Grund ihres spezifischen pastoralen Auftrags komplementär zur Diözese. Die Laien, die der Prälatur Opus Dei angehören, sind in genau gleicher Weise und in denselben Bereichen ihrem jeweiligen Diözesanbischof unterstellt wie die anderen Gläubigen.

der Gründung des Opus Dei gleichsam ihr Siegel aufgedrückt. »Die Welt zu Gott erheben und sie von innen her verwandeln: Das ist das Ideal, das der heilige Gründer euch vorstellt«, so sagte Johannes Paul II. in seiner Predigt zur Heiligsprechung des Opus Dei-Gründers am 6. Oktober 2002 auf dem Petersplatz in Rom, und er fuhr fort: »Folgt seinen Spuren und verbreitet in der Gesellschaft das Bewusstsein, dass wir alle zur Heiligkeit berufen sind … Bemüht ihr selbst euch als erste darum, heilig zu sein, indem ihr einen evangelischen Stil der Demut und des Dienstes pflegt, des Vertrauens in die Vorsehung und des ständigen Hörens auf die Stimme des Geistes. Auf diese Weise werdet ihr das *Salz der Erde* sein, und es wird *euer Licht vor den Menschen leuchten, damit sie eure guten Werke sehen und euren Vater im Himmel preisen*.«

Soll dies nun heißen: um ein guter Christ zu sein, ist es nötig, dem Opus Dei anzugehören? Natürlich nicht! Doch betrachten wir zunächst einmal den Ausdruck »ein guter Christ sein«. Ich denke, dass viele, die von »guten Christen« sprechen, weit davon entfernt sind, einen klaren Begriff davon zu haben, was ein »guter Christ« eigentlich ist. Ein guter Christ ist jemand, der tut, besser: der sich mit allen Kräften zu tun *bemüht*, was Jesus im Evangelium lehrt und fordert und was Jesus selber vorgelebt hat. »Wie ich euch geliebt habe, so sollt auch ihr einander lieben. Daran werden alle erkennen, dass ihr meine Jünger seid: wenn ihr einander liebt« (Joh 13, 34-35). Der Maßstab für unsere Nächstenliebe ist also die Liebe, die Christus für uns hat. Wir finden diesen Maßstab im Leben Jesu selbst: »Liebt einander, so wie ich euch geliebt habe. Es gibt keine größere Liebe, als wenn einer sein Leben für seine Freunde hingibt« (Joh 15, 12-13).

»Das Leben für seine Freunde hingeben« ist also irgendwie das Wesen der christlichen Berufung. Doch ist es eine Tatsache, dass viele (keineswegs alle, aber mir selbst erging es ja so) erst entdecken, was ein »guter Christ« eigentlich sein sollte, wenn sie das Opus Dei kennenlernen und schließlich der Einladung des Herrn folgen, ihm auf diese Weise zu dienen. Man kann also sehr wohl sagen: Wer sich dem Opus Dei anschließt, tut dies sicherlich mit dem Wunsch, ein »guter Christ« zu sein, sein Christsein also im Unterschied zu vorher wirklich ernstzunehmen, »das Leben für seine Freunde hinzugeben«. Einen anderen Grund gibt es nicht und kann es nicht geben. Aber das heißt nicht, dass jeder, der ein guter Christ sein will, dem Opus Dei beitreten muss oder, umgekehrt, dass, wer nicht dem Opus Dei angehört, kein guter Christ sein kann! Das wäre ein unsinniger Gedanke, schon deshalb, weil es viele Wege der Heiligkeit, der konkreten Christusnachfolge innerhalb der Kirche gibt. Vor allem aber, weil schließlich immer alles von der Gnade Gottes abhängt und von seinem konkreten Willen. Gott kann seine Gnade jedem geben, wo auch immer er lebt und auch ohne dass er einen bestimmten Berufungsweg innerhalb der Kirche geht. Aber in der Regel lässt Gott eben zu bestimmten Zeiten innerhalb der Kirche neue »Charismen« entstehen, das heißt, er gibt bestimmten Menschen spezifische Gnadengaben, um durch sie seine Absichten zu verwirklichen.

Das spezifische Charisma des Opus Dei besteht in der Verleihung eines besonderen Lichtes, um den Sinn und die Tragweite der Taufberufung, also die Berufung des »Normalchristen«, tiefer zu verstehen und dadurch den gewöhnlichen, im Getriebe dieser Welt situierten Christen zu helfen, inmitten ihrer alltäglichen Lebenswirklichkeit, besonders in ihrer gewöhnlichen Berufsarbeit und durch sie, nach Heiligkeit zu streben sowie ihre apostolische Aufgabe als Christen ernstzunehmen. Dieses Charisma schenkt Gott Einzelnen zum Nutzen der Gesamtheit der Christen und der Kirche. Zweck des Opus Dei ist nicht, dass möglichst viele Katholiken dem Opus Dei angehören, sondern dass alle Katholiken, ja alle Christen, sich ihrer auf der Taufe gründenden Berufung und Verantwortung bewusst werden. Das Opus Dei ist, mit anderen Worten, da, um dem mitten in der Welt lebenden Normalchristen – dem »Laiengläubigen« – zu helfen, wirklich als Christ zu leben und selber in wirksamer Weise »Licht der Welt« zu sein.

Das Opus Dei will also in der Masse der Christen jenen spezifischen Geist verbreiten, der in der Mitte des Evangeliums gründet und, wie wir im dritten Kapitel sahen, darin besteht, sich in der täglichen beruflichen Arbeit mit Christus eins zu wissen und als Kind Gottes zu leben sowie inmitten der Natürlichkeit des gewöhnlichen Lebens mit priesterlicher Seele und Laienmentalität apostolisch zu wirken, Frieden und Freude auszusäen und dazu beizutragen, dass die Menschen sich zu verstehen und zu lieben suchen, dass die Gesellschaft in gerechter und solidarischer Weise geordnet ist und alle Menschen danach streben, in Frieden und Respekt vor der persönlichen Freiheit zusammenzuleben.

Mit der Berufung zum Opus Dei geht ein innerlicher Anstoß einher, die allgemeine christliche Berufung mit erneuter Hingabe und dem Wunsch, den anderen damit zu dienen, im täglichen Leben praktisch zu realisieren. Dafür erhält man jedoch – und das ist natürlich wesentlich – dauernde geistliche Begleitung und bildungsmäßige Unterstützung von Seiten des Opus Dei, man ist also in diesem Bemühen nie allein. Schließlich *ist* man durch die Berufung selber Opus Dei. Das Opus Dei, das die oben genannte Aufgabe zu erfüllen hat, ist ja nicht eine abstrakte Institution, sondern es besteht aus konkreten Menschen, ja es *ist* diese Menschen, eben jene, die dieser Berufung folgen. »Opus Dei *sein*« bedeutet also, durch das eigene Leben den spezifischen kirchlichen Auftrag des Opus Dei mitzutragen und zu verwirklichen, alle Wege der Erde »mit dem Licht des Glaubens und der Liebe« zu erhellen (vgl. Der Weg 1).

Die Berufung zum Opus Dei aktiviert also, um es zu wiederholen, gleichsam die Berufung, die man als Christ ohnehin schon hat. Zum Opus Dei gehören heißt, diese christliche Berufung in einer spezifischen Weise, in einem spezifischen Geist (siehe Drittes Kapitel) und mit spezifischen geistlichen Hilfsmitteln (siehe Sechstes Kapitel) im Dienst am Ganzen der katholischen Kirche zu verwirklichen. Die Angehörigen des Opus Dei sind gewöhnliche Gläubige ihrer Diözesen. Sie sind keine kirchlichen »Profis«, keine »engagierten Laien« oder »Laien im kirchlichen Dienst«. Die Mitglieder des Opus Dei bilden keine innerkirchliche »Gruppe«, und das Opus Dei selbst ist auch nicht das, was man in der Kirche eine »Bewegung« nennt. Das Opus Dei ist eine Prälatur, genauer: eine Personalprälatur. Ihre Gläubigen sind auch keine Ordensleute, sie handeln nicht im Auftrag einer geistlichen Gemeinschaft, sondern in Freiheit und Eigenverantwortung durch ihre berufliche Arbeit, durch die Erfüllung ihrer familiären Pflichten und durch die Ausübung ihrer Bürgerrechte, Seite an Seite mit ihren Mitbürgern. Das Opus Dei gibt ihnen dafür die geistliche Unterstützung, Formung und Ausbildung (siehe Sechstes Kapitel).

Die so genannten »korporativen Werke« des Opus Dei, gemeinschaftliche und offiziell von der Prälatur Opus Dei geistlich betreute Einrichtungen im Bildungs- und Sozialbereich mit apostolischer Zielsetzung, sind keine kirchlichen Einrichtungen. Vielmehr sind sie Initiativen von Mitgliedern des Opus Dei, die in Ausübung ihrer Bürgerrechte und zusammen mit anderen Menschen, oft Nichtkatholiken und Nichtchristen, diese Institutionen wie Schulen aller Art, Universitäten, Studentenheime, Jugendclubs, medizinische Hilfsstationen, Zentren für Berufsausbildung usw. ins Leben rufen. Diese Werke des gemeinsamen Apostolates tragen, zusammen mit Initiativen anderer Bürger, zur Entwicklung und Bereicherung der jeweiligen Gesellschaft bei, in der sie entstehen, und geben in vielen Fällen eine Antwort auf spezifische und oft grundlegende Bedürfnisse einer bestimmten Gegend oder eines Gesellschaftsbereichs. Ihre rechtliche und wirtschaftliche Organisationsstruktur entspricht derjenigen anderer solcher Einrichtungen im zivilen Bereich; sie finanzieren sich durch die eigene Arbeit, durch Einnahmen aus den Beiträgen der Nutznießer dieser Institutionen und durch Spenden von Sponsoren, Freunden und Gönnern.

Zum Opus Dei kommen die unterschiedlichsten Menschen, neben eifrigen Kirchgängern auch solche, die bis dahin vielleicht recht laue Christen waren oder gar nicht praktizierten, ja sogar solche, die der Kirche ferngestanden oder sich von ihr entfernt hatten, aber durch das Ideal, ihren Mitmenschen und der Gesellschaft mit ihrer Berufsarbeit zu dienen und gerade darin Gott zu lieben, angezogen werden. Es sind Menschen, die zumeist die Absicht haben, eine eigene Familie zu gründen, oder dies schon getan haben; aber auch viele junge Menschen, sehr junge sogar, die im Opus Dei das große Ideal erkennen und bereit sind, ihr ganzes Leben dafür einzusetzen. Menschen also, denen es nie in den Sinn gekommen wäre, irgendeinen »geistlichen Beruf« in der Kirche zu ergreifen, die aber entdecken, dass Gott gerade ihrem gewöhnlichen Leben und ihrer alltäglichen beruflichen Arbeit eine neue, übernatürliche Dimension verleihen will, sie zum Weg der Heiligkeit und des Apostolates und damit zu einem wirksamen Dienst an der Kirche werden zu lassen. Die Berufung zum Opus Dei liegt einzig und allein auf der Ebene der Taufberufung und der Wirklichkeit des *gewöhnlichen* Lebens.

Die Berufung zum Opus Dei beinhaltet ganz wesentlich eine spezifische *Sendung*, einen Auftrag. Was für alle Christen und die Kirche generell gilt, gilt nun auch ganz besonders für denjenigen, den der Herr zum Opus Dei ruft: »Halte dir gegenwärtig, mein Sohn, dass du nicht nur ein Mensch bist, der sich mit anderen Menschen zusammentut, um eine gute Sache zu vollbringen. Das ist viel – aber es ist noch zu wenig. – Du bist Apostel, der einen gebieterischen Befehl Christi ausführt« (Der Weg 942). Dieser gebieterische Befehl Christi besteht eben darin, »die göttlichen Wege der Erde« öffnen zu helfen, das gewöhnliche Leben als Weg der Heiligkeit erkennbar und lebbar zu machen, so wie man einen Weg durch den Urwald bahnt, auf dem dann die Nachfolgenden leichter und in größerer Sicherheit das Ziel erreichen können.

Wer angesichts einer möglichen Berufung zum Opus Dei den Einwand erhebt, ob es denn überhaupt nötig sei, dem Opus Dei anzugehören, man könne doch auch sonst ein guter Christ sein, der spürt vielleicht in seinem Innern gar nicht den Ruf des Herrn, diesen Weg zu gehen. Vielleicht aber ist die Erhebung dieses Einwandes auch nur eine Ausrede, ein Versuch, dem göttlichen Ruf auszuweichen. Man fürchtet vielleicht, das Leben werde dadurch zu kompliziert, oder hat einfach Angst vor den Unwägbarkeiten einer Ganzhingabe an Gott, dem man damit ja gleichsam einen Blankoscheck ausstellt. Vielleicht ist man auch nicht genügend demütig und sieht nur die eigene Unzulänglichkeit, nicht aber die Güte und Allmacht Gottes. Jedenfalls: angesichts der Berufung zum Opus Dei ist die Frage, »ob man denn nicht auch sonst ein guter Christ sein könne«, wenig sinnvoll, so wenig sinnvoll wie zum Beispiel für einen Mann angesichts der Möglichkeit, die Frau zu heiraten, die er liebt, sich zu fragen, ob er nicht auch mit einer anderen Frau oder gar ohne eine solche glücklich werden könnte. Die Frage ist offensichtlich falsch gestellt. So ist es auch mit der Berufung: Es kommt darauf an, was Gott von einem jeden will. Wenn Gott einen Christen auf einen bestimmten Weg ruft, dann ist *dieser* sein Weg, auch wenn es daneben viele andere gute Wege gibt.

Dem Opus Dei angehören bedeutet, sich seinen Mitmenschen, allen voran den Christen, zur Verfügung zu stellen, um ihnen zu helfen, die Tiefe und die Anforderungen der christlichen Berufung zu entdecken und ihr Christsein inmitten des gewöhnlichen Lebens in dieser Welt zu verwirklichen. Das bedeutet, auf eine sehr wirksame Weise, durch Multiplikatorwirkung gleichsam, daran mitzuarbeiten, die Welt zu verändern, sie von innen her mit dem Geist Christi zu erfüllen und sie damit durch das Wirken des Heiligen Geistes in Christus umzugestalten. Es bedeutet, durch die Unscheinbarkeit des normalen Lebens einen entscheidenden Beitrag zu leisten, dass diese Welt eine Welt wird, in der sich die Menschen lieben und in Frieden zusammenleben können, in der es weniger Ungerechtigkeit und Leiden gibt, in der der Balsam der Liebe Christi und seiner erlösenden Macht bis in die feinsten Verästelungen der menschlichen Gesellschaft gegenwärtig und wirksam wird. Es heißt, den Menschen zu helfen, ihr alltägliches Tun mit der Größe der Liebe Gottes zu erfüllen und zu verstehen, dass sich in der Verbundenheit mit Christus das Erlösungswerk Christi und schließlich die Sendung seiner Kirche verwirklicht: die Menschen mit Gott zu vereinigen und sie damit untereinander zur Einheit zu führen (siehe Zweites Vatikanisches Konzil, Dogmatische Konstitution über die Kirche, Nr. 1).

Doch aufgepasst: Das Opus Dei ist nicht wie ein Verein, bei dem man einfach »mitmacht« oder sich einschreibt und einen regelmäßigen Mitgliederbeitrag bezahlt, sondern ein Ruf Gottes, ihm das *ganze* Leben im Dienst an dieser Aufgabe zu schenken, also eine Ganzhingabe an Gott. Aus diesem unserem gewöhnlichen Leben in der Welt soll eine Gott wohlgefällige Opfergabe werden. Es geht darum, die eigene Stellung in der Welt, das Leben im Kreis der Familie mit seinen Pflichten, Aufgaben, Leiden und Freuden, sowie die eigene »berufliche Berufung«, für Schüler und Studenten das Studium, die Berufsausbildung, zum integralen Bestandteil der übernatürlichen Berufung als Christ werden zu lassen. Christen aus einem Guss sein: so wie eben Jesus Zimmermann und Gottes Sohn, vollkommener Mensch und vollkommener Gott war, in der Einheit der einzigen göttlichen Person. So wird jedes menschliche Tun gleichzeitig zu einem göttlichen, übernatürlichen und erlösenden Tun. Jungen Menschen, Studenten etwa sagt der Gründer des Opus Dei: »Eine Stunde Studieren ist für einen modernen Apostel eine Stunde Gebet« (Der Weg 335). Es geht also darum, in allem danach zu streben, Gott über alles zu lieben und aus dieser Liebe heraus innerhalb der Gesamtheit der Christen Licht und Sauerteig zu sein.

Das Leben für die anderen hingeben

Jeder kann sich natürlich in Anbetracht nur schon der bloßen *Möglichkeit*, zum Opus Dei berufen zu sein, fragen: »Warum gerade ich?« Das ist ein Geheimnis, das Geheimnis der göttlichen Erwählung. Es ist letztlich ein Geheimnis jeder übernatürlichen Berufung, auch der christlichen Berufung als solcher. Warum sind wir Christen? Zumeist doch, weil es durch den Lauf der Dinge eben so gekommen ist. Wir wurden in eine christliche Familie hineingeboren, getauft und christlich erzogen. Doch all dies gehört zur Vorsehung Gottes, ist von ihm vorhergesehen und gewollt. Es ist Berufung durch Gott, wozu er sich der Liebe unserer Eltern und oft auch anderer Menschen und vielerlei Umstände bediente. Jeder Christ ist also bereits ein von Gott Berufener und Erwählter, muss aber dann dieser Gnade auch persönlich entsprechen. Und so ruft Gott eben auch innerhalb seiner Kirche und unter den Christen durch die verschiedensten Lebensumstände, durch scheinbare Zufälle – ich selbst habe das Opus Dei infolge einer Reihe von Zufällen kennengelernt – und durch Personen, denen man begegnet, jene, denen er eine bestimmte Aufgabe übertragen will, und gibt ihnen dafür besondere und spezifische Gnaden. Nicht weil sie bessere Menschen oder Christen sind. Kein Mensch kann Gnade *verdienen*, sie ist immer Geschenk. Gott schenkt uns seine Gnade, damit wir geeignete Werkzeuge in seinen Händen werden. Nicht zu »unfehlbaren« Menschen, sondern zu geeigneten *Werkzeugen*!

Jugendliche denken zumeist an alles andere als daran, heilig und Apostel zu sein! Sie sehen in der Regel keinerlei Zusammenhang zwischen Schularbeit, Studium, Freizeitbeschäftigung, Hobbys und dem eigenen Christsein. Das ist normal. Die Jugend ist zwar die Zeit der großen Ideale. Sie ist eine wunderbare Zeit, in der man von der Zukunft träumt und allerlei vorhat mit seinem Leben. Doch sich von Gott zur Heiligkeit und zum Apostolat berufen fühlen, gerade dort, wo man lebt, als *Schüler*, als *Student* und später dann im Berufsleben? Das ist eine ganz andere Sache. Man wird vielleicht denken, Heiligkeit sei etwas für jene, die Gott ruft, Priester zu werden, oder fürs Alter. Mir sagte einmal jemand, den ich zu geistlichen Einkehrstunden eingeladen hatte, er werde kommen, wenn er einmal pensioniert sei. Man vergisst, dass die Apostel junge Menschen waren. Einige waren sogar sehr jung, Johannes sicher allerhöchstens achtzehn Jahre alt, als er berufen wurde, Maria, die Mutter des Herrn, wohl noch weniger. Viele christliche Märtyrer der ersten Jahrhunderte waren Jugendliche, und auch spätere Heilige, wie etwa die hl. Katharina von Siena, starben in noch jugendlichem Alter. Die hl. Katharina erhielt später sogar den Titel einer »Kirchenlehrerin«.

Den Katholiken, auch so genannten »guten Katholiken«, ist das Bewusstsein, zur Heiligkeit und apostolischen Mitverantwortung in der Kirche Christi berufen, ja Apostel Jesu Christi zu sein, auch heute meistens immer noch fremd. Ein Bekannter erzählte mir einmal, er sei von der Wirtin eines einfachen Berggasthofes gefragt worden, was denn nun das Opus Dei eigentlich sei. Er gab ihr zur Antwort: »Das Opus Dei sagt Ihnen, dass auch *Sie* heilig sein können.« Die Frau soll die Augen aufgerissen und ausgerufen haben: »Ja was!« Sie konnte es kaum fassen, denn ein »Heiliger«, das war für sie etwas ganz Außergewöhnliches, und sie vermochte sich nicht vorzustellen, was denn Heiligkeit mit dem Leben und Arbeiten in ihrer Wirtschaft nahe der Alp zu tun haben sollte. Und doch: Stellen wir uns vor, welch großartiges Apostolat diese Frau Wirtin ausüben könnte, wäre sie sich bewusst, dass sie allein schon durch die Taufe von Christus dazu berufen ist! Stattdessen denkt sie vielleicht, dies sei die Aufgabe des Pfarrers. Das Opus Dei ist dafür da, gerade solchen Menschen zu zeigen, dass auch sie *Berufung* haben, dass der Herr sie einlädt, sich durch ihre Arbeit zu heiligen und Apostel zu sein und ihnen dabei zu helfen. Wie es Kardinal Ratzinger, der spätere Papst Benedikt XVI., im Jahre 1992 nach der Seligsprechung des Opus Dei-Gründers ausdrückte, ist das Opus Dei dazu da, daran zu erinnern, dass für Christen das Streben nach Heiligkeit die Normalität sein sollte; anders gesagt: dass die »normalen« Christen nicht die Sonntagschristen, die Minimalisten und die Lauen, sondern die Heiligen sind!

Zum Opus Dei kommt man, weil man bereit ist, der Einladung des Herrn zu folgen, das eigene Leben im Dienst an den Brüdern und Schwestern im Glauben hinzugeben, damit das Bewusstsein, Heiligkeit sollte der christliche »Normalfall« sein, überall gefördert werde und damit auf diese Weise die Christen in ihrer Gesamtheit wirklich Licht der Welt sein können. Die Berufung zum Opus Dei ist eine Einladung des Herrn, »sich zu heiligen, damit alle in Wahrheit geheiligt sind«: Licht zu sein, damit alle Licht sein können, und für diesen Dienst an der Kirche und damit natürlich an der menschlichen Gesellschaft das eigene Leben hinzugeben.

Wie brennende Laternen

Jede Berufung kann Quelle des Hochmutes und des Stolzes werden. Zu wissen, dass Gott zu einer besonderen Aufgabe beruft, könnte dazu führen, sich als etwas Besseres zu fühlen und auf die anderen herabzuschauen. Das wäre ein bedauerlicher Missgriff, es wäre Verrat an der Gnade Gottes, es würde bedeuten zu verkennen, dass Gott nicht ruft, weil jemand »gut« oder gar besser als die anderen ist.

Verschiedentlich wurde der Gründer des Opus Dei gefragt, was jemanden, der vom Opus Dei ist, von anderen Katholiken unterscheidet. Der hl. Josemaria pflegte auf diese Frage eine etwas provokative Antwort zu geben. Er verglich einen Angehörigen des Opus Dei und einen Katholiken, der nicht vom Opus Dei ist, mit zwei identischen Laternen, die sich nur darin unterscheiden, dass die eine angezündet ist, die andere nicht. »Vielleicht ist sie nicht so prunkvoll wie die andere Laterne«, so meinte er in einem Beisammensein im Oktober 1972, an dem die unterschiedlichsten Menschen teilnahmen, »aber sie ist angezündet und gibt Licht: Diese Laterne, die Licht hat und Licht gibt, ist vom Opus Dei.«

Natürlich ist dies in eine konkrete Situation hineingesprochen. Es sind Worte, die konkreten Menschen helfen wollen zu verstehen, was geschieht, wenn sie der Gnade der Berufung zum Opus Dei entsprechen – vorausgesetzt, sie haben diese Berufung tatsächlich. Gemeint ist nicht, es gäbe nicht auch brennende und Licht gebende Laternen, also Katholiken oder überhaupt Christen, die *nicht* vom Opus Dei sind. Gemeint ist: Im Vergleich mit einem lauen Christen verändert sich durch die Berufung zum Opus Dei äußerlich eigentlich nichts. Nichts unterscheidet äußerlich gesehen das Leben eines Angehörigen des Opus Dei von einem Christen, der dem Opus Dei nicht angehört. Die Laterne bleibt die gleiche. Aber sie ist jetzt angezündet; sie ist jetzt eine Laterne, »die Licht hat und Licht gibt«. Denn es ist gerade die Berufung zum Opus Dei, die *in diesem Fall* aus der nicht brennenden Laterne eine solche gemacht hat, die »Licht hat und Licht gibt«.

Was für Licht? Vor allem und zuerst einmal Licht, um mit größerer Klarheit die eigenen Schwächen wahrzunehmen, die eigene Armseligkeit, die geringe Qualität der Laterne, die er ist, und das wertlose Material, aus dem sie gemacht ist, während er vorher vielleicht dachte, er sei eine großartige Laterne, sehr kostbar und nützlich, und Gott müsste stolz auf ihn sein und seine Mitmenschen dankbar dafür, das es eine solche Laterne wie ihn gibt; und dies lächerlicherweise, obwohl sie ja gar kein Licht gab! Aus der Erkenntnis der eigenen Schwäche und dem Bewusstsein, von Gott eingeladen zu sein, mit der Hilfe seiner Gnade innerlich gegen die eigenen Unvollkommenheiten und Fehler anzukämpfen, um das Werk der Heiligung durch den Heiligen Geist zu ermöglichen, ergibt sich dann, wie bereits gesagt, ein tiefes Gefühl der Dankbarkeit gegenüber Gott, die zur Großzügigkeit und dem Wunsch führt, den anderen mit dem Licht des Glaubens und der eigenen Berufung zu dienen.

Das also bedeutet die Berufung für denjenigen, den Gott mitten in seinem gewöhnlichen Leben zum Opus Dei ruft: »Gott führt uns aus dem Dunkel unserer Unwissenheit heraus. Er setzt unserem unschlüssigen Umhertappen durch tausend Zufälligkeiten des Lebens ein Ende und ruft uns mit lauter Stimme, so wie er eines Tages Petrus und Andreas rief: *Venite post me, et faciam vos fieri piscatores hominum*, folgt mir nach, und ich will euch zu Menschenfischern machen (Mt 4, 19), ganz gleich wo unser Platz in der Welt ist« (CB 45). Die Berufung zum Opus Dei zu erhalten bedeutet, diese Stimme zu hören, im klaren Bewusstsein jedoch, dass sie nicht verlangt, die äußeren Lebensumstände zu verändern, also das bisherige Laterne-Sein aufzugeben, denn als Christen sind wir nun einmal dazu bestimmt, Laternen zu sein. Sie verlangt auch nicht, eine *anderer Typ* von Laterne zu sein, sondern genau jener, der wir immer schon waren. Vielmehr beinhaltet diese Stimme nur die Bitte des Herrn, uns von seiner Gnade entzünden zu lassen, damit diese Laterne, die wir sind, Licht hat und Licht gibt, damit sie also eine Laterne ist, die ihren Zweck erfüllt. »Um dieses Lichtes würdig zu sein, müssen wir lieben, demütig unsere Heilsbedürftigkeit anerkennen und wie Petrus ausrufen: *Herr, zu wem sollen wir gehen? Du hast Worte des ewigen Lebens. Wir glauben und wissen, dass du Christus, der Sohn Gottes bist.* Wenn wir uns wirklich so verhalten und den Ruf Gottes in unsere Herzen eindringen lassen, dann werden auch wir sagen können, dass wir nicht im Dunkeln wandeln; denn über unserem Elend und Versagen erstrahlt das Licht Gottes wie die Sonne über Gewitterwolken« (CB 45).

Es gibt viele Wege der Heiligkeit innerhalb der Kirche. Der Berufung zum Opus Dei ist es eigen, dass sie an gewöhnliche Christen ergeht, die, wenn sie sich dem Opus Dei angeschlossen haben, bleiben, was sie vorher waren. Weder ändern sie ihren Stand noch erhalten sie eine besondere »Weihe«. Auch wenn es paradox klingen mag: Die Berufung zum Opus Dei besteht gerade darin, jene Berufung zu verwirklichen, die man als getaufter Christ schon seit jeher gehabt hat, nämlich die Berufung, mitten in der Welt in der beruflichen Arbeit die Heiligkeit zu suchen und durch das persönliche Apostolat die Welt von innen her mit dem Geist Christi zu erfüllen und dadurch zu verwandeln. Natürlich gibt es einige Mitglieder des Opus Dei, die sich ganz besonders oder ausschließlich internen Leitungs- und

Bildungsaufgaben des Opus Dei widmen (davon wird noch die Rede sein), aber auch das tun sie als ihre Berufsarbeit, und es verändert ebensowenig ihren Status als gewöhnliche Christen, wie wenn jemand sich ganz der eigenen Familie widmet und deshalb auf eine außerhalb der Familie gelegene berufliche Arbeit verzichtet. Andere, wenige, werden, wie ich selbst einmal, gefragt – oder stellen sich selbst die Frage –, ob sie bereit wären, die Priesterweihe zu erhalten und auf diese neue Weise für die Aufgaben des Opus Dei zur Verfügung zu stehen. Aber auch das steht zu dem Gesagten nicht im Widerspruch: Dass ein katholischer Laie die Möglichkeit hat, einmal Priester zu werden, ändert ja nichts daran, dass er, bevor er diesen Weg effektiv einschlägt, ein gewöhnlicher Christ wie alle anderen ist.

Wer zur Berufung des Opus Dei Ja sagt, für den ändert sich äußerlich also nichts. Wer Student ist, bleibt Student, wer Schüler ist, bleibt Schüler. Wer bei seinen Eltern wohnt, wohnt zunächst weiter bei seinen Eltern, auch wenn er später vielleicht einmal heiraten oder, wie die so genannten Numerarier, in einem Zentrum des Opus Dei wohnen wird (was ein Numerarier ist, wird im nächsten Kapitel zur Sprache kommen); wer verheiratet ist, bleibt selbstverständlich verheiratet, wer in einer Fabrik arbeitet, arbeitet weiter in der Fabrik, wer auf dem Land arbeitet, der arbeitet weiter auf dem Land; der Taxifahrer bedient weiter seine Kunden, der Professor betreibt weiterhin seine Forschung und kümmert sich wie immer, vielleicht jetzt erst recht und besser um seine Studenten, der Architekt baut weiter seine Häuser, die Unternehmensberaterin und Modedesignerin tun weiter, was sie immer getan haben, und der Forscher bleibt hinter seinem Mikroskop. Doch ist zu hoffen, dass sie nun all das besser als zuvor tun, mit mehr Liebe zu Gott und zu ihren

Mitmenschen und in dem klaren Bewusstsein, Apostel Jesu Christi zu sein.

Sich dem Opus Dei anschließen verändert also zunächst einmal gar nichts, auch wenn dies nachträglich, wie jede Entscheidung im Leben, selbstverständlich, was die äußeren Lebensumstände anbelangt, konkrete Folgen zeitigen kann. Was sich verändert, ist vor allem etwas im Innern. Im Jahre 1965 schrieb deshalb der Gründer in einem Brief an seine Söhne und Töchter: »Wir alle tun das, was wir auch getan hätten, wenn wir nicht vom Opus Dei wären, aber mit einem Unterschied: denn wir tragen im Innern unserer Seele das angezündete Licht der göttlichen Berufung, der besonderen Gnade Gottes, die nicht dazu da ist, uns von unserem Platz zu entfernen, sondern dazu, unserem gewöhnlichen Leben und unserer Arbeit einen neuen, göttlichen Geschmack und eine übernatürliche Wirksamkeit zu verleihen« (Das Opus Dei in der Kirche, S. 139).

Es war von Anfang an schwierig gewesen, diesen Geist verständlich zu machen. Immer wieder hört man die Frage: »Was macht das Opus Dei eigentlich?« In der Tat, das Opus Dei widmet sich spezifisch weder den Armen noch den Kranken, noch besteht seine Aufgabe spezifisch darin, Schulen zu führen oder die eucharistische Anbetung zu fördern; es ist auch nicht gegründet worden, um sich der Jugend anzunehmen oder Erwachsenenbildung zu betreiben, auch nicht um sich der christlichen Medienarbeit oder der Ausbildung von Führungskräften zu widmen. Und doch tun natürlich Mitglieder des Opus Dei all dies: individuell oder in gemeinsamen, körperschaftlichen apostolischen Einrichtungen (Schulen, Universitäten, Jugendklubs, Studentenhäusern, Sportschulen, Fortbildungszentren für Frauen oder Berufsbildungszentren für Handwerker, Hotelfachschulen,

Spitälern und medizinischen Hilfsstationen usw. usw.). Jeder tut es vor allem auf Grund seiner beruflichen Arbeit, an dem Platz in der Gesellschaft, an dem er nun einmal auf Grund seiner Lebensumstände und freien Berufswahl steht. Unter den Angehörigen des Opus Dei ist ja das ganze Spektrum der bürgerlichen Gesellschaft vertreten: »Intellektuelle und Geschäftsleute; Freiberufliche und Handwerker; Unternehmer und Arbeiter; Menschen aus der Welt der Diplomatie, des Handels, der Landwirtschaft, der Finanzen und der Geisteswissenschaften; Journalisten, Theater-, Film-, Zirkusleute, Sportler, Junge und Alte, Gesunde und Kranke«, um die schon erwähnte Aufzählung zu wiederholen. Die inhaltliche Spezifizierung und »Spezialisierung« des Apostolates des Opus Dei stammt nicht vom Opus Dei selbst, sondern aus der Vielfältigkeit der bürgerlichen Gesellschaft und der entsprechenden Vielfalt der Gläubigen der Prälatur Opus Dei, ihrer Lebenssituationen, Tätigkeiten und Engagements innerhalb der Gesellschaft. Deshalb nannte der hl. Josemaria das Opus Dei eine »desorganisierte Organisation«. Sein Apostolat verwirklicht sich nicht durch zentrale Planung und Organisation. Vielmehr bewirkt das Opus Dei durch die geistliche Bildung und Betreuung, die es seinen Mitgliedern zukommen lässt, und durch deren persönliche Hingabe an Gott, dass das gewöhnliche Leben selbst in seiner Reichhaltigkeit und letztlich ungeplanten Spontaneität zu Wegen der Heiligkeit und des Apostolates, zu Wegen Gottes auf Erden wird. Das Apostolat des Opus Dei kann deshalb nicht weiter inhaltlich oder »sektoriell« spezifiziert werden. Es ist, so der Gründer, wie »ein Meer ohne Ufer«.

Was das Opus Dei als *Institution* tut, ist also, Menschen, die auf diese Weise ihr Christsein mitten im Getriebe dieser Welt, in der täglichen Arbeit und ihren Verpflichtungen in der Familie und als Staatsbürger konsequent leben möchten, geistliche Begleitung und Unterstützung zu geben. (Der Geist, in dem dies geschieht, wurde im vorherigen Kapitel dargestellt.) Deshalb ist das Opus Dei eigentlich eine »große Katechese«, eine Institution also, die sich zum Ziel setzt, den einzelnen Personen, vor allem den eigenen Mitgliedern, aber dann auch all den Mitarbeitern und sonstigen Menschen, die sich den verschiedenen Apostolaten des Opus Dei nähern, Bildung im Bereich der Glaubenslehre und des geistlichen Lebens zu vermitteln, ihnen eine konkrete und nachhaltige geistliche Begleitung anzubieten, damit ein jeder an seinem Platz in der Welt seine Arbeit und sein ganzes Leben zu einem Weg der Heiligkeit und des Apostolates werden lassen und damit die Sendung der Kirche mittragen kann und dort, wo er lebt und arbeitet, selbst Kirche ist. Wer sich dem Opus Dei anschließt, ist nicht nur Nutznießer, sondern auch aktiv Teil dieser großen Katechese. Sein Leben als Christ erhält dadurch, dass er nicht auf sich allein gestellt, sondern Bestandteil eines weltweiten Gemeinschaftswerkes ist, ungeahnte Perspektiven fruchtbarer apostolischer Wirksamkeit.

Ein Blick in die Geschichte: Missverständnisse und Verleumdungen

Die Schwierigkeit, das im Grunde Einfache und Offensichtliche an der Berufung zum Opus Dei und des Lebens seiner Mitglieder zu begreifen, führte in der Vergangenheit und führt auch noch in der Gegenwart oft zu Missverständnissen und Verständnisschwierigkeiten. In der Tat war das Opus Dei etwas Neues in der Kirche der damaligen Zeit, und deshalb konnten es jene, die alles immer auf Grund dessen beurteilen und einzuordnen suchen, was ihnen schon von früher bekannt und vertraut ist, nicht verstehen oder hatten dabei zumindest erhebliche Probleme. Zuweilen findet man auch heute noch Personen, die solche Probleme haben. Über das Opus Dei kursieren denn auch eine Menge von Gerüchten, einige davon geradezu Schauergeschichten, die schließlich sogar Bestsellerkrimis und Hollywoodfilme inspiriert haben. Um zu verstehen, wie es dazu gekommen ist, müssen wir einen Blick zurück werfen.

Als der hl. Josemaria Escrivá im Spanien der dreißiger und vierziger Jahre des zwanzigsten Jahrhunderts von Heiligkeit mitten in der Welt und vom heiligenden Wert der gewöhnlichen Berufsarbeit sprach und junge Menschen, unter ihnen Studenten, Arbeiter, Künstler, um sich sammelte, die begannen, diesem Ideal nachzuleben, wurde dies von vielen als unerhörte Neuerung, ja sogar als Irrlehre empfunden. Escrivá wurde verdächtigt und in Rom verklagt. Einige einflussreiche Ordensleute widersetzten sich der Idee, dass man mitten im normalen Berufsleben ernsthaft nach Heiligkeit streben könne, und noch weniger, dass es möglich sei, ohne entsprechende Gelübde als gewöhnliche Christen mitten in der Welt ein apostolisches Leben der Ehelosigkeit zu führen, also den so genannten »Zölibat« zu leben (wie das die meisten dieser jungen Studenten vom Opus Dei damals taten). Einige dieser Ordensleute, Mitglieder des Jesuitenordens, die sich der Studentenpastoral widmeten, waren auch der Meinung, das Opus Dei trete in Konkurrenz zu ihnen und nehme ihnen Berufungen weg. (Der hl. Josemaria schätzte die Jesuiten sehr und deren Reaktion muss ihn deshalb wohl besonders geschmerzt haben; wie bereits erwähnt, hatte er sich einen Jesuitenpater zum Beichtvater gewählt.)

Diese Patres – der hl. Josemaria sagte von ihnen immer wohlwollend, sie hätten in ehrlichem Glauben gehandelt, Gott und der Kirche einen Dienst zu erweisen – besuchten systematisch die Eltern der jungen Mitglieder, um sie zu warnen: Ihre Söhne seien in die Hände einer häretischen Bewegung, einer neuen Sekte geraten und riskierten die ewige Verdammung. Man wollte auch nicht verstehen, weshalb die Mitglieder des Opus Dei äußerlich als solche nicht erkennbar waren. Diese eifrigen Ordensleute verstanden nicht, dass gewöhnliche Studenten oder Berufstätige, die versuchten, ein persönliches geistliches Engagement an ihrem Platz in der Welt zu leben, überhaupt keinen Grund hatten, äußerlich erkennbar als »Laienapostel« herumzulaufen! Sie trugen das Kreuz Christi nicht sichtbar auf ihren Kleidern, sondern wollten es in ihren Herzen tragen. Das Opus Dei half ihnen, ihre Berufung als Christen zu leben, ließ sie aber sein, was sie eben waren: gewöhnliche Studenten einer Madrider Universität wie alle anderen.

Doch man schloss daraus, dass diese jungen Menschen, die sich im damaligen Madrid um diesen anscheinend hochverdächtigen Don Josemaria gesammelt hatten (der ja erst noch ein Auswärtiger, ein Aragonier war), irgendwelche Geheimnisse hüteten, dass das Ganze eine bewusste Geheimhaltungs-Taktik war. Und so begann man, das Gerücht zu verbreiten, das Opus Dei sei eine Geheimorganisation. Dies war nach dem Spanischen Bürgerkrieg unter der damaligen Diktatur des Generals Franco ein gefährlicher Vorwurf. Denn das Francoregime stützte sich ideologisch auf die Bewegung der so genannten FET (*Falange Española Tradicionalista*), in der die bereits seit 1933 bestehende spanische *Falange Española* maßgebend war – eine traditionalistische und nationalistische Bewegung, die sich mit der nationalsyndikalistischen Organisation J.O.N.S. verbunden hatte, faschistischem Gedankengut nahestand, ja im Laufe des Spanischen Bürgerkriegs und während des Zweiten Weltkrieges immer nazifreundlicher wurde und insbesondere dem italienischen Faschismus nachzueifern suchte. Die erwähnten Ordensleute nutzten diesen gefährlichen Vorwurf aus, um das Regime gegen das Opus Dei zu mobilisieren: Das Opus Dei, so hieß es, sei Teil einer freimaurerisch-jüdischen Verschwörung, eine gefährliche Sekte, deren Räumlichkeiten mit kabbalistischen Symbolen (Symbole aus der mittelalterlichen jüdischen Mystik) geschmückt seien und deren Angehörige sich gegenseitig an Holzkreuze nageln würden! Hausdurchsuchungen, Druckversuche und ein Verfahren vor der staatlichen Antifreimaurerbehörde waren die Folge. In Barcelona wurde gegen den Gründer des Opus Dei ein Haftbefehl erlassen. Man spionierte die Leute des Opus Dei aus. Das Buch »Der Weg«, das der Gründer einige Jahre zuvor publiziert hatte, wurde von eifrigen Kirchenleuten öffentlich verbrannt, und von den Kirchenkanzeln predigte man gegen die verderbliche neue »Sekte«, obwohl etwa der angesehene Abt der Benediktinerabtei von Montserrat das Opus Dei in Schutz nahm und seinen Gründer einen heiligmäßigen Priester nannte. Ebenso tat es auch der Bischof von Madrid, der den jungen Don Josemaria gut kannte, ihn schätzte und über seine Tätigkeit, die er schließlich auch offiziell approbierte, bestens informiert war. Das militärgerichtliche Verfahren vor dem Tribunal zur Bekämpfung der Freimaurerei wurde schließlich abgebrochen mit dem damals offenbar einleuchtenden Argument des vorsitzenden Generals: Leute, die Keuschheit und Enthaltsamkeit leben, können unmöglich Freimaurer sein! Doch verbreiteten sich weiterhin die skurrilsten Gerüchte.

Vielen spanischen Falangisten mit ihrer dem Faschismus zugeneigten Ideologie, auf die vor allem sich die Franco-Diktatur stützte, war das Opus Dei ein Dorn im Auge, da es sich jeglicher politischen Vereinnahmung entzog. Der Gründer predigte die »Freiheit der Kinder Gottes«. Jeder, so sagte er, solle an seinem Platz in der Welt mit einem christlich gebildeten Gewissen in Freiheit und persönlicher Verantwortung handeln. Das Opus Dei richtete sich an den Einzelnen, widersetzte sich jeglichem Korpsgeist und Gruppendenken und entzog sich der damals praktizierten klerikal-nationalistischen Instrumentalisierung der Religion zu politischen Zwecken. Den Mitgliedern war völlig freigestellt, *ob* und, wenn überhaupt, *wie* sie sich politisch betätigen wollten. Das Opus Dei beanspruchte für sich eine rein geistliche Mission, und der hl. Josemaria verbreitete eine Botschaft, die in Fragen des gesellschaftlichen und politischen Engagements für Freiheit, Eigenverantwortung und Pluralismus plädierte sowie jeglichen Nationalismus ablehnte. Das alles war den Falange-Ideologen, aber auch nicht wenigen Exponenten des damaligen Klerus, ein Gräuel. Sie erblickten darin Verrat an der nationalen Sache. Von den wenigen Mitgliedern des Opus Dei, die sich im Franco-Spanien zwischen 1940 und 1975 in irgendeiner Form politisch betätigten, befanden sich tatsächlich viele in der Opposition oder in kritischer Distanz zum Franco-Regime, manche wurden politisch verfolgt, Journalisten, die dem Opus Dei angehörten, wurden zensuriert oder ihre Zeitung verboten, andere wurden mit einem Publikationsverbot bestraft. Als in der Spätphase der Diktatur einige Mitglieder des Opus Dei als Minister im so genannten »Technokratenkabinett« mitwirkten (während andere Angehörige des Opus Dei eine solche Mitarbeit strikt ablehnten), agitierten die in die Minderheit versetzten Angehörigen der Falange gegen sie und verunglimpften sie als gefährliche Geheimbündler.

Es ist also gut zu wissen, dass der Vorwurf, das Opus Dei sei eine Geheimorganisation oder eine Sekte, aus dem katholisch-klerikalen und faschistischen Spanien stammt. Er wurde jedoch von Angehörigen der einstmals staatstragenden falangistischen Bewegung auch noch nach dem Tod Francos und nach dem Ende der Diktatur verbreitet (und leider beteiligten sich dann oft auch kirchliche Kreise, Katholiken, die das Opus Dei aus irgendeinem Grund nicht mochten oder vielleicht einfach nur falsch informiert waren und ihm deshalb misstrauten). Nun jedoch lief die Kampagne über andere Kanäle und fiel die Legende in veränderten Zusammenhängen auf neuen Boden: auf den Boden antikirchlicher, aber auch marxistischer und später dann, innerkirchlich, jener Kräfte, die im Opus Dei die »geheime Macht« hinter den angeblich gegen das Zweite Vatikanische Konzil gerichteten so genannten »restaurativen« Tendenzen in der Kirche sahen. Deshalb meinten lange Zeit viele Menschen, das Opus Dei sei »erzreaktionär«, gegen jeden Fortschritt, allem Modernen gegenüber feindlich eingestellt, »undemokratisch« und deshalb gefährlich. Diese Verschwörungstheorien beginnen mehr und mehr zu verschwinden. Aber falls man ihnen begegnet, ist es nützlich zu wissen, woher sie stammen: aus der Zeit des Spaniens der Franco-Diktatur und der damaligen Gerüchteküche von Leuten, Politikern und Klerikern, die kein Verständnis für Freiheit und persönliche Verantwortung hatten.

Wer zum Opus Dei kommt, muss natürlich gewärtigen, dass ihm solche Vorwürfe gemacht werden. Er wird zuweilen auf Missverständnisse und auch auf Ablehnung durch

Menschen stoßen, die über das Opus Dei Schauergeschichten gehört haben oder aufgrund mangelnder Information dahinter irgendwelche dunkle oder zumindest wenig vertrauenswürdige Mächte erblicken. Das kann dazu führen, dass man schief angesehen wird, dass Menschen einem mit Misstrauen begegnen, ja sogar manchmal, dass man berufliche Nachteile in Kauf nehmen muss. Es gibt Leute, die meinen, die Mitglieder des Opus Dei würden ihre Mitgliedschaft verbergen, um dadurch, wie sie überzeugt sind, unerkannt ihre Fäden spinnen zu können. Nicht nur einmal geschah es mir, dass mir jemand, dem ich sagte, ich sei vom Opus Dei, überrascht erwiderte: »Ach, ich dachte, Sie dürften das nicht sagen.« Das kann im ersten Augenblick unangenehm sein, um so interessanter wird es dann aber, wenn dieselben Personen, die einem zuerst Misstrauen bekundet haben, die Wahrheit erfahren und dann um so mehr erbaut sind.

Auf solche Schwierigkeiten soll man also gefasst sein, sie aber auch nicht dramatisieren oder ihre Wichtigkeit übertreiben. Vergessen wir nicht: Über Christen, die es mit ihrem Glauben ernst nahmen, und auch solchen, die neue Wege beschritten, sind im Laufe der Geschichte immer wieder die verrücktesten und oft auch höchst beleidigende Dinge gesagt worden (ganz abgesehen von andersartigen Verschwörungstheorien, die im Laufe der Geschichte aufgetreten sind, wie etwa jene über die Juden). Ja, die ersten Christen selbst hatten etwa im alten Rom mitnichten eine durchweg gute Presse. Da man zum Beispiel die christliche Eucharistiefeier (»Nehmet und esset, das ist mein Leib …«) mit der Darstellung des Jesuskindes auf den Armen Marias durcheinander brachte, klagte man die Christen an, sie verspeisten kleine Kinder! Wie leicht ist es aus Unwissenheit und Unkenntnis der Zusammenhänge auf ganz falsche Schlüsse zu kommen. Wer heute seinen Glauben ernstnimmt, muss damit rechnen, anzuecken und aggressive Reaktionen zu provozieren.

Obwohl Jesus gesagt hat »Selig seid ihr, wenn ihr um meinetwillen beschimpft und verfolgt und auf alle mögliche Weise verleumdet werdet« (Mt 5, 11-12), muss man sich natürlich immer im Gewissen prüfen, ob Kritik und Widerstand wirklich »um Christi willen« erfolgen, oder einfach, weil man selbst dem Geist Christi zu wenig treu war, wegen eigener Fehler und Schwachheiten. Jedenfalls: wer wirklich konsequent Jünger des Herrn sein will, wird nicht nur Applaus ernten, sondern auch auf Unverständnis und Widerstand stoßen. Das braucht uns keine Angst zu machen, denn wir sind Kinder Gottes. Gott unser Vater lässt uns nicht im Stich, und wie Jesus findet der Christ im Kreuz nicht nur die übernatürliche Fruchtbarkeit seines Lebens, sondern auch jene Freude, die das Leben hier auf Erden zu einem Vorgeschmack der ewigen Herrlichkeit werden lässt. Der Herr fügt ja seiner obigen Seligpreisung hinzu: »Freut euch und jubelt: euer Lohn im Himmel wird groß sein.«

Das Opus Dei: Institution und Familie

Trotz aller Schwierigkeiten und mit steter Unterstützung zunächst des Madrider Bischofs und dann, nach 1946, sämtlicher Päpste von Pius XII. über Johannes XXIII., der über das Opus Dei gesagt hat, es eröffne der Kirche »ungeahnte Horizonte des universalen Apostolates«, Paul VI., der dem hl. Josemaria und dem Opus Dei unzählige Erweise herzlicher Zuneigung entgegenbrachte, über Johannes Paul I. bis hin zu Johannes Paul II. und dem jetzigen Papst, Benedikt XVI., hat sich das Opus Dei stetig auf allen Kontinenten ausgebreitet. Seit 1946 befindet sich sein Zentralsitz in Rom. Der hl. Josemaria beschloss im Jahre 1946 endgültig nach Rom überzusiedeln. Das Herz des Opus Dei musste in Rom sein, in der Nähe des Papstes, katholisch, universal, weltweit und weltoffen! Von Anfang an war das Opus Dei ein universales Projekt, für die ganze Welt bestimmt. Der Spanische Bürgerkrieg, dessen antiklerikale Hetze den hl. Josemaria zwang, auf abenteuerliche Weise aus der republikanischen Zone zu fliehen, weil man dort systematisch alle Priester umbrachte, und der Zweite Weltkrieg hatten die Expansion zunächst verzögert. Es würde zu weit führen, die Details der Ausbreitung des Opus Dei hier darzustellen (man kann sie in anderen Büchern über das Opus Dei und seinen Gründer nachlesen).

Wie einst die ersten Apostel gingen und gehen auch noch heute Mitglieder des Opus Dei in alle Welt, in die verschiedensten Länder, um dort mit der apostolischen Arbeit der Prälatur zu beginnen. Das sind oft echte Abenteuer! Sie gingen in die USA, nach Argentinien, Mexiko, Kenia, Japan, den Philippinen, nach Deutschland, Österreich, in die Schweiz, nach Frankreich, Belgien, Schweden, England, nach Nigeria, in den Kongo usw., nicht als »Missionare« oder »Berufsapostel«, sondern einfach als Christen, suchten eine Arbeit und verdienten sich damit ihren Lebensunterhalt. So begannen sie mit dem, was sie selbst und was jene, die nach und nach zum Opus Dei stießen, durch ihre Berufsarbeit verdienten, aber auch mit Hilfe der Mittel, die Freunde und Mitarbeiter des Werkes ihnen zur Verfügung stellten, die apostolische Arbeit des Opus Dei voranzubringen.

Als 1982 Papst Johannes Paul II. das Opus Dei als Personalprälatur errichtete, war es bereits auf allen Kontinenten mit Zentren präsent, heute in 66 Ländern (die letzten Länder, Stichdatum Sommer 2009, in denen Zentren errichtet wurden, waren Kasachstan, Südafrika, Slowenien, Kroatien, Lettland, Russland, Indonesien, Rumänien und Südkorea). Das Opus Dei zählt heute gemäß den Angaben auf der Webseite der Prälatur mehr als 87.000 Mitglieder, abgesehen von den Mitarbeitern, Freunden und Gönnern; 1.850 davon sind Priester. Die Laien verteilen sich wie folgt auf die verschiedenen Kontinente: Afrika: 2.000; Amerika 30.000; Asien und Ozeanien: 5.000; Europa: 50.000. Hinzu kommt eine noch viel größere Zahl von Mitarbeitern und schließlich die vielen Personen, die mehr oder weniger regelmäßig an den Bildungsaktivitäten, welche die einzelnen Zentren der Prälatur in der ganzen Welt anbieten, teilnehmen und dadurch für ihr christliches Leben wesentliche Impulse erhalten.

Im Opus Dei gibt es Priester und Laien, vor allem Laien (etwa 98% der Mitglieder). Die apostolische Arbeit des Opus Dei wird von Priestern und Laien gemeinsam, in organischer Zusammenarbeit vor allem im Rahmen der auf der ganzen Welt und in allen gesellschaftlichen Schichten gegenwärtigen Zentren der Prälatur wahrgenommen. Diese sind eine Art »spirituelle Tankstellen«, »Servicestationen«, geistliche Oasen inmitten des Wüstensandes des alltäglichen Arbeitslebens, um gewöhnliche Christen nachhaltig und intensiv in ihrem Bemühen um Heiligkeit mitten im beruflichen Alltag zu unterstützen. Zusätzlich, ja eigentlich vorrangig und hauptsächlich wirkt das Opus Dei jedoch durch die Kanäle des gewöhnlichen Lebens, durch das persönliche Apostolat inmitten aller möglichen Bereiche der menschlichen Gesellschaft. Allen seinen Mitgliedern, jedem nach seinen Fähigkeiten und Bedürfnissen, garantiert die Prälatur dabei eine solide theologische und apostolische Ausbildung sowie geistliche Begleitung, die das ganze Leben hindurch anhalten.

Die apostolische Arbeit der Prälatur vollzieht sich für Frauen und Männer in getrennter Weise. Die einzelnen Zentren und körperschaftlichen Werke und damit die geistlich-religiöse Bildungsarbeit des Opus Dei richten sich immer spezifisch an Männer oder an Frauen. Für diese Trennung gibt es viele gute Gründe. Sie ermöglicht eine gezielt auf die Bedürfnisse von Frauen und Männern abgestimmte geistliche Betreuung (wobei auch die Arbeit mit Schülern, Studenten, Lehrlingen, Arbeitern, Akademikern, Jugendlichen und Berufstätigen nach verschiedenen Zentren bzw. Bildungsangeboten spezifiziert wird, damit möglichst auch die konkrete Lebenswirklichkeit der verschiedenen Personen mit ihrer besonderen Mentalität und ihren spezifischen Problemen berücksichtigt werden kann). Die Trennung garantiert auch gegenseitige Unabhängigkeit, ganz besonders die Autonomie der Leitungsstrukturen der Frauen, hat aber auch vielerlei menschliche Vorteile und ist nicht zuletzt auch ein Erfordernis gewisser Distanz zwischen Menschen, die sich innerlich, durch die Zugehörigkeit zur gleichen Familie des Opus Dei, sehr nahestehen, aber zugleich zölibatär leben (davon wird noch zu sprechen sein). Doch bezieht sich diese Trennung nur auf die meisten *Zentren* und *korporativen Werke* der Prälatur, nicht aber auf das normale Leben in Beruf und Gesellschaft; dies nicht nur wegen der großen Zahl von Ehepaaren, in denen beide Ehepartner dem Opus Dei angehören, sondern auch, weil viele Mitglieder des Opus Dei in sonstigen verwandtschaftlichen oder aber in beruflichen Beziehungen zueinander stehen, und das oft sogar innerhalb körperschaftlicher Werke des Opus Dei selbst, wie etwa in Universitäten oder Spitälern. Auch hier gilt: Natürlichkeit und Normalität. Man kann und soll nicht trennen, was auf natürliche Weise zusammengehört. Alles ist letztlich eine Frage des gesunden Menschenverstandes.

Wer zum Opus Dei kommt, schließt sich also einer weltweiten, universalen apostolischen Unternehmung innerhalb der Kirche Jesu Christi an. Dies geschieht durch eine gegenseitige vertragliche Erklärung, die zwischen dem einzelnen Gläubigen und der Prälatur ein geistliches Band mit entsprechenden Rechten und Pflichten schafft. Das Ja zur Berufung zum Opus Dei zu sprechen heißt also nicht nur, einer Einladung des Herrn zu folgen, sondern auch, die Bereitschaft zu haben, sich wirklich zu *binden*, dieser Bindung auch einen im Recht der Kirche grundgelegten Ausdruck zu verleihen und vor Gott und der Kirche, gründend auf der persönlichen Ehrenhaftigkeit und Loyalität als getaufter Christ, entsprechende Verpflichtungen einzugehen. Diese Verpflichtungen beziehen sich ausschließlich auf das geistliche Leben, die religiöse Bildung und das apostolische Wirken, keineswegs auf die jeweilige berufliche Arbeit.

Bei dieser Bindung handelt es sich um ein Sich-Binden aus Liebe. Ähnlich wie jemand, der die Frau (oder den Mann), die er liebt, heiratet, sich wirklich an diese Person *binden* möchte – andernfalls wäre dies keine Liebe, sondern Egoismus –, so bedeutet, der Berufung zum Opus Dei zu folgen, eine Liebesbindung einzugehen, nicht einfach nur irgendwo »mitzumachen« oder »dabei zu sein«. Noch einmal: Es handelt sich wirklich um eine Hingabe des Lebens, selbst wenn es natürlich keine Macht auf Erden gibt, und zuallerletzt das Opus Dei, die jemanden daran hindern würde oder könnte, das Opus Dei wieder zu verlassen. Um zu gehen, stehen die Türen immer offen. Sofern nicht offensichtlich geworden ist, dass man sich geirrt hatte, geht es hier ganz einfach um die Frage der Treue gegenüber einer göttlichen Berufung, und jeder hat einen solchen Schritt letztlich allein in seinem Gewissen vor Gott zu verantworten. Das Band, das sich aus dieser Hingabe ergibt, ist also letztlich eine Frage unseres Innern, eine Beziehung zwischen dem Menschen und Gott, auch wenn es äußerliche, rechtliche Formen annimmt.

Das Opus Dei ist aber nicht nur eine »Institution«. Das wäre nur die Außensicht. Vor allem ist es eine Familie, eine geistliche Familie, bei der es nicht darauf ankommt, dass man unter demselben Dach wohnt, sondern in der man sich kennt und füreinander da ist, freilich nicht zur Förderung irdischer Interessen; wer solches sucht, für den gibt es im Opus Dei keinen Platz. Für viele Mitglieder, die ehelos (zölibatär) leben, ist eines der Zentren des Opus Dei auch das eigene Zuhause, und sie leben dort mit den andren Mitgliedern des Opus Dei (und oft auch mit solchen, die nicht dem Opus Dei angehören) ähnlich wie in einer Familie zusammen. Darauf werden wir zurückkommen. Aber es ist jetzt schon wichtig zu verstehen, dass das Opus Dei keine straffe Kaderorganisation ist, in der man herumkommandiert wird oder wie eine Figur auf dem Schachbrett dem Willen anderer unterworfen ist. Das wäre eine völlig abwegige Vorstellung. Die Zentren des Opus Dei sind keine Kasernen. Im Opus Dei und seinen Zentren atmet man viel eher das Ambiente einer Familie, in der man sich gern hat und gegenseitig respektiert, aufeinander Rücksicht nimmt, sich zu verstehen sucht und ohne Formalitäten, in natürlicher Herzlichkeit zusammenlebt und gemeinsame apostolische Initiativen voranbringt. Die Angehörigen des Opus Dei sind nicht makellose, fehlerfreie Menschen, sondern Menschen mit Schwächen und Eigenheiten, die aber versuchen, innerlich zu kämpfen und mit der Hilfe der Gnade Gottes im Laufe ihres Lebens in allen Tugenden voranzuschreiten. Dafür braucht es zumeist ein ganzes Leben, und deshalb eben auch das Verständnis, die Hilfe der anderen. Ebenso wichtig ist die Fähigkeit, sich immer wieder gegenseitig die nun einmal unvermeidlichen persönlichen Unzulänglichkeiten und manchmal vielleicht auch schmerzlichen Fehler zu verzeihen.

Charakteristisch für das Opus Dei als Familie ist auch, dass im gegenseitigen Umgang keine Titel oder irgendwelche besonderen Anreden verwendet werden. Wer im Opus Dei eine Leitungsaufgabe innehat – Leitungsaufgaben sind fast ausschließlich Laien, sowohl Männern wie Frauen vorbehalten –, vertritt zwar immer in irgendeiner Form die Autorität des Prälaten und man begegnet ihm mit dem entsprechenden Respekt und Feingefühl, doch ist der Umgang mit den Leitern ebenso unkompliziert, vertrauensvoll und familiär wie mit allen anderen Mitgliedern des Werkes. Der Prälat selbst ist im Opus Dei ganz einfach der »Vater«, und so wird er auch genannt und persönlich angesprochen. Der gegenseitige Umgang ist von Vertrauen charakterisiert, und jeder versucht, über alle Schranken der charakterlichen und mentalitätsbedingten Verschiedenheiten hinweg ein Herz für alle zu haben, christliche Brüderlichkeit oder, wie man heute auch sagt, »Geschwisterlichkeit« zu leben (im Opus Dei spricht man weiterhin auch von »Brüderlichkeit«, denn auch der traditionelle christliche Ausdruck »Brüderlichkeit« bringt treffend zum Ausdruck, dass Männer und Frauen in Christus alle *gleich* sind und *gleiche Würde* haben).

Eine Schule der Heiligkeit: Christliche Askese

Das Opus Dei ist also eine Familie, in der man sich versteht, liebt und »einer des anderen Last zu tragen« sucht (vgl. Gal 6, 2). Doch, so betonte sein Gründer immer, das Opus Dei ist auch »Miliz«, »Kriegsdienst«. Der hl. Josemaria pflegte dazu die Worte aus dem Buch Hiob zu zitieren: *Nonne militia est vita hominis super terram?*, »ist nicht Kriegsdienst des Menschen Leben auf Erden?« (Hiob 7, 1). Das Bild des christlichen Lebens als einer *militia*, eines Kriegsdienstes, und des Christen als eines Kriegers, der gegen sich selbst kämpft, gehört ebenso wie dasjenige des Sportes und des sportlichen Wettkampfes zum festen Bestand der christlichen Tradition. Die Kirchenväter bedienten sich schon dieser Redeweise, und sie besitzt klare Wurzeln im Neuen Testament. So schreibt der hl. Paulus den Christen von Korinth: »Wir leben zwar in dieser Welt, kämpfen aber nicht mit den Waffen dieser Welt. Die Waffen, die wir bei unserem Feldzug einsetzen, sind nicht irdisch, aber sie haben durch Gott die Macht, Festungen zu schleifen« (2 Kor 10, 3-4). Und in seinem Brief an die Epheser erinnert derselbe Paulus diese daran, dass sie als Christen »lauter Güte, Gerechtigkeit und Wahrheit« hervorbringen sollten (Eph 5, 8-9). Deshalb sollen sie »die Rüstung Gottes« anziehen, »denn wir haben nicht gegen Menschen aus Fleisch und Blut zu kämpfen, sondern gegen die Fürsten und Gewalten, gegen die Beherrscher dieser finsteren Welt … Gürtet euch mit der Wahrheit … greift zum Schild des Glaubens … nehmt den Helm des Heils und das Schwert des Geistes, das ist das Wort Gottes. Hört nicht auf zu beten und zu flehen …« (Eph 6, 11-18).

Das Bild vom »Krieg« und »Kampf« des Christen wurde im Laufe der Geschichte immer wieder missbraucht. Auch Christen fühlten sich oft ermächtigt, gegen andere Menschen Gewalt zu gebrauchen, und man vergoss im Namen so genannter »Heiliger Kriege« Blut. Das Missverständnis ist alt. Als Petrus Jesus mit dem Schwert verteidigte und dem Diener des Hohenpriesters ein Ohr abhieb, sagte Jesus zu ihm: »Steck dein Schwert in die Scheide, denn alle, die zum Schwert greifen, werden durch das Schwert umkommen« (Mt 26, 52). Der Kampf des Christen ist ein anderer. Es ist der Kampf gegen die Versuchungen jener »Fürsten und Gewalten«, die die Welt beherrschen, gegen die »Anschläge des Teufels« also (Eph 6, 11), und vor allem: der Kampf gegen sich selbst. Früchte dieses inneren Kampfes sind »Güte, Gerechtigkeit und Wahrheit«: erst dann können wir unsere Mitmenschen mit der Liebe Christi lieben und ihnen wirklich dienen. Deshalb gilt: sich selber hart anfassen, aber milde und verständnisvoll mit den anderen sein. Der hl. Josemaria sagte 1966 in einem Interview mit der französischen Zeitung »Le Figaro«: »Gewalt verstehe ich nicht. Sie erscheint mir weder geeignet zu überzeugen noch zu siegen. Den Irrtum bekämpft man durch das Gebet, mit der Gnade Gottes, durch sachliche Beweisführung; niemals mit Gewalt, immer in Liebe« (Gespräche 44). Das also ist mit dem Ausdruck, den »Schild des Glaubens« und das »Schwert des Geistes« zu ergreifen, gemeint.

Wer zum Opus Dei kommt, verpflichtet sich, jenen Kampf zu führen, den man traditionellerweise »asketischen Kampf« oder »inneren Kampf« nennt. Das Wort »Askese« stammt aus dem Griechischen und heißt ursprünglich so viel wie »Übung«, insbesondere »gymnastische«, aber auch »handwerkliche Übung«, und bezeichnete in der Antike ganz besonders die Lebensführung der Athleten. Deshalb schrieb der hl. Josemaria über diesen inneren Kampf: »Der asketische Kampf ist keine Verneinung der Lebensfreude, keine verdrießliche Angelegenheit: Er ist frohe Lebensbejahung. Er ist wie Sport« (FdS 169). Auch darin hat der hl. Josemaria von Paulus gelernt, der an Timotheus schreibt, er, Paulus, habe »den guten Kampf gekämpft, den Lauf vollendet, die Treue gehalten« (2 Tim 4, 7): Der Kampf ist hier der sportliche Wettkampf, ein »Lauf«. Den Philippern sagt Paulus: »das Ziel vor Augen jage ich nach dem Siegespreis: der himmlischen Berufung« (Phil 3, 14), und den Korinthern macht er Mut mit den Worten: »Wisst ihr nicht, dass die Läufer im Stadion zwar alle laufen, aber dass nur einer den Siegespreis gewinnt? Lauft so, dass ihr ihn gewinnt« (1 Kor 9, 24).

Was für ein Sport ist das? An seinen Schwächen zu arbeiten, sie nach und nach zu meistern und so weit wie möglich zu überwinden. Dies nicht aus stolzem Vollkommenheitswahn und natürlich auch nicht wie die Sportler, um die anderen auszustechen und um der menschlichen Ehre und des Erfolgs willen, sondern allein aus Liebe zu Gott und um mit dieser Liebe den anderen besser dienen zu können. Es geht darum, in den christlichen Tugenden zu wachsen, wie Paulus sagt, den »alten Menschen« abzulegen, um den »neuen Menschen anzuziehen«, der »nach dem Bild Gottes geschaffen ist in wahrer Gerechtigkeit und Heiligkeit« (Eph 4, 22-24): »Treue zu Gott erfordert Kampf, und zwar Nahkampf: Mann gegen Mann – da ist der alte Mensch in uns und der Mensch, wie Gott ihn haben will … Kleinigkeit um Kleinigkeit müssen immer wieder korrigiert werden, ohne nachzugeben« (SdS 126). Doch ist es der Heilige Geist, der uns schließlich heiligen muss. Heiligkeit ist nicht

Frucht unserer Willensanstrengung, doch muss unsere Freiheit mit der Gnade Gottes mitwirken. Das geht nicht von heute auf morgen. »Der echte Sportler strebt nicht danach, nur ein einziges Mal zu siegen, und das beim ersten Anlauf. Er plant weit voraus und trainiert lange, ohne Nervosität, mir fester Zuversicht. Immer wieder versucht er es. Auch wenn er das erste Mal keinen Erfolg hat, gibt er nicht auf, bis er das Ziel erreicht hat« (FdS 169).

Der innere Kampf des Christen findet statt im Umfeld der modernen Konsumgesellschaft, in einer Welt also, die uns immer wieder dazu einlädt nachzugeben, uns anzupassen, uns das Leben nicht zu sehr zu verkomplizieren, sich mit seinen Schwächen abzufinden. Zudem: Übernatürlich gesprochen ist diese Welt ohne das Licht Christi ein Reich der Finsternis, weil ohne die Erlösung der Mensch, trotz aller Errungenschaften der Zivilisation, ein Gefangener der Sünde und des Todes bleibt. Deshalb schreibt, wie bereits zitiert, Paulus kühn der Gemeinde von Philippi, sie seien dazu berufen, »Kinder Gottes ohne Makel mitten in einer verdorbenen und verwirrten Generation« zu sein, »unter der ihr als Lichter in der Welt leuchtet« (Phil 2, 15). Und so, wie das Wort der Propheten gemäß dem zweiten Petrusbrief »ein Licht, das an einem finstern Ort scheint«, ist (2 Petr 1, 19), sollte auch das Leben der Christen sein: Verbunden mit Christus, Licht der Wahrheit und der Liebe, das die Finsternis der Gottferne dieser Welt erhellt.

Das Opus Dei ist also eine Art »Schule der Heiligkeit«, in der alle, auch die Leiter, der Prälat inbegriffen, das ganze Leben lang »Schüler« sind. Wer den Fußspuren Jesu folgen möchte, wird nie an den Punkt kommen, wo er sagen kann: Jetzt habe ich ausgelernt. Denn in der Liebe zu Gott, im Glauben und in der Hoffnung kann man immer weiter wachsen. Um den Spuren des Herrn zu folgen, muss man bereit sein, das Opfer zu lieben, sich selber zu vergessen, sich in den Dienst der anderen zu stellen. Man muss lernen, sich einzufügen, zu gehorchen, großzügig zu sein, auf Gott zu vertrauen. Gleichzeitig ist es unabdingbar, auch den Menschen Vertrauen zu schenken, denen im Opus Dei leitende Aufgaben anvertraut sind (auch Jesus hat sich Menschen, nämlich Maria und Josef, untergeordnet). Das vollzieht sich in der Freude der Kinder Gottes, nicht auf grimmige und verkrampfte Weise. Auch wenn im Opus Dei innerer Kampf und christliche Askese von zentraler Bedeutung sind, so vollziehen sich diese doch immer im Rahmen des Lebens einer Familie.

Der hl. Josemaria liebte es, zum Vergleich auf die Heilige Familie von Nazareth hinzuweisen und zu sagen, das Opus Dei sei eigentlich nichts anderes als ein Teil jener Familie. Denn dort habe Verständnis und Liebe, echte gegenseitige Zuneigung geherrscht und sei der Wunsch lebendig gewesen, einander den gemeinsamen Weg zu erleichtern. Gleichzeitig aber sind die drei Gestalten, die diese Familie bilden, Jesus, Maria und Josef, Personen, die bereit sind, alles zu geben. Ihr Tun ist von dem einen Wunsche beseelt, dass sich das Werk der Erlösung vollziehe. Deshalb sind sie auch zu großen Opfern bereit: Josef lässt die Jungfräulichkeit seiner liebenswerten und sicher wunderschönen Frau Maria, durch die der Heilige Geist das Wunder der Menschwerdung Gottes bewirkt hat, unangetastet; Maria ist bereit, auf ihren Sohn zu verzichten, ihn ziehen zu lassen, damit er die frohe Botschaft verkünde und seine Jünger und Apostel um sich schare; in der Stunde des Verrats zögert sie nicht, ihren Sohn hinzugeben, nicht auf die Rechte eines Mutterherzens zu pochen und schließlich ganz vereint mit ihrem göttlichen Sohn unter dem Kreuz zu stehen und sich mit ihm zusammen als Opfergabe darzubringen. Und schließlich Jesus selbst: Er war, wie Paulus an die Philipper schreibt, »Gott gleich, hielt aber nicht daran fest, wie Gott zu sein, sondern er entäußerte sich und wurde wie ein Sklave und den Menschen gleich. Sein Leben war das eines Menschen; er erniedrigte sich und war gehorsam, bis zum Tod am Kreuz« (Phil 2, 6-8). Jesus gibt sein Leben hin als »Lösepreis« für unsere Sünden, er durchleidet alles aus Liebe, was die Menschen ihm zufügen wollen, um der gesamten Menschheit damit wieder den Weg zum göttlichen Vater zu öffnen.

Wer zum Opus Dei kommt, muss bereit sein, diesen Weg mitzugehen. Anders kann man Jesus nicht wirklich nachfolgen, anders kann man nicht vereint mit Christus im Dienst an den anderen sein Leben verschenken. Wen der Herr ruft, ihm im Opus Dei zu dienen, den ruft er nicht auf den Berg Tabor, den Berg der Verklärung, wo Jesus umgeben von Moses und Elias in seiner Glorie erscheint und alles schön, friedlich und angenehm ist, sondern auf einen anderen Berg, den Kalvarienberg, Golgatha, den Ort der Kreuzigung. Dort findet man nicht Moses und Elias, sondern Gaffer und schadenfreudige Spötter, Gleichgültige und feige Skeptiker; man findet dort aber auch Maria, die Mutter Gottes, die Jesus uns gerade dort zur Mutter gibt, und den Apostel Johannes, den jüngsten der Apostel, der der erste ist, der, an der Hand Mariens geführt, den Weg unter das Kreuz gegangen ist und am Opfer des Herrn und der Hingabe seines Lebens teilnahm. Diese Standhaftigkeit, Treue und damit wirkliche Liebe zum Herrn vermochte der junge Johannes offenbar aufzubringen, weil er sich nicht von Maria getrennt hatte!

Gemäß einer gern verwendeten Ausdrucksweise des hl. Josemaria ist die Askese des Opus Dei eine »lächelnde Askese«, denn im Opus Dei lebt es sich, kurz gesagt, gut, und man fühlt sich wohl. Doch, so sagte es ebenfalls der Gründer, hat die Freude derjenigen, die zum Opus Dei kommen, »Wurzeln in der Form des Kreuzes«. Im Kreuz findet man die Freude zu dienen, über sich hinaus zu gelangen, auf die anderen zuzugehen, zu versuchen, sie zu verstehen und anzunehmen, mit ihnen zu sein. Das Kreuz Christi, nicht die Kreuze, die wir Menschen uns erfinden, und die wahre christliche Freude gehören zusammen. Man wird gerade in der Treue zum Weg der Berufung, ganz besonders aber in der apostolischen Arbeit – das Apostolat ist wirklich auch »Arbeit« –, viele Mühen auf sich nehmen, zuweilen Enttäuschungen und Kränkungen erfahren sowie oft Schmerz erleiden müssen. Der Apostel Petrus, der nach seiner Verleugnung des Herrn geflohen war und später lernen musste, was es heißt, dem Herrn nachzufolgen, schreibt in seinem ersten Brief, es sei »eine Gnade, wenn jemand deswegen Kränkung erträgt und zu Unrecht leidet, weil er sich in seinem Gewissen nach Gott richtet«. Ja, »wenn ihr recht handelt und trotzdem Leiden erduldet, ist das eine Gnade in den Augen Gottes. Dazu seid ihr berufen worden; denn auch Christus hat für euch gelitten und euch ein Beispiel gegeben, damit ihr seinen Spuren folgt« (1 Petr 2, 19-21).

Das Leben eines Mitgliedes des Opus Dei ist also kein Sonntagnachmittagsspaziergang. Vielmehr ist es ein stetes Bemühen, in der Hingabe des eigenen Lebens und der Liebe zu Gott zu wachsen. Man muss lernen, das eigene Leben zu verschenken und auch durch Fügsamkeit und Gehorsam gegenüber jenen, die der Herr dazu bestimmt hat, durch ihre Ratschläge die Entfaltung des christlichen Lebens zu fördern, den eigenen Willen dem Willen Gottes anzugleichen. So nur kann die eigene, alltägliche berufliche Arbeit und die Erfüllung all der vielen Verpflichtungen in der Familie und in der Gesellschaft zu einem wirklichen Dienst am Mitmenschen und zu einem ständigen Apostolat und schließlich, wie gesagt, zu einer Opfergabe werden, die zum Lobe Gottes emporsteigt.

Gemäß dem früher zitierten Wort Jesu: »Ich heilige mich für sie, damit auch sie in der Wahrheit geheiligt sind«, verlangt der Herr denen, die er zum Opus Dei beruft, dieses »Mehr« ab, diese besondere Hingabe, für die anderen da zu sein und im Dienst an den anderen nach Heiligkeit zu streben. Dadurch verändert er das Innere dessen, der diesen Weg eingeschlagen hat, und macht ihn, sofern er der Gnade der Berufung treu und großzügig entspricht, zu einem Apostel, bei dem der Same des Wortes Gottes reiche Frucht bringt, »hundertfach oder sechzigfach oder dreißigfach« (vgl. Mt 13, 23).

Werkzeuge in der Hand Gottes

Auch im Falle des Opus Dei gilt, was auf jede Berufung innerhalb der Kirche zutrifft: Gott beruft nicht, weil der Gerufene »gut« ist oder besondere Qualitäten besitzt. Gott ruft, weil er, Gott, gut ist und weil er mit seiner Gnade auch aus einem schwachen und fehlbaren Menschen ein wirksames Werkzeug machen kann. Die Gnade der Berufung, das Licht und die Klarheit, die damit einhergehen, sind immer ein Geschenk Gottes und nicht menschliches Verdienst. Sie sind eine Gabe, ein Talent im Sinne des Evangeliums, über die derjenige, der es empfängt, dem Herrn einmal Rechenschaft wird ablegen müssen. Heiligkeit ist vom Geist Gottes gewirkt, und die Fruchtbarkeit des Apostolates stammt vom Wirken der Gnade Gottes, nicht vom Menschen.

Um das zu verstehen, müssen wir erneut auf Jesus schauen. Er war vollkommener Gott und vollkommener Mensch. Alles Menschliche erhält in ihm göttliche Wirksamkeit. Jesus legt auf die Augen eines Blinden Lehm der Erde, doch durch die menschliche Geste und sein Wort wird der Blinde wieder sehend. Lazarus ruft er mit seiner menschlichen Stimme aus dem Grab heraus, aber dieser Ruf Jesu hat göttliche Kraft und erweckt den Toten wieder zum Leben. Ebenso ist jede Arbeitsverrichtung, sein Hobeln, Nageln und Feilen zugleich eine Handlung Gottes und besitzt übernatürlichen Wert. Sein Leiden schließlich und das Kreuz, die er mit göttlicher Liebe, die in seinem menschlichen Herzen gegenwärtig ist, auf sich nimmt, werden zum Werkzeug der Erlösung der gesamten Menschheit.

So wie das Menschliche in Jesus Werkzeug seiner Gottheit ist, so kann er auch unser menschliches Dasein und Tun, ja unser menschliches Herz zum Werkzeug seines göttlichen Handelns werden lassen. Falls der Herr uns dazu ruft und wenn wir anerkennen, dass wir nur Werkzeuge Gottes sind, dann erfüllt sich auch unser vielleicht armseliges und sehr unvollkommenes Leben, all unser Tun und Arbeiten, unser apostolisches Wirken, unser Wort und unser Beispiel, nicht zuletzt auch die Reue für unsere Sünden, Fehler und vielfältiges Versagen, mit neuer und reichhaltigerer göttlicher Wirksamkeit! »Wenn du auf den Ruf antwortest, den der Herr an dich hat ergehen lassen, wird dein Leben – dein kleines, unbedeutendes Leben – in der Geschichte der Menschheit eine tiefe und breite, leuchtende und fruchtbare Spur des Ewigen und Göttlichen hinterlassen« (FdS 59).

Das Geheimnis jeder göttlichen Berufung besteht also darin, Werkzeug in der Hand Gottes zu werden. Was es von unserer Seite dazu braucht, ist weder Genialität – sie ist oft nur hinderlich – noch sonstige außergewöhnliche Fähigkeiten, auch nicht besondere Erfahrung, materielle Mittel oder Beziehungen. Nötig sind allein Liebe zu Gott, Demut, Hingabe, Großzügigkeit, Glaube, Vertrauen, Opfergeist, Treue; und auf dieser Grundlage beständige, gute, seriöse *Arbeit*, die sich in Gebet verwandelt, das wie Weihrauch zum Himmel emporsteigt. Als der hl. Josemaria 1928 mit dem Opus Dei begann, besaß er, wie er scherzhaft zu sagen pflegte, einzig und allein »sechsundzwanzig Jahre, die Gnade Gottes und gute Laune«.

Dass die größten Gaben Gottes in der menschlichen Schwachheit wirksam werden können, das musste auch ein so großer Heiliger und eine so bedeutende Schlüsselfigur in der Kirche, wie der Apostel Petrus es war, erst einmal lernen. Er war von Jesus zum »Felsen«, zum Fundament der Einheit seiner Kirche und zum Ersten unter den Aposteln eingesetzt worden. Petrus meinte deshalb zunächst, er sei offenbar dazu besonders geeignet. Als Jesus beim letzten Abendmahl davon spricht, dass seine Jünger ihn im Stich lassen werden und dass auch Petrus schwach werden würde, protestiert dieser und beteuert, man könne sich auf *ihn* ganz sicher verlassen. »Herr ich bin bereit, mit dir sogar ins Gefängnis und in den Tod zu gehen«. Doch Jesus antwortet darauf: »Ich sage dir, Petrus, ehe heute der Hahn kräht, wirst du mich dreimal verleugnen« (Lk 22, 33-34). Petrus sollte sehr bald merken, wie recht Jesus hatte, und bitterlich über seine Schwachheit und Untreue weinen. Doch nach der Auferstehung kommt die Gelegenheit zur Wiedergutmachung. Dreimal fragt Jesus den Petrus, ob er ihn liebe, und drei Mal erklärt Petrus ihm seine Liebe, zum dritten Mal mit den geradezu rührenden Worten: »Herr, du weißt alles; du weißt, dass ich dich lieb habe« (Joh 21, 17). Drei Mal antwortet Jesus: »Weide meine Schafe« und bekräftigt seine Berufung. Petrus ist der Fels und der Erste Hirte der Schafe des Herrn. Nicht weil er stark ist, sondern weil er demütig geworden ist – und weil Gott stark und gut ist.

Das Geheimnis der Berufung liegt also letztlich darin, dass sie, die Berufung, eben von Gott stammt! Wen Gott ruft, den lässt er nicht im Stich. Wen er ruft, dem gibt er immer alle Gnaden, um dem Ruf treu entsprechen zu können, bis an sein Lebensende. Bevor Jesus dem Petrus seine Verleugnung ankündigt, sagt er zu ihm: »Ich aber habe für dich gebetet, damit dein Glaube nicht erlischt. Und wenn du dich wieder bekehrt hast, dann stärke deine Brüder« (Lk 22, 32). Das Gebet des Herrn selbst bewirkt, dass Petrus schließlich doch zu »Petrus«, dem Felsen, wird, auf den Christus seine Kirche bauen kann. Was dafür nötig war? Die Demut des Petrus, das einzusehen, und schließlich eine geläuterte Liebe, die nicht einfach Enthusiasmus, Begeisterung oder gar Überheblichkeit und vermessene Selbstüberschätzung ist, sondern eine Liebe, die mit der Erkenntnis einhergeht, dass wir schwache Menschen sind, die Gnade der Berufung in keiner Weise verdient haben und sie nur deshalb erhalten, weil Gott es so will und damit wir den anderen, ganz besonders unseren Brüdern und Schwestern im christlichen Glauben, durch die Hingabe unseres Lebens dienen. »Stärke deine Brüder!« – gerade er, Simon Petrus, kann das jetzt tun, weil er sich seiner eigenen Schwachheit und Kleinheit vor Gott bewusst geworden ist. Und schließlich wird er für seine Treue zu Christus sogar sein Leben geben.

Deshalb gefiel es dem hl. Josemaria, sich selbst als »Sünder, der Jesus Christus wie verrückt liebt« zu bezeichnen. Denn das ist schließlich das Entscheidende: sich in den Herrn verlieben. »Was das Geheimnis der Beharrlichkeit sei? Die Liebe. – Verliebe dich, und du wirst ihn nicht lassen« (Der Weg 999). Wer dem Herrn wirklich nachfolgen will und von ihm eine Aufgabe anvertraut bekommt, wird deshalb oft nur mit den Worten des hl. Petrus sagen können: »Herr, du weißt alles; du weißt, dass ich dich lieb habe«. Aber damit ist alles gesagt, was der Herr braucht, um in und durch uns die Wunder seiner Gnade wirken zu können und uns zu wirksamen Werkzeugen zu machen.

Das alles kann sich im Opus Dei auf verschiedene Weise verwirklichen. Die Berufung ist zwar für alle ein und dieselbe und ebenso ist die Hingabe des eigenen Lebens im Dienst an der Aufgabe, die dem Opus Dei eigen ist, in allen Fällen dieselbe. Doch die Lebensumstände und die persönlichen Möglichkeiten sind unterschiedlich, und entsprechend verlangt Gott nicht von allen, den Weg der einen und einzigen Berufung zum Opus Dei auf dieselbe Weise zu gehen. Die einen ruft er, ihm in der Ehe zu dienen und in ihr gemäß dem Geist des Opus Dei das große Doppelgebot der Gottes- und Nächstenliebe zu verwirklichen sowie ein Apostel Jesus Christi zu sein; andere lädt er dazu ein, ihr Herz ganz und ungeteilt ihm zu schenken und im Dienste der gleichen Aufgabe auf die Ehe zu verzichten. Mit diesen beiden Möglichkeiten wollen wir uns nun etwas näher beschäftigen.

Fünftes Kapitel

Derselbe Weg, verschiedene Weisen, ihn zu gehen

Jeder, der um meinetwegen und um des Evangeliums willen
Haus oder Brüder, Schwestern, Mutter, Vater, Kinder
oder Äcker verlassen hat, wird das Hundertfache
dafür empfangen: Jetzt in dieser Zeit …
und in der kommenden Welt das ewige Leben.
(Mk 10, 29-30)

Ehe und Zölibat: Zwei Möglichkeiten der christlichen Hingabe

Der Gründer des Opus Dei pflegte zu sagen, dass er die eheliche Liebe zwischen Mann und Frau mit beiden Händen segne. Manchmal fragte man ihn, weshalb »mit beiden Händen«, und er antwortete schalkhaft: »Weil ich nicht vier Hände habe«. Der hl. Josemaria verstand die Ehe seit jeher als einen gottgewollten Ruf zur Heiligkeit und zum Apostolat. Sie ist die konkrete Art und Weise, in der die meisten Menschen Gott und ihren Mitmenschen dienen und an der Verwirklichung der Sendung der Kirche teilhaben. »Die Ehe ist für einen Christen keine bloß gesellschaftliche Einrichtung und noch viel weniger bloßes Heilmittel für die menschliche Schwachheit. Sie ist eine wahrhaft übernatürliche Berufung, *sacramentum magnum*, Geheimnis, Sakrament in Christus und in seiner Kirche … Die Ehe ist ein großes heiligendes Zeichen, ein Tun Jesu, das die Seele der Brautleute erfüllt und sie einlädt, ihm zu folgen und so ihr Eheleben zu einem Weg Gottes auf Erden werden zu lassen« (CB 23).

In der Ehe findet das gesamte Ideal der christlichen Berufung, gelebt gemäß dem oben dargestellten Geist des Opus Dei, alle Möglichkeiten der Verwirklichung. Gerade in der ehelichen Liebe findet sich ja gemäß der göttlichen Schöpfungsordnung der dem Menschen ursprünglichste und, wenn man so sagen will, normalste Weg zur Heiligkeit. »Es ist nicht gut, dass der Mensch allein bleibt«, sagt Gott gemäß der biblischen Schöpfungsgeschichte, und als er Adam eine aus seiner Seite geschaffene Frau zuführt und dieser in ihr ein ihm gleich geartetes Wesen erkennt, spricht der Stammvater der gesamten Menschheit: »Darum verlässt der Mann Vater und Mutter und bindet sich an seine Frau, und sie werden ein Fleisch« (Gen 2, 24). Noch vor dem Auftrag, zu wachsen und sich zu vermehren, zeigt uns also die göttliche Offenbarung, dass der Mensch ein auf Gemeinschaft mit seinesgleichen angelegtes Wesen ist und dass die erste und grundlegende Gemeinschaft menschlicher Personen jene von Mann und Frau ist. Sie bedeutet ein sich gegenseitiges Schenken in der Wahrnehmung einer Aufgabe: »Darum verlässt der Mann Vater und Mutter«, er gründet eine neue Familie, bindet sich an einen anderen Menschen, »und sie werden ein Fleisch«, oder wie wir auch sagen könnten, »ein Herz und eine Seele«.

Diese ursprüngliche Harmonie der Geschlechter ist durch die Ursünde des Menschen zerbrochen, aber in der Ordnung der Erlösung durch Christus wiederhergestellt worden. Die christliche Ehe ist Sakrament, wirksames Zeichen der Gnade und damit privilegierter Ort des Wirkens des Heiligen Geistes, der der menschlichen Schwachheit zu Hilfe eilt und die Eheleute befähigt, ihr gemeinsames Leben zu einem Weg der Heiligkeit, der wahren sich verschenkenden menschlichen und übernatürlichen Liebe werden zu lassen.

Die meisten Mitglieder des Opus Dei sind, wenn sie zum Opus Dei kommen, bereits verheiratet und haben eine mehr oder weniger große Familie; andere bereiten sich auf die Ehe vor. Für viele jedoch, vor allem für Jüngere, Schüler, Studenten, Lehrlinge, ist Heiraten zu diesem Zeitpunkt zwar die normale Zukunftsperspektive, aber ihnen steht noch eine andere Möglichkeit offen: aus Liebe zu Gott, wie Jesus sagt: »um des Himmelreiches willen«, auf die Ehe zu verzichten. Dies zugunsten einer größeren Freiheit und Verfügbarkeit für besondere apostolische Aufgaben in der Kirche, in unserem Fall: für besondere Aufgaben innerhalb des Opus Dei. Wie auch sonst in der katholischen Kirche gehören zum Opus Dei Menschen, die Gott zum so genannten apostolischen Zölibat ruft. Viele der ersten Christen haben so gelebt, ganz abgesehen davon, ob sie Priester waren oder nicht. Der Zölibat war unter den ersten Christen ein verbreitetes Charisma (= Gabe des Heiligen Geistes zum Nutzen der Gesamtheit), und wer so lebte, nahm deshalb unter seinen Mitmenschen keinen Sonderstatus ein. Erst später wurde (aus hier nicht näher zu erörternden Gründen) der Zölibat einerseits mit der Berufung zum Priestertum und anderseits mit dem der »Abkehr von der Welt« oder dem so genannten »geweihten Leben« identifiziert, durch das ein Christ innerhalb der Kirche und der menschlichen Gesellschaft einen Sonderstatus einnimmt. Im Opus Dei hingegen steht der göttliche Ruf zur Ehelosigkeit einzig und allein im Dienste der Hingabe an eine bestimmte Aufgabe; er ist eine Ganzhingabe »um des Himmelreiches willen«, um der Kirche auf eine besondere Weise zu dienen. Wen der Herr dazu einlädt, sich ihm im Opus Dei in einem Leben des apostolischen Zölibats hinzugeben, der hört deshalb nicht auf, ein gewöhnlicher Christ und Staatsbürger wie alle anderen zu sein.

Es ist deshalb wichtig, zwei Dinge klar zu unterscheiden: auf der einen Seite die Berufung zum Opus Dei als solche, der konkrete Weg der Heiligkeit und des Apostolates mit seinen spezifischen geistlichen Konturen (wie sie in Kapitel 3 und 4 beschrieben wurden) und, auf der anderen Seite, die Art und Weise, wie sich diese für alle Angehörigen des Opus Dei identische Berufung auf Grund der jeweiligen Lebensumstände und Aufgaben innerhalb der Prälatur konkretisiert. Die Berufung, der Weg also, ist das Wesentliche und allen Gemeinsame. Gemeinsam und für alle gleich sind die Suche nach Heiligkeit in ihrer jeweiligen beruflichen Arbeit sowie das Apostolat, um dazu beizutragen, alle Strukturen dieser Welt mit dem Geist Christi zu durchdringen. Allen gemeinsam ist auch der wirksame Wunsch, Jesus Christus im Alltag zu finden, ihn zu lieben, ihm gerade dort zu folgen und dadurch unter allen Christen wirksamer Sauerteig eines wahren christlichen Lebens zu sein, so wie das schon beschrieben wurde. Alle ohne Ausnahme erhalten dafür auch, jeder nach seinen Bedürfnissen, stete geistliche Unterstützung und Begleitung sowie eine seriöse theologische und apostolische Ausbildung.

Doch ist klar, dass das Opus Dei und seine weltweite geistliche Bildungstätigkeit nicht einfach vom Himmel fallen. Damit das Opus Dei seine Aufgabe, eine »große Katechese« zu sein, wahrnehmen und allen seinen Angehörigen die entsprechende Betreuung garantieren kann und als weltweit präsente Institution der katholischen Kirche seine Aufgabe zu erfüllen vermag, bedarf es eines Minimums an

Leitungsstrukturen und auch Personen, die sich mit der gleichen Intensität, mit der sich eine Mutter und ein Vater ihrer Familie widmen, für die Aufgaben der Leitung und Betreuung der verschiedenen Zentren und Aktivitäten des Opus Dei einsetzen können. Wenn auch in einem weiteren Sinne das Opus Dei sowohl menschlich als auch geistlich für alle seine Mitglieder wirklich eine Familie ist, so braucht es dennoch einige, für die das Opus Dei auch im engeren Sinne »ihre Familie« ist – ähnlich wie Verheiratete eben ihre eigene Familie haben –, eine Familie, der sie sich (in den allermeisten Fällen zusätzlich zu ihrer Berufstätigkeit »außer Haus«) mit dem Verantwortungssinn und der Hingabe widmen, mit der sich Mütter und Väter für eine große und kinderreiche Familie einsetzen. Gerade weil die Ehe und die Gründung einer eigenen Familie den Einsatz des ganzen Lebens und aller Kräfte verlangt, ist es nötig, dass jene, von denen im Dienst der Kirche und ihres Apostolates ein nicht geringerer Einsatz verlangt wird, auf die natürliche und gottgewollte menschliche Liebe zu einer Frau oder zu einem Mann und die normalerweise daraus entspringende Gründung einer Familie mit eigenen Kindern verzichten.

Wenn hier von »verzichten« die Rede ist, so könnte das den Eindruck erwecken, es handle sich um eine Art bedauernswerten Verlustes, eine Einengung von Lebens- und Glücksperspektiven. Aber das wäre eine falsche Sicht der Dinge. Schauen wir genau hin: Immer wenn wir etwas wählen, müssen wir gleichzeitig auf etwas anderes, das uns ebenfalls gut und schön erscheint, verzichten. Die Ökonomen nennen das »Opportunitätskosten«. Wer sich für Musik und Technik interessiert, sich aber dafür entscheidet, Ingenieur zu werden, verzichtet auf eine ihm vielleicht offen stehende und sehr attraktive Musikerlaufbahn. Viele Frauen verzichten wegen der Familie und der Kinder auf die Ausübung eines Berufes, den sie einmal erlernt haben, und die Familie als ganze verzichtet dadurch auf ein höheres Einkommen; Familienväter wechseln zum Wohle ihrer Familien den Beruf oder müssen eine Stelle annehmen, wo sie mehr verdienen, dabei aber ihre Traumarbeit an den Nagel hängen; wer mit seiner Familie normalerweise größere Ferienreisen unternimmt, muss auf das bessere und teurere Auto verzichten, von dem er immer geträumt hat; wer ein Universitätsstudium absolviert, muss während vieler Jahre ohne eigenes Einkommen leben und auf die damit verbundene Unabhängigkeit verzichten, und so weiter. In all diesen Beispielen ist der Grund des Handelns gerade nicht der Verzicht, sondern das positive Gut, das man erstrebt: Man handelt, um einen bestimmten Beruf zu erlernen, für das Wohl der Familie, man denkt an die Zukunft seiner Kinder. Man verzichtet also, weil man etwas anderes mehr liebt, weil es einem wichtiger ist und es dafür sehr gute Gründe gibt. Und wenn man sich entschieden hat, ist man froh über das Gut, das man erlangt, und denkt nicht an den »Verlust« dessen, worauf man »verzichtet« hat.

Wer »um des Himmelreiches willen« auf die Ehe verzichtet, der trifft eine großartige Wahl. Die Wahl selbst besteht nicht etwa darin, auf etwas zu verzichten, sondern sich auf eine besondere Weise zum Dienst an der Kirche Gott hinzugeben. Es handelt sich nicht um ein »Nein« zu etwas, sondern um eine »freudige Bejahung«, so drückte es der hl. Josemaria aus, um die Bejahung eines großen Gutes. Wer im Opus Dei den Weg des apostolischen Zölibats geht, der wählt, sich in einer besonderen Weise in den Dienst der großen Aufgabe zu stellen, die das Opus Dei innerhalb der Kirche zu erfüllen hat.

Doch besteht das Wesen des apostolischen Zölibats natürlich nicht einfach in einer rein funktionellen Zweckmäßigkeit. Die Verfügbarkeit für die genannte Aufgabe heißt, mit Gott unserem Vater in eine ganz besondere Liebesbeziehung der Ausschließlichkeit einzutreten; es bedeutet, das menschliche Herz, das man einem anderen menschlichen Wesen hätte schenken können, gleichsam direkt und nur ihm zu geben. Man »verlässt Vater und Mutter« in diesem Falle nicht, um sich an einen anderen Menschen zu binden und mit ihm »ein Fleisch zu sein« und auf diese Weise Gott zu lieben und ihm zu dienen, sondern um sich in derselben Ausschließlichkeit und Treue, die Eheleute ihrem Ehepartner entgegenbringen, Gott zu überlassen und das eigene Herz entsprechend ihm allein und ganz zu geben. Durch diese innerliche Ganzhingabe aus Liebe zu Gott, die zu einer Liebesbindung eigener Art führt, öffnet sich das Herz in neuer Weise für alle Menschen, um frei von affektiven Bindungen an bestimmte Menschen, in größerer Verfügbarkeit allen dienen zu können. Erst im Rahmen dieser ungeteilten Liebesbindung an Gott wird verständlich, was es eigentlich heißt, »um des Himmelreiches willen« auf die Ehe zu verzichten.

Diejenigen, die im Opus Dei den apostolischen Zölibat leben, Männer und Frauen gleichermaßen, bilden sozusagen das Rückgrat dieser großen geistlichen Familie. Sie widmen sich kraft ihrer Ganzhingabe an Gott intensiv der Betreuung der einzelnen Zentren, sind dort präsent für Aufgaben der Leitung, der Bildung und der geistlichen Betreuung ihrer Brüder und Schwestern im Opus Dei und so vieler anderer Menschen, die vom Opus Dei Ansporn und Unterstützung für ihr christliches Leben wünschen. Sie besitzen die gleiche Berufung und die gleichen Mittel, um zur Heiligkeit zu gelangen, wie alle anderen Angehörigen des Opus Dei, doch durch sie erhält die apostolische Arbeit der Prälatur Konstanz, Kontinuität und wird die Dynamik ihrer beständigen Anpassung an neue Bedürfnisse und die Ausweitung ihres Wirkungsradius sichergestellt.

Diese den apostolischen Zölibat lebenden und normalerweise in einem Zentrum des Opus Dei wohnenden Angehörigen des Opus Dei sind die *Numerarier* und *Numerarierinnen* (dieser Begriff wurde der Terminologie des spanischen Universitätswesens entnommen). Die Familie der Numerarier ist also das Opus Dei selbst, bzw. das Zentrum, in dem sie leben (was nichts an der bereits erwähnten Tatsache ändert, dass das Opus Dei in einem weiteren, geistlichen Sinn für alle seine Mitglieder eine Familie ist). Die Numerarier haben ein Hochschulstudium oder diesem gleichwertiges Studium abgeschlossen oder bereiten sich als Schüler und Studenten darauf vor. Sie widmen sich also eher intellektuellen Berufen in allen Bereichen der Gesellschaft. Auch ein großer Teil der Numerarierinnen absolviert alle Arten von Hochschulstudien oder arbeitet in entsprechend intellektuellen Berufszweigen in allen möglichen Gesellschaftsbereichen, wobei es freilich auch spezifische Frauenberufe gibt, bei denen der intellektuell-akademische Aspekt weniger im Vordergrund steht. Durch ihre Hochschulbildung und die damit einhergehende Mentalität, aber auch auf Grund ihrer uneingeschränkten Verfügbarkeit – insofern eben gerade das Opus Dei ihre Familie ist – sind die Numerarier und Numerarierinnen in der Lage, die Bildungs- und Leitungsaufgaben innerhalb der Prälatur im Dienste von Menschen aller Gesellschaftsschichten und Bildungshorizonte wahrzunehmen. Sie sind prinzipiell überall einsetzbar und, wie die Intellektuellen und Akademiker generell innerhalb der Gesellschaft, gleichsam die »Spezialisten für das Allgemeine«.

Neben den Numerariern gibt es auch *Assoziierte*, die ebenfalls ehelos leben, aber nicht in einem Zentrum des Werkes, sondern alleine oder bei ihren angestammten Familien (etwa betreuungsbedürftigen Familienangehörigen) wohnen. Die Berufung zum Opus Dei ist immer spezifisch, die Art und Weise, wie sie sich verwirklicht, hängt von den konkreten Lebensumständen eines jeden oder dem familiären und beruflichen Umfeld ab, aber auch von den persönlichen Talenten und individuellen Möglichkeiten. Dabei geht es um Umstände, die bleibender Art sind und deshalb auch für die konkrete Art und Weise bestimmend sind, in der der Herr jemanden ruft, den Weg des Opus Dei zu gehen.

Die Assoziierten können auch nicht-akademischen Berufsgattungen angehören. Unter ihnen gibt es Arbeiter, Landwirte, Handwerker, Verkäufer, Krankenschwestern, Sekretärinnen, Taxifahrer, Programmierer, Installateure, Grafiker, Friseure, Fotografen, Kioskverkäufer… Die Vertreter akademischer Berufe unter den Assoziierten kommen oft erst in späterem Alter zum Opus Dei, oder es wäre für sie aus einem anderen Grund schwierig oder unangebracht, als Numerarier in einem Zentrum des Opus Dei zu leben. Im Einklang mit ihren Lebensumständen und entsprechenden Bindungen und Verpflichtungen sind auch die Assoziierten für interne Aufgaben im Bereich der Bildung und Leitung im Opus Dei verfügbar, ganz besonders etwa in apostolischen Einrichtungen des Opus Dei unter Menschen aus eher nicht-akademischen sozialen Milieus und Berufssparten (wie etwa Berufsschulen für Arbeiter, Sportschulen, Landwirtschaftsschulen, Frauenfortbildungsstätten in Entwicklungsländern usw.).

Wer im Opus Dei auf die Gründung einer eigenen Familie verzichtet, tut dies also nicht etwa, weil er ein »ruhigeres« Leben sucht. Die besondere Einladung des Herrn an junge Menschen, den Weg des apostolischen Zölibats im Opus Dei zu gehen, richtet sich nicht an solche, die schon immer davon geträumt hätten, nicht zu heiraten oder etwa gar ein Junggesellenleben zu führen. Im Gegenteil! Im Opus Dei ist man ja nicht weniger gefordert als der Vater und die Mutter einer großen, kinderreichen und zudem bezüglich materieller Mittel eher bedürftigen Familie! Man erzählt von Isidoro Zorzano, einem der allerersten Mitglieder des Opus Dei, dass seine Arbeitskollegen – er war Eisenbahningenieur – ihm gegenüber einfältige Kommentare etwa der Art machten: »Was für ein Glück du hast, dass du ledig bist!«, ohne sich bewusst zu sein, dass Isidoro, als Verwalter des Opus Dei für die ersten Zentren, wohl eine größere Anzahl von Wohnstätten einzurichten hatte als alle seine Kollegen zusammen! Tatsächlich: wer sich nicht aus Liebe an die anderen verschenken will, für den ist im Opus Dei kein Platz.

Vergessen wir nicht, dass die unauflösliche eheliche Verbindung von Mann und Frau nicht einfach ein Angebot für die persönliche Glücksfindung oder gar die bloße Befriedigung menschlicher Triebe ist. Es ist ein großer Fehler zu meinen, wer auf die leibliche Liebe und die intimen Freuden des ehelichen Lebens verzichtet, verpasse das Schönste im Leben und könne nicht glücklich werden. Das wäre nämlich eine eher egoistische Perspektive. Man würde dabei vergessen, dass die Ehe selbst, abgesehen von ihrer oft sehr unromantischen Wirklichkeit, eine Aufgabe und eine Funktion hat, die Einsatz, oft beträchtliche Opfer und Selbsthingabe verlangt. Nur in Zusammenhang mit dieser Aufgabe ist es überhaupt möglich, die Würde und Größe der ehelichen, auch der leiblichen Liebe zu erkennen, aber auch besser zu verstehen, worin die Größe der anderen Möglichkeit, der Ehelosigkeit um des Himmelreiches willen, besteht. Deshalb wollen wir im Folgenden das Charakteristische beider Lebensweisen etwas genauer beleuchten.

Die Ehe: eine menschliche und christliche Berufung

Auch wenn das zunächst etwas vereinfachend oder gar schockierend klingen mag, so bleibt es dennoch eine unumstößliche Tatsache: Die grundlegende und zentrale Aufgabe oder »Funktion« der Ehe ist die Weitergabe des menschlichen Lebens, also Fortpflanzung und damit die Erhaltung der menschlichen Art. Zweitens dient sie der gemeinschaftlichen Meisterung des Lebens, gegenseitigem Beistand zwischen Mann und Frau. Die Ehe – sie bildet eine unauflösliche Gemeinschaft von Personen – ist die spezifisch menschliche Verwirklichung des Geschlechtstriebes, den die Menschen ja mit den Tieren gemeinsam haben. Gäbe es so etwas wie Fortpflanzung nicht und damit auch keine menschliche Sexualität, dann gäbe es auch keine Ehe und wohl auch keine Anziehungskraft zwischen Mann und Frau, ja es bräuchte dann gar keine verschiedenen Geschlechter. Die eigentliche Würde und Größe der Sexualität besteht darin, dieser Aufgabe dienen zu können, und dies auf eine Art und Weise, wie sie nur Menschen möglich ist, die ja nach dem Ebenbild Gottes erschaffen sind. Menschliche Sexualität ist im Unterschied zum bloß tierischen Trieb von der geistigen Natur des Menschen durchdrungen. Dadurch wird sie zur Liebe in gegenseitiger Hingabe und Treue und damit zu einer beglückenden Einheit der Herzen in der Gemeinsamkeit der Aufgabe, menschliches Leben weiterzugeben. Das ist keineswegs eine veraltete oder gar verkorkste Sicht der Dinge. Sie bedeutet in keiner Weise, die Liebe zwischen Mann und Frau und ihr natürliches, triebhaftes Fundament hätten abgesehen vom Kinderzeugen keinen Wert und keine Bedeutung für die zwischenmenschliche Beziehung innerhalb der Ehe. Sie meint auch nicht, Ehen, denen keine Kinder entspringen, seien gescheitert und wertlos. Das wäre ein großer Irrtum.

Zwei Menschen heiraten in der Regel, weil sie sich lieben und weil der Mensch von Natur aus auf Gemeinschaft angelegt ist, nicht einfach weil sie Kinder haben wollen. Doch heiratet man vernünftigerweise nicht, nur weil man mit einer bestimmten Person zusammen intime körperliche Beziehungen haben will! Wer so denkt, hat das ohnehin auch schon außerhalb der Ehe und vor dem Heiraten; er braucht dazu nicht eine Ehe zu schließen, sondern könnte einfach, ohne sich irgendwie zu binden und zu etwas dauerhaft zu verpflichten, mit der betreffenden Person im Konkubinat zusammenleben (wie das ja leider auch viele tun). Einfach nur zu heiraten, »weil man sich liebt«, ist noch kein genügender Grund dafür, eine eheliche Bindung einzugehen. Dass man einen Menschen liebt, ist ein Grund dafür, dass man mit *dieser* und nicht mit einer anderen Person eine *Ehe* schließen möchte. Was die Ehe ist und weshalb man überhaupt eine Ehe schließen will, ist damit aber noch nicht erklärt – denn dazu müssen wir zuerst wissen, was denn eigentlich eine Ehe ist.

Man könnte sich etwa denken, dass zwei Menschen aus praktischen, etwa wirtschaftlichen Gründen oder weil man das Leben zu zweit besser meistern kann, heiraten wollen.

Letzteres allerdings erinnert mich an die Antwort eines Mannes, den ich einmal fragte, ob er mit seiner Frau eine gute Beziehung habe. Er sagte: »Ich kann mich nicht beklagen, sie macht den Haushalt gut.« Wenn das alles ist!

Wir kommen der Sache näher, wenn wir sagen: Man heiratet – und Christen sollte dies besonders klar sein –, weil man sich mit einem anderen Menschen zu einer besonderen *Aufgabe* verbinden möchte: Gerade weil man diesen Menschen liebt, möchte man auch mit diesem Menschen den Lebensweg gemeinsam gehen, gemeinsam Kinder haben und mit ihm eine Familie gründen und auf diese Weise das eigene Menschsein und als Christen natürlich auch den Glauben weitergeben. Heiraten, den Weg des Lebens, bis zum Tod, in Gemeinsamkeit gehen und eine Familie gründen, das ist ein Zukunftsprojekt, ein Projekt für das ganze Leben, ein Projekt der Fruchtbarkeit und der Hingabe an eine große, für die menschliche Gesellschaft und für die Kirche und deren Zukunft entscheidend wichtige Aufgabe. Gerade deshalb erfüllt sich hier in tiefster Weise, was eheliche Liebe ist: Das gegenseitige Sich-Schenken zweier Personen, die dadurch, dass sie »*ein* Fleisch« werden, also gerade auch durch ihre leibliche Vereinigung, aber auch durch die Einheit ihrer Herzen, mit der göttlichen Schöpferliebe zusammenwirken. Es ist freilich wahr, dass nicht jeder Ehe Kinder geschenkt werden. Das kann in einzelnen Fällen sehr schmerzlich sein. Doch auch in solchen Fällen sollte man die eheliche Liebe nicht als frustriert und eine Ehe als gescheitert betrachten, denn sie kann auch auf andere Weise fruchtbar werden. Wie viele kinderlose Ehepaare gibt es, die in ihrer Kinderlosigkeit den Willen Gottes erkannt und sich großzügig in den Dienst ihrer Mitmenschen gestellt haben und dies nur deshalb tun konnten, weil Gott ihrer Ehe keine

Kinder geschenkt hat! (Ich selbst habe dank eines solchen Ehepaares den christlichen Glauben kennengelernt; im Alter von sieben Jahren wurde ich von einer Frau, meiner nachmaligen Taufpatin, die zu ihrem Leidwesen keine Kinder haben konnte, aber eine solide katechetische Ausbildung besaß, auf die Taufe vorbereitet, und das war nur der Anfang all dessen, was dieses Ehepaar für meine Familie getan hat.)

Die Ehe ist also eine große menschliche *Aufgabe*, und für Christen wird sie zum Bestandteil ihrer göttlichen Berufung als Christen. Ähnlich wie die berufliche Arbeit, ja in einem noch tieferen und unmittelbareren Sinn, wird sie integraler Bestandteil der Berufung, Licht der Welt und Sauerteig in der Gesellschaft zu sein. Deshalb ist die Ehe auch im Opus Dei ein Weg zu Gott, ein Weg der Heiligkeit und des Apostolates. »Du lachst, weil ich dir sage, dass du ›Berufung zur Ehe‹ hast? – Du hast sie, jawohl, Berufung« (Der Weg 27). Für Christen wird die eheliche Liebe zwischen Mann und Frau zu einem Ruf Gottes, ihm zu dienen und die Welt mit dem Licht Christi zu erfüllen. Der hl. Josemaria ging sogar so weit, das Ehebett einen Altar zu nennen! In der gegenseitigen Hingabe, der großzügigen und oft opfervollen Offenheit für neues Leben wird die Liebe zwischen Mann und Frau auch in ihrer leiblichen Dimension zu einem Akt der Verherrlichung Gottes, sie wird geheiligt und heiligt diejenigen, die sich auf diese Weise lieben.

Dazu kommen die verschiedenen Herausforderungen einer ehelichen Beziehung, das tägliche Zusammenleben in Frieden und gegenseitigem Verständnis, die Sorge um die Erziehung der Kinder, mit all den Verpflichtungen, Opfern und der ganzen Hingabe, die dafür nötig sind. Die christliche Familie wird zu einem Brennpunkt apostolischer Wirksamkeit, die Natürlichkeit des gewöhnlichen Lebens und das Beispiel eines hellen und frohen Zuhauses, in dem sich alle als Kinder ihres göttlichen Vaters wissen, strahlt in das eigene familiäre Umfeld und in die Gesellschaft aus. »Ihr seid das Licht der Welt«: Wie sehr treffen diese Worte des Herrn auf die Glieder einer wahrhaft christlichen Familie zu, in der nicht Egoismus, Streit und bloß materialistisches Konsumdenken, sondern Großzügigkeit, Liebe und Opferbereitschaft herrschen!

Die Mitglieder des Opus Dei, die nicht den Zölibat leben und deshalb in der Regel verheiratet sind, heißen *Supernumerarier* (auch dieses Wort stammt aus dem Universitätsbereich, ist ohne weitere Bedeutung und eher zufällig gewählt). Die Supernumerarier des Opus Dei sind nicht Mitglieder zweiter Klasse oder solche, die die Berufung zum Opus Dei weniger intensiv oder mit weniger Hingabe und kleineren Anforderungen leben. Wer Supernumerarier wird, wählt nicht den einfacheren Weg. Es wäre zum Beispiel unsinnig zu sagen, die Supernumerarier seien jene, »die heiraten dürfen«, als ob das Heiraten eine Art Konzession an die menschliche Schwäche wäre oder ein weniger hohes Maß an Hingabe und Bereitschaft verlangen würde, Gott und seinen Mitmenschen zu dienen. Es gibt zwar solche Ausdrucksweisen beim hl. Paulus in seinem Brief an die Korinther und in Antwort auf einige von den korinthischen Christen gestellte Fragen; aber Paulus nennt gleichzeitig die Ehe ja auch »ein tiefes Geheimnis« und vergleicht die Liebesbeziehung zwischen Mann und Frau mit derjenigen Christi und seiner Kirche, weil Christus für die Kirche sein Leben hingegeben hat und seine Liebe zu ihr unauflöslich ist.

Eine wahrhaft christliche Ehe verlangt von den Eheleuten ein hohes Maß an Hingabe und Opfergeist. In ihr gibt es keinen Platz für Egoismus und Suche nach persönlicher Befriedigung. Sie ist ein Weg des Dienens. Die Ehe ist unauflöslich und dauert bis zum Tod. Das kann hart sein, und oft müssen viele Schwierigkeiten und auch Krisen gemeistert werden, damit die eheliche Liebe treu und jung bleibt. Die Ehe ist eine definitive Bindung an einen anderen Menschen, und Menschen sind fehlbar, schwach und verändern sich oft im Laufe der Jahre. Gerade deshalb ist die Treue so wichtig. Wenn ich Brautpaare auf die Ehe vorbereite, dann erkläre ich ihnen das so, wie ich es selber von einem erfahrenen Priester einmal gelernt habe: Zunächst sage ich zu ihm: »Jetzt sagst du zu deiner Braut: ›Ich liebe dich, und deshalb will ich, dass du meine Frau wirst‹. Wenn ihr einmal verheiratet seid, dann musst du ihr genau das Umgekehrte sagen: ›Du bist meine Frau, und deshalb liebe ich dich‹.« Und ihr sage ich dasselbe über ihren zukünftigen Mann. Man heiratet zunächst einmal diese oder jene konkrete Person, weil man sie liebt, aber dann muss man sie ganz einfach schon deshalb lieben, weil man mit ihr verheiratet ist, auch wenn die Gefühle nicht immer mitspielen. Das ist das Gesetz der Treue. Genau diese Art von Treue verspricht man sich gegenseitig im Moment der Eheschließung, und zwar »bis dass der Tod uns scheidet«. Das Band der Ehe ist nach christlicher Auffassung auf Grund des natürlichen Sittengesetzes unauflöslich. Es ist nicht verwunderlich, dass Eheleute beim Einhalten dieses Versprechens auf das Kreuz Christi stoßen können. Unverbrüchliche Treue, gerade auch dann, wenn vielleicht der andere diesem Anspruch nicht genügt oder sich weniger Mühe gibt, ist ein Weg der Heiligkeit, der konkreten Verwirklichung des großen Liebesgebotes »Liebe deinen Nächsten wie dich selbst« und bedeutet, wie Christus das eigene Leben für die anderen hinzugeben. Liebe ist keine bloße Sache des Gefühls oder der Stimmung. Sie muss immer wieder erneuert und vom anderen auch neu verdient werden. Man muss lernen, sogar die Fehler der anderen zu lieben, vieles zu ertragen und immer wieder zu verzeihen.

Jedermann weiß, dass die Realität und Lebenswirklichkeit des ehelichen und familiären Alltags oft keineswegs den ursprünglichen Vorstellungen entspricht, auch unbefriedigend sein kann und nur in einer christlichen Perspektive wirklich erfüllend zu werden vermag. »Nur wer sich selbst vergisst und sich Gott und dem Nächsten hingibt, auch in der Ehe, kann auf Erden glücklich sein, in einer Glückseligkeit, die den Himmel vorbereitet und vorwegnimmt«, schreibt der hl. Josemaria und fügt hinzu, »eine ärmliche Vorstellung von der Ehe und der menschlichen Liebe« habe derjenige, der meint, deren Schattenseiten – Schwierigkeiten, Leid, allmählicher Verfall des Körpers, Eintönigkeit und Widerwärtigkeiten aller Art – seien »schon das Ende von Liebe und Freude«. Ganz im Gegenteil ist der Schmerz gerade der »Prüfstein der Liebe«, und »erst dann, wenn wir den Kern des menschlichen Fühlens erreichen«, ist »die Zeit gekommen, in der sich Hingabe und Zärtlichkeit festigen und als eine Liebe erweisen, die stärker ist als der Tod« (CB 24).

Wer also Supernumerarier des Opus Dei werden wollte, weil er hier einen »leichteren Weg« sähe, hätte nicht verstanden, worin diese Berufung besteht und dass sie in ihrer Substanz dieselbe Berufung ist wie diejenige des Numerariers oder Assoziierten. Der Weg der Ehelosigkeit, des apostolischen Zölibats, ist nicht der »schwerere Weg« oder ein Weg, auf dem ein größeres Maß an Heiligkeit, Liebe zu Gott und Hingabe des eigenen Lebens verlangt wird. In einer gewissen Hinsicht ist er das freilich, nämlich insofern der Zölibat verlangt, eine natürliche Neigung des Menschen, die Neigung zum anderen Geschlecht und den Wunsch nach eigenen Kindern, zu opfern, eine Neigung, die normalerweise jeder Mensch in einem gewissen Maße hat, natürlich auch diejenigen, die Gott einlädt, aus Gründen des Apostolates den Weg der Ehelosigkeit zu gehen. Die Neigung zum anderen Geschlecht ist ja in der Jugend besonders stark und lebendig spürbar, und die hier spielenden Anziehungskräfte werden dabei oft als besondere Glücksverheißung erlebt. In diesem Sinne ist es durchaus wahr, dass die Ehelosigkeit einen bewussten Verzicht einschließt, das Verzichten auf etwas, wohin es einen jungen Menschen, selbstverständlich auch weniger junge, jeden normalen Menschen natürlicherweise zieht. Überhaupt bezieht sich die Vorstellung, eine *eigene* Familie zu gründen, *eigene* Kinder zu haben und die Wärme, die Intimität und Tröstungen der menschlichen Liebe zu genießen, auf ein großes und attraktives Gut. Wer den Weg des apostolischen Zölibats geht, muss bereit sein, dieses Gut zugunsten eines anderen, höheren Gutes, nämlich »um des Himmelreiches willen«, zurückzustellen und darauf bewusst, aus Liebe zu Gott, zu verzichten.

Ehelosigkeit um des Himmelreiches willen: Der apostolische Zölibat

Mit dem Ausdruck »um des Himmelreiches willen« ist nicht etwa gemeint »um in den Himmel zu kommen«, als ob man durch den Verzicht auf die Ehe leichter und sicherer in den Himmel gelangen könnte! So ein Gedanke wäre unsinnig. »Um des Himmelreiches willen« heißt soviel wie: »um der

Kirche zu dienen«, »aus Gründen des Apostolates«, »um dem Reich Christi in den Seelen zu dienen«. Wie bereits erwähnt, besteht der apostolische Zölibat auch nicht einfach darin, unverheiratet zu bleiben. Es gibt viele Menschen, die aus irgendwelchen Gründen nicht heiraten. Oft einfach, weil sie niemanden gefunden haben, andere, weil dies mit ihrer beruflichen Arbeit oder ihren Ambitionen unvereinbar ist; wieder andere, weil sie Egoisten sind und ihr Leben sozusagen nur für sich selber leben wollen. Wer also »ledig« ist, lebt noch nicht die christliche Ehelosigkeit »um des Himmelreiches willen«. Es gibt auch im Opus Dei Supernumerarier, die aus irgendwelchen Gründen ihr Leben lang unverheiratet bleiben und mit diesem für sie vielleicht ungewollten und schmerzlichen Lebensumstand zurechtkommen müssen und ihn zu einem Weg der Heiligkeit machen.

Der apostolische Zölibat ist aber nicht einfach das Verbleiben in einem Zustand des Unverheiratetseins, sondern vielmehr ein neuer und spezifischer Ruf des Herrn, eine Gnadengabe Gottes, eine Einladung, Gott auf besondere Weise, in einer anderen Aufgabe zu dienen, und eine bewusste Antwort des Menschen auf diesen göttlichen Ruf. Ja, letztlich ist der Zölibat ein unverdientes Geschenk Gottes, weil sich Gott dabei auf eine ganz besondere Weise demjenigen, der diese Einladung annimmt, schenkt. Denn wie jede wahre Freundschaft und Liebesbeziehung ist auch diese zweiseitig, ein gegenseitiges Sich-Schenken, wobei der Mensch natürlich der eindeutige Gewinner ist.

Trotz des Verzichtes auf die natürliche Neigung »des Fleisches«, die innerhalb der Ehe zu einer heiligenden Wirklichkeit, zum Ausdruck von Liebe und Fruchtbarkeit wird, ist auch der apostolische Zölibat für gewöhnliche

Christen und Laien, nicht etwa nur für Priester, eine Aufgabe, ein Projekt für das ganze Leben. Im Rahmen der Kirche und ihres Apostolates wird die freiwillige Ehelosigkeit zu einer Quelle geistlichen Reichtums und erschließt neue Möglichkeiten der Bindung an Gott und der Gottesliebe und damit auch neue Perspektiven der Hingabe im Dienst an den Seelen. Es sei wiederholt: Damit ist nicht gemeint, dass der Ehelose an sich schon ein heiligeres Leben führte und in höherem Maße mit Gott vereint wäre. Das Maß der Heiligkeit ist ja die Liebe zu Gott und zum Mitmenschen, und die Vollkommenheit dieser Liebe kann sowohl in der Ehe wie auch außerhalb ihrer erlangt werden.

Das Neue am apostolischen Zölibat ist die *Ausschließlichkeit* der Bindung des eigenen Herzens an Gott. Man sagt zuweilen auch, wer den apostolischen Zölibat lebe, der schenke sein Herz »ungeteilt« Gott, gemäß der berühmten Formulierung des hl. Paulus: »Der Unverheiratete sorgt sich um die Sache des Herrn, er will dem Herrn gefallen. Der Verheiratete sorgt sich um die Dinge der Welt; er will seiner Frau gefallen. So ist er geteilt.« In gleicher Weise, so Paulus, verhält es sich mit der Frau bezüglich ihres Mannes (1 Kor 7, 32-34). Man hat daraus zuweilen den Schluss gezogen, die Ehelosigkeit sei gleichbedeutend mit dem »Verlassen der Welt« und nur in einem Leben der Ehelosigkeit sei das ernsthafte Streben nach christlicher Vollkommenheit und Heiligkeit überhaupt möglich. Paulus meint aber etwas anderes: Er spricht von der Dringlichkeit der Ausbreitung des christlichen Glaubens und dass es dafür Menschen braucht, die bereit sind, auf die eheliche Bindung zu verzichten. Es scheint sogar, dass Paulus überzeugt war, die Wiederkunft Christi würde bald erfolgen, und deshalb sollten sich alle auf das Wesentliche konzentrieren: »Die Zeit ist kurz. Daher soll, wer eine Frau hat, sich in Zukunft so verhalten, als habe er keine, wer weint, als weine er nicht, wer sich freut, als freue er sich nicht, wer kauft, als würde er nicht Eigentümer, wer sich die Welt zunutze macht, als nutze er sie nicht; denn die Gestalt dieser Welt vergeht« (1 Kor 7, 29-31). Die Sorge des hl. Paulus ist also die Dringlichkeit der Ausbreitung des Evangeliums, das christliche Apostolat, und er lädt alle zu dieser Aufgabe ein.

Tempus breve est, »die Zeit ist kurz«, das können wir auch heute noch, zweitausend Jahre später, sagen. Heute haben wir zwar andere Begriffe von Zeit und wissen auch, dass die Welt viel größer ist, als damals angenommen. Das »Ungeteiltsein«, von dem Paulus spricht, bedeutet jedenfalls nicht, dass man sich nur außerhalb der Ehe heiligen und ein guter Christ sein kann. Vielmehr bedeutet es eine größere äußere und auch innerliche Verfügbarkeit für »die Sache des Herrn«. Sich ungeteilt »der Sache des Herrn« widmen, das ist eine gute Definition der Ehelosigkeit um des Himmelreiches willen. Doch ist hier mit »Sache des Herrn« nicht generell die Liebe zu Gott oder die Suche nach Heiligkeit gemeint, als ob die Welt und die weltlichen Aufgaben, Ehe- und Familienleben inbegriffen, mit der Fülle der Gottesliebe und der christlichen Heiligkeit unvereinbar wären. Mit »Sache des Herrn« sind spezifische Aufgaben innerhalb der Kirche gemeint, die eine ungebundene und ungeteilte Verfügbarkeit verlangen. So wie sich eben die Ehe durch eine bestimmte Aufgabe definiert, nämlich die Weitergabe des menschlichen Lebens, gründend auf der Lebensgemeinschaft von Mann und Frau, so definiert sich der apostolische Zölibat durch »die Sache des Herrn«.

Im Falle des Opus Dei handelt es sich dabei um die Betreuung der apostolischen Arbeit der Prälatur, insbesondere die Aufgaben der Leitung der Zentren und die Bildungsarbeit in und durch diese Zentren. Menschen gehen in diesen Zentren ein und aus, insbesondere natürlich die Supernumerarier, die Mitarbeiter, aber auch unzählige Männer und Frauen, junge und weniger junge, die im Opus Dei konkrete geistliche Begleitung und spirituelle Nahrung für die Heiligung ihres täglichen beruflichen und familiären Alltags suchen. Doch nicht nur in den Zentren des Opus Dei geschieht dies. »Brennpunkte« der apostolischen Arbeit gibt es auch anderswo: Kurse aller Art und Bildungskreise oder Einkehrstunden und die geistliche Begleitung der Mitglieder vollziehen sich an allen möglichen Orten, oft in Privathäusern, einer mit Hilfe von Mitarbeitern gemieteten Wohnung, in einer Dorfkirche oder in einem Hotel. Numerarier, die Priester eingeschlossen, sind deshalb auch sehr mobil, reisen umher und betreuen die apostolische Arbeit, wo es eben nötig ist. Auf diese Weise verwirklicht die Prälatur ihren Dienst an der Kirche; als Bestandteil der universalen katholischen Kirche ist ihr Apostolat eine konkrete Verwirklichung der Sendung der Kirche Jesu Christi. Vor allem die Numerarier stehen, da sie von anderen familiären Bindungen frei sind, für diese Aufgaben zur Verfügung.

Allerdings ist dies nicht so zu verstehen, dass Numerarier und Numerarierinnen nicht wie andere Männer und Frauen auch außerhalb ihrer Familie einer beruflichen Arbeit nachgehen, mit der sie ihren Lebensunterhalt verdienen sowie ihr Zentrum und damit das Opus Dei, ihre Familie, materiell unterstützen. Die meisten Numerarier widmen sich, ähnlich wie ein Familienvater oder eine Mutter, wenn sie nach der Arbeit nach Hause kommen, am Wochenende und in den Ferien, ihrer Familie, das heißt ihren Brüdern und Schwestern im Opus Dei – das Familienleben ist sehr wichtig – und der Betreuung der apostolischen Arbeit. Einige Numerarier allerdings schränken, falls sie in konkreten Fällen darum gebeten werden, ihre externe Berufsarbeit ein oder verzichten ganz auf sie, um sich voll und ganz internen Leitungs- und Bildungsaufgaben zu widmen. Das ist dann eben ihre berufliche Arbeit, der sie sich professionell widmen und mit der sie natürlich auch ihren Lebensunterhalt bestreiten. Vergessen wir nicht, dass viele Zentren des Opus Dei hochkarätige Einrichtungen im Bildungsbereich (Schulen, Universitäten) oder im Sozialbereich sind, die qualifizierter und professioneller Leitung und Betreuung bedürfen. Andere Numerarier sind, ohne dazu strikt verpflichtet zu sein oder gar gezwungen zu werden, bereit, mit der Arbeit des Opus Dei in neuen Ländern und auf anderen Kontinenten zu beginnen oder im eigenen Land herumzureisen und auch dort an neuen Orten die apostolische Arbeit der Prälatur und die Einrichtung neuer Zentren voranzubringen.

Wie gesagt bilden die Numerarier zusammen mit den Assoziierten gleichsam das Rückgrat des Opus Dei als Institution der katholischen Kirche. Alle ohne Ausnahme, Supernumerarier, Numerarier und Assoziierte *sind* zwar im Vollsinne Opus Dei, weil sie sich durch ihre berufliche Arbeit und ihr Familienleben zu heiligen suchen, für das Apostolat des Opus Dei volle Mitverantwortung tragen und in gemeinsamer Anstrengung die vielfältigen körperschaftlichen Werke des Opus Dei ins Leben rufen und voranbringen; doch nur die Numerarier (in eingeschränktem Maße auch die Assoziierten) stehen, soweit dies ihre sonstigen beruflichen Verpflichtungen gestatten, für Leitungs- und Bildungsaufgaben zur Verfügung, sind, was Wohnort und Berufstätigkeit betrifft, flexibel und können durch diese größere Ungebundenheit viel leichter überall zum Einsatz kommen. Aus ihren Reihen stammen auch die Priester der Prälatur (davon später). Freilich wird im Opus Dei niemand, so wie eine Schachfigur auf dem Brett herumgeschoben wird, einfach in der Weltgeschichte herumgeschickt. Man sucht die Leute nach ihren Fähigkeiten und Neigungen einzusetzen und zwingt niemandem etwas auf. Andererseits versuchen alle im Opus Dei ohne Ausnahme, den Gehorsam Christi nachzuahmen, der übernatürlich ist, zu Opfern bereit, und ohne den es keine wahre Gottesliebe und christliche Heiligkeit gibt (wir werden im nächsten Kapitel auf das Thema »Gehorsam« zurückkommen). Zusammenfassend: Ohne Mitglieder, die auf die Ehe und die Gründung einer eigenen Familie verzichten, könnte das Opus Dei seine Aufgabe nicht wahrnehmen und seine apostolische Arbeit weder ausweiten noch deren Kontinuität sicherstellen.

Deshalb schrieb der hl. Josemaria schon vor vielen Jahren lapidar: »Die Ehe ist für den Großteil des Heeres Christi, nicht aber für seinen Führungsstab. – Nahrung ist für jeden einzelnen Menschen notwendig. Fortpflanzung aber nur für die Erhaltung der Art; ihr dürfen sich einzelne Menschen entziehen« (Der Weg 28). Das klingt vielleicht etwas drastisch, trifft aber den Kern der Sache. Ernährung dient dem Überleben jedes einzelnen Menschen; keiner kann darauf verzichten, es wäre sein Tod. Dasselbe gilt nicht für die Ehe, sie ist für das Individuum nicht lebensnotwendig, nur für die Erhaltung der Art und für die menschliche Gesellschaft als Ganze ist sie notwendig. Für einige wenige kann es angebracht sein, gerade im Dienst an der Gesamtheit und zu ihrem Wohl, sich der Weitergabe des Lebens ganz zu enthalten. Ein Problem entstünde allein dann, wenn ein Großteil der Menschen sich der Aufgabe, das menschliche Leben weiterzugeben, entziehen würde. Das ist heute leider schon in einem gewissen Maße der Fall, natürlich aus ganz anderen, keinesfalls etwa ehrenwerten, sondern eher bedenklichen Gründen: durch die Trennung von Sexualität und Fortpflanzung, die so genannte »sexuelle Revolution«, die oft als Fortschritt gepriesen wird, sich aber bei näherem Hinsehen weitgehend als Ausdruck der Herabwürdigung der menschlichen Sexualität zu einem Mittel der Lustbefriedigung und Kennzeichen einer egoistischen, am Konsum orientierten Wohlstandsgesellschaft entpuppt, ist die Geburtenrate in den meisten »entwickelten« Ländern dermaßen tief gesunken, dass das Überleben der Gesellschaft nicht mehr sichergestellt ist und sich eine demographische Katastrophe mit enormen negativen Auswirkungen auf die Struktur der modernen Gesellschaft und das Gemeinwohl anbahnt, wenn kein Mentalitätswechsel geschieht.

Das Leben eines Numerariers ist ein Leben der übernatürlichen geistlichen Fruchtbarkeit. Durch die apostolische Arbeit des Opus Dei, die ohne die Existenz von Numerariern undenkbar wäre, werden gerade viele Menschen ermutigt und unterstützt, mit Großherzigkeit den christlichen Anforderungen der Ehe zu entsprechen und sich großzügig in den Dienst der Weitergabe des Lebens zu stellen. Deshalb fährt der oben zitierte Gedanke aus dem »Weg« fort: »Sehnsucht nach Kindern? … Kinder, viele Kinder und eine unauslöschliche Lichtspur hinterlassen wir, wenn wir den Egoismus des Fleisches opfern« (Weg 28). Der »Egoismus des Fleisches«: damit ist nicht etwa gemeint, dass, wer heiratet, ein »fleischlicher Egoist« oder ein Lüstling ist. Nein, die Worte zielen auf denjenigen, der die Stimme des Herrn in sich vernimmt, die ihn einlädt, sich »ganz der Sache des Herrn« zu widmen, aber an das Opfer denkt, das der Herr von ihm unweigerlich verlangt, das Opfer nämlich, den ganz natürlichen Wunsch nach einer großen menschlichen Liebe und der Gründung einer eigenen Familie aufzugeben. Sich dem Ruf des Herrn verschließen hieße dann eben genau, dem »Egoismus des Fleisches« nachzugeben, den natürlichen Instinkt nicht zu meistern, nicht großzügig zu sein. Denn genau darum handelt es sich hier.

Ganz anders liegt der Fall jener, die der Herr dazu ruft, ihm in der Ehe zu dienen: Wer diesem Ruf folgt, tut dies nicht aus Mangel an Großzügigkeit oder weil er »den Egoismus des Fleisches« nicht aufgeben will, sondern weil er darin eine Einladung Gottes erkennt, sein Leben auf diese Weise hinzugeben und zu verschenken und mit einem anderen Menschen, »bis dass der Tod euch scheidet«, in unauflöslicher Treue »ein Fleisch zu sein« und auf diese Weise mit der Schöpferliebe Gottes zusammenzuwirken, ja diese in diese Welt hineinzutragen. Jeder muss sich hier genau prüfen. Es ist wichtig, jeweils genau zu unterscheiden, aus welchen Motiven man handelt und warum man sich zur einen oder zur anderen Möglichkeit hingezogen fühlt.

Gott will jedenfalls, dass man ihm alles gibt, er will großzügige Herzen. Wer in seiner Jugend in seinem Innern die Stimme des Herrn vernimmt, das eigene Leben in seinem Dienst hinzugeben, und dennoch an seiner bisherigen natürlichen Neigung, zu heiraten und eine eigene Familie zu gründen, festhält, ist mit großer Wahrscheinlichkeit Gott gegenüber nicht genügend großzügig. Es ist leicht möglich, dass er sich vom »Egoismus des Fleisches« bestimmen lässt. Es ist keineswegs gesagt, dass es sich so verhält. Die Wahrscheinlichkeit, dass es sich hier um mangelnde Großzügigkeit handelt, ist jedoch um so größer, je weniger konkrete und klare Gründe dagegen sprechen, dass ein junger

Mensch aus Liebe zu Gott und eben um des Himmelreiches willen nicht auch auf die Ehe und auf die Gründung einer eigenen Familie verzichten könnte. Der Grund ist derselbe, den wir bereits im ersten Kapitel bei der Geschichte vom reichen jungen Mann sahen: Gott verlangt immer *alles*, was jemand in einer bestimmten Lebenssituation geben kann. Die Frage, die man sich stellen muss, ist also: »*Bin ich dazu imstande*, dem Herrn mein junges Herz, das sich an eine Frau oder einen Mann binden könnte und das den Wunsch hegt, einmal eigene Kinder und eine eigene Familie zu haben, ganz dem Herrn zu schenken? *Könnte ich* aus Liebe zu ihm darauf verzichten? Oder gibt es etwas, das klar *dagegen* spricht, einen Umstand meiner Lebenssituation oder eine Charakteristik meiner Persönlichkeit?« Wir werden nochmals auf diese Frage zurückkommen.

Mit dem apostolischen Zölibat ist eine ganz besondere Verheißung des Herrn verbunden. Sie steht am Beginn dieses Kapitels und wurde, nach der traurigen Episode mit dem »reichen Jüngling«, vom Herrn auf die Frage des Petrus: »Du weißt, wir haben alles verlassen und sind dir nachgefolgt« (Mt 19, 27), ausgesprochen. Jesus antwortet (in der Version des Markusevangeliums, die mir besonders gefällt): »Jeder, der um meinetwegen und um des Evangeliums willen Haus oder Brüder, Schwestern, Mutter, Vater, Kinder oder Äcker verlassen hat, wird das Hundertfache dafür empfangen: Jetzt in dieser Zeit … und in der kommenden Welt das ewige Leben« (Mk 10, 29-30). Dieses Wort des Herrn gilt zwar an sich nicht nur für jene, die aus Liebe zu Gott auf die Ehe verzichten. Es gilt für jeden, der den Herrn in seinem Leben wirklich an die erste Stelle setzt und der Liebe zu ihm alles andere unterordnet; es gilt also auch für diejenigen, die eine christliche Ehe führen, denn auch sie müssen um des Herrn willen Opfer bringen und Verzicht üben. Doch in einem besonderen Sinne trifft das Wort Jesu natürlich auf die zu, die um des Himmelreiches willen, um der »Sache des Herrn« zu dienen, sich sogar der Gründung einer eigenen Familie enthalten. Die Version des Markusevangeliums gefällt mir deshalb besonders gut, weil sie im Unterschied zu den anderen nicht den Eindruck erweckt, der Lohn erwarte einen erst nach dem Tod, im ewigen Leben. Markus sagt ausdrücklich: er »wird das Hundertfache dafür empfangen: *Jetzt in dieser Zeit* … und in der kommenden Welt das ewige Leben.«

Ein Leben ganz im Dienst des Apostolates und mit einem ganz und ausschließlich Gott hingegebenen Herzen ist eine Quelle von Freude und geistlicher Bereicherung eigener Art. Wer nach vielen Jahren als Numerarier im Opus Dei zurückschaut, erblickt die Spuren, die er gelegt hat, und die Früchte, die fast ohne es zu merken gereift sind. Das Leben im Opus Dei, ein echtes Familienleben, ist reich an menschlichen und übernatürlichen Schätzen. Als ich in mir den Ruf des Herrn spürte, mich als Numerarier dem Opus Dei anzuschließen, fragte ich den früher erwähnten Freund, Leiter des Studentenheimes, in dem ich verkehrte: »Ist das Leben als Numerarier im Opus Dei eigentlich schön?« Er antwortete mit einer Spontaneität und mit klarer Überzeugung, die keinen Zweifel an der Ehrlichkeit seiner Aussage ließ: »Ja natürlich, es ist sehr schön, es ist wunderbar!« Ich schenkte diesen Worten Glauben, was in Anbetracht der frohen Atmosphäre und der glücklichen Gesichter, die ich überall erblickte, nicht besonders schwer war. Ich habe es nicht bereut.

Vor allem aber besteht das Hundertfache »in dieser Zeit« in der bereits erwähnten Tatsache, dass die Ganzhingabe an Gott im apostolischen Zölibat vor allem ein Geschenk Gottes an den Menschen ist. Wer sein Herz Gott ganz und ungeteilt überlässt, dem schenkt sich Gott in einer neuen Weise. Der Zölibat ist deshalb ein Liebesabenteuer, dessen eigentlichen Gehalt man allerdings erst dann verkosten und auch voll verstehen kann, wenn man den Schritt in die Ganzhingabe des Herzens einmal vollzogen hat. Dies ist so, weil dieser Schritt, falls Gott einen dazu einlädt, ein Akt reiner Großzügigkeit ist; er ist gleichsam eine Vorleistung des Menschen, die man Gott gegenüber an keine Bedingungen bezüglich Garantien von seiner Seite knüpft. Nur dadurch kann sich die Seele in einer neuen Weise so öffnen, dass Gott sich ihr liebend zu schenken bereit ist.

Die Wege der Liebe und die Tugend der Heiligen Reinheit

Wir haben gesehen: Sowohl Ehe wie auch Zölibat sind im Opus Dei Verwirklichungsweisen der liebenden Hingabe an Gott und zwei Möglichkeiten, der einen und für alle gleichen Berufung zur Heiligkeit und zum Apostolat gemäß dem Geist des Opus Dei zu entsprechen. In ihrer Verschiedenheit definieren sich Ehe und Zölibat jeweils durch ihre je spezifische Aufgabe und besitzen innerhalb der Kirche und der menschlichen Gesellschaft ihre je spezifische »Funktion«, damit verbunden aber auch ihr je eigenes geistliches »Profil«. Die Ehe ist von ihrem Ursprung her eine Einrichtung der Natur, von Gott in die Schöpfung hineingelegt, und sie wird dann im Nachhinein, in der Ordnung der Erlösung, zu einem Sakrament und einem Weg der Heiligkeit und des Apostolates. Die Ehelosigkeit »um des Himmelreiches willen«, der apostolische Zölibat hingegen, entspringt weder der Natur noch der ursprünglichen Schöpfungsordnung. Er ist ein »Charisma«, eine Gabe des Heiligen Geistes, eine ausschließlich übernatürliche Einladung Gottes, sich im Dienste der anderen ganz »für die Sache des Herrn« zur Verfügung zu stellen.

Deshalb, so hat es die Kirche immer gelehrt, steht der Zölibat theologisch betrachtet höher als die Ehe und ist von größerem innerem Wert. Denn durch die ausschließliche Hingabe an die »Sache des Herrn« ist die Liebes-Beziehung zu Gott eine direkte, unvermittelte, »ungeteilte«. Das eigene Herz Gott zu schenken ist *in sich betrachtet* mehr, als es einem Menschen, einem Mann oder einer Frau, zu schenken; und von der Liebe Gottes beschenkt zu werden ist in sich betrachtet mehr, als von der Liebe einer Frau oder eines Mannes beschenkt zu werden. Gott ist ja von unendlich höherem Wert als jeder Mensch! In diesem Sinne also, in der Rangordnung der Art von Liebe betrachtet, steht der Zölibat seiner Natur oder seinem Wesen nach höher. Doch ist dadurch noch nicht das Maß der persönlichen Heiligkeit bestimmt. Denn dieses bemisst sich nach der Weise, in der man den von Gott erhaltenen Gnadengaben entspricht, nach der effektiven Fülle der Liebe und Vereinigung mit dem göttlichen Willen und letztlich der inneren Identifizierung mit Christus. Dadurch, dass man dem Ruf zum Zölibat folgt, ist man als Christ nicht automatisch vollkommener als derjenige, der sich als Christ in der ehelichen Liebe ganz dem Willen Gottes überlässt.

In beiden Fällen ist eine menschliche Tugend, die für den Christen ganz besondere Gestalt annimmt, von größter Bedeutung: die Tugend der heiligen Reinheit oder Keuschheit. »Heilig« wird die Reinheit genannt, weil diese Tugend ihr letztes Ziel in der Liebe zu Gott findet: »Selig, die ein reines Herz haben, denn sie werden Gott schauen« (Mt 5, 8). »Heilig« ist sie aber auch deshalb, weil sie nicht nur Leistung menschlicher Anstrengung ist, sondern letztlich eine Gnadengabe Gottes, die bewirkt, dass man trotz Schwäche und Fehlbarkeit immer mehr das Herz für die Liebe zu Gott und zum Mitmenschen zu öffnen vermag. Deshalb hat die Reinheit auch nichts mit der stolzen oder gar frigiden Unberührtheit von allen fleischlichen Anfechtungen gemeinsam. Sie vermag nur durch die Demut des Bewusstseins menschlicher Schwachheit erlangt zu werden. Die Tugend der heiligen Reinheit (oder Keuschheit) bedeutet, über die sinnliche Neigung zum anderen Geschlecht Herr zu werden und damit diesen Trieb ganz in den Dienst der Liebe stellen zu können, ihn von Egoismus und selbstzentriertem Genussstreben frei zu halten.

Die Tugend der heiligen Reinheit besteht also keinesfalls darin, die Leidenschaft, die mit der sexuellen Anziehung einhergeht, zu unterdrücken oder gar »auszuschalten«, sondern sie gemäß dem Plan Gottes und der je eigenen Berufung zu ordnen, sie zu beherrschen und ihr gemäß dem Urteil der Vernunft zu folgen. Dies bedeutet gerade oft, dieser Anziehung nicht zu folgen, ein klares »Nein« zu sprechen. Keuschheit ist aber nicht dasselbe wie Enthaltsamkeit. Für Eheleute gibt es auch, wie Thomas von Aquin schrieb, eine durchaus reine und keusche, also tugendhafte *Unenthaltsamkeit.* Sie ist Ausdruck der Spontaneität gegenseitiger Zuneigung und Zärtlichkeit, schließt aber ein, dass man im gottgewollten Genuss der leiblichen Liebe nicht ein letztes und ausschließliches Ziel erblickt. Für den Unverheirateten hingegen bedeutet Keuschheit immer auch Enthaltsamkeit: voreheliche Enthaltsamkeit für denjenigen, der sich noch nicht in der Ehe unwiderruflich einem anderen Menschen geschenkt hat, oder die vollständige Enthaltsamkeit dessen, der dem Weg des Zölibates folgt.

Ohne Keuschheit ist es unmöglich, die Stimme Gottes in seinem Innern zu vernehmen. Der Blick der Seele dessen, der sich nicht bemüht, diese Tugend zu leben, wird für die übernatürlichen Wirklichkeiten getrübt, und das Gespür für Gott wird stumpf oder geht sogar ganz verloren. Ohne Keuschheit ist auch keine Treue möglich, weder in der Ehe noch in einem zölibatären Leben. Der verheiratete Mann, der plötzlich für seine attraktive Sekretärin oder eine hübsche Krankenschwester, mit der er zusammen arbeitet, oder für eine alleinstehende Nachbarin ein Auge hat und in seinem Herzen beginnt, für sie Gefühle zu hegen oder gar die Unklugheit begeht, mit ihr Umgang zu pflegen und sich auf persönliche und intime Gespräche einzulassen, oder die verheiratete Frau, die Ähnliches mit einem Arbeitskollegen, Angestellten oder Mitarbeiter tut, beginnen beide, ebenso untreu zu sein wie ein zölibatär Lebender, der den natürlichen Neigungen seines Herzens nachgibt und irgendwelche Gefühle für eine Kollegin, Schülerin oder wen auch immer hegt und persönlichen oder gar intimen Umgang mit Personen anderen Geschlechts pflegt.

Auch wer verheiratet ist, fühlt selbstverständlich weiterhin die Anziehung anderer Männer oder Frauen, vor allem mit den Jahren. Seien wir realistisch! Und wer zölibatär lebt, sollte nicht so naiv sein zu glauben, er sei vor solcher Neigung gefeit, oder, falls er sie spürt, meinen, er habe seinen Weg verfehlt. Numerarier und Numerarierinnen sind keine engelhaften Wesen, sondern Menschen aus Fleisch und Blut! Deshalb ist auch klar, dass die zölibatär lebenden Mitglieder des Opus Dei verschiedenen Geschlechts außerhalb der klar umrissenen Notwendigkeiten des Berufslebens keinen sozialen Umgang miteinander pflegen und in den Zentren der Männer, die von den Frauen des Opus Dei hauswirtschaftlich betreut werden (und sogar im gleichen Gebäude wohnen, obwohl sie dort ein eigenes Zentrum bilden), eine klare Trennung zwischen Männern und Frauen besteht. Alles andere wäre unklug und würde durch die Schwäche des menschlichen Herzens schließlich zu einem Störfaktor und Hindernis für die apostolische Arbeit.

Treue verlangt also auch Klugheit, ist letztlich aber eine Sache der Hingabe des Herzens. Mir gefällt es, wenn Eheleute das Foto ihres Ehepartners auf dem Schreibtisch stehen oder am Armaturenbrett ihres Autos befestigt haben, mit der Inschrift: »Denk an mich!« Treue ist Frucht der Liebe, aber auch umgekehrt gilt: ohne kompromisslose Treue gibt es keine wahre Liebe. Gerade das Verspüren dieser ganz natürlichen Neigung »des Fleisches« ist auch für den zölibatär Lebenden eine neue Gelegenheit, sich der eigenen Freiheit bewusst zu werden, mit der man auf das Gut der Ehe eben verzichten wollte, aus Liebe zu Gott nämlich, und um Gott diese Liebe in einem erneuerten Akt der Hingabe zu erweisen. Auch wenn man dazu kein besonderes Foto hat, so kann einem vielleicht doch ein kleines Kruzifix oder ein Bildchen der Muttergottes, das man sich auf den Schreibtisch oder sonst wohin stellt, die Stimme Gottes hörbar werden lassen: »Denk an mich!«

In der Ehe hingegen heißt Keuschheit oder Reinheit, sich großzügig der Aufgabe der Weitergabe des Lebens zu öffnen. »Die Quellen des Lebens versiegen zu lassen ist ein Verbrechen an den Gaben, die Gott der Menschheit anvertraut hat, und ein Hinweis darauf, dass man sich vom Egoismus und nicht von der Liebe leiten lässt«, schreibt der Gründer des Opus in einer Homilie mit dem Titel »Die

Ehe, eine christliche Berufung«, und er fährt fort: »Das Leben der Eheleute soll getragen sein von einer aufrichtigen und lauteren Liebe und von der freudigen Haltung, so viele Kinder zu haben, wie Gott ihnen ermöglicht, wenn nötig unter Verzicht auf persönliche Annehmlichkeiten und im Glauben an die göttliche Vorsehung. Wenn eine kinderreiche Familie Gottes Wille ist, sind darin Glück und Wirksamkeit verbürgt« (CB 25). Worin für sie dieser Wille Gottes konkret besteht, müssen die Eheleute selber, im Lichte des Glaubens, ihrer Berufung und mit Großzügigkeit herauszufinden suchen. Klar ist: Im Opus Dei wird die Ehe zu einem Weg der Hingabe des eigenen Lebens und sie kann keinesfalls Hort bloß menschlicher Befriedigungen, spießbürgerlicher Bequemlichkeit und eines »ruhigen« Lebens in bourgeoiser Abgeschiedenheit und Selbstgenügsamkeit sein, die sich mit den kleinen Freuden und Genüssen des Lebens zufriedengibt.

Wer das verstanden hat, wird nicht in die Versuchung geraten, die Berufung zum Opus Dei als Supernumerarier als einen »leichteren Weg« anzusehen, als einen Weg der geringeren Hingabe. Im Opus Dei gibt es nur einen einzigen Weg, nur eine einzige, für alle gleiche Berufung, und sie verlangt von allen die Hingabe des *ganzen* Lebens. Dennoch: Die »Ehelosigkeit um des Himmelreiches willen«, insbesondere die Berufung der Numerarier im Opus Dei, entspricht nun einmal nicht einem *natürlichen* Streben des Menschen. Genau dies, der ausschließlich übernatürliche Charakter dieser Lebensform also, ist es, was es oft schwierig macht zu erkennen, dass Gott einen tatsächlich einlädt, sich ihm in einem Leben des apostolischen Zölibats hinzugeben. Um sich für die Ehe zu entscheiden, braucht es in der Regel keine neue Lebensorientierung, keinen besonderen Entschluss. Er ist der natürliche Weg, von dem man ohnehin schon immer glaubte, man werde ihn einmal gehen. Wer erkennt, dass der Herr einen zu einem intensiveren christlichen Leben gemäß dem Geist des Opus Dei und zur Hingabe des eigenen Lebens für diese apostolische Aufgabe innerhalb der Kirche einlädt, der denkt möglicherweise zunächst einmal daran, Supernumerarier zu werden.

Doch gerade für junge Menschen, deren Leben noch ein unbeschriebenes Blatt und deren Zukunft völlig offen ist, die sich in ihrem Leben beruflich noch nicht positioniert haben, für die also alle Optionen offenstehen und die noch die Flexibilität der Jugend besitzen sowie die Fähigkeit, sich formen zu lassen, für sie stellt sich, falls sie den Ruf Gottes zum Opus Dei in sich verspüren, die Frage: Warum nicht Numerarier oder, gegebenenfalls, Assoziierter?

Numerarier und Numerarierinnen im Opus Dei

Als Numerarier oder Numerarierinnen kommen in der Regel junge Menschen zum Opus Dei. Normalerweise lernen sie dieses im Rahmen der apostolischen Jugendarbeit der Mitglieder der Prälatur kennen, etwa während ihrer Schulzeit in einem Jugendclub oder während des Studiums in einem Studentenheim, in dem sie wohnen oder ein- und ausgehen. Die apostolische Arbeit des Opus Dei mit der Jugend will einen Beitrag dazu leisten, dass viele Christen bereits in ihren jungen Jahren das Ideal eines kohärenten christlichen Lebens entdecken und ihre beruflichen Ambitionen und Erwartungen als Bestandteil der christlichen Berufung, ihren Mitmenschen mit der Liebe Christi zu dienen, verstehen lernen. Dazu müssen sie Seelen des Gebetes werden und die apostolische Dimension des eigenen Christseins entdecken. Die Jugendarbeit des Opus Dei hat nicht zum Ziel, Berufungen für das Opus Dei zu »rekrutieren«. Sie bezweckt, junge Christen heranzubilden, die auf der Grundlage eines soliden inneren Lebens und guter Kenntnis der katholischen Glaubenslehre ihre gesunden beruflichen Ambitionen und Erwartungen mit dem Wunsch verbinden, der Kirche zu dienen und inmitten der irdischen Wirklichkeiten ein fruchtbares Apostolat auszuüben und so »die Wege der Erde mit dem Licht des Glaubens und der Liebe zu erhellen« (aus dem Gebet zum hl. Josemaria).

Es ist nur logisch, dass aus dieser Arbeit, deren besondere Patrone der Erzengel Raphael und der Apostel Johannes sind, auch Berufungen für das Opus Dei hervorgehen und dass diese Berufungen zum allergrößten Teil Numerarier und Assoziierte sind. Oder anders gesagt: Numerarierberufungen stammen normalerweise aus dieser Arbeit. »Du hast herzlich gelacht, als ich dir riet, deine jungen Jahre unter den Schutz des heiligen Raphael zu stellen: damit er dich wie den jungen Tobias zu einer heiligen Ehe führe – mit einer guten und hübschen und reichen Frau, sagte ich im Scherz. Aber dann, wie nachdenklich wurdest du, als ich den Rat hinzufügte, dich auch unter den Schutz jenes jugendlichen Apostels Johannes zu stellen: für den Fall, dass der Herr mehr von dir verlangt« (Der Weg 360).

Dieses »Mehr«, das der Herr von jungen Menschen oft verlangt, ist eine Hingabe, die eben gerade typisch für die Großzügigkeit und Radikalität der Jugend ist. Nicht deshalb etwa, weil man in diesem Alter noch »naiv« ist und keine Ahnung vom Leben hat. Der Apostel und spätere Evangelist Johannes war wohl nicht viel älter als sechzehn, höchstens achtzehn Jahre alt, als er den liebenden Ruf des Herrn verspürte, sein ganzes noch so junges Leben in seine Hände zu geben. Johannes war der Jünger, von dem es heißt, dass der Herr »ihn liebte«. Er war der Lieblingsjünger Jesu und auch der großzügigste unter ihnen. Während des letzten Abendmahles befindet er sich neben Jesus, und er ist der einzige, den wir trotz seiner Jugend unter dem Kreuz antreffen. Der hl. Josemaria war sechzehn Jahre alt, als er sich entschloss, sich dem Herrn ganz hinzugeben, und deshalb seine bisherigen Zukunftspläne – er hatte Architekt werden wollen – aufgab. So sagte er 1974 in einem öffentlichen Beisammensein zu einem Jugendlichen: »Ungefähr in deinem Alter, wenn die Leidenschaften zu erwachen beginnen und hierhin und dahin und dorthin zerren, wenn der Blick überall hinschweift, da ahnte ich die Liebe! Ich werde nicht rot, wenn ich das sage. Die anderen hier bekommen das nicht mit. Du und ich wir sind allein: Ich war in deinem Alter, als ich die Liebe ahnte, und mit der Gnade des Herrn vollzog ich eine totale Kehrtwendung. Nicht, dass ich vorher schlecht gewesen wäre. Wer weiß, ob du nicht auch eine Vorahnung hast von der Liebe!«

Numerarier werden bedeutet für einen jungen Menschen eine »totale Kehrtwendung«, nicht im Sinne einer »Bekehrung«, sondern der Ganzhingabe an Gott. Es ist ein radikaler Schritt. Was hier geschieht, drückte der hl. Josemaria folgendermaßen aus: »Herr ich liebe dich, weil es nun einmal mein freier Entschluss ist, dich zu lieben. Und dieses arme Herz, das ich einem Geschöpf hätte schenken können, lege ich dir zu Füßen: ungeteilt, jung, pochend, edel, rein – weil ich es nun einmal so will.«

Durch einen solchen Entschluss wird das Leben auf den Kopf gestellt. Man gibt mit der Frische der Jugend die ganze eigene Zukunft Gott wie einen Blankoscheck in die Hand.

»Dies, dein Ideal, deine Berufung, ist ... ein Wahnsinn. – Und die anderen, deine Freunde, deine Brüder, lauter Wahnsinnige ... Hast du diesen Schrei nicht manchmal tief in deinem Inneren vernommen? – Antworte entschieden, dass du Gott für die Ehre dankst, diesem ›Irrenhaus‹ anzugehören« (Der Weg 910). Das Opus Dei ist selbstverständlich kein Irrenhaus. Aber die Entscheidung eines jungen Menschen, sich als Numerarier im Opus Dei Gott hinzugeben, ist ein Höhenflug der Liebe, der aus rein menschlicher Sicht als Wahnsinn erscheinen kann. Dem oben erwähnten Jugendlichen riet der hl. Josemaria deshalb: »Lass dich von der Gnade führen! Lass dein Herz hoch fliegen! Denn wenn es wahr ist, dass das Herz des Menschen zu Niedrigem neigt, so hat es andererseits auch Flügel, um emporzufliegen, bis hin zum Herzen Gottes. Mach dir deine kleine Liebesgeschichte, eine Geschichte von Opfern und Heldentaten. Mit der Gnade Gottes werden deine Vorstellungen weit übertroffen werden.«

»Wahnsinn« und Abenteuer der Liebe, aber natürlich kein unverantwortlicher oder überstürzter Entschluss! Davon wird noch die Rede sein. Schauen wir zunächst, wer diese Numerarierinnen und Numerarier sind, die dieses Abenteuer eingehen, und wie man sich ihr Leben in etwa vorzustellen hat.

Wie bereits erwähnt kommen als Numerarier zum Opus Dei in der Regel nur junge Menschen und zudem solche, die ein Studium an einer Universität, einer technischen Hochschule oder eine andere äquivalente akademische Ausbildung absolvieren oder sich als Schüler darauf vorbereiten. Bei den Frauen zählen zu den Numerarierinnen jedoch auch die so genannten *Auxiliarinnen*, die sich in der Mehrzahl der hauswirtschaftlichen Betreuung der Zentren des Opus Dei widmen und alle möglichen Ausbildungsbereiche und Bildungsniveaus vertreten.

Charakteristisch für alle Numerarier und Numerarierinnen, die Auxiliarinnen eingeschlossen (ich erlaube mir im Folgenden aus Gründen der Vereinfachung in der Regel die weibliche Form »Numerarierin« nicht mehr explizit zu erwähnen) ist, dass sie für die Aufgaben der Prälatur voll verfügbar sind und in der Regel in einem Zentrum der Prälatur wohnen. Diese Zentren besitzen immer den Charakter einer Familie mit dem Leben ähnlich einer christlichen Familie. Gerade durch die Gegenwart der Auxiliarinnen, die neben der theologischen und asketischen eine solide hauswirtschaftliche Fachausbildung erhalten und in entsprechend professioneller Weise die Zentren des Opus Dei betreuen, atmet man dort echte Familienluft. Für die Auxiliarinnen ist dies ihre Berufsarbeit, die sie natürlich nicht gratis, sondern gemäß landesüblichen Tarifen verrichten. Zugleich sind sie jenen Müttern gleich, die durch ihre stille und aufopferungsbereite Arbeit den anderen Familiengliedern ermöglichen, sich im eigenen Zuhause wohl und umsorgt zu fühlen. Sie werden auch zu kompetenten Lehrmeisterinnen für die vielen anderen Angestellten, mit denen zusammen sie in den Zentren des Opus Dei arbeiten, die selbst jedoch nicht dem Werk angehören. Auf diese Weise realisieren die Auxiliarinnen inmitten ihrer täglichen Arbeit und durch die Mitwirkung an zahlreichen apostolischen Initiativen der Prälatur ein fruchtbares Apostolat.

Numerarier wohnen also in der Regel in einem Zentrum der Prälatur. Das ist der Unterschied zu den *Assoziierten*. Diese leben zwar wie die Numerarier zölibatär, wohnen aber meistens alleine oder mit eigenen Familienangehörigen, etwa einem alten oder kranken Elternteil, einer hilfsbedürftigen und alleinstehenden Schwester oder einem Bruder, für die sie in vielen Fällen die Verantwortung tragen. Um zu erkennen, dass jemand nicht als Numerarier, sondern als Assoziierter zum Werk kommen sollte, sind die jeweiligen Lebensumstände ausschlaggebend. Es wurde bereits erwähnt: Die Art und Weise, wie die allen gemeinsame Berufung zum Opus Dei sich realisiert, entspricht immer auch den Lebensumständen des Betreffenden, Umstände, die nicht vorübergehender, sondern permanenter Art sind und die spezifische Situation einer Person und die konkrete Art und Weise charakterisieren, in der Gott will, dass jemand den Weg der Berufung zum Opus Dei geht.

Im Opus Dei gibt es Platz für alle, Junge und Alte, Männer und Frauen, Intellektuelle und einfache Arbeiter, Gesunde und Kranke, Gelehrte und Ungelehrte. Keinen Platz gibt es für frivole, leichtlebige, oberflächliche, borniert-dumme oder verweichlichte Personen (wenn sie sich nicht ändern). Was es braucht, sind Menschen, die ein großes Herz haben, auch wenn sie vorher vielleicht ein von Gott weit entferntes Leben führten und ihre Schwächen groß waren. Der Herr wird zu solchen Menschen sagen, was er über die Sünderin sagte, die ihm mit ihren Tränen die Füße wusch: »Ihr sind ihre vielen Sünden vergeben, weil sie mir so viel Liebe gezeigt hat« (Lk 7, 47). Ein Leben der Hingabe kann früheres Versagen und bleibende menschliche Schwachheit in ein loderndes Feuer der Gottesliebe verwandeln, in innere Glut des Herzens, die alles entflammt, womit sie in Berührung kommt, »denn die Liebe deckt viele Sünden zu« (1 Petr 4, 8).

Das Opus Dei braucht viele Numerarier. Dies nicht nur, weil natürlich frühere Generationen »ersetzt« werden müssen, sondern vor allem, weil das Opus Dei konstant wächst und immer neuen Bedarf hat: Der Beginn in neuen Regionen der Welt, aber auch die Expansion, Vertiefung und Diversifizierung der apostolischen Arbeit in jeder einzelnen Region des Opus Dei braucht Menschen, die bereit sind, sich von den Bindungen an eine eigene Familie freizuhalten und dadurch für die Bedürfnisse des Apostolates disponibel zu sein.

Die meisten Numerarier widmen sich jedoch keinesfalls ausschließlich internen Aufgaben der Prälatur, sondern gehen einer beruflichen Arbeit nach, die ihrer Ausbildung und freien Wahl entspricht oder für die sie, etwa im Falle öffentlicher Ämter, ernannt oder gewählt werden. In die Leitungsstruktur der Prälatur eingebunden zu sein gehört ja nicht zum Wesen der Berufung zum Opus Dei (so wie es nicht zum Wesen der *christlichen* Berufung gehört, in der *Kirche* ein Amt innezuhaben). Das Wesentliche der Berufung ist die Heiligung der gewöhnlichen Arbeit und das Apostolat, wo und wie auch immer. Auch für einen Numerarier ist die jeweilige persönliche *berufliche* Berufung, die spezifische Neigung und Eignung zu einer bestimmten beruflichen Aufgabe und Tätigkeit, ja die Begeisterung dafür und das Verfolgen eines entsprechenden noblen menschlichen Ideals ein ganz wesentlicher, ja integraler Bestandteil seiner übernatürlichen Berufung zum Opus Dei. Diese »berufliche Berufung« ist individueller Art, ein Akt der freien Wahl eines jeden. Selbstverständlich soll auch das Spüren der Verantwortung für die eigene Familie, das Opus Dei, und für die Bedürfnisse des Apostolates bei der Berufswahl oder auch bei der Studienwahl eine Rolle spielen. Ein Numerarier ist sich von Anfang an der Verantwortung für seine neue übernatürliche Familie bewusst, was aber nicht heißt, dass er Studien- oder Berufswahl allein in dieser Hinsicht trifft. Vor allem aber: Studien- und Berufswahl werden den Einzelnen nicht etwa vom Opus Dei »vorgeschrieben«. Die Leiter im Opus Dei respektieren die vollkommene Freiheit, die individuelle Neigung und die persönliche Wahl eines jeden und mischen sich in keiner Weise in die konkrete Ausübung des Berufes der einzelnen Mitglieder ein. Das geht sie schlicht und einfach nichts an, obwohl sie sich natürlich über ihre eventuellen beruflichen Erfolge freuen. Falls ein Leiter auf die Ausübung der Berufsarbeit eines Mitgliedes des Opus Dei Einfluss zu nehmen oder dafür irgendwelche konkrete inhaltliche Anweisungen zu geben versuchte, so würde ein solcher Versuch genau so wie jegliche Einflussnahme auf die politischen Überzeugungen der einzelnen zu Recht als Missbrauch seiner Stellung als Leiter zurückgewiesen und bliebe wirkungslos. Das Einzige, was den Leitern am Herzen liegen muss, ist, dass alle sich heiligen, dass allen ihre berufliche Arbeit dazu diene, zur Einheit mit Gott zu gelangen und den Seelen, ihren Mitmenschen, mit einem intensiven Apostolat zu dienen, so dass sie inmitten ihres täglichen Tuns ein Leben führen, das eines Kindes Gottes würdig ist.

Wie jedermann im Opus Dei leben auch die Numerarier von ihrer Berufsarbeit. Die meisten bringen wie ein Familienvater oder eine außer Haus arbeitende Ehefrau und Mutter einen Lohn nach Hause, mit dem man für die eigenen Bedürfnisse und diejenigen der Familie aufkommt. Es gibt Numerarier, die eher gehobene berufliche Positionen bekleiden und entsprechend Großverdiener sind; andere, die meisten, schlagen sich mit einem bescheidenen Einkommen durch. Schüler und Studenten, die bereits als Numerarier zum Opus Dei gekommen sind, wohnen, falls sie noch Schüler sind, weiter in ihrem Elternhaus; und wenn sie schon Studenten sind, bestreiten sie wie jedermann in dieser Situation ihren Lebensunterhalt und ihre Studienkosten mit Hilfe der Unterstützung ihrer Eltern, durch Stipendien oder durch Einkünfte aus ihrer eigenen Arbeit.

Es wäre also eine ganz falsche Vorstellung zu meinen, Numerarier seien Personen, die sich den ganzen Tag in einem Zentrum des Opus Dei aufhalten, wohl aufgehoben in einer »Gemeinschaft«, von dieser getragen, verköstigt und betreut. Ebenso falsch wäre es, den apostolischen Zölibat, den die Numerarier und natürlich auch die Assoziierten leben, in irgendeiner Weise mit Vorstellungen der »Weltfremdheit« oder der Entrücktheit vom normalen Leben in dieser Welt zu bringen. Die Numerarier sind wie alle Angehörigen des Werkes gewöhnliche Christen und normale Staatsbürger, engagiert in allen möglichen Dingen dieser Welt und der menschlichen Gesellschaft. Unter ihnen gibt es Geschäftsleute, Bankdirektoren, Politiker. So ist zur Zeit der Abfassung dieses Buches eine italienische Numerarierin Mitglied des italienischen Senates, und ebenso war der erste Präsident des spanischen Senats nach der Franco-Diktatur ein Numerarier. Es gibt unter den Numerariern auch Diplomaten, Topmanager, Journalisten, Lehrer, Hochschulprofessoren, Ingenieure, Forscher, Filmkritiker, Berufsoffiziere, Modefachleute und so weiter und so fort. Es sind zum Teil Leute, die viel herumreisen oder eine soziale Stellung einnehmen, infolge derer sie ein intensives gesellschaftliches Leben führen. Man kann Numerarier auch in Golfclubs, Fünfsternehotels, auf Chefetagen von Großunternehmen, in Fernsehstudios, auf Ministerposten und auf Diplomatenbällen antreffen. Solche Leute sind naturgemäß auch öffentlich bekannt, man redet von ihnen, und naive Beobachter oder solche, die nur Augen für das Spektakuläre haben, meinen, das Opus Dei sei »elitär« und richte sich nur an solche Topleute. Die meisten Mitglieder des Opus Dei, und das gilt auch für die Numerarier, finden sich jedoch genau dort, wo auch die meisten ihrer Berufskollegen arbeiten.

Niemand im Opus Dei arbeitet mit dem Ziel, eine Karriereleiter zu erklettern oder um des persönlichen Erfolgs willen, auch wenn dies oft das normale Ergebnis einer beharrlichen und seriösen beruflichen Arbeit ist. Numerarier sind Menschen, die wie jedermann zumeist früh morgens das Haus verlassen, um zur Arbeit zu gehen, und abends wieder zurückkommen und sich dann ihrer Familie, dem eigenen Zentrum eben und der dortigen apostolischen Arbeit, widmen (wobei diese Arbeit natürlich zumeist gerade Frucht des persönlichen Apostolates ist, das ein jeder an seinem Arbeitsplatz realisiert: so trifft er dann vielleicht in abendlichen Einkehrstunden in seinem Zentrum wieder den Arbeitskollegen oder gar seinen Chef, die er dazu während des gemeinsamen Mittagessens eingeladen hat). Unter den Numerariern in den Zentren, in denen ich bisher gelebt habe, gab es Physiker und Biologen, Ärzte, Journalisten und Ingenieure, Betriebs- und Volkswirtschaftler, Juristen, Mathematiker und Altphilologen, Chemiker und Philosophen, Historiker und Musikwissenschaftler, Menschen, die im Lehrberuf oder in der Forschung tätig waren, sich unternehmerisch betätigten oder als Staatsangestellte arbeiteten; einige von ihnen waren auch aktiv in einer politischen Partei engagiert, und zwar nicht alle in derselben. Unter den Numerarierinnen der Zentren, die ich als Priester betreute, habe ich ein nicht weniger vielfältiges, wenn auch leicht anders gelagertes Spektrum von Berufstätigen kennenlernen können, eine Verschiedenheit, die wohl mit den spezifischen Vorlieben von Männern und Frauen zu tun hat: neben mehreren Naturwissenschaftlerinnen, eine Innenarchitektin, eine Juristin, eine Ärztin und eine Sprachlehrerin an einem Gymnasium, auch eine Wirtschaftswissenschaftlerin, tätig bei einer weltweit führenden Beratungsfirma, eine Journalistin, eine Bibliothekarin in einer Universitätsbibliothek, eine Erziehungswissenschaftlerin ... Dazu kommen viele beruflich in der Hauswirtschaft tätige Frauen mit entsprechend professioneller Ausbildung, eine von ihnen Präsidentin des offiziellen landesweiten Berufsverbandes ihres Faches. Es sind alles Menschen, die mitten im Leben stehen und wie ihre Mitbürger dem oft harten Wind eines normalen Berufslebens ausgesetzt sind.

Numerarier sind also Berufsleute mit normalen beruflichen Karriereerwartungen und gesunden beruflichen Ambitionen, die sie jedoch den Bedürfnissen des Apostolates unterordnen und (zumindest vorübergehend) aufzugeben bereit sind, wenn es die Verfügbarkeit für die apostolische Arbeit so erfordert. Sie sind zudem Menschen, deren Mentalität durch ihre Ausbildung und ihre Arbeit mitgeprägt ist, was innerhalb des Opus Dei zu einer enormen Vielfalt und zu Pluralismus führt. Diese Vielfalt findet sich natürlich auch unter den Leitern und den Priestern des Opus Dei, die ja durch ihr früheres Universitätsstudium und ihren ehemaligen Beruf als Laien geprägt sind. Das macht selbstverständlich auch das Familienleben in den Zentren interessant und kulturell bereichernd.

Falls es möglich und gemäß den Usancen ihres Fachbereiches und beruflichen Milieus angebracht ist, haben viele Numerarier ein Doktorat abgeschlossen. Alle bemühen sich, sich gerade in ihrer beruflichen Arbeit zu heiligen und sie zum Anlass für ein weit gefächertes Apostolat werden zu lassen. Gleichzeitig aber bilden sie das Rückgrat dieser großen geistlichen Familie, die das Opus Dei ist, stehen ihren Brüdern bzw. Schwestern im Opus Dei zu Verfügung, um sie auf dem Weg ihrer Berufung zu unterstützen und ihnen dazu auch die nötige Ausbildung und geistliche Hilfe zu geben. Deshalb sind die Numerarier jene, die selber eine besonders intensive Ausbildung erhalten, die sie das ganze Leben hindurch begleitet: eine zur normalen beruflichen Ausbildung durch Schule und Universität hinzukommende Ausbildung in Philosophie und Theologie, dazu eine tiefe geistliche und apostolische Ausbildung, ausgerichtet auf die Bedürfnisse des Opus Dei und natürlich in dessen spezifischem Geist. Für diese Ausbildung und ihre beständige Vertiefung und Aktualisierung bedarf es des Einsatzes von Zeit und auch etwas Opfergeist. Vor allem aus den Reihen der Numerarier und (wenn auch bisher in erheblich geringerem Maße) der Assoziierten gehen dann auch die Priester des Opus Dei hervor. Das Apostolat des Opus Dei vollzieht sich in organischer Zusammenarbeit von Laien und Priestern, die alle den gleichen Geist leben, priesterliche Seele und Laienmentalität verbinden (wobei Letzteres für die Priester vor allem bedeutet, sich nicht in die spezifischen Belange der Laien einzumischen und deren Freiheit und persönliche Verantwortung in ihrem Beruf und ihrem gesellschaftlichen und politischen Engagement zu respektieren; besonders wichtig ist hier auch der Respekt vor der Autonomie der von den Frauen des Opus Dei geleiteten Zentren und apostolischen Initiativen: die Priester der einzelnen Zentren haben hier kluge Distanz zu wahren und in keiner Weise die Aufgabe, sich in die Leitungsaufgaben der Frauen einzumischen; sie sind allein dazu da, deren apostolische Arbeit mit ihrem priesterlichen Dienst zu unterstützen).

Niemand ist im Opus Dei verpflichtet, Priester zu werden, wenn man ihn dazu einlädt; man wird auch in keiner Weise dazu gedrängt. Auch wenn im Opus Dei der Gehorsam sehr wichtig ist (davon später), so hat der Gründer des Opus Dei ausdrücklich festgehalten, dass jeder völlig frei ist, auf eine entsprechende Anfrage des Prälaten mit Ja oder Nein zu antworten. Alle, die zum Opus Dei kommen, Numerarier, Assoziierte und Supernumerarier, tun dies, um im Dienst an der Kirche ihr Leben ganz Gott zur Verfügung zu stellen. Für die Numerarier bedeutet dies zwar volle Verfügbarkeit für die Aufgaben der Prälatur, aber nicht, ihren Stand als Laien und gewöhnliche Christen zu verlassen, auch wenn die Numerarier dazu eine grundsätzliche Bereitschaft besitzen, falls die Prälatur sie als Priester braucht. Doch betonte der Gründer immer, es sei keinesfalls Zeichen von schlechtem Geist, wenn jemand, der deswegen gefragt wird, nicht Priester werden wolle. Wer hingegen diesem neuerlichen Ruf innerhalb des Opus Dei folgt und seine bisherige Berufsarbeit damit aufgibt, für den ist das Priestersein im Opus Dei nicht etwa so etwas wie die abschließende »Krönung« seiner Berufung zum Opus Dei. Priester zu werden bedeutet im Opus Dei nicht ein Mehr an Hingabe oder einen »höheren Rang« innerhalb der Prälatur, sondern ist einzig und allein eine andere Art und Weise, dem Opus Dei und damit Gott und der Kirche zu dienen.

Die Priester des Opus Dei haben also innerhalb der Prälatur und hinsichtlich ihrer spezifischen Aufgaben keine »höhere« Stellung als die Laien. Für alle Numerarier, sowohl Priester als auch Laien, gelten zudem die gleichen geistlichen Anforderungen. Wenn es einen »Rangunterschied« gibt, dann nur den zwischen Leitern und Nicht-Leitern. Die meisten Leitungsaufgaben werden jedoch gerade durch Laien wahrgenommen, nur ganz wenige Ämter sind Priestern vorbehalten. Im Übrigen ist im Opus Dei die Ausübung eines Leitungsamtes (das Amt des Prälaten ausgenommen) immer nur von vorübergehender Dauer. Niemand ist Leiter auf Lebenszeit, und die Leiter bilden keine eigene Kategorie von Mitgliedern. Bevor ich Priester wurde, war ich Leiter eines Zentrums und eines Jugendclubs; jetzt, als Priester, habe ich hingegen keinerlei Leitungsbefugnisse innerhalb des Opus Dei. Meine priesterliche Arbeit vollzieht sich unter der Leitung von Laien, und zwar von Männern und von Frauen.

Im Opus Dei macht niemand »Karriere«, man steigt nicht immer »höher«. Leiter sein bedeutet, den anderen zu dienen und mit derselben Dienstbereitschaft, mit der man ein solches Amt übernimmt, ist man auch bereit, es wieder abzugeben, sei es um sich wieder voll einer normalen Berufsarbeit oder aber anderen internen Aufgaben zu widmen. Auch auf Grund der Priesterweihe hat man im Opus Dei keine Privilegien oder höheren Ränge, sondern ist dazu bestellt, seinen Brüdern und Schwestern und allen Menschen, die dies wünschen, mit der eigenen priesterlichen Arbeit zur Verfügung zu stehen. Die Numerarier-Priester des Opus Dei sind in den Zentren, in denen sie leben, einer mehr unter ihren Brüdern und beteiligen sich wie alle anderen am Familienleben ohne irgendeine Art von Sonderbehandlung.*

----

* Abgesehen von den Priestern der Prälatur, die aus den Numerariern und Assoziierten hervorgehen (also den Laien der Prälatur), können auch Diözesanpriester dem Opus Dei angehören, allerdings nicht der Prälatur (d. h. sie sind, wie man in der Fachsprache sagt, nicht in ihr »inkardiniert«, denn dann wären sie

Es wäre unrichtig zu versuchen, das Opus Dei mit den Numerariern zu identifizieren oder ausgehend von ihrem Lebensstil verstehen zu wollen, was das Opus Dei ist. Man würde dann auf den falschen Gedanken kommen, die Supernumerarier seien eine Art Schmalspur-Mitglieder des Opus Dei oder keine »Vollmitglieder«, Mitglieder zweiter Klasse oder geringeren Ranges. Um es zu wiederholen: Die Berufung ist für alle die gleiche: die Heiligung durch die gewöhnliche berufliche Arbeit gemäß dem Geist des Opus Dei. Ebenso sind alle gleichermaßen mitverantwortlich für das Apostolat der Prälatur und tragen es voll mit, die Supernumerarier allerdings immer so, dass die für sie vorrangige Widmung an ihre Familie keine Beeinträchtigung erfährt. Für einen Supernumerarier ist gerade die Hingabe an seine eigene Familie Verwirklichung seiner Berufung, ja gerade sie ist selbst *Opus Dei*.

Doch für die Ermöglichung dieses Apostolates sind nun natürlich die Numerarier unentbehrlich. Ohne sie gäbe es überhaupt kein Opus Dei, keine Prälatur, die sich um die geistliche Bildung, Begleitung und Unterstützung ihrer An-

---

nicht mehr Priester ihrer Diözese und nicht mehr ihrem Bischof unterstellt), sondern Mitglieder der »Priestergesellschaft vom Heiligen Kreuz«, einer Vereinigung für Diözesanpriester, die mit der Prälatur Opus Dei untrennbar verbunden ist. Es ist im Rahmen dieses Buches nicht nötig, näher darauf einzugehen. Doch ist es gut zu wissen, dass sich der Geist des Opus Dei, der Geist der Heiligung der gewöhnlichen Arbeit, auch an Diözesanpriester (Weltpriester) wendet und dass sie durch göttliche Berufung dazu eingeladen werden können, mit den gleichen asketischen Mitteln wie die Gläubigen der Prälatur Opus Dei durch ihren priesterlichen Dienst, das heißt eben ihre berufliche Arbeit, nach der Heiligkeit zu streben und inmitten ihrer Mitbrüder ein Ferment der Heiligkeit zu sein.

gehörigen kümmerte. Das Apostolat in allen Bereichen der Gesellschaft, dieses »Meer ohne Ufer«, bliebe ohne die Hingabe und die meist verborgene und aufopfernde Arbeit so vieler Numerarier reine Theorie, ein schönes Projekt, besäße aber keinerlei Realität. Wie der hl. Josemaria es einmal ausdrückte, sei es notwendig, dass einige im Opus Dei nicht das »Ich« konjugieren (»Ich tue dies und das«), sondern das »Wir«, dass also einige zugunsten des »Wir«, der gemeinsamen Sache des Werkes, das »Ich« zurückstellen und auf vieles, was das menschliche »Ich« normaler- und legitimerweise verlangt, oft auch auf Karrierewünsche oder Traumberufe, verzichten, um ihren Brüdern und Schwestern zu dienen und dadurch das Opus Dei zu ermöglichen. »Wünsche nicht die vergoldete Wetterfahne auf dem großen Gebäude zu sein: so sehr sie glänzt und so hoch sie steht, sie bedeutet nichts für die Festigkeit des Baus. Wärest du doch wie ein alter Quaderstein, verborgen im Fundament, unter der Erde, wo niemand dich sieht: deinetwegen stürzt das Haus nicht ein« (Der Weg 590). Wie der Gründer des Werkes sagte, ist das Wirken der Numerarier und Assoziierten durch ihren oft stillen und glanzlosen Dienst an ihren Brüdern und Schwestern das Fundament und die übernatürliche Kraft, die der ganzen Familie des Opus Dei Halt und Solidität verleiht.

Wie viele Menschen hat es nicht schon gegeben und wird es immer wieder geben, die aus familiären Gründen beispielsweise auf eine Musikerlaufbahn oder eine brillante akademische Karriere verzichtet haben. Wieso soll das nicht auch aus Gründen des Apostolates geschehen können, aus Gründen der Verfügbarkeit für die Aufgaben innerhalb der geistlichen Familie des Opus Dei? Letztlich ist das eine Frage der Demut, ohne die keine wahrhafte Hingabe in einer göttlichen Berufung möglich ist.

Wie den eigenen Platz im Opus Dei erkennen?

Wer als Jugendlicher, Schüler, Lehrling oder Hochschulstudent die Berufung zum Opus Dei erhält, den ruft Gott in der Regel nach einer ungeteilten Hingabe des Herzens als Numerarier oder, je nach Umständen, als Assoziierten. Bedenken wir erneut: Gott verlangt immer alles, was ein Mensch in einer bestimmten Lebenssituation geben kann. Und da junge Menschen in der Regel noch keine festen und unverrückbaren Bindungen besitzen, sondern über ihr gesamtes Leben und ihre Zukunft verfügen, gibt es zunächst einmal keinen ersichtlichen Grund, weshalb Gott sie auf einen anderen Weg rufen sollte. Gott will großzügige Herzen, nicht solche, die nicht alles geben, was sie können. Dennoch ist die Sache in der Praxis nicht ganz so einfach und muss noch etwas differenziert werden.

Numerarier wird man in der Regel – dabei gibt es jedoch immer wieder Ausnahmen –, bevor man begonnen hat, sich beruflich zu positionieren, oder ganz zu Beginn der eigenen Berufstätigkeit. (Dasselbe gilt nicht unbedingt für Assoziierte.) Es ist ja typisch für den Geist des Opus Dei, niemanden von seinem Platz im Leben zu entfernen, keine gewaltsamen Brüche in der Lebenssituation eines Menschen und seinem bisherigen Umfeld zu verursachen. Wer im Leben schon seine Stellung gefunden hat, ist bereits in einer Weise gebunden, die es ihm in der Regel verunmöglicht – Ausnahmen wird es immer geben –, ohne unnatürliche Umstürze das Leben eines Numerariers zu führen. Im Leben bereits eine Positionierung gefunden zu haben, ist zumeist ein klares Indiz dafür, dass Gott einen auf den Weg des Supernumerariers, eventuell auch des Assoziierten ruft. Wer eine feste Beziehung zu einem Freund oder einer Freundin hat oder gar verlobt ist, besitzt jedoch noch keine feste Bindung. Es gibt deshalb keinen Grund anzunehmen, Gott könnte nicht auch in solchen Fällen dazwischentreten und etwas anderes verlangen.

Und das geschieht gar nicht so selten. Ich erinnere mich an eine junge Frau, die während eines Treffens mit dem hl. Josemaria – es waren hunderte von Personen anwesend – diesem erzählte, sie hätte nun schon drei Verlobte gehabt und alle drei jeweils mit einem Zentrum des Opus Dei in Kontakt gebracht. Doch seien sie alle drei schließlich Numerarier geworden! Jetzt stehe sie immer noch allein da … Und nun wolle sie fragen, was sie machen solle, ob er (ausgerechnet er, der Gründer des Opus Dei!) ihr einen Rat geben könne. Die Heiterkeit im Saal war natürlich groß, aber sie wurde noch größer, als der hl. Josemaria seine Antwort gab: »Ich rate dir, das nächste Mal zuerst einmal deinen Verlobten zu heiraten. Danach erst bringe ihn zu einem Zentrum des Opus Dei!«

Wenn ein junger Mensch, der sich mit der Frage der Berufung zum Opus Dei konfrontiert sieht, zunächst daran denkt, sein Weg sei sicherlich derjenige des Supernumerariers, so ist das an sich wenig erstaunlich. Dass jemanden die Vorstellung, zu heiraten und eine Familie zu gründen, als Ideal und erstrebenswertes Lebensziel erscheint, kann auch tatsächlich ein Zeichen dafür sein, dass man wirklich »Berufung zur Ehe« hat. Aber dazu sind zwei Dinge zu sagen: Erstens haben in einem gewissen Sinne, das heißt rein menschlich betrachtet, alle Menschen »Berufung« zur Ehe, ganz einfach weil ja die Anziehung zwischen den Geschlechtern und der Wunsch, eine Familie zu gründen, völlig natürlich sind. Wenn wir jedoch von Berufung im *übernatürlichen* Sinne sprechen, dann stellt sich nicht die Frage, welches die natürliche Neigung einer Person ist, sondern einzig und allein, worin der Wille Gottes besteht. Dieser ist aber sehr oft nicht mit dem, wozu ein Mensch natürlicherweise geneigt ist, identisch. Zweitens sind Numerarier keinesfalls Menschen, deren Ideal schon immer ein »unverheiratetes Leben« war und die deshalb nie daran gedacht haben zu heiraten oder auf die die Vorstellung, eine eigene Familie zu gründen, keine Anziehungskraft ausübt. Solche Menschen sind eher die Egoisten oder vielleicht jene, die total vom Wunsch beherrscht sind, sich einem Beruf zu widmen, der mit anderen Bindungen unvereinbar ist. Jemand, der so denkt, könnte jedoch niemals zum Opus Dei kommen!

Auch angehende Numerarier haben also für gewöhnlich einmal ans Heiraten gedacht; sie sind normale Menschen. Das war auch mein eigener Fall. Um herauszufinden, ob Gott jemanden als Numerarier zum Opus Dei ruft, genügt es also nicht, sich zu fragen, ob man für die Ehe und die Gründung einer eigenen Familie »geeignet« ist oder dazu eine Neigung verspürt. Entscheidend ist auch nicht, ob man sich für Mädchen – beziehungsweise Jungen – interessiert und sie anziehend findet; falls das der Fall ist, ist das höchstens ein Zeichen dafür, dass man normal ist. Die Fragen, die man sich stellen muss, wenn man die einladende Liebe Gottes spürt, ihm sein eigenes Leben im Opus Dei zu schenken, sind ganz andere. Man könnte die zentrale Frage etwa folgendermaßen formulieren: »Um seine Aufgabe realisieren zu können, braucht das Opus Dei viele Numerarier. Was spricht eigentlich *dagegen*, dass ich einer von ihnen bin?« Wenn man so überlegt, sieht man die Dinge plötzlich in einem objektiveren, vielleicht auch weniger Ich-bezogenen Licht; man kann sich nun auch besser mit den möglichen Gründen auseinandersetzen, die einen vielleicht daran hindern, wirklich großzügig zu sein.

Versuchen wir, das noch etwas genauer auszuleuchten. Wer die Berufung zum Opus Dei in sich verspürt, der weiß auch, dass das Opus Dei einen übernatürlichen Charakter hat, von Gott gewollt ist und dass es deshalb auch dem Willen Gottes entspricht, dass viele junge Menschen als Numerarier zum Opus Dei kommen. Es geht also darum zu versuchen, die Frage des eigenen Weges nicht nur auf Grund der eigenen subjektiven Vorstellungen über die eigene Zukunft zu klären, sondern die Dinge *objektiv* zu sehen, das heißt auf die Bedürfnisse der Kirche, der menschlichen Gesellschaft, des Apostolates und in unserem speziellen Fall: des Apostolates des Opus Dei zu schauen. Genau das bedeutet es, den Willen Gottes zu erkennen suchen. Logischerweise stimmt dieser, wie gesagt, oft nicht mit unseren natürlichen Neigungen oder bisherigen Vorstellungen über unsere Zukunft überein.

Zu den genannten Bedürfnissen gehört ganz offensichtlich, dass das Opus Dei weiterexistieren und sich ausbreiten kann. Deshalb sind viele junge Menschen nötig, die als Numerarier zum Opus Dei kommen. Diese finden sich unter solchen, die, weil sie normal sind, zumeist auch an den Weg der Ehe und die Gründung einer eigenen Familie gedacht haben, dann aber entdecken, dass Gott sie auf einen anderen Weg ruft. Die Überlegung, dass es doch gerade viele konsequent christliche Eheleute, Väter und Mütter braucht, die den Geist des Opus Dei leben und ihr Leben für ein entsprechendes Apostolat einsetzen, ist noch kein Grund dafür, dass Gott einen selbst auf diesen Weg ruft. Im Gegenteil: gerade Numerarier sind ja in großer Zahl erforderlich, damit die apostolische Arbeit des Opus Dei Konstanz und Kontinuität erhält und dadurch in besonderem Maße dazu beitragen kann, dass es in dieser Welt viele großzügige, aus dem Glauben lebende Eheleute und christliche Familien gibt!

Daraus ergibt sich die oben genannte Frage: »Warum nicht ich?« und »Was spricht eigentlich dagegen, dass *ich* einer von diesen Numerariern des Opus Dei werde?« Falls es keine klaren Gründe gibt, die *dagegen* sprechen, und immer vorausgesetzt, man verspürt den Ruf Gottes zum Opus Dei, dann kann man sich weiter fragen: »Wenn nicht ich Numerarier werde, wer denn sonst?« In der Tat könnte ja der Wunsch, als Supernumerarier zum Werk zu kommen, bloße Ausrede sein, ein Zeichen dafür, dass man Angst vor dieser Form der Ganzhingabe hat, die verlangt, das Herz ungeteilt Gott zu schenken, dass man also kneifen möchte. Wer denkt, seine Sache sei der Weg des Supernumerariers, weil er hofft, auf diesem Weg eine größere Freiheit und Unabhängigkeit zu bewahren, sich weniger hingeben zu müssen, wer an den Verzicht auf die vielen anziehenden Aspekte der menschlichen Liebe denkt und darin einen leichteren, weniger aufopferungsvollen Weg sieht, der kneift mit ziemlicher Sicherheit. Er wäre natürlich auch kein guter Supernumerarier, weil diese ebenso wie die Numerarier eine volle Hingabe ihres gesamten Lebens an Gott leben und keineswegs einen »leichteren Weg« gehen. Auch wer im Opus Dei Berufung zur Ehe hat, muss bereit sein, alles zu geben, nur bedeutet dieses »alles« in seinem konkreten Fall etwas anderes. Nur Gott und der betreffende einzelne Mensch kann das sehen. Das Urteil qualifizierter Personen, der Leiter des Zentrums, das man regelmäßig besucht, und der Rat eines Priesters des Opus Dei, der einen gut kennt, sollten allerdings ebenfalls sorgfältig im Gebet erwogen werden. Wer nicht total aufrichtig ist mit sich selbst und mit Gott, dem kann der Mangel an Großzügigkeit hier einen Streich spielen und Gott einen Strich durch die Rechnung machen.

Es ist typisch für die Berufung zum Numerarier, dass Gott dadurch in der Regel die eigenen Zukunftspläne und auch die Zukunftsvorstellungen der eigenen Eltern auf den Kopf stellt. Zu merken, dass Gott dies verlangt, kann ein Schock sein und etwas Angst einflößen. Angst ist sogar in der Regel ein untrügliches Zeichen dafür, dass Gott mehr verlangt, als man im Moment zu geben bereit ist. Die Einladung zur Ganzhingabe im apostolischen Zölibat kann zunächst wie ein Hammer wirken, denn dieser Weg entspricht eben wie gesagt nicht einer natürlichen Anlage des Menschen. Der Zölibat übt keine *natürliche* Anziehungskraft aus, seine Anziehung ist ganz und gar übernatürlicher Natur. Das Ambiente der Zentren des Opus Dei oder andere eher äußerliche Dinge, die einem am Leben eines Numerariers vielleicht gefallen, sind allein noch kein Grund dafür, als Numerarier zum Opus Dei kommen zu wollen. Um zum apostolischen Zölibat hingezogen zu sein, bedarf es einer besonderen übernatürlichen Gnade, ja diese Hinneigung ist selbst übernatürlicher Art und kann nur als Folge des Gebetes erkannt werden. Die ausschließliche Hingabe an Gott ist im Unterschied zur natürlichen Neigung zum anderen Geschlecht und dem Wunsch nach eigenen Kindern ein übernatürliches Geschenk, das man nur erhalten kann, wenn man sich großzügig der Gnade Gottes öffnet, ja um diese Gnade und die entsprechende Klarheit bittet. Voraussetzung ist, dass man wirklich den Wunsch hat, den Willen Gottes zu erkennen. Dann wird man auch, falls dies dem Willen Gottes entspricht, die Anziehungskraft einer Berufung als Numerarier spüren – womöglich allerdings gerade deshalb auch etwas Angst davor haben.

All das heißt nicht, dass, wer, auch in jungen Jahren, als Supernumerarier zum Opus Dei kommt, weniger großzügig war. Die Gründe können vielfältig sein, und für die Leiter ist auf Grund von Erfahrung und der Hilfe Gottes oft klar, dass ein junger Mensch, zumindest im Moment, als Supernumerarier zum Opus Dei kommen sollte. Das Urteil der Leiter ist hier ohnehin von erheblicher Bedeutung. Auf Grund ihrer Erfahrung und auch mit Hilfe der Gnade, die sie als Leiter im Opus Dei von Gott zweifellos erhalten, sind sie in der Lage, beurteilen zu können, welches der richtige Platz eines jeden im Opus Dei ist. Es ist auch möglich, später noch, wenn sich dieser oder jener Umstand verändert hat, den Schritt zum Numerarier oder gegebenenfalls zum Assoziierten zu tun. Niemand sollte jedoch Supernumerarier werden wollen, weil er damit der Hingabe als Numerarier aus dem Weg zu gehen versucht, weil er also zu wenig großzügig ist und nicht alles geben wollte, was man eigentlich geben könnte.

Es ist wahr: Numerarier werden heißt nun einmal, Gott eine Art Blankoscheck in die Hände zu geben. Es ist ein übernatürliches und auch menschliches Abenteuer. Ich kann mich gut erinnern: Bevor ich mich entschloss, saß ich eine ganze Woche lang mit mulmigem Bauchgefühl in meinem Büro an der Universität, bis ich mich schließlich durchrang, dem Herrn mein junges Leben ganz in die Hände zu geben.

Was ein solcher Schritt (für alle: für Numerarier, Assoziierte, Supernumerarier) mit sich bringt, soll nun aber doch noch in den folgenden Kapiteln genauer dargestellt und erklärt werden. Da sich dieses Buch vor allem an junge Menschen richtet, werde ich mit etwas mehr Ausführlichkeit über das Leben der Numerarier sprechen. Wie schon gesagt, macht jede übernatürliche Berufung manchmal etwas Angst. Das ist ein Zeichen dafür, dass man den Ernst des Rufes verstanden hat. Oft macht man sich aber auch ganz falsche und unrealistische Vorstellungen, die zu einem Hindernis werden können, die eigene Zukunft ganz den Händen Gottes zu überlassen. Versuchen wir also, das Wichtigste zu erfahren. Allerdings wird Vieles erst dann in seinem Sinn und seiner Schönheit erkennbar, wenn man den Schritt in die Berufung einmal getan hat und die Dinge von innen und damit in einem neuen Licht sieht, dem übernatürlichen Licht der Berufung. Jede Familie besitzt ihre eigene Intimität, ihre Gebräuche, Traditionen, ihr spezifisches Ambiente und ihre Art und Weise, die Dinge zu tun und zu sehen, und nur die Familienmitglieder selbst haben auf Grund ihres langjährigen Zusammenlebens und ihrer Verwandtschaft das Gespür dafür und finden Geschmack daran. Die gleichen Dinge können für Außenstehende unverständlich oder eigenartig, jedenfalls in einem ganz anderen Licht erscheinen.

Die Berufung zum Opus Dei schafft zwischen allen, die dem Opus Dei angehören, eine Art geistliche, ganz und gar übernatürliche Familienverwandtschaft, die viel tiefer reicht als die Bande der Blutsverwandtschaft und stärker als diese ist. Erst als gelebte und erfahrene Lebenswirklichkeit kann deshalb alles im rechten Licht erscheinen. Um alles zu verstehen, muss man also, sofern Gott dazu ruft, zunächst einmal den Schritt in die Hingabe tun. Erst dann erhält man auch jene Gnade und innere Klarheit, die Folge der Hingabe an Gott ist.

Das Folgende will deshalb auch nicht lückenlos alles erklären, sondern bewusst Einzelheiten offen lassen. Hingabe an Gott – dasselbe gilt selbstverständlich auch für das Eingehen einer ehelichen Bindung – kann es nur auf der Grundlage eines Vertrauensvorschusses geben. Man kann nicht im Voraus alles wissen, sich absichern und genau kalkulieren wollen. Die Garantie für den übernatürlichen Charakter und die Gottgewolltheit dieses Weges und für die Angebrachtheit der Mittel, die einem im Opus Dei zur Verfügung stehen, gibt die katholische Kirche selbst, und diese Garantie sollte jemandem, der verstanden hat, worum es geht, genügen.

Sechstes Kapitel

Aufnahme und Leben im Opus Dei: Ausbildung, Mittel, Tugenden

Wenn das Weizenkorn nicht in die Erde fällt und stirbt,
bleibt es allein; wenn es aber stirbt, bringt es reiche Frucht.
(Joh 12, 24)

Ein Weg der Liebe: Die Bereitschaft, sich formen zu lassen

»Das Opus Dei ist ein Weg der Liebe. Im Opus Dei kann man über alle Wege der Erde gehen und sie zu göttlichen Wegen werden lassen, ohne deshalb aufzuhören, sehr menschlich zu sein, denn Gott unser Vater verlangt nichts Unmenschliches von uns«, so der hl. Josemaria im Jahre 1972. In der Tat kann man das Leben der Mitglieder des Opus Dei nur in der Perspektive von Menschen verstehen, die in Gott einen liebenden Vater sehen und sich als seine Kinder wissen. Dieses Bewusstsein ist sozusagen der übernatürliche Lebensnerv der Existenz derer, die dem Opus Dei angehören. Es führt sie dazu, in allem, auch den Schwierigkeiten, die Vorsehung Gottes zu sehen, die einlädt, zur Vollkommenheit in der Liebe aufzusteigen.

Wie im dritten Kapitel deutlich wurde, vereinigen sich im Geist des Opus Dei Menschliches und Übernatürliches auf harmonische Weise. Die Hingabe und das Streben danach, das ganze Leben und ganz besonders die berufliche Arbeit zu einem Weg der Heiligkeit werden zu lassen, verlangen jedoch Opfergeist und Durchhaltevermögen, Treue und Tapferkeit, Großzügigkeit und Demut. Niemand wird im Opus Dei in ein Korsett gezwängt. Seine Mitglieder sind nicht wie geprägte Münzen, eine gleich wie die andere, keine Serienprodukte. Jeder besitzt seine eigene Persönlichkeit, sein Temperament, seine eigene berufliche Mentalität, die er mit seinen Berufskollegen teilt; ein jeder hat seine Interessen und Talente. All dies soll niemandem genommen werden. Die individuelle Persönlichkeit ist gerade der Stoff, gleichsam das »Rohmaterial«, aus dem die Heiligkeit eines jeden sich herausbilden muss.

»Heiligkeit«, »christliche Vollkommenheit« bedeutet, in Christus und durch ihn zu leben, oder besser noch: Christus in uns leben zu lassen. Das heißt nicht, sich selbst in der je eigenen Menschlichkeit aufzugeben oder zu verlieren. Es heißt nicht in erster Linie Verzicht und ist nicht einfach Opfer und Entsagung. Wie das Zweite Vatikanische Konzil lehrt, hat erst Christus dem Menschen das echte Menschsein im Vollsinne kundgetan (vgl. Gaudium et spes 22). Erst im Geheimnis Christi und seiner Beziehung zum göttlichen Vater kann man voll und ganz verstehen, welches die Berufung des Menschen *auch als Mensch* ist. Als Konkretisierung der allgemeinen christlichen Berufung zur Heiligkeit zielen im Opus Dei alle Hilfen, die Bildung und sonstigen geistlichen Hilfsmittel und Bräuche, darauf hin, dass jeder seine Fähigkeit als Mensch voll zu entfalten vermag und die eigene Persönlichkeit in ihrer jeweiligen Eigenart zur Reifung und Ausgestaltung gelangt. Das Wachsen in der Heiligkeit ist ein Prozess der zunehmenden »Menschwerdung«: Gleichsam der wiederholten Menschwerdung Christi in uns und unserer Menschwerdung in Christus.

Dies ist ein Prozess, der das ganze Leben hindurch andauert. Wer zum Opus Dei kommt, hat also noch kein

Ziel erreicht, sondern erst begonnen, mit der Hilfe Gottes einen Weg zu gehen. Im Opus Dei, so wiederholte sein Gründer mit Nachdruck, ist Lernen und das Vertiefen der Bildung nie zu Ende. Immerzu können die Identifizierung mit Christus und die dazugehörigen menschlichen und übernatürlichen Tugenden wachsen, es gibt dafür keine Grenze. Zudem ist ein Leben wenig, um zu jenem Vollmaß der Liebe zu gelangen, welche mit Hilfe der Gnade zu erlangen uns der Herr einlädt.

Die Hingabe schließt also zunächst einmal die Bereitschaft ein, sich im Geist des Opus Dei formen zu lassen, selber ganz und gar *Opus Dei*, also eine lebendige Verkörperung dieses Geistes zu werden. Diesem Geist des Opus Dei ist es aber gerade eigen, ein Geist der Freiheit zu sein, der Freiheit der Kinder Gottes. Er schafft gleichsam einen gemeinsamen Nenner, eine geistliche Familienverwandtschaft, wobei jedoch der »Zähler« jedes Einzelnen (Persönlichkeit, Temperament, berufliche Mentalität, Interessen, Fähigkeiten, Ansichten in zeitlichen Dingen) verschieden, individuell und vielfältig bleibt. Einheitsdenken, Uniformität im Denken und Handeln, Korpsgeist also und dergleichen sind dem Geist des Werkes fremd. Hin und wieder hört man Fragen wie: »Was denkt man im Opus Dei über dieses oder jenes Ereignis, diese oder jene politische, gesellschaftliche, wissenschaftliche Frage?« Die Antwort ist: Jeder denkt darüber, was er nun einmal persönlich darüber denkt, es sei denn, es handle sich um etwas, worüber sich das Lehramt der Kirche in für alle Katholiken verbindlicher Weise ausgesprochen hat.

Die demütige Bereitschaft, sich formen zu lassen und der Gnade zu entsprechen, beruht auf der klaren Erkenntnis, dass der Herr zu einem neuen, übernatürlichen Leben einlädt, das allein er zu schenken vermag. Dazu muss man bereit sein, sich dem Wirken der Gnade zu überlassen. Das ist mit dem Wort Jesu aus dem Johannesevangelium gemeint, das diesem Kapitel vorangestellt ist: »Wenn das Weizenkorn nicht in die Erde fällt und stirbt, bleibt es allein; wenn es aber stirbt, bringt es reiche Frucht« (Joh 12, 24). Dieses »Sterben« bedeutet, bereit zu sein, all das, was das Wirken der Gnade Gottes in uns verhindert, aufzugeben, damit Christus in uns leben und unser Leben die von ihm gewirkten übernatürlichen Früchte tragen kann.

Der große Ausbildner ist der Heilige Geist. »Er ist es, der dich heiligen muss« (Der Weg 57). Dieser Geist der Liebe Gottes und seiner Wahrheit wirkt aber durch die verschiedensten Kanäle und rechnet immer auch mit der menschlichen Mitwirkung derer, die in der Kirche dafür eine spezifische Sendung erhalten haben. Im Opus Dei sind das die Leiter und diejenigen, die an der Ausbildung der Mitglieder mitarbeiten, unter ihnen natürlich auch die Priester der Prälatur. Wer zum Opus Dei kommt, muss diesen Schritt im klaren Bewusstsein vollziehen, dass er nicht kommt, um seine eigenen Ideen zu verwirklichen oder persönlich zu triumphieren. Er kommt zum Opus Dei, um den Seelen zu dienen, sich in ein großes, gemeinsames, gänzlich übernatürliches Projekt einzuordnen, nicht um persönlicher oder gar irdischer Vorteile willen. Geist und asketische Mittel des Opus Dei sind für alle Mitglieder dieselben, ob sie nun Laien oder Priester, Intellektuelle oder einfache Arbeiter sind. Es ist nötig, sich den Geist des Opus Dei gut anzueignen und zu lernen, ihn in den eigenen Lebensumständen zu *leben* sowie sich in die Praxis des Apostolates gemäß diesem Geist einzuüben. Dazu bedarf es kluger und geduldiger Anleitung, auch des allmählichen Sammelns von

Erfahrung, sich gründend auf ein intensives Leben des Gebetes, der Liebe zur Eucharistie, der Gegenwart Gottes während der täglichen Arbeit. Jeder, der zum Opus Dei kommt, hat den Wunsch, ein gutes Werkzeug in den Händen Gottes zu sein. Das wiederum ist nur jenen möglich, die demütig sein wollen. Demütig werden kann jemand nur, wenn er sich vertrauensvoll jenen zuwendet, die Gott dazu ausersehen hat.

Das Licht der Berufung – das gilt für jede Art von göttlicher Berufung – schließt immer eine besondere Klarheit bezüglich des eigenen Weges ein, auch wenn es im Leben Perioden geben kann, während derer diese Klarheit weniger groß ist. Gott prüft den Menschen, testet gleichsam seine Treue und reinigt dabei die Absichten seines Herzens. Der Weg – es wurde bereits erwähnt – führt nicht auf den Berg Tabor, den wonnigen Berg der Verklärung, sondern auf den Kalvarienberg, unter das Kreuz Christi. Dort, an der Stätte des grausamen Leidens und der öffentlichen Erniedrigung des Herrn, war es nicht einfach, an die Königsherrschaft Christi und den Triumph seiner Liebe über Sünde und Tod zu glauben.

Das Licht der Berufung zum Opus Dei schließt aber auch das klare Bewusstsein ein, sich für eine große Aufgabe zu engagieren. Das ist keineswegs ein Widerspruch zur wahren Demut. Auch Maria, die demütige Magd Gottes, hatte ja dieses Bewusstsein, zu Großem berufen worden zu sein, spricht dies auch klar aus und dankt Gott dafür: »Meine Seele preist die Größe des Herrn ... Siehe, von nun an preisen mich selig alle Geschlechter. Denn der Mächtige hat Großes an mir getan ...« Doch Maria sagt auch: »Denn auf die Niedrigkeit seiner Magd hat er geschaut« (Lk 1, 46-49).

Nur eine tiefe und echte Demut, das Bewusstsein, vor Gott klein und ein Nichts zu sein, ist das Fundament, auf dem das Bewusstsein einer göttlichen Berufung gedeihen und Früchte bringen kann, und dieses Fundament der Demut muss wiederum auf dem Felsenboden des Bewusstseins der Gotteskindschaft ruhen und dort fest verankert sein. Deshalb wäre Entmutigung, die sich aus der Betrachtung der eigenen Bedeutungslosigkeit oder Unerfahrenheit ergibt, eine große Fehlkalkulation. »Wirf diese Hoffnungslosigkeit, die aus der Erkenntnis deiner Erbärmlichkeit stammt, weit von dir. – Es ist wahr: nach deinem wirtschaftlichen Ansehen bist du eine Null ... nach deinem gesellschaftlichen Ansehen wieder eine Null ... nach deinen Qualitäten noch eine Null und noch eine nach deiner Begabung ... Aber links von all diesen Nullen steht Christus ... Was für eine unermessliche Zahl ergibt das!« (Der Weg 473).

Das Bewusstsein, von Gott zu einer großen Aufgabe gerufen worden zu sein, nämlich im Dienst der Kirche und der gesamten Menschheit die Sendung des Opus Dei zu verwirklichen, die Sicherheit, dass Gott sozusagen höchstpersönlich daran interessiert ist, dass sich diese Sendung verwirklicht, und die zuversichtliche Hoffnung, dass Gott jenen, die er dazu beruft, auch alle notwendigen Gnaden und Hilfen gibt, führen bei jedem Mitglied des Opus Dei dazu, sich glücklich und froh zu fühlen, das eigene Leben für die Verwirklichung dieser Aufgabe verausgaben zu können. Diese Freude ist sozusagen die »Grundstimmung«, die als Frucht der persönlichen Hingabe und der Gnade Gottes im Opus Dei herrscht. Ein solches Bewusstsein könnte zum Problem werden, wäre es nicht mit der Erkenntnis der eigenen Unzulänglichkeit und Unwürdigkeit verbunden. Der hl. Josemaria sagte von sich immer, Gott habe ihn nur deshalb zum Gründer des Opus Dei erwählt, weil er selbst ein so minderwertiges und unnützes Werkzeug sei; so könne man besser sehen, dass das Werk nicht sein, Josemaria Escrivás, Werk, sondern das Werk Gottes sei. Wir erinnern uns an das oben erwähnte Stoßgebet des hl. Petrus: »Herr du weißt alles, du weißt, dass ich dich lieb habe«. Diese Liebe zum Herrn muss sich bei denjenigen, die zum Opus Dei kommen, immer wieder in der Bereitschaft zeigen zu lernen, sich ein- und unterzuordnen, zu dienen, so wie man eben gebraucht wird, und nicht wie man sich das oft selber vorstellt. Nur so ist es möglich, ein wirksames Werkzeug in den Händen Gottes zu werden.

Angst, dabei etwas zu verlieren? Gar sich selbst zu verlieren? Eine solche Angst ist rein menschlich gesehen verständlich. In Wirklichkeit ist die Hingabe an Gott jedoch immer ein Gewinn, denn die eigene Persönlichkeit wächst und reift daran. Erinnern wir uns auch an die bereits im ersten Kapitel angeführten Worte von Papst Benedikt XVI.: »Wer Christus einlässt, dem geht nichts, nichts – gar nichts verloren von dem, was das Leben frei, schön und groß macht. Nein, erst in dieser Freundschaft öffnen sich die Türen des Lebens ... Habt keine Angst vor Christus! Er nimmt nichts, und er gibt alles.«

Hingabe und Gehorsam im Dienst Gottes erwachsen immer aus der Freiheit, ja sind Akte der Freiheit. Wer so lebt, tut dies, weil *er* es so will, weil es seiner freien Wahl entspricht, mit der er der Einladung Gottes gefolgt ist. Auch wenn man Verpflichtungen und Bindungen eingegangen ist, darf man nie vergessen, dass man dies aus Freiheit getan hat. Freiheit und Bindung schließen einander nicht aus. Die Freiheit ist wie ein Kapital, das man investiert oder ausgibt. Wer investiert und ausgibt, kann über das Geld nicht mehr frei verfügen, hat dafür aber den Gewinn seines Kapitals oder die gekaufte Ware in den Händen und freut sich darüber. So muss auch die menschliche Freiheit »ausgegeben« und in wahre und lohnenswerte Güter investiert werden. So stellt sich auch die damit verbundene Freude ein. Das Leben erhält einen tiefen Sinn. Freiheit und persönliche Verantwortung gehen damit nicht verloren, sondern sie verwirklichen sich, bekommen Richtung und Tiefgang. Im Opus Dei weiß jeder, dass die Türen immer offen stehen, um wegzugehen. Niemand hat ein Interesse daran, dass jemand gegen seinen Willen im Opus Dei verbleibt. Dieses richtet sich an erwachsene und verantwortliche Menschen, die aber vor Gott wie kleine Kinder leben, sich seinen liebevollen Armen überlassen wollen, um so wie Christus zu Dienern und Dienerinnen aller Menschen zu werden. Was Jesus von sich selbst sagt, gilt nun auch für all jene, die aktiv am Erlösungswerk teilnehmen wollen: »Wenn das Weizenkorn nicht in die Erde fällt und stirbt, bleibt es allein; wenn es aber stirbt, bringt es reiche Frucht« (Joh 12, 24).

Aufnahme ins Opus Dei, Rechte und Pflichten, Grundausbildung

Man gelangt zur Erkenntnis der eigenen Berufung zum Opus Dei in der Regel als Ergebnis einer längeren Bekanntschaft mit einem oder mehreren Mitgliedern und nachdem man schon einige Zeit an Bildungstätigkeiten der Prälatur teilgenommen hat. Das bedeutet auch, dass man den Geist des Werkes bereits in seinen Grundzügen kennengelernt hat und versteht, dass Gott von einem mehr verlangt und ihn zur Hingabe des eigenen Lebens im Dienst an der Kirche einlädt.

Es handelt sich um einen allmählichen Prozess des Hineinwachsens, um ein sukzessives Bewusstwerden der eigenen Berufung, dem oftmals verschiedene »Bekehrungen« vorausgehen: Augenblicke, in denen man einen neuen Schritt auf Gott zu macht und sich vielleicht von früheren Verhaltensweisen abwendet, die mit einem konsequent christlichen Leben unvereinbar sind. Man beginnt die Liebe Gottes zu spüren und seine fordernde Bitte, sich ihm an dem Platz in der Welt, an dem man sich befindet, und mitten in seinem beruflichen, familiären und gesellschaftlichen Alltag voll und ganz zur Verfügung zu stellen.

Normalerweise entdeckt jemand diese Einladung Gottes, weil ein Mitglied des Opus Dei ihm von dieser Möglichkeit spricht und ihm neue Horizonte der christlichen Hingabe eröffnet. Doch oftmals hat man diesen Gedanken ohnehin schon seit Längerem im Stillen mit sich herumgetragen. Meistens bedarf es jedoch des äußeren Anstoßes, damit dieser Gedanke sich zum Wunsch nach Hingabe konkretisiert und auch praktisch wirksam wird. Niemand im Opus Dei kann wissen, ob jemand Berufung hat oder nicht. Nur Gott weiß es, und der Betreffende muss sich darüber klarwerden. Eher selten kommt jemand zum Opus Dei, indem er sich sozusagen »anmeldet«, das heißt, indem er, ohne vorher bereits Kontakt mit dem Werk gehabt zu haben, auf den Gedanken kommt, ins Opus Dei »einzutreten«, und sich deshalb an ein Zentrum des Opus Dei wendet. Es gibt aber auch Personen, die das Opus Dei zum Beispiel über Internet oder andere Informationsmedien kennenlernen, sich über das Informationsbüro der Prälatur dann an ein Zentrum wenden und auf diese Weise mit der Zeit die Berufung entdecken. Doch das sind, bisher zumindest, eher Ausnahmen.

Erfahrungsgemäß erhält nur eine Minderheit derjenigen, die an den Bildungsmitteln des Werkes teilnehmen und dort geistliche Hilfe für ihr christliches Leben suchen, von Gott die Berufung zum Opus Dei. Das ist auch gut so. Das Ziel der apostolischen Arbeit des Opus Dei ist nicht, »Nachwuchs« für das Opus Dei zu suchen, sondern unter Menschen aller Gesellschaftsschichten die Suche nach Heiligkeit im gewöhnlichen Leben und inmitten der beruflichen Arbeit, ja gerade *durch* sie zu fördern. Einige werden Mitarbeiter des Opus Dei, unter ihnen gibt es auch nichtkatholische Christen oder gar Angehörige anderer Religionen, zuweilen auch gänzlich Ungläubige und Atheisten, die die menschlichen Seiten der apostolischen Initiativen der Gläubigen der Prälatur schätzen und unterstützen wollen. Andere wiederum nutzen das geistliche Bildungsangebot der Prälatur, ohne den Status eines Mitarbeiters zu erlangen.

Dass dieser Arbeit auch Berufungen für das Opus Dei entspringen, ist nur natürlich. Aus der apostolischen Arbeit der Prälatur gehen jedoch zuweilen auch ganz andere Berufungen hervor. Es gibt Menschen, die hier ihre Berufung zum Priestertum oder zum Ordensleben entdeckt haben. Dasselbe gilt übrigens auch für die Söhne und Töchter von Supernumerariern. Es ist keineswegs so, dass, nur weil die Eltern (oder ein Elternteil) vom Opus Dei sind, diese Familie dann eine »Familie des Opus Dei« ist und ebenfalls die Kinder automatisch in diese Richtung gehen werden. Die Berufung ist eine persönliche Angelegenheit und eine Begegnung der Freiheit eines jeden einzelnen mit dem Willen Gottes. Ja, der heilige Josemaria hat die Supernumerarier klar dazu ermahnt, die Freiheit ihrer Kinder zu achten, diese nicht zu zwingen, ein Zentrum des Werkes zu besuchen und an seinen Aktivitäten teilzunehmen. Und wenn die

Kinder schon etwas älter sind, sollen diese Eltern gemäß dem Rat des Gründers alles unterlassen, was es ihren Söhnen und Töchtern allzu leicht machen würde, regelmäßig ein Zentrum des Werkes zu besuchen und an seinen Aktivitäten teilzunehmen. Wenn ihre Kinder das tun, sollen sie es wirklich nur deshalb tun, weil sie es selber so wollen.

Die Aufnahme in die Prälatur vollzieht sich in verschiedenen Schritten. Zunächst bittet man schriftlich, in einem Brief an den Prälaten, den »Vater«, oder an den Regionalvikar um die Aufnahme ins Opus Dei, je nachdem als Numerarier(in) (bzw. bei den Frauen als Auxiliarin), als Assoziierte(r) oder Supernumerarier(in). Dies kann man frühestens im Alter von sechzehneinhalb Jahren tun. Wer jünger, mindestens jedoch vierzehneinhalb Jahre alt und sich schon seiner Berufung gewiss ist, kann den Aspirantenstatus erwerben; damit gehört er noch nicht zur Prälatur. Falls er weiterhin den Wunsch hat, den Weg des Opus Dei zu gehen, muss er deshalb im Alter von sechzehneinhalb Jahren wie alle anderen explizit und schriftlich um die Aufnahme ersuchen. Darauf folgt für alle eine (mindestens) sechsmonatige erste Ausbildungszeit, in der es darum geht, Klarheit darüber zu gewinnen, dass man wirklich geeignet ist, dem Opus Dei anzugehören. Anschließend erfolgt die »Admission«, das heißt die offizielle Annahme des Aufnahmegesuches seitens der Prälatur. Dem schließt sich eine einjährige Periode der vertieften Ausbildung in Geist und Praxis des Opus Dei an.

Nach dieser Periode und damit frühestens im achtzehnten Lebensjahr kann die betreffende Person sich für die Dauer eines Jahres ins Opus Dei eingliedern. Erst mit diesem Schritt wird sie formell Mitglied der Prälatur. Man nennt diesen Akt die *Oblation*. Dies geschieht durch eine gegenseitige mündliche vertragliche Erklärung zwischen dem Betreffenden und einem Vertreter des Prälaten, normalerweise dem Leiter eines Zentrums des Opus Dei. Diese Erklärung schafft ein wechselseitiges geistliches Band zwischen dem Einzelnen und der Prälatur, das Rechte und Verpflichtungen einschließt, die sich ausschließlich auf die geistliche Bildung und Unterstützung sowie auf das apostolische Wirken des Betreffenden auswirkt. Der erklärt sich bereit, sich mit ganzer Kraft dem Streben nach Heiligkeit zu widmen und ein Apostolat auszuüben, wie es dem Geist und der Praxis des Opus Dei entspricht. Man verpflichtet sich, unter der Jurisdiktion (Rechtskompetenz) des Prälaten des Opus Dei und der anderen zuständigen Autoritäten der Prälatur zu verbleiben und sich den Zielen der Prälatur zu widmen sowie alle Verpflichtungen eines Numerariers bzw. eines Assoziierten oder Supernumerariers des Opus Dei zu erfüllen. Der Vertreter der Prälatur erklärt, dass sich das Opus Dei seinerseits verpflichtet, dem Betreffenden erstens eine beständige lehrmäßige (philosophische und theologische), geistliche, asketische und apostolische Bildung zukommen zu lassen sowie die pastorale Betreuung durch die Priester der Prälatur, und zweitens alle weiteren Verpflichtungen zu erfüllen, die die Leitungsnormen der Prälatur in Bezug auf ihre Gläubigen festlegen.

Die Mitgliedschaft gilt nur bis zum folgenden 19. März, dem Fest des hl. Josef, der als Lehrmeister des inneren Lebens und Beispiel von Hingabe und Treue besonderer Patron des Opus Dei ist. Am 19. März jedes nachfolgenden Jahres muss jeweils die eigene Hingabe und damit die Zugehörigkeit zum Opus Dei innerlich erneuert und diese Erneuerung dem Leiter des eigenen Zentrums mitgeteilt werden. Wer dies nicht tut, gehört automatisch nicht mehr zum Opus Dei. Der Gründer des Werkes wollte dies so, damit ein größtmögliches Maß an Freiheit gewährleistet ist. Um während dieser Periode das Opus Dei zu verlassen, bedarf es also keines positiven Aktes oder irgendeiner Austrittserklärung. Man verlässt es ganz einfach durch einseitige Nicht-Erneuerung der Zugehörigkeit zum Opus Dei bzw. durch »Nichterklärung« dieser Erneuerung. Um im Opus Dei zu verbleiben, bedarf es also in dieser ersten Periode jedes Jahr einer Entscheidung zur Erneuerung, die sich in der Intimität des Gesprächs mit Gott vollzieht, und der nachträglichen Mitteilung dieser Erneuerung an den Leiter des eigenen Zentrums.

Erst fünf Jahre nach der Oblation bzw. sechseinhalb Jahre nach der Aufnahmebitte, also frühestens im dreiundzwanzigsten Lebensjahr, ist es erlaubt, sich definitiv und für das ganze Leben zu binden. Man nennt diesen Akt der Aufnahme für das ganze Leben die Fidelitas (was »Treue« heißt). Die vertragliche Erklärung ist dieselbe, nur heißt es anstelle von »bis zum nächsten 19. März« nun »für das ganze Leben«. Für Numerarier und Assoziierte ist es die Regel, dies fünf Jahre nach der Oblation, für Supernumerarier hingegen zumeist erst zu einem späteren, individuell zu bestimmenden Zeitpunkt zu tun.

Das alles sind eher technische Details. Es würde zu weit führen, sie hier im Einzelnen zu erklären. Sie haben ihren Sinn und sind Ausdruck eines Geistes. Wichtiger als diese Details ist: Für jeden, der zum Opus Dei kommt, indem er einen Brief mit der Aufnahmebitte schreibt, ist dieser erste Schritt ein Ja zum Ruf Gottes und damit, was seine persönliche innere Beziehung zu Gott betrifft, auch schon ein Akt der definitiven Hingabe. Hinsichtlich des inneren Engagements also ist dies der entscheidende Moment, denn es gibt keine halbe Hingabe an Gott und auch keine Hingabe »auf

Zeit« oder mit Bedingungen. Wer um die Aufnahme ins Opus Dei bittet, tut dies nach reiflicher Überlegung, nachdem er sich beraten lassen und die Dinge im Gebet erwogen hat, um den Willen Gottes klarer zu erkennen. Man bittet nicht um die Aufnahme, um »einmal zu schauen, wie es ist« oder es einmal zu versuchen. Eine »Hingabe auf Zeit« kann es hier genausowenig geben, wie es keine Liebe auf Zeit geben kann. Man kommt von Anfang an zum Opus Dei, weil man sich definitiv binden möchte.

Es gibt freilich Leute, die einwenden, dadurch sei gerade bei jungen Menschen die Gefahr der Manipulation oder des psychischen Drucks gegeben. Wer dies meint, verkennt die Realität, denn im Opus Dei sind ja die Dinge gerade so geregelt, dass immer das Aussteigen und nicht das Verbleiben erleichtert wird. Zudem wird peinlichst darauf geschaut, dass niemand auf Grund von Unreife zum Opus Dei kommt oder weil er psychisch schwach oder labil ist oder gar weil ihm durch die Zugehörigkeit ein persönlicher materieller oder rein menschlicher Vorteil erwächst. Das Opus Dei richtet sich an Menschen, die sich ihrer Freiheit bewusst sind, die einen starken Willen, gesunde berufliche Ambitionen haben und selber für ihren Lebensunterhalt sorgen. Solche Menschen lassen sich nicht leicht für die Zwecke anderer manipulieren.

Die oben genannten rechtlichen Regelungen sind deshalb vor allem auch Ausdruck des großen Respekts, den man im Opus Dei vor der Freiheit des Einzelnen hat. Jedem soll auch die Zeit gegeben werden, um zu reifen. Doch liegt es in der Logik der Hingabe auf Grund einer göttlichen Berufung, dass sie von Anfang an den Charakter des Definitiven hat. Gleichzeitig soll jeder wissen, dass die Beharrlichkeit in seiner Hingabe in jedem Moment ein Akt seiner Freiheit ist.

Diese Freiheit verbindet sich dann aber mit der demütigen Bereitschaft, mit Hilfe der Gnade Gottes auch dann treu auf dem Weg weiterzugehen, wenn sich Schwierigkeiten und Anfechtungen einstellen. Diese gehören zur normalen Entwicklung des geistlichen Lebens – Ähnliches gilt übrigens auch für die eheliche Beziehung – und sind gerade eines der Mittel, die Gott benutzt, um den Menschen innerlich wachsen und reifen zu lassen.

Die Grundausbildung im Geist und Apostolat des Opus Dei verlangt Opfergeist und die Bereitschaft, dazu die nötige Zeit zu investieren. Doch verläuft diese grundlegende Bildung auf eine Weise, die nicht mit dem normalen Leben eines Schülers, Studenten, Berufstätigen, eines Familienvaters oder einer Mutter in Konflikt gerät, auch wenn sie dieses Leben ein wenig »komplizieren« kann. Die Ausbildung im Opus Dei verläuft also immer gleichsam nebenher, niemand verlässt deshalb seinen Platz, sie fügt sich in das gewöhnliche Leben eines Studierenden oder Berufstätigen ein. Sie führt auch nicht dazu, die Pflichten der eigenen Familie gegenüber zu vernachlässigen. Das gilt auch für Numerarier, die, sofern sie nicht ohnehin schon älter sind und zum Beispiel studienhalber in einem Studentenheim des Opus Dei wohnen, während dieser Periode weiterhin in ihrem Elternhaus leben und ihren entsprechenden Pflichten nachzukommen haben. Diese Grundbildung wird durch die Leiter, den Priester des Zentrums und eventuell auch durch andere, ältere und erfahrene Numerarier bzw. Numerarierinnen in Kurzvorträgen, individuell oder in kleinen Gruppen, Bildungskreisen und persönlichen geistlichen Gesprächen vermittelt. Vor allem in diesen Gesprächen kann und soll jeder offen und aufrichtig über alle Probleme und Schwierigkeiten sprechen, denen er begegnet, Zweifel lösen und sichere Orientierung für das geistliche Leben erhalten. Ganz entscheidend ist dabei von Anfang an ein intensives Gebetsleben und die Liebe zur Eucharistie, denn das eucharistische Leben, besonders die tägliche Heilige Messe, ist ja für alle im Opus Dei Mitte und Wurzel ihres inneren Lebens.

Die Mittel: Lebensplan und Bildungsmittel

Schon lange bevor jemand um die Aufnahme ins Opus Dei bittet, hat er (oder sie) begonnen, das Gebetsleben zu intensivieren. Man hat sich in der Regel auch schon seit einiger Zeit durch die Teilnahme an Betrachtungen oder Bildungskreisen und durch das persönliche Apostolat eines oder mehrer Freunde vom Opus Dei daran gewöhnt, sich jeden Tag eine gewisse Zeit für das betrachtende Gebet auszusparen, geht vielleicht auch schon öfters während der Woche zur Heiligen Messe, liest und betrachtet das Neue Testament, vor allem die Evangelien und die Apostelgeschichte, betet vielleicht auch den Rosenkranz und bemüht sich, jeden Tag zumindest einmal den Herrn im Tabernakel zu besuchen. Der oder die Betreffende hat vielleicht auch bereits gelernt, abends nicht ins Bett zu gehen, ohne eine kurze, unkomplizierte Gewissenserforschung vorzunehmen und sie mit einem Reueakt und in der Regel mit einem Vorsatz für den nächsten Tag abzuschließen.

Im Opus Dei nennt man das einen »Lebensplan«. So wie jeder Mensch seinen Tag hinsichtlich der Grundbedürfnisse wie Essen und Trinken, Schlaf, Toilette, Erholung, aber auch hinsichtlich Familienleben, Arbeit und sonstiger Tätigkeiten mehr oder weniger strukturiert, so sollte auch der Umgang mit Gott im Leben eines Christen nicht einfach dem Zufall, der Improvisation, der Lust und Laune des Augenblicks überlassen bleiben. Während man durch den Mangel an Nahrung, Schlaf und Erholung zumeist ganz von alleine auf die Idee kommt, dass man essen, schlafen oder sich erholen sollte, so ist das in der übernatürlichen Beziehung der menschlichen Seele zu Gott anders. Wenn man es unterlässt, den Umgang mit Gott bewusst in den Tagesablauf »einzubauen«, dann vergisst man ihn einfach und gewöhnt sich schließlich daran, ohne ihn auszukommen. Um uns daran zu erinnern, dass Gott unser Vater ist und wir seine geliebten Kinder, gibt es keinen Magen, der vor Hunger knurrt, und keine Augen, die vor Müdigkeit zufallen. Das Gegenteil ist der Fall: Wenn man den Umgang mit Gott nicht bewusst sucht, dafür konkrete Zeit investiert und Tag für Tag darum kämpft, so vergeht einem schließlich der »Appetit« auf Gott, man vergisst seinen himmlischen Vater, und das Leben verliert seine übernatürliche Dimension. Auch wenn der Glaube bleibt und man vielleicht weiter ein »praktizierender Katholik« ist, so bleibt das beschränkt auf die Momente, in denen man »in die Kirche geht«. Auf das alltägliche Leben hat es kaum mehr einen Einfluss.

Der Lebensplan, der sich flexibel an das Leben eines jeden anpasst und damit dem gewöhnlichen Leben nicht eine Art spirituelle Parallelstruktur hinzufügt, sondern Teil des normalen Alltags wird, ja diesen Alltag selbst zu einer Begegnung mit Gott werden lässt, ist ein erstes und entscheidendes konkretes Mittel, um zu einer tiefen Einheit des Lebens zu gelangen: die Einheit von Arbeit und Gebet, von gewöhnlichem Leben und Umgang mit Gott. So wird man fähig, das Gesamt des Lebens zu einem wirklichen Apostolat werden zu lassen. Um zum Beispiel mitten im Gewühl eines gesellschaftlichen Anlasses, während des Prüfungsstresses, beim abendlichen Biertrinken mit Kollegen oder in der Pause eines Kinobesuchs auch die apostolische Dimension unserer Beziehungen zu unseren Mitmenschen nicht aus den Augen zu verlieren, bedarf es eines beständigen Bewusstseins, in der Gegenwart Gottes zu leben. Das führt dazu, jede Lebenssituation als eine Gelegenheit zu verstehen, durch die Gott sich unseres Beispiels und unserer Worte bedienen kann, um im Innern unserer Freunde, Kollegen und Bekannten zu wirken.

Die treue Einhaltung eines Lebensplanes bewirkt gerade, in einem solchen Bewusstsein der Nähe Gottes und damit einer beständigen apostolischen »Spannung« oder »Vibration« zu leben. Die tiefste Sorge eines jeden Angehörigen des Opus Dei ist also, beständig den Umgang mit Gott mitten im Alltag zu suchen. Genau deshalb ist die Treue zu den im Lebensplan festgesetzten »Normen« der Frömmigkeit so entscheidend wichtig. Diese Normen sind Fixpunkte, die man sich mit einer gewissen Disziplin einzuhalten vornimmt. Sie sind wie Wegmarken, die man gerade dann braucht, wenn es tausend menschliche Gründe zu geben scheint – Müdigkeit, Zeitmangel, Arbeitsüberlastung, Familienprobleme, dringende Erledigungen usw. –, den Umgang mit Gott aufzuschieben oder zu vernachlässigen.

Doch wie schon gesagt, handelt es sich um bloße *Mittel.* Ziel ist nicht die »Absolvierung« eines Lebensplanes, den man krampfhaft durchzuziehen versucht und dann zufrieden ist, wenn man es geschafft hat. Den Lebensplan »erfüllen« wollen heißt, ihn als die sichere Straße anzusehen, auf der man weitergehen muss, um ans Ziel zu kommen. Die übernatürliche Wirksamkeit der konsequenten Einhaltung eines solchen persönlichen Lebensplanes hängt, wie eben

Heiligkeit generell, nicht von unserer Leistung ab, sondern vom Wirken der Gnade, vom Wirken des Heiligen Geistes im Innern der Seele eines jeden. Heiligkeit ist eine Gabe Gottes, nicht eine Leistung des Menschen. Die treue Erfüllung eines Lebensplanes hat also nicht zum Ziel, am Abend stolz sagen zu können: »Ich habe alles erfüllt«. Das wäre eine Verkehrung der Prioritäten. Sich mit innerer Disziplin und oft vielleicht lustlos an die Normen des Lebensplanes zu halten ist nichts anderes als ein Mittel, die eigene Trägheit oder Faulheit zu überwinden, sich nicht beirren zu lassen, weil man wenig Zeit hat, Gott also auf eine praktische Weise zu zeigen, dass man das große Gebot erfüllen möchte, ihn über alles zu lieben.

Der innere Kampf, Tag für Tag die festgesetzte Zeit des Gebetes einzuhalten, früh genug aufzustehen, um an der Heiligen Messe teilnehmen zu können und vorher noch eine halbe Stunde im Gebet zu verharren, auch am Nachmittag eine zweite halbe Stunde des betrachtenden, inneren Gebetes anzuschließen oder trotz Müdigkeit die abendliche Gewissenserforschung nicht zu unterlassen, auch nicht die Lektüre des Evangeliums oder das Gebet des Rosenkranzes, die sonstige geistliche Lektüre oder den Besuch beim Herrn im Tabernakel zu versäumen, weil man gerade sehr beschäftigt ist oder keine Lust hat: Der innere Kampf um diese Treue ist nichts anderes als eine konkrete Art und Weise, den ersten Teil des großen Liebesgebotes zu beherzigen, Gott also immer wieder zu sagen: »Ich liebe dich Herr, mein Gott, mit ganzem Herzen und ganzer Seele, mit all meinen Gedanken und all meiner Kraft« (vgl. Mk 12, 30). Es ist auch eine konkrete Art und Weise, sich immer wieder Gott zu schenken, seinen Willen zu suchen und die Bereitschaft auszudrücken, sich dem Wirken der Gnade Gottes zu überlassen. Die Normen des Lebensplanes treu erfüllen heißt also gerade nicht, einem geistlichen Leistungsdenken zu verfallen, sondern die einem zur Verfügung stehenden Mittel einzusetzen, um sich in jeder Lebenssituation stets für das Wirken der Gnade Gottes offen zu halten.

Dadurch gelangt man mit der Zeit zu jener tiefen und robusten Einheit des Lebens, von der bereits in einem früheren Kapitel die Rede war. Arbeit und Gebet verschmelzen zu einer kompakten Einheit, und alle, auch die kleinsten und alltäglichsten Dinge des Lebens werden auf Gott ausgerichtet, erhalten übernatürlichen Wert, Ewigkeitswert, und lassen in uns die Liebe Gottes wachsen.

Bereits in einem früheren Kapitel dieses Buches wurde eine Begebenheit aus dem Leben des hl. Josemaria erwähnt, die das zu illustrieren vermag. Es war im Jahre 1931, der junge Gründer des Opus Dei, damals noch ganz allein, hatte gerade seine halbstündige Betrachtung vor dem Tabernakel einer Kirche beendet, es ging ihm nicht gut, er fühlte sich müde und trocken, konnte sich nicht konzentrieren und musste sich durchringen. Nachdem er die Kirche verlassen hatte, kaufte er sich eine Zeitung und stieg in die Straßenbahn ein. Und dort, unvermutet und plötzlich, begann es gleichsam in ihm zu beten, fühlte er sich mitten im Großstadtgewühl Gott ganz nahe und begann ihn als »Vater«, »Abba« anzurufen. Das dauerte an, bis er zu Hause angekommen war. Sein Leben hatte sich plötzlich verändert. Das ist das Ergebnis der Treue und Beharrlichkeit im Umgang mit Gott. So bringt der hl. Josemaria mit den folgenden Worten seine eigene Erfahrung zum Ausdruck: »Sei in den Frömmigkeitsübungen, die du dir vorgenommen hast, beständig – fordere sie dir ab, gerade wenn du müde bist oder sie dir öde vorkommen. Dann harre aus! Solche Zeiten des

Gebetes sind wie die rotgestrichenen, langen Pflöcke im Hochgebirge. Wenn der Schnee alles bedeckt, bleiben sie immer noch gut sichtbar als Orientierungspunkte, die – immer! – den sicheren Weg markieren« (FdS 81). Wenn man auf diesem Weg beharrlich weitergeht, dann eben trifft man immer wieder unvermutet auf Gott, der uns ergreift und auf neue Höhen des inneren Lebens und der Hingabe führt.

Es ist wichtig zu verstehen, dass Gott uns in einer gewissen Weise wie kleine Kinder behandelt. Die Logik des Lebensplanes ist eine Logik der Demut, die zu wahrer Frömmigkeit führt, nicht einer Frömmigkeit von Frömmlern, sondern von mündigen, verantwortungsbewussten Menschen, die sich in allen Lebensumständen als Kinder Gottes wissen. Es geht darum zu erkennen, dass Gott aus diesen kleinen Schritten, die wir täglich auf ihn zu tun, Großes wirken kann. Wir geben, was wir können, und Gott gibt, was er kann, und das ist unendlich viel. Man erzählt – die Geschichte ist sehr bekannt –, Alexander der Große, dessen Großzügigkeit sprichwörtlich war, sei einmal von einem Bettler um ein Almosen gebeten worden, worauf ihm Alexander eine ganze Stadt schenkte. Darauf der Bettler: »Aber ich habe dich nicht um so viel gebeten.« Alexander antwortete ihm: »Du hast gebeten als der, der du bist; ich gebe dir als der, der ich bin.«

So handelt Gott mit uns. An Großzügigkeit lässt sich Gott nicht übertreffen! Das Ganze ist ein Spiel der Liebe. Es ist aber von unserer Seite mit Anstrengung und innerem Kampf verbunden. Es braucht Beharrlichkeit, denn im inneren Leben gibt es oft längere Wegstrecken der Dürre und scheinbaren Ergebnislosigkeit. Das wahre Gebetsleben ist immer auch ein Weg des Kreuzes und der inneren Reinigung und bedarf deshalb, auch noch in »fortgeschrittenem Stadium«, der geistlichen Begleitung und Unterstützung, Ermahnung und Ermunterung. In dieser liebevollen Beharrlichkeit, jeden Tag das Gespräch mit Gott zu suchen, liegt eigentlich das Wichtigste des Lebens im Opus Dei. Wer hier, in der Schlichtheit und Natürlichkeit des immer Gleichen treu ist, der ist treu in seiner Berufung, der wird sich im Laufe der Jahre durch seine Arbeit heiligen und viele apostolische Früchte ernten. Worauf es im Opus Dei also letztlich ankommt, sind nicht die organisatorischen Aspekte, nicht einmal die Arbeit, sondern letztlich die Treue zu diesen Normen des Lebensplanes, durch deren liebevolle »Erfüllung« man Gott beständig seine Liebe erklärt, sich seinen Armen überlässt und sich dem Wirken des Heiligen Geistes öffnet.

Zu den Normen des Lebensplans zählen wie gesagt neben dem betrachtenden Gebet am Morgen und am Nachmittag, der geistlichen Lesung (eine Viertelstunde, inklusive Lektüre des Neuen Testamentes), dem Gebet des Rosenkranzes und der abendlichen kurzen Gewissenserforschung vor allem auch zwei Sakramente: der wenn möglich tägliche Besuch der Heiligen Messe, gemäß dem hl. Josemaria im Opus Dei »Mittelpunkt und Wurzel« des geistlichen Lebens, sowie der in der Regel wöchentliche Empfang des Bußsakramentes. Dazu kommen monatlich ein Tag der geistlichen Einkehr und einmal im Jahr Besinnungstage, je nachdem von drei oder fünf Tagen Länge. All dies sind Mittel, um als Menschen zu leben, die mit beiden Füßen auf dieser Erde stehen, eingelassen in das Getriebe der menschlichen und bürgerlichen Gesellschaft, solidarisch mit ihren Sorgen, Nöten und Erwartungen, die sich aber mit ihrem Herzen immer auch bei Gott befinden wollen und ihn deshalb auch ihren Mitmenschen nahe bringen können. Sie sind Seelen des Gebetes, besitzen eine kontemplative und priesterliche Seele, zugleich aber auch Laienmentalität und streben mitten in der Welt danach, diese von innen her zu heiligen und mit dem Geist Christi zu erfüllen. Ohne ein intensives Gebetsleben und das beständige Bemühen, alle Umstände des gewöhnlichen Lebens zu Gelegenheiten werden zu lassen, Umgang mit Gott unserem Vater zu pflegen, ist es deshalb unmöglich, im Opus Dei auszuharren, und »nur im Gebet und mit der Hilfe des Gebetes lernen wir es, den Mitmenschen zu dienen« (FdS 72).

Wichtig sind dafür aber auch die kurzen, wöchentlichen Zusammenkünfte in familiärer Atmosphäre im eigenen Zentrum, der so genannte *Kreis*, in dem man für die Woche konkrete und praktische Anregungen für das innere Leben erhält und grundlegende Aspekte des christlichen Lebens und des Geistes des Opus Dei in Erinnerung gerufen und vertieft werden. Den meisten sind solche Bildungskreise bereits aus der Zeit bekannt, in der sie noch nicht dem Werk angehörten, denn sie werden in ähnlicher Form und mit analoger Zielsetzung auch Nichtmitgliedern angeboten.

Dazu kommt eine permanente Ausbildung in der Kenntnis der katholischen Lehre und Theologie. Diese Bildung ist für die Numerarier, Männer und Frauen gleicherweise, besonders ausgedehnt und intensiv. Jeder Numerarier kursiert in einem Rhythmus, der sich nach den Möglichkeiten und Lebensumständen eines jeden richtet, mit der Zeit ein vollständiges philosophisches und theologisches Grundstudium. Dieses verläuft nach einem Studienplan, der demjenigen eines normalen Priesteramtskandidaten entspricht (Bakkalaureat in Philosophie und Theologie; was die theologischen Studien betrifft, kursiert man neben Fundamentaltheologie, Dogmatik und Moraltheologie auch Kirchengeschichte, Exegese der Heiligen Schrift, Liturgie, Kirchenrecht, Ökumenische Theologie usw.). Das Opus Dei besitzt dafür in jeder Region entsprechende Studienzentren und organisierte Ausbildungsgänge. Wo dies möglich ist, verbringt ein junger Numerarier zwei Jahre seiner universitären Studienzeit in einem Studienzentrum, das heißt in einem Studentenheim, in dem ausschließlich Numerarier wohnen. Dort absolviert er (oder sie), neben dem normalen Universitäts- oder sonstigen Hochschulstudium eigener Wahl, das philosophische Grundstudium. Ebenso erhält man hier eine intensive geistliche und apostolische Ausbildung. In bestimmten Fällen, vor allem in noch weniger entwickelten Regionen des Opus Dei, wo es solche Studienzentren noch nicht gibt, kann diese Ausbildung auch auf andere Weise erfolgen, in den einzelnen Zentren während des Studienjahres, wenn nötig in individuellem Unterricht und dann vor allem in den so genannten Jahreskursen.

Die Jahreskurse sind sozusagen die Ferien der Numerarier. Schüler und Studenten haben natürlich viel mehr Ferienzeit als Berufstätige, die sie unter Umständen für Prüfungsvorbereitungen nutzen, aber auch zur Betreuung apostolischer Aktivitäten (z.B. Lager von Jugendclubs oder Bildungstätigkeiten für Universitätsstudenten). Einen Teil ihrer Schul- bzw. Semesterferien investieren sie in die, je nachdem, zwei- bis vierwöchigen Jahreskurse. Bereits berufstätige Numerarier haben natürlich weniger Ferien und verbringen diese deshalb vollständig auf diese Weise. Die Jahreskurse der Assoziierten sind etwas kürzer und die Supernumerarier nehmen jährlich an einem ähnlich strukturierten Bildungskurs teil, der eine Woche bis zehn Tage dauert. Supernumerarier verbringen ihre Ferien selbstverständlich mit ihrer eigenen Familie und können deshalb nicht so viel Zeit für die dem Werk spezifische philosophische, theologische, asketische und apostolische Bildung aufwenden. Doch auch für die Supernumerarier gibt es Studienzentren, an denen sie, allerdings ohne dort zu leben, berufsbegleitend eine intensivere philosophisch-theologische Ausbildung sowie eine vertiefte Kenntnis der Praxis und des Geistes des Opus Dei erhalten können.

Es ist für Numerarier gewiss ein Opfer, die Ferien nicht einfach nach Lust und Laune zu verbringen – das tun allerdings auch verantwortungsbewusste Eheleute mit Kindern nicht –, sondern sie vollständig zur theologischen, geistlichen und apostolischen Weiterbildung zu nutzen. Natürlich haben ältere Numerarier bereits die meisten oder alle Fächer der philosophischen und theologischen Studien absolviert. Für sie sind, in einem weniger intensiven, sehr lockeren Rhythmus, Repetitorien und das Studium aktueller Fragen vorgesehen. Diese Jahreskurse sind aber für alle auch wirkliche Zeiten der Erholung und Gelegenheit für ein intensiveres Familienleben. Selbstverständlich wirkt zumeist schon die Abwechslung, ein philosophisches oder theologisches Fach zu studieren und einige Wochen in einer anderen Umgebung zu verleben, erholend.

Jahreskurse finden statt in den Bergen, am Meer oder irgendwo auf dem Lande in dazu geeigneten Häusern, zumeist von der Prälatur initiierte oder von ihr geleitete wohnlich eingerichtete Tagungshäuser, in der Regel auch mit eigenen, wenn auch bescheidenen Sportanlagen, wie es ja auch zum Standard eines heutigen Seminarhotels gehört. Oftmals werden Jahreskurse auch in anderen körperschaftlichen Einrichtungen des Werkes organisiert, etwa in einem Studentenheim, das während der Semesterferien leersteht und deshalb für solche Aktivitäten genutzt werden kann. Jahreskurse bieten auch Gelegenheit, hin und wieder seine Ferienzeit in einem anderen Land, in einer noch nie besuchten Großstadt oder an Orten von besonderer kultureller und touristischer Attraktivität zu verbringen. In den Jahreskursen gibt es Zeit für Sport, Wanderungen, Besichtigungen, Ausflüge, man kommt mit Menschen anderer Länder und Kulturen in Kontakt und tauscht Erfahrungen aus. Doch vor allem sind sie eine Periode, während der man geistlich »auftanken« und mit größerer Ruhe beten kann. Dazu soll auch das Familienleben helfen, das immer von Freude und feinfühliger Aufmerksamkeit für die anderen geprägt ist. Die Jahreskurse sind auch für junge Leute sicher keine unintelligente, vielmehr eine höchst gesunde und befriedigende Form, die Ferienzeit zu verbringen. Sie sind zugleich aber auch Ausdruck der persönlichen Hingabe im Dienst an der Kirche und den Seelen.

Tugenden (1): Demut, Aufrichtigkeit, Gehorsam, Großzügigkeit

Formung, Bildung und inneres Leben im Opus Dei zielen darauf, das Leben und die Hingabe Christi nachzuahmen, ohne den eigenen Platz in dieser Welt zu verlassen. Es geht darum, immer tiefer zu entdecken, dass die Wege dieser Welt Wege Gottes und Wege *zu* Gott sind. Deshalb geht es im Wesentlichen darum, alle menschlichen und übernatürlichen Tugenden zu üben: Wie wir sahen, ist Christus vollkommener Gott, aber auch vollkommener Mensch. In ihm vereinen sich Menschliches und Göttliches in untrennbarer Einheit und vollkommener Harmonie. Selbstverständlich sind die wichtigsten Tugenden die von Gott in die menschliche Seele eingegossenen, ganz und gar übernatürlichen Tugenden des Glaubens, der Hoffnung und vor allem der Liebe. Diese Tugenden müssen jedoch ein solides Fundament in den menschlichen Tugenden und anderen wertvollen Grundhaltungen besitzen, »kleine, funkelnde Edelsteine, die wir auf unserem Weg sammeln, um sie – im Dienst an unseren Mitmenschen – vor Gottes Thron zu bringen: Einfachheit, Freude, Loyalität, Frieden, kleine Verzichte, unauffällige Dienste, treue Pflichterfüllung, Freundlichkeit ...« (FdS 86). Die menschlichen Tugenden erhalten durch ihre Einbettung in die übernatürliche Dynamik des christlichen Lebens besondere und neuartige Konturen. So etwa die bereits oft erwähnte Tugend der Demut, die für einen Christen nicht nur menschliche Bescheidenheit und Mäßigung in der Suche nach Ehre und Anerkennung ist, sondern durch das Bewusstsein genährt wird, dass der Mensch von Gott aus dem Nichts erschaffen, von ihm geliebt und durch die Hingabe seines Lebens erlöst wurde. Der Christ, der demütig ist, weiß sich von Gott beschenkt und immer seiner Hilfe bedürftig.

Kleinen Kindern ist eine Art natürliche Demut eigen, die nicht Tugend ist, sondern einfach der Tatsache des Kindseins entspricht. Deshalb ist es für Kinder natürlich, Fragen zu stellen, wenn sie etwas nicht verstehen. Kinder sind einfach, direkt und aufrichtig, was manchmal für die Erwachsenen peinlich sein kann, sie haben Vertrauen, und wenn sie hinfallen, dann weinen sie vielleicht zunächst, lassen sich aber problemlos helfen, wieder aufzustehen, vergessen bald, was geschah, und versuchen es aufs Neue. Jesus hat seinen Jüngern gesagt: »Wer das Reich Gottes nicht so annimmt wie ein Kind, der wird nicht hineinkommen« (Mk 10, 15). Wer sich dem Leben der Gnade öffnen, wer auf dem

Weg der Heiligkeit vorankommen und apostolische Früchte hervorbringen will, der muss vor Gott wie ein Kind werden: offen, vertrauensvoll, aufrichtig und einfach. Vor allem darf er nicht ausschließlich auf das eigene Wissen, Können oder die Einschätzung seiner selbst bauen wollen. Ein gesundes Selbstvertrauen ist zwar für jeden Menschen wichtig, aber um menschlich und übernatürlich zu reifen, muss man auch bereit sein, sich etwas sagen und sich korrigieren, ja manchmal, in Momenten innerer Dunkelheit, sich an der Hand führen zu lassen.

Dafür bedient sich Gott wie für so Vieles anderer Menschen. Die gesamte Kirche ist nichts anderes als ein Mittel, durch das Gott mit der Hilfe von Menschen das Licht seiner Wahrheit und Liebe vermitteln möchte. Das Opus Dei und jeder, der ihm angehört, ist Teil der Kirche und Mitträger ihrer Sendung. Die so genannte »geistliche Leitung« der Seelen ist ein seit Jahrhunderten in der Kirche praktizierter Brauch. Durch sie helfen Menschen anderen Menschen, den Willen Gottes zu erkennen und in ihren inneren, geistlichen Kämpfen zu siegen. Es gab noch keinen Heiligen, der ohne diese Hilfe ausgekommen wäre. »Du solltest dir die bewährte Erkenntnis vor Augen halten, dass der eigene Verstand ein schlechter Ratgeber und ein schlechter Lotse ist, wenn es darum geht, die Seele durch die Böen und Stürme und Klippen des inneren Lebens zu steuern. Deshalb ist es der Wille Gottes, dass ein Kundiger die Führung des Schiffes übernimmt und uns mit seinem Licht und seinem Wissen in einen sicheren Hafen führt« (Der Weg 59).

Die geistliche Leitung ist nicht dazu da, um uns zu sagen, was wir in unserem Leben zu tun und zu lassen haben, oder uns Anweisungen für die Arbeit und unser sonstiges gesellschaftliches oder gar politisches Engagement zu geben, sondern einzig und allein, um »die Seele durch die Böen und Stürme und Klippen des inneren Lebens zu steuern«. Das heißt nicht, dass man zum passiven Empfänger von Ratschlägen und Anweisungen für das innere Leben wird. Geistliche Leitung bedeutet, das Werk des Heiligen Geistes in uns zu unterstützen. Mehr als geistliche »Leitung« ist sie deshalb kundige geistliche »Begleitung«. Sie ist ein Werk der Ermutigung, der Orientierung und der Hilfe, durch die wir zu unterscheiden lernen, was in uns von Gott, was hingegen von unseren schlechten Neigungen, unserer Unerfahrenheit oder Schwachheit stammt. »Eine geistliche Leitung darf nicht darauf hinauslaufen, Menschen ohne eigenes Urteilsvermögen heranzubilden, die sich darauf beschränken auszuführen, was andere ihnen sagen. Im Gegenteil: der Sinn der geistlichen Leitung besteht gerade darin, die eigene Urteilsfähigkeit zu stärken; und ein eigenes, unabhängiges Urteil setzt charakterliche Reife, ausreichende Kenntnis der christlichen Lehre, Feinfühligkeit und Willensstärke voraus« (Gespräche 93).

Ganz besonders am Anfang des Weges bedarf es der sachkundigen Orientierung, der Ermutigung, aber auch der Mäßigung eines überbordenden und oft naiven Enthusiasmus. Das geistliche Leben beruht auf einem sicheren Erfahrungsschatz von Jahrhunderten, und wer versuchte, den Weg der christlichen Vollkommenheit zu gehen, ohne aus diesem Schatz zu schöpfen und sich dabei helfen zu lassen, der wäre anmaßend und unklug. Er würde mit Bestimmtheit Schiffbruch erleiden. Aber auch noch nach Jahren, ja immer bedarf es dieser Hilfe, denn immer neigt der Mensch dazu, sich selber falsch zu beurteilen, immer spielen Eigenliebe und Stolz einem einen Streich und haben wir, wie auf dem Auge, auch in unserer Seele den berühmten blinden Fleck:

Wir können uns nicht selber genau so sehen, wie wir wirklich sind, und uns deshalb auch nicht selber aus den Fallstricken, die uns Eigenliebe, Stolz oder Eitelkeit immer wieder legen, befreien. Das ist genauso unmöglich, wie die aus der deutschen Literatur jedem Schüler bekannte Geschichte des prahlerischen Barons von Münchhausen, der von sich erzählte, er sei einmal in einen Sumpf gefallen und dort stecken geblieben, habe sich dann aber einfach an den Haaren gefasst und selber herausgezogen! Das ist nicht nur physisch, sondern auch im geistlichen Leben unmöglich. Deshalb braucht jedermann Hilfe von anderen Menschen. Wer das leugnet, ist entweder ein ebenso stolzer Prahlhans wie der Baron von Münchhausen; oder aber er ist so anmaßend zu bestreiten, dass er überhaupt je in einem Sumpf stecken könnte, behauptet also, er sei total in Ordnung.

Jeder ohne Ausnahme braucht für sein inneres Leben die Hilfe eines anderen, durch die Gott dann das Werk der Heiligung vollziehen kann. Das gilt im Opus Dei auch für die Leiter und Priester, also gerade für jene, die anderen diese Hilfe zukommen lassen. Auch ein Arzt geht ja für seine eigene Gesundheit zu einem Kollegen und versucht nicht, sich selbst zu heilen, auch wenn er in vielen Fällen schon vorher ungefähr weiß, wo ihn der Schuh drückt. Selbstverarztung ist auch für einen Arzt gefährlich, ist doch jeder bezüglich seiner selbst nur zu gerne befangen und blind, wenn unangenehme Diagnosen zu stellen sind und entsprechende therapeutische Entscheidungen anstehen! Als ich vor vielen Jahren definitiv aufhörte zu rauchen – ich rauchte Pfeife –, tat ich das mit Hilfe eines anderen Numerariers des Zentrums, in dem ich damals in Rom weilte. Er war Arzt und riet mir dringend dazu, aus Gesundheitsgründen das Rauchen aufzugeben. Er selbst war ebenfalls Raucher. Ich folgte seinem Rat, fragte ihn aber, weshalb er denn selber das Rauchen noch nicht aufgegeben habe. Er sagte mir: »Ich habe niemanden, der mir dabei hilft.« Ich ging umgehend in sein Zimmer und konfiszierte mit seinem Einverständnis sämtliche Zigaretten, deren ich habhaft werden konnte. Doch gab es da noch eine geheime Reserve, das merkte ich aber erst später ... Ärzte sind bekanntlich die schwierigsten Patienten (obwohl der Betreffende den Arztberuf nicht mehr ausübte, sondern zum Journalismus gewechselt hatte). Wer anderen helfen kann und auch tatsächlich hilft, ist jedenfalls selber jemand, der der Hilfe bedürftig ist; auch er ist ein normaler Mensch mit Schwächen und Fehlern, an denen er arbeiten muss.

Geistliche Leitung im Opus Dei vollzieht sich im Rahmen eines brüderlichen, unkomplizierten Gesprächs mit dem Leiter des Zentrums – einem Laien –, zu dem man gehört, oder einer anderen, dazu beauftragten Person. Diese ist natürlich im Laufe der Zeit keinesfalls etwa immer die gleiche. Zudem ist im Opus Dei zu keinem Zeitpunkt jemand einfach von einer einzigen Person »abhängig«. Ebenso sind die Priester der einzelnen Zentren, an die sich jeder nach seinem eigenen Gutdünken jederzeit auch außerhalb der Beichte wenden kann, in diese Aufgabe einbezogen.

Damit die geistliche Leitung ihren Zweck erfüllen kann, sind zwei Dinge nötig: Aufrichtigkeit und Fügsamkeit, innerer, rein übernatürlicher, auf dem Vertrauen auf Gott beruhender Gehorsam. Doch ist es ganz entscheidend zu verstehen, dass sowohl Aufrichtigkeit wie auch Gehorsam nur einen Sinn haben, wenn sie aus der Freiheit und aus ganz und gar übernatürlichen Motiven entspringen. Die Aufrichtigkeit, die vollständige Transparenz und das Offenlegen von Schwierigkeiten, persönlichen Schwächen und Anfechtungen ist letztlich nichts anderes, als Gott den ehrlichen Wunsch zu zeigen, sich dem Wirken seiner Gnade zu öffnen. Wer einfach, direkt und aufrichtig ist, dem schenkt Gott Demut und Selbsterkenntnis. Die Ratschläge, die er im Gespräch mit der Person erhält, der er sich in seiner Aussprache anvertraut, werden in seiner Seele eine machtvolle übernatürliche Wirksamkeit entfalten. Dies nicht, weil diese Ratschläge genial sind oder die Person, die sie uns gibt, eine privilegierte Kenntnis des Willens Gottes besitzt. Sicher rechnet Gott mit der Erfahrung solcher Personen, ihrer Kenntnis des Geistes des Opus Dei und der christlichen Lehre; er wird ihnen auch mit seiner Gnade beistehen, um uns richtig zu raten. Aber letztlich hängt der »Erfolg« unserer Fügsamkeit nicht von solchen Dingen ab, sondern von der Tatsache, dass *wir* es sind, die aus Liebe zu Gott und mit dem Wunsch, seinen Willen zu erfüllen, diese Ratschläge aus der Mitte unserer Freiheit heraus befolgen. »Nimm die Ratschläge, die du in der geistlichen Leitung empfängst, so an, als kämen sie von Jesus Christus selbst« (FdS 125). Ein Leiter kann sich irren, aber wer in diesem Geist und mit Demut gehorcht, irrt sich nie, denn »Gott tritt den Stolzen entgegen, den Demütigen aber schenkt er seine Gnade« (1 Petr 5, 5).

Christlicher Gehorsam ist nichts anderes als eine Nachahmung des Gehorsams Christi. Christus war gehorsam, indem er in allem den Willen seines göttlichen Vaters erfüllte, »er erniedrigte sich und war gehorsam bis zum Tod, bis zum Tod am Kreuz« (Phil 2, 8). Paulus lehrt uns auch, dass, wie durch den Ungehorsam des ersten Menschen gegenüber Gott die Sünde in die Welt kam, »durch den Gehorsam des einen«, Jesus Christus, »die vielen«, all jene, die die Gnade Christi nicht zurückweisen, erlöst wurden (Röm 5, 19).

Fügsamkeit in der geistlichen Leitung heißt den Wunsch haben, den Weg Jesu zu gehen, wie es das diesem Kapitel vorangestellte Wort des Herrn veranschaulicht: »Wenn das Weizenkorn nicht in die Erde fällt und stirbt, bleibt es allein; wenn es aber stirbt, bringt es reiche Frucht« (Joh 12, 24). Fügsamkeit bedeutet, den Willen Gottes und nicht den eigenen Willen zu erfüllen suchen, sich dazu dem Rat und Willen eines anderen zu unterwerfen und sich auf diese Weise von den Begrenzungen und Schlingen des eigenen Ichs zu befreien. Nur so vermag man zu den Höhen des übernatürlichen Lebens und wahrer Gottesliebe aufzusteigen und die reiche Frucht hervorzubringen, von der Jesus spricht.

Demut, Aufrichtigkeit, Fügsamkeit sind also unentbehrlich. Jeder im Opus Dei muss sich bewusst sein, dass die Alternative dazu Stolz und Hochmut und damit geistliche und apostolische Unfruchtbarkeit sind. Kurz und bündig ausgedrückt: Man kommt zum Opus Dei, um zu gehorchen. Wer dies aus Liebe zu Christus tut, dessen Leben vereinigt sich mit der Fruchtbarkeit der Hingabe Christi. »Wenn der Gehorsam dir keinen Frieden gibt, dann bist du hochmütig« (Der Weg 620). Gehorsam ist nicht nur im persönlichen inneren Leben notwendig, sondern auch gegenüber der Kirche insgesamt, insbesondere den Lehren ihres authentischen Lehramtes. Gehorsam braucht es schließlich im persönlichen Apostolat. »Gehorchen … sicherer Weg. Den Vorgesetzten mit rückhaltlosem Vertrauen gehorchen … Weg der Heiligkeit. Gehorchen in deinem Apostolat … der einzige Weg; denn in einem Werk Gottes muss dies der Geist sein: dass man gehorcht oder geht« (Der Weg 941).

Das sind starke Worte, aber sie sind ehrlich und offen. Einige Kritiker des Opus Dei haben daran zu Unrecht

Anstoß genommen, weil sie den geistlichen und übernatürlichen Hintergrund dieser Worte nicht verstanden oder mutwillig ausblendeten. Apostolat im Opus Dei heißt nicht, dass man einfach von den Leitern »herumgeschoben« oder wie eine Marionettenfigur benutzt wird. Wir Menschen sind freie und intelligente Wesen. Gehorsam im Opus Dei ist intelligenter Gehorsam, kein so genannter Kadavergehorsam, der darin besteht, sich wie eine Sache, ohne Willen und eigenes Denken, von anderen benutzen zu lassen. Kadaver kann man im Opus Dei nicht brauchen. »Kadaver«, so der hl. Josemaria, »die begrabe ich.« Das Apostolat im Opus Dei ist nicht einfach eine Veranstaltung der Leiter, wobei die anderen nur Ausführende sind. Im Gegenteil ist es wichtig, dass ein jeder eigene Initiativen entwickelt und entsprechende Vorschläge macht, Hinweise gibt, Ideen vorbringt, ja auch auf mögliche Schwächen und Unzulänglichkeiten in der Leitungsarbeit hinweist, »denn der Herr verpflichtet uns nicht zu einem blinden, sondern zu einem intelligenten Gehorsam, und wir müssen uns verantwortlich fühlen, den anderen mit unserer Einsicht zu helfen« (CB 17).

Eigeninitiative und Gehorsam, Freiheit und Gehorsam sind keine Gegensätze. Antonio Valero, Initiant und erster Leiter einer der heute weltweit führenden Businessschulen, des der Universität Navarra zugehörigen IESE in Barcelona, erzählte mir einmal, wie er vor Jahrzehnten den Leitern der Delegation von Barcelona die Idee zu einer solchen Schule, die ein körperschaftliches Werk des Opus Dei sein sollte, vorlegte. Es war seine Idee. Man sandte eine Projektskizze nach Rom. Von dort kam die Antwort des hl. Josemaria persönlich. Er fand die Idee gut und schrieb lapidar: »Realisiert den Vorschlag Antonios.« Man habe sich gegenseitig angeschaut, weil man nicht wusste, wer es nun in die Hand nehmen sollte. Keiner hatte zu einer solchen Aufgabe die Kompetenz, auch nicht Antonio Valero selbst; er war Ingenieur und hatte keine Ahnung von Ökonomie und Unternehmensführung. Man einigte sich: Antonio soll es machen, von ihm stamme ja schließlich der Vorschlag. Und so geschah es: Valero suchte die Hilfe kompetenter Leute und machte sich selber daran zu lernen. Nach Jahren intensiver Arbeit und in Zusammenarbeit mit anderen, weltweit führenden Institutionen dieser Art (wie etwa der *Harvard Business School*) entstand eine Managementschule von Weltruf, die gleichzeitig ein intensives Apostolat im Bereich des Unternehmertums verwirklicht.

Die persönliche Initiative ist entscheidend, im Großen wie im Kleinen. Es kommt auch immer wieder der Moment des bloßen, demütigen und in diesem Sinn »blinden« Gehorsams, Momente, in denen jemandem aufgetragen wird, zumeist in der Form einer einfachen Bitte, dies oder jenes zu tun oder ein Projekt voranzubringen, das wir selber gar nicht vorgeschlagen haben. Man ist Teil eines größeren Ganzen und muss, wie das auch in so vielen menschlichen Unternehmungen der Fall ist, bereit sein, sich ein- und unterzuordnen. Auch hier ist ein Vertrauensvorschuss nötig, man kann nicht immer alle Gründe verstehen und für alles eine vollständige Erklärung bekommen wollen. Die Leiter im Opus Dei handeln gemäß den Kriterien der katholischen Moral und des Geistes des Werkes, und jeder, dem etwas aufgetragen wird, weiß, dass er ausschließlich für ein apostolisches Ziel arbeitet, er hat auch ein eigenes, nach moralischen Maßstäben gebildetes Gewissen, mit dem er beurteilen kann, ob das, was ihm aufgetragen wird, moralisch gesehen einwandfrei ist oder nicht. Der hl. Josemaria hat immer klar gesagt, dass niemand gehorchen dürfte, würde etwas von ihm verlangt, was sündhaft ist. Niemand im Opus Dei ist ein blindes Werkzeug in den Händen der Leiter, sondern ein freier Mensch, der seinem Gewissen folgt. Auch Amtsmissbrauch würde sofort bemerkt und korrigiert werden.

Die Mitglieder des Opus Dei sind also mündige, verantwortungsbewusste Menschen, die innerhalb des Opus Dei nicht deshalb den Gehorsam leben, weil sie ihre Verantwortung nach oben abschieben und willenlose Instrumente anderer sein wollen, sondern aus rein übernatürlichen Gründen. Sie haben den Wunsch, den Willen Gottes zu erfüllen, zu dienen, auch wenn das manchmal Mühe kostet. Deshalb versuchen sie auch ein feinfühliges Gehör für alles zu entwickeln, was die Leiter an sie herantragen. Sie fühlen sich schließlich voll verantwortlich für alles, was sie im Gehorsam tun, denn dieser Gehorsam ist zugleich eine verantwortliche Ausübung der je *eigenen* Freiheit in der Hingabe an eine gemeinsame, übernatürliche Aufgabe. Wer im Opus Dei gehorcht, tut dies, weil er aus freien Stücken und aus übernatürlichen Gründen, nämlich um den Gehorsam Jesu Christi nachzuahmen, gehorchen *will.* Deshalb fühlt er sich auch für alles verantwortlich, was er im Gehorsam tut – und erhält dafür auch den Lohn Gottes.

Es gibt immer wieder konkrete Gelegenheiten, bei denen man vor der Alternative steht, zu gehorchen oder seine eigenen Wege vorzuziehen. Warum das Letztere? Oft weil man bequem oder faul ist oder weil man nicht bereit ist, auf die eigene Meinung zu verzichten, weil man Angst oder »Menschenfurcht« hat, aus Feigheit also davor, was »die anderen« denken oder sagen werden, aus falscher Eigenliebe schließlich. Man sieht: Wer sich so verhält, kann kein Instrument in der Hand Gottes sein. Wer hingegen gehorcht – noch einmal: ausschließlich aus übernatürlichen Gründen –, der handelt wie Petrus in der berühmten Geschichte vom reichen Fischfang, die der Evangelist Lukas erzählt.

Es lohnt sich, diese Geschichte kurz zu betrachten. Es war am See Gennesaret, das Volk drängte sich um Jesus, dieser stieg in das Boot des Simon Petrus »und bat ihn, ein Stück weit vom Land wegzufahren«. So konnte er vom Boot aus besser zu den vielen Menschen sprechen. Es ist ein schönes Bild: Jesus steigt in das Boot des Petrus, er tritt in sein Leben ein und macht sich das Werkzeug seiner Berufsarbeit zu eigen, um ihm einen höheren Sinn und größere Wirksamkeit zu verleihen. Simon Petrus war von Beruf Fischer. Er und seine Kollegen hatten die ganze Nacht zuvor gearbeitet. Umsonst. Sie hatten nichts gefangen, und gerade waren sie aus ihren Booten ausgestiegen und wuschen ihre Netze. Sie waren müde und vielleicht etwas niedergeschlagen. Und da verlangt Jesus von Petrus, dass er seine Arbeit unterbreche, um ihm sein Boot zu leihen. Doch es kommt noch besser. Sowie er mit seiner Unterweisung der Menge fertig ist, sagt der Herr zu Petrus: »Fahr hinaus auf den See! Dort werft eure Netze zum Fang aus!« Eine verrückte Idee! Nach einer erfolglosen Nacht – man fischt ja nachts, wenn die Fische an die Oberfläche kommen, und nicht am helllichten Tag – ist die Reaktion des Petrus verständlich: »Meister, wir haben die ganze Nacht gearbeitet und nichts gefangen!« Doch dann fügt er die entscheidenden Worte hinzu: »Doch wenn du es sagst, werde ich die Netze auswerfen.« Und, vielleicht unter dem Gelächter und den spöttischen Bemerkungen der Menschen am Ufer, taten sie es, »und sie fingen eine so große Menge Fische, dass ihre Netze zu reißen drohten«. Um die Netze an Land zu ziehen, müssen sie ihre Gefährten zu Hilfe rufen, die nun auch in ihr Boot steigen und mithelfen, »und gemeinsam füllten sie beide Boote bis zum Rand, so dass sie fast untergingen«. Alle sind erschüttert, Petrus am allermeisten: »Herr, geh weg von mir, ich bin ein Sünder.« Er fühlt, dass Gott Großes durch ihn gewirkt hat, weiß sich dafür jedoch unwürdig. Doch Jesus erwidert: »Fürchte dich nicht! Von jetzt an wirst du Menschen fangen.« Petrus und seine Gefährten werden zu Menschenfischern, Aposteln. »Und sie zogen die Boote an Land, ließen alles zurück und folgten ihm nach« (Lk 5, 1-11).

Eine ähnliche Begebenheit erfolgt nach der Auferstehung, also etwa drei Jahre später. Die Apostel sind wieder zu ihren Netzen zurückgekehrt, widmen sich erneut ihrer beruflichen Arbeit, und Jesus steht am Ufer, aber die Jünger erkennen ihn nicht. Wieder sind sie niedergeschlagen, denn sie haben die ganze Nacht nichts gefangen. Jesus ruft ihnen vom Ufer aus zu: »Werft das Netz auf der rechten Seite des Bootes aus, und ihr werdet etwas fangen.« Und wieder geschieht das Wunder, worauf Johannes sich erinnert und zu Petrus sagt: »Es ist der Herr!« Und auch Petrus erinnert sich, springt in den See, um ans Ufer zu schwimmen und so schnell wie möglich zu Jesus zu gelangen (Joh 21, 1-7).

»Doch wenn du es sagst, werde ich die Netze auswerfen«, das sind die entscheidenden Worte. »Macht des Gehorsams! – Der See Gennesaret verweigert den Netzen des Petrus seine Fische. Eine ganze Nacht vergebens. Dann gehorchte er und warf sein Netz nochmals ins Wasser. Und sie fingen ›piscium multitudinem copiosam‹ – eine große Menge Fische. Glaube mir: das Wunder wiederholt sich jeden Tag« (Der Weg 629). Was geschieht hier? Die Loslösung vom eigenen Ich, die Bereitschaft, sich den Händen

Gottes zu überlassen, Gott wirken zu lassen, anstatt auf die eigenen Kräfte und Fähigkeiten zu bauen. Mehr noch: Während das Fangen von Fischen auf der rein natürlich-irdischen Ebene verbleibt, ist die Sendung des Apostels – »Menschen fangen«, Menschen zu Christus führen – übernatürlicher Art. Es ist unmöglich, einen anderen Menschen zum Glauben und zur Liebe zu Christus und durch ihn zum Leben der Kinder Gottes zu bringen, weder durch Überzeugungskünste und scharfsinnige Diskussionen noch durch Druck oder gar Zwang; nur die Gnade Gottes und das Wirken des Heiligen Geistes in den Seelen vermag dies. Aber dafür will Gott sich unserer Mithilfe bedienen und uns auch etwas am Verdienst teilhaben lassen.

Gott rechnet mit unserem Handeln, unserem Beispiel und unserem Wort. Er bedient sich der aufrichtigen und echten Freundschaft mit unseresgleichen, der Opfer, die wir für die anderen bringen, und unserer Mühen, alle uns zur Verfügung stehenden menschlichen Mittel einzusetzen. Er will also auch in unser Boot einsteigen und unsere Netze benutzen, um uns schließlich, oft unvermutet und manchmal scheinbar gegen alle menschliche Vernunft, durch andere Menschen zu sagen: »Fahr hinaus!«, *Duc in altum!*, gerade jetzt, wo es schwierig ist und dem Anschein nach nichts zu machen ist. Wer im Opus Dei gehorcht, sagt wie Petrus dem Herrn (nicht seinen Leitern, die ja auch nur Menschen sind): »Wenn du es sagst, so will ich es tun.«

Falls der Leser ein Beispiel möchte, hier ein eher spektakuläres: Als der hl. Josemaria Anfang der fünfziger Jahre des letzten Jahrhunderts zwei (lediglich zwei) eher noch junge Numerarier, beide Universitätsprofessoren, damit beauftragte, in der spanischen Provinz, nämlich in Pamplona, die Gründung und den Aufbau einer Universität in die Hand zu nehmen (wozu ihnen alle Erfahrung mangelte), müssen sie wohl an die Geschichte mit dem reichen Fischzug gedacht haben, sonst hätten sie sicher durchgedreht. Sie gehorchten, und mit der Hilfe vieler Mitarbeiter und intensiver Arbeit gedieh die Sache. Heute steht in Pamplona eine von Mitgliedern des Opus Dei geleitete Spitzenuniversität mit über fünfzehntausend Studenten, inklusive Universitätsklinik. Andere Beispiele sind eher prosaisch, wie etwa jenes im Detail nicht unbedingt nachahmenswerte, aber belustigende eines gerade frisch zum Opus Dei gekommenen Studenten, dem der Leiter auftrug, einen seiner Mitstudenten zur Betrachtung am Samstagnachmittag einzuladen und auf die Frage, wen er denn einladen solle, präzisierte: den erstbesten »Pepe Pérez«, den er finden könne (ein Allerweltsname, eine Name für einen x-beliebigen Typen), also: »irgendjemanden« sollte er einladen. Der Betreffende erzählte dann abends, er habe tatsächlich einen Kommilitonen gefunden, der Pepe Pérez heiße, und ihn eingeladen! Er hatte die Sache offenbar gar zu wörtlich genommen, seine Naivität ist gewiss nicht nachahmenswert, seine gute Absicht aber schon, kurz: Pepe Pérez kam tatsächlich zur Betrachtung, lernte auf diese Weise das Opus Dei kennen und folgte nach einiger Zeit auch seiner Berufung zum Opus Dei – als Numerarier.

Nur durch solch prompten Gehorsam kann unser Leben übernatürliche Früchte zeitigen. Die Berufung zum Opus Dei bietet die Gelegenheit, den Gehorsam Christi in konkreter Weise zu leben, und ist deshalb eine Chance, das eigene Leben übernatürlich besonders wirksam werden zu lassen. Manchmal kann dieser Gehorsam heroisch sein, etwa wenn es für Numerarier darum geht, an einem neuen Ort oder gar in einem neuen Land mit der apostolischen Arbeit zu beginnen, man deshalb die Stelle wechseln und liebgewordene Gewohnheiten aufgeben muss; wenn man dazu eingeladen wird, eine Ernennung für ein Amt innerhalb der Prälatur anzunehmen und man deshalb seine bisherige berufliche Tätigkeit zeitweilig einschränken oder ganz aufgeben muss. Ein Numerarier sollte dazu grundsätzlich immer bereit sein, auch dazu, unter Umständen eine blühende und menschlich brillante Berufsarbeit an den Nagel zu hängen, wenn er aus Gründen des Apostolates für interne Aufgaben gebraucht wird. Auch wenn das in der Praxis nur wenige betrifft, sollte die Bereitschaft bei allen vorhanden sein, und mit der Gnade Gottes ist das auch kein Problem. Ich kann das aus eigener Erfahrung bestätigen. Der Gehorsam kostet manchmal viel mehr Überwindung und Mühe in kleinen und an sich eher belanglosen Dingen. Hier gilt das Wort aus einem Brief, den der hl. Josemaria im »Weg« zitiert: »Immer gehorchen heißt Märtyrer sein, ohne zu sterben« (Der Weg 622; das Zitat stammt aus einem Brief, den einer der ersten Mitglieder des Opus Dei, der junge Arzt Juan Jiménez Vargas, während des spanischen Bürgerkrieges an den Gründer schrieb; dabei war Jiménez Vargas allem Anschein nach von einem liturgischen Text inspiriert worden, der sich auf die Muttergottes bezieht: auf Grund ihres Gehorsams gegenüber dem Willen Gottes, so sagt dieser Text, habe die Jungfrau Maria, unter dem Kreuz stehend, tatsächlich, ohne dabei selbst den physischen Tod erlitten zu haben, gleichsam die Krone des Martyriums erlangt).

Doch im Opus Dei wird niemand herumkommandiert. Aufträge erfolgen normalerweise eher in der Form einer Bitte, »Könntest du …?«, »Wir wären froh, wenn …«. Man gibt dem Einzelnen immer die Möglichkeit, sich die Dinge zu überlegen und auch Nein zu sagen. Das kann in manchen

Fällen verständlich sein, es ist auch besser, aufrichtig Nein zu sagen, als mit Widerstreben ein unaufrichtiges Ja auszusprechen, in seinem Innern jedoch die Leiter zu kritisieren. Wenn man sich überfordert fühlt, soll man das sagen, aber auch nicht der Bequemlichkeit nachgeben oder sich selbst unterschätzen. Es wäre für den Betreffenden in den meisten Fällen wohl eine verpasste Chance, in der menschlichen Reife, der Heiligkeit und apostolischen Wirksamkeit zu wachsen. Wer prinzipiell so handelte, würde damit einen erheblichen Mangel an Loyalität und Hingabe an den Tag legen, was natürlich auf die Dauer keinen Sinn macht und die Liebe zu Gott erkalten lässt.

Die besondere Gnade, die man mit der Berufung erhält, macht es jedoch einfach, in solchen Fällen wenn nötig auch heroisch zu sein, dann aber auch ganz besonders die Freude der Hingabe zu verkosten. Das Opus Dei ist jedenfalls keine Kaserne, die Leiter respektieren die Freiheit des Einzelnen und auch, dass jeder seine Zeit braucht, dass nicht alle im gleichen Rhythmus wachsen und jeder auch Perioden der Krise oder der Schwachheit durchlebt. Auch hier: Das Opus Dei ist immer eine Familie, das Leben beruht nicht auf Kontrolle, sondern auf Vertrauen, man versucht die Leute zu verstehen, sie nach ihren Neigungen und Fähigkeiten einzusetzen, gleichzeitig aber auch immer zu fordern, damit ein jeder die Gelegenheit erhält, dem Willen Gottes gemäß innerlich zu reifen und mit Hilfe der Gnade Gottes über seine natürlichen Begrenztheiten hinauszuwachsen – eben heilig zu werden.

Wir haben diesem Kapitel das Wort des Herrn aus dem Johannesevangelium vorangestellt: »Wenn das Weizenkorn nicht in die Erde fällt und stirbt, bleibt es allein; wenn es aber stirbt, bringt es reiche Frucht« (Joh 12, 24). Immer gehorchen bedeutet in einem gewissen Sinne zu »sterben«, in einem geistlichen Sinne nämlich, sich von seinem eigenen Ich zu lösen und sein Leben von Christus und der Logik der Gnade bestimmen zu lassen. Deshalb vergleicht Jesus sich mit einem Weinstock und seine Jünger mit den Reben und fügt hinzu: »Wer in mir bleibt und in wem ich bleibe, der bringt reiche Frucht; denn getrennt von mir könnt ihr nichts vollbringen« (Joh 15, 5). Wer apostolisch fruchtbar sein, also an der Aufgabe, zu der Gott ihn zum Opus Dei berufen hat, »erfolgreich« mitarbeiten will, muss bereit sein, auch Verstand und Willen hinzugeben, nicht in dem Sinne, dass er selber nicht mehr denkt und selber nichts mehr will, sondern, im Gegenteil, in dem Sinne, dass er bereit ist, seinen Verstand vom übernatürlichen Licht des Glaubens erleuchten zu lassen und seinen Willen dem Willen Gottes anzugleichen, diesen Willen also mehr als den eigenen Willen, die eigenen Ideen, Vorlieben oder Pläne, zu lieben. »Davon, dass du und ich so handeln, wie Gott will, hängen viele große Dinge ab. Vergiss das nicht« (Der Weg 755).

Die Berufung zum Opus Dei ist nicht nur eine Einladung des Herrn, an großen Dingen mitzuwirken, sondern auch ein Geschenk; denn sie eröffnet die Möglichkeit, an solch großen Dingen in äußerst wirksamer Weise mitzuwirken, nicht im Alleingang, sondern im Rahmen und mit der Hilfe der Unterstützung einer geistlichen Familie und abgesichert durch die Garantie der katholischen Kirche. Denn die Kirche gibt letztlich die Garantie dafür, dass das Opus Dei eine göttliche Berufung und ein Weg der Heiligkeit ist. Wer dieser Berufung treu folgt, an dem erfüllen sich die bereits früher zitierten Worte, die der Herr beim letzten Abendmahl zu seinen Aposteln sagt und an die der Gründer des Opus Dei immer wieder erinnerte: »Nicht ihr habt mich erwählt, sondern ich habe euch erwählt und dazu bestimmt, dass ihr euch aufmacht und Frucht bringt und dass eure Frucht bleibt« (Joh 15, 16).

Tugenden (2): Geist der Buße und Abtötung

Zur Identifizierung mit Christus und inneren Loslösung von natürlich-menschlichen Begrenztheiten braucht es nicht nur Fügsamkeit im geistlichen Leben und Gehorsam im Apostolat. Im Innern eines jeden Menschen finden sich vielfältige Hindernisse und Stolpersteine für das Wirken der göttlichen Gnade. Diese Hindernisse, die Unordnung unserer Sinnlichkeit und unseres Trieblebens, vor allem aber Hochmut, falsche Eigenliebe und vielleicht die eine oder andere schlechte Charaktereigenschaft müssen nach und nach abgebaut werden. Unsere je ganz spezifische Persönlichkeit entwickelt sich dadurch, vervollkommnet sich dem Ebenbild Gottes gemäß, das jeder Mensch in seinem Innern trägt, und erfüllt sich mit der göttlichen Liebe, die uns befähigt, den anderen wirklich zu dienen. Zugleich sind auch die äußeren Hindernisse, Schwierigkeiten, Enttäuschungen, Schmerz, die uns das Unverständnis anderer Menschen zufügen können, aber auch einfach die Begrenztheiten unserer menschlichen Natur, Müdigkeit infolge von Arbeit und Anstrengung, manchmal auch Krankheiten oder andere Ursachen physischer Leiden, Realitäten unseres Lebens, die zu unüberwindlichen Hindernissen werden können, falls man ihnen nicht eine positive Bedeutung, einen tieferen Sinn verleiht. Dann werden sie Anlass zu geistlichem Fortschritt und apostolischer Wirksamkeit.

Das lässt sich auch von den Sportlern lernen, die aus den Schwächen, an denen sie konsequent arbeiten, gerade die Kraft zum Sieg holen. Ebenso gehört es auch zur Weisheit vieler wirtschaftlicher Unternehmen, gerade die eigenen Schwachpunkte durch gezielte Anstrengungen in Stärken umzumünzen. Dasselbe kann man auch von Ländern sagen, die (wie Japan oder die Schweiz) ihre Rohstoffarmut durch qualitativ hochstehende Arbeit kompensieren und sich dadurch auf dem Weltmarkt behaupten. Ebenso gibt es Menschen, die aus körperlichen und anderen Gebrechen Nutzen ziehen, indem sie für sie zum Anlass besonderer Kreativität und künstlerischer oder intellektueller Spitzenleistungen werden. Im übernatürlichen Leben geschieht etwas ähnliches, allerdings nicht einfach durch menschliche Leistung und Willenskraft, aber auch nicht ohne die Mitwirkung unseres freien Willens und eigener Anstrengung: Durch die Gnade Gottes wird aus Schwachheit göttliche Kraft, übernatürlicher Schwung und Fruchtbarkeit, immer unter der Bedingung, dass man Schwierigkeiten, Leiden und Widerwärtigkeiten so annimmt, wie Christus sein Kreuz angenommen hat: mit Liebe.

Vergessen wir nicht: Jesus Christus hat aus der denkbar größten menschlichen Niederlage, der Ablehnung seines Anspruchs, der Messias Israels zu sein, der Verurteilung zum Tode und der grausamen Hinrichtung, einen Sieg über Sünde und Tod gemacht, einen Triumph sondergleichen, ein Meisterwerk der göttlichen Liebe, durch das die ganze Menschheit erlöst und ihr wieder die Türen des Himmels geöffnet wurden. Das freiwillig angenommene Leiden wurde zur Sühne und Wiedergutmachung für unsere Sünden, zu einem Weg des Lebens, der Auferstehung und der Wiederversöhnung. Deshalb schreibt der hl. Josemaria:

»Wir adeln den Schmerz, wenn wir ihn an seinen richtigen Platz im Heilsplan des Geistes stellen: als Sühne« (Der Weg 234). Nicht dass Schmerz allein schon »adeln« würde, also etwas Positives wäre und uns gleichsam emporheben würde, wie das der idiotische Silas in Dan Browns ebenso idiotischem Buch »Sakrileg« (»Da Vinci Code«) meint, wenn er, sich selber Schmerzen zufügend, vor sich hin murmelt: »Schmerz adelt«. An sich ist das Erleiden von Schmerzen überhaupt nichts Erhebendes, und schon gar nicht, sich freiwillig Schmerzen zuzufügen! Das durch Schmerzen verursachte Leiden ist im Gegenteil oft eine entwürdigende und den Menschen niederdrückende Pein. Schmerz als solcher adelt keineswegs. Erst wenn wir unvermeidlichen Schmerz, Leiden, Schwierigkeiten, Mühen und Kümmernisse aller Art aus Liebe, in Verbundenheit mit dem Kreuz Christi annehmen, *werden* sie, durch uns und durch die Gnade Gottes, »geadelt«, zu einem Weg der Heiligkeit, zur Quelle des geistlichen Fortschritts. Dies ist eine Perspektive des Optimismus, des Lebens, der geistlichen Vitalität. »Vergrabe durch die Buße deine Nachlässigkeiten, Beleidigungen und Sünden in der tiefen Grube, die deine Demut öffnet. (…) Lerne Schwung aus dem Sturz zu holen: Leben aus dem Tode« (Der Weg 211).

Es ist in Wirklichkeit etwas Großartiges und Freudiges, auf diese Weise zu leben. Die Erlösung besteht ja nicht darin, dass Christus uns von den Schwierigkeiten, Nöten und Leiden dieses Lebens befreit hat. Er hat uns von der Sünde befreit, uns aber nicht ins Paradies oder gar ins Schlaraffenland zurückversetzt. Durch die Verbundenheit mit Christus haben wir jetzt die Gelegenheit, die Schwierigkeiten, Nöte und Leiden in ein Werk der Gottesliebe zu verwandeln, in Wiedergutmachung, Sühne für unsere Sünden und für die Sünden aller Menschen. Wahrer Geist der Buße ist deshalb eine wahre Befreiung von der niederdrückenden, lähmenden, entmutigenden und oft die Seele verhärtenden Wirkung des Leidens aller Art. Leiden wird dadurch zur Quelle der Freude. Deshalb lädt der Herr uns ja ein: »Kommt alle zu mir, die ihr euch plagt und schwere Lasten zu tragen habt. Ich werde euch Ruhe verschaffen. Nehmt mein Joch auf euch und lernt von mir; denn ich bin gütig und von Herzen demütig; so werdet ihr Ruhe finden für eure Seele. Denn mein Joch drückt nicht, und meine Last ist leicht« (Mt 11, 28-30).

Wegen all der kleinen und großen Probleme, Schwierigkeiten und Leiden, die im Leben nun einmal unvermeidlich sind, riskiert man oft, den Mut zu verlieren, ärgert sich oder läuft mit finsterem Gesicht durch die Welt, reagiert die eigene Unzufriedenheit zudem noch an den anderen ab und läuft Gefahr, sich im Herzen zu verhärten oder gar zu verzweifeln. Der Christ aber kann in all dem eine Gelegenheit erblicken, mit Christus am Kreuz eins zu werden und gerade diesen Dingen Sinn zu geben, sie mit Liebe zu erfüllen. Dadurch vermag er in seinem Herzen immer die Freude zu bewahren und ständig im Bewusstsein zu leben, an der Erlösung der Menschheit mitzuwirken. Er wird ein Mensch, der ausgeglichen ist, sich den anderen schenken kann und in dessen Herzen der Friede wohnt. Dies ist der herrlichste und beglückendste Zustand, in dem man sich befinden kann. Die damit verbundene tiefe Freude ist das eigentliche Markenzeichen eines Lebens echter Buße. Der Gründer des Opus Dei sagte, die Freude seiner geistlichen Kinder im Opus Dei habe Wurzeln in der Form des Kreuzes. Freude, die in der Liebe zum Kreuz wurzelt, ist praktisch unzerstörbar und kann uns von niemandem und nichts genommen werden. Wer dem Kreuz Christi nicht aus dem Weg geht, der verliert auch dann nicht die Freude, wenn er eine Niederlage erlitten hat, wenn ihn Kopfschmerzen plagen oder wenn das Wetter an einem Ausflugstag nicht mitspielt, wenn ihm Arbeitsmittel fehlen, die er dringend benötigt, oder wenn er keine Zeit findet, um Dinge zu tun, auf die er gerade Lust hat.

All dies in demselben Geiste, ohne Aufhebens, anzunehmen, wie Christus das Kreuz annahm, es, wenn möglich verbunden mit einem Lächeln für die anderen, Gott unserem Vater als Liebesgabe aufzuopfern, ist der authentische christliche Geist der Buße und Abtötung. Das Wort »abtöten« kommt (im Deutschen) aus der Sprache der Medizin und meint so viel wie Krankheitserreger und andere unerwünschte Mitbewohner eines Organismus zu neutralisieren, also eine Art Desinfizierung. Die willentliche Annahme der Schwierigkeiten des Lebens, aber auch die aktive Suche nach Gelegenheiten, um dem Herrn aus Liebe und gleichsam aus Solidarität mit seinem Leiden kleine Opfer darzubringen, ist »Abtötung«, Abtötung der inneren Sinne, zum Beispiel der Phantasie, oder auch des Körpers. Wir beziehen unser ganzes Menschsein, auch den Leib mit in unser Gebetsleben ein, und so wird die Abtötung zum »Gebet der Sinne« (CB 9).

Abtötung braucht es, um die menschlichen Tugenden zu erwerben: Wer klug, gerecht, stark und maßvoll leben will, wer sich anderen gegenüber loyal und großzügig zu verhalten sucht, liebevoll und freundlich im Umgang sein will, kurz: wer sich darum bemüht, den anderen das Leben angenehmer zu machen, wirkliche christliche Nächstenliebe und Brüderlichkeit zu leben und damit Gott seine Liebe zu zeigen, der muss immer wieder zu sich selbst »Nein« sagen können. »Die treffende Bemerkung und der Witz, die du dir verkneifst; das freundliche Lächeln für einen, der dich stört; das Schweigen gegenüber ungerechten Vorwürfen; wohlwollendes Verhalten gegenüber zudringlichen Menschen und solchen, die ungelegen kommen; Nachsicht mit den lästigen Angewohnheiten derjenigen, mit denen du täglich zu tun hast und die dir auf die Nerven fallen … das alles, mit Beharrlichkeit geübt, ist handfeste innere Abtötung« (Der Weg 173).

Abtötung heißt aber auch, dem Leib nicht immer alles zu geben, was er verlangt. Der Leib ist Teil unseres Wesens; er ist Schöpfungswirklichkeit, gut, integraler Bestandteil der menschlichen Natur. Es ist Gottes Wille, dass die Menschen nicht nur hinsichtlich ihrer Seele unsterblich sind, sondern mit ihrem Leib einmal zum ewigen Leben auferstehen werden. Jegliche grundsätzliche Leibfeindlichkeit ist deshalb unchristlich und abzulehnen. Doch soll man auch nicht so naiv sein und meinen, die Ideen und Wünsche, die unseren leiblichen Trieben und sinnlichen Instinkten entspringen, seien immer der Weisheit letzter Schluss und ihnen einfach zu folgen führe schnurstracks zu Zufriedenheit und Glück! Wir sind Wesen, die der Vernunft folgen sollen und deshalb auch die leiblichen Antriebe der Vernunft unterordnen und durch den freien Willen beherrschen lassen müssen!

In einem geistlichen Sinne ist der Leib deshalb oft wie ein Feind unserer selbst, der uns in eine Richtung zieht, die wir eigentlich gar nicht wollen. So hat es auch der hl. Paulus in einem seiner Briefe beschrieben. »Ich sehe«, schreibt er an die Römer, »ein anderes Gesetz in meinen Gliedern, das mit dem Gesetz meiner Vernunft im Streit liegt« (Röm 7, 23). Auch hier verhält es sich wie beim Sportler, dessen großer »Feind« auch immer wieder sein eigener Leib ist, und dies gerade weil er ja körperliche Höchstleistungen erbringen will! Wenn er ihn nicht trainiert, sich dazu immer wieder überwindet und ihn seinem Willen gefügig macht, wird er es nie zu etwas bringen. Deshalb ist es nötig, dem Leib weniger zu geben, als er verlangt, seinen Forderungen gegenüber »Nein« sagen zu können, sich sogar einige kleine Dinge vorzunehmen, auf die man bewusst und aus Liebe zu Gott verzichtet, etwa beim Frühstück nicht immer Butter aufs Brot zu streichen oder sich irgend eine Bequemlichkeit zu versagen und diese kleinen selbst gewählten Verzichte dem Herrn aufzuopfern.

All das vollzieht sich im gewöhnlichen Leben, mit Schlichtheit und ohne Aufsehen zu erregen. Der Herr selbst sagt ja seinen Jüngern in der Bergpredigt, nicht nur wenn sie Almosen geben und beten, sondern auch wenn sie fasten, also Buße tun, sollen sie nicht wie die Heuchler ein finsteres Gesicht machen und sich ein trübseliges Aussehen geben, so dass die Leute merken, dass sie fasten. »Du aber salbe dein Haar, wenn du fastest, und wasche dein Gesicht, damit die Leute nicht merken, dass du fastest, sondern nur dein Vater, der auch das Verborgene sieht; und dein Vater, der das Verborgene sieht, wird es dir vergelten« (Mt 6, 17-18). Leider gibt es ein weit verbreitetes Vorurteil, das Buße und Abtötung mit außergewöhnlichen und geradezu abschreckenden, auf normale Menschen eigenartig wirkenden Praktiken identifiziert. Buße hat jedoch nichts mit Zurschaustellung des eigenen Opfergeistes zu tun. Doch ohne diesen Geist geht es nicht. »Die christliche Berufung ist Berufung zum Opfer, zur Buße, zur Sühne. Wir müssen sühnen für unsere eigenen Sünden – wie oft haben wir wohl das Gesicht abgewandt, um Gott nicht zu sehen! – und für alle Sünden der

Menschen. Wir müssen Christus aus der Nähe folgen: *an unserem Leibe tragen wir allezeit das Sterben*, die Entsagung Christi, seine Erniedrigung am Kreuz, *auf dass auch Jesu Leiden an unserem Leibe sich offenbare* (2 Kor 4, 10). Unser Weg ist ein Weg der Aufopferung, und in der Selbstverleugnung finden wir das *gaudium cum pace*, die Freude und den Frieden« (CB 9).

Dazu bedarf es keiner äußeren Zeichen, keiner spektakulären Aktionen. Es handelt sich auch nicht um Praktiken, die zu einer schematisch-verkrampften Manie voller Skrupel und Pedanterie werden, zumindest nicht im Sinne des Opus Dei: »Heiligkeit hat die lockere Art entspannter Muskeln. Wer heilig werden will, versteht es, unverkrampft zu sein: während er etwas, das ihm unangenehm ist, tut, unterlässt er in Freude und Dankbarkeit etwas anderes, das ihm auch schwerfällt – vorausgesetzt es handelt sich dabei nicht um eine Beleidigung Gottes. Würden wir Christen uns anders verhalten, liefen wir Gefahr, starr und leblos wie Puppen zu werden. Heiligkeit hat nicht die Starrheit von Pappmaché – sie vermag zu lächeln, ist biegsam und kann warten. Sie ist Leben: übernatürliches Leben« (FdS 156). Zudem: Was von intensiver und guter Arbeit und vom Dienst am Mitmenschen abhält, kann für einen gewöhnlichen Christen mitten in der Welt keine Gott wohlgefällige Buße sein.

Im Opus Dei hat man den traditionellen katholischen Brauch beibehalten, während zweier Stunden am Tag, außer an Festtagen und in Festzeiten, das Bußband und einmal in der Woche die Bußgeißel zu benutzen, was auch viele andere Christen, die nicht vom Opus Dei sind, tun. Dies ist eine Art und Weise, sich mit dem Leiden des Herrn zu verbinden, allerdings auf eine eher symbolische Art. Man fügt sich damit kein Leid zu, tut nichts, was die Gesundheit beeinträchtigen könnte; es ist nur etwas unangenehm, man kann aber bestens dabei arbeiten. Nur die Numerarier und Assoziierten pflegen allerdings normalerweise diese Art von körperlicher Abtötung, die am Anfang etwas ungewohnt ist, aber nicht weniger als die täglichen Opfer, die ein Sportler bringen muss, bald zum gewohnten Training wird. Die Supernumerarier suchen andere Möglichkeiten der körperlichen Abtötung, die in ihrem Leben ohnehin nie fehlen werden, wenn sie ihre familiären Verpflichtungen ernstnehmen. Wer den apostolischen Zölibat lebt, ist zum Beispiel frei von nächtlichem Kindergeschrei und all dem, was Kinder so alles – es ist ihr Recht, sie sind ja Kinder – ihren Eltern antun und worauf diese als gute Erzieher immer mit Geduld und Liebe antworten sollten. Wie schwer ist das! Die Numerarier pflegen deshalb – man könnte fast sagen: zum gerechten Ausgleich – auch den Brauch, einmal in der Woche auf dem Boden oder ohne Kopfkissen zu schlafen, sofern dies nicht, etwa auf Steinboden, der Gesundheit schaden könnte oder wegen fortgeschrittenen Alters unangebracht ist; Numerarierinnen (aber nicht die Auxiliarinnen) benutzen gewöhnlich statt einer Matratze ein Holzbrett. Das sind zwar für den Geist des Opus Dei eher marginale Formen der Abtötung, sie gehören nun aber einmal zur asketischen Tradition der Kirche, die auch heute noch aktuell und sinnvoll ist. Sie kosten ein wenig Überwindung, die wir dem Herrn aufopfern und die damit selbst zu Gebet werden, sind vielleicht auch eine kleine Demütigung und eine sehr konkrete Gelegenheit, uns mit dem Leiden des Herrn, das er aus freien Stücken auf sich genommen hat, aber auch mit dem Leiden so vieler Menschen in dieser Welt solidarisch zu zeigen und uns dadurch gleichsam in ständiger Bereitschaft dafür zu halten, uns in unserem Alltag für die anderen zu verschenken. Denn das ist das Ziel aller Buße und Abtötung: die Liebe zu Gott und zum Mitmenschen zu nähren, indem wir uns von allen Fesseln befreien, die diese Liebe beeinträchtigen können.

»Die Abtötung ist das Salz unseres Lebens«, schreibt der hl. Josemaria. Salz benutzt man in kleinen Prisen, die aber allem Würze und Wohlgeschmack verleihen. Wer den Geist der Abtötung besitzt, lebt in der Gegenwart Gottes. Seine Seele ist wach und hellhörig für die Bedürfnisse seiner Mitmenschen, und nur wer den Geist der Abtötung besitzt, ist fähig, den anderen in allen Umständen zu dienen und mitten in der Angespanntheit und Hektik des Berufsalltags, im gesellschaftlichen Leben und im Gewühl der Straße den Blick und die Energie für die apostolische Sorge um seine Mitmenschen zu behalten. »Und die beste Abtötung ist jene, die – in winzigen Kleinigkeiten, den ganzen Tag hindurch – die Begierde des Fleisches, die Begierde der Augen und die Hoffart des Lebens bekämpft. Es sollen Abtötungen sein, die nicht die anderen abtöten, die uns feinfühliger, verständnisvoller, offener allen anderen gegenüber machen. Du besitzt nicht den Geist der echten Abtötung, wenn du überempfindlich bist, wenn du nur auf deine egoistischen Wünsche bedacht bist, wenn du die anderen ausnützt, wenn du es nicht fertigbringst, dir Überflüssiges, manchmal auch Nötiges zu versagen, wenn du traurig wirst, nur weil dies oder jenes nicht nach deinen Vorstellungen geschieht. Echten Geist der Abtötung hast du hingegen, wenn du es verstehst, *allen alles zu werden, um alle zu retten* (1 Kor 9, 22)« (CB 9).

Verlieren wir nicht das Ziel aus den Augen: »Ihr seid das Licht der Welt«. Es geht darum, die christliche Berufung ohne Abstriche zu leben, um inmitten dieser Welt und der täglichen Arbeit zur Einheit mit Gott zu gelangen, das Leben der Kinder Gottes zu leben, heilig zu sein und dadurch allen Menschen dienen zu können. Es geht schließlich immer nur darum, die Welt von innen her gemäß dem Geist Christi umzugestalten, sie zu heiligen, mitzuhelfen, sie zu einem Ort werden zu lassen, wo die Menschen in Frieden und gegenseitigem Verständnis zusammenleben, auf Gerechtigkeit und Respektierung der persönlichen Freiheit bedacht sind und das christliche Gebot der Brüderlichkeit gelebte Wirklichkeit wird. Wer im Opus Dei nicht den Weg zu diesem Ziel sucht und die entsprechenden Mittel dazu anwendet, ist hier fehl am Platze. Ohne Geist der Buße, ohne Sühne und den wahren christlichen Geist der Abtötung können wir nicht dienen, nichts in dieser Welt verändern und den anderen kein Licht geben; denn geben kann man nur, was man selber hat.

Tugenden (3): Loslösung und Geist der Armut

Dasselbe gilt für den Geist der Loslösung, die Tugend der christlichen Armut. Letztlich geht es auch hier um dasselbe Ziel, Gott aus ganzem Herzen zu lieben und mit dieser Liebe den Menschen zu dienen. Ein Hindernis dafür ist das Haben- und Besitzenwollen, der Hang des menschlichen Herzens, sich an die Güter dieser Welt zu klammern und dort seine Schätze anzusammeln, was im besten Fall zu spießbürgerlicher Bequemlichkeit, egoistischem Materialismus und Konsumismus, kleinlicher Mittelmäßigkeit des Lebens führt, im schlimmeren Fall zu Habsucht, Neid, schließlich zu Ungerechtigkeiten, unrechtmäßiger Bereicherung und Betrügereien aller Art. Wer zum Opus Dei kommt, muss, will er seiner Berufung wirklich treu entsprechen, gegen den Strom schwimmen, aber ohne deshalb in irgendeiner Weise seine Stellung als gewöhnlicher Christ mitten in der Welt aufzugeben, ohne skurrile und eigenartige Dinge zu tun. Es geht darum, die christliche Tugend der Loslösung von den Gütern dieser Welt, die Tugend der Armut also, mit Natürlichkeit und in voller Annahme seiner vielfältigen Verantwortlichkeiten in Beruf, Familie und Gesellschaft, eben als gewöhnlicher Christ, im eigenen Leben Gestalt annehmen zu lassen.

Christliche Loslösung und Armut werden oft als Ideale dargestellt, die für Normalchristen gar nicht praktizierbar seien. Sie werden dargestellt als radikale und für den gewöhnlichen Christen unrealisierbare Formen der Christusnachfolge im Sinne äußerer Besitzlosigkeit und eines Lebens in der Abgeschiedenheit vom Getriebe und den Verantwortlichkeiten eines normalen Berufslebens und den alltäglichen Schauplätzen dieser Welt. Viele Menschen verbinden die Idee christlicher Armut und Loslösung mit barfüssigen, schlecht gekleideten oder gar schmutzigen Gestalten. Wieder andere sind überzeugt, dass, wer einen Job mit hohem Salär hat und viel Geld verdient oder eine hohe soziale Stellung innehat, damit schon gegen den Geist der christlichen Armut verstoße.

Wir erinnern uns an den jungen Mann aus dem Evangelium, den der Herr einlädt, seinen ganzen Besitz zu verkaufen, ihn den Armen zu geben und ihm nachzufolgen. Jesus verlangt, alles zu geben, was jeder gemäß den persönlichen Lebensumständen geben kann. Wer dazu nicht bereit ist, kann Jesus nicht wirklich nachfolgen und auch nicht wirklich ein Jünger des Herrn sein. Doch diese Armut, die eine Tugend ist und in die man nach und nach hineinwächst, besteht nicht unbedingt im äußeren Nichtbesitzen, obwohl es zunächst so scheinen könnte. Sie ist eine Grundhaltung, die sich auf verschiedene Weise äußert, und nicht die Tatsache, kein Bankkonto oder keine Mittel zu haben, um sich neue Kleider zu kaufen. Nachdem der reiche junge Mann traurig von dannen gezogen ist, sagt der Herr deutlich: »Ein Reicher wird nur schwer in das Himmelreich kommen«, so dass die Jünger erschrocken fragen: »Wer kann dann noch gerettet werden?« Darauf antwortet Jesus, für Menschen sei das unmöglich, für Gott jedoch sei alles möglich (Mt 19, 23-26).

Wer sind die »Reichen«, von denen Jesus spricht? Sie sind jene, deren Herz nicht bei Gott ist, sondern an den Gütern dieser Erde klebt, Menschen, die sich nicht der Güter dieser Welt bedienen, um damit ihren Mitmenschen zu dienen, sondern um sich selbst damit zu bedienen und letztlich dann diesen Gütern zu dienen. Weil man in ihrem Besitz das Glück sucht, wird man schließlich von ihnen abhängig und unterwirft sich ihrer Logik und Macht. Der von Jesus gegeißelte Reichtum ist also eine Art innerer Versklavung der Seele, von der uns der Herr mit seiner kompromisslosen Mahnung zu befreien sucht: »Verkauft eure Habe und gebt den Erlös den Armen! Macht euch Geldbeutel, die nicht zerreißen. Verschafft euch einen Schatz, der nicht abnimmt, droben im Himmel, wo kein Dieb ihn findet und keine Motte ihn frisst. Denn wo euer Schatz ist, da ist auch euer Herz« (Lk 12, 33-34).

Christliche Armut ist also nicht so sehr äußere Besitzlosigkeit, als vielmehr innere Loslösung. »Die wahre Armut besteht nicht im Nichthaben, sondern im Losgelöstsein: im freiwilligen Verzicht auf die Herrschaft über die Dinge. Deshalb gibt es Arme, die in Wirklichkeit reich sind. Und umgekehrt« (Der Weg 632). Man kann äußerlich arm, gleichzeitig aber unzufrieden, neidisch und gierig, egoistisch nur auf den eigenen Vorteil bedacht sein. Und man kann äußerlich gesehen reich, mit materiellen Mitteln gesegnet, gleichzeitig aber losgelöst und großzügig sein. Man kann stets auf das Wohl der anderen bedacht sein und, was die eigene Person betrifft, gleichzeitig bescheiden und bedürfnislos leben.

Wie haben es die ersten Christen gehalten? Die Apostelgeschichte zeichnet uns ein eindrucksvolles Bild. »Und alle, die gläubig geworden waren, bildeten eine Gemeinschaft und hatten alles gemeinsam. Sie verkauften Hab und Gut und gaben davon allen, jedem so viel, wie er nötig hatte« (Apg 2, 44-46). Und etwas später heißt es ausführlicher: »Die Gemeinde der Gläubigen war ein Herz und eine Seele. Keiner nannte etwas von dem, was er hatte, sein Eigentum, sondern sie hatten alles gemeinsam ... Es gab auch keinen unter ihnen, der Not litt. Denn alle, die Grundstücke oder Häuser besaßen, verkauften ihren Besitz, brachten den Erlös und legten ihn den Aposteln zu Füßen. Jedem wurde davon so viel zugeteilt, wie er nötig hatte.« Von einem gewissen Josef aus Zypern heißt es, »er verkaufte einen Acker, der ihm gehörte, brachte das Geld und legte es den Aposteln zu Füßen« (Apg 4, 32-37). Doch lebte die Urgemeinde nicht in einem Zwangsregime, einer Art Urkommunismus. Auf der Suche nach materieller Unterstützung für die Gemeinde von Jerusalem ermahnt Paulus die Gemeindemitglieder von Korinth: »Jeder gebe, wie er es sich in seinem Herzen vorgenommen hat, nicht verdrossen und nicht unter Zwang, denn Gott liebt einen fröhlichen Geber« (2 Kor 9, 7).

Die zitierte Stelle aus der Apostelgeschichte ist also nicht, wie einige Bibelinterpreten gemeint haben, die

Beschreibung eines neuen, auf Gemeineigentum aufbauenden Gesellschaftsmodells, sondern das Zeugnis eines Geistes der Loslösung, der christlichen Solidarität und Brüderlichkeit. Dieser Geist wurde von den ersten Christen in Jerusalem in einer bestimmten historischen Situation und unter bestimmten Umständen auf diese konkrete Weise verwirklicht, denn die Urkirche war ja zunächst völlig mittellos und lebte in der Verfolgung. Dies war der Anfang. Entscheidend ist der Geist, nicht die äußerliche Realisierung, die von den Umständen abhängt. Es ist der Geist Jesu. Etwas mehr als ein Jahrhundert später beschreibt der große christliche theologische Schriftsteller Klemens von Alexandrien denselben Geist, allerdings bereits unter ganz anderen historischen Umständen. Klemens ist der Ansicht, es sei gerade gut, dass es Menschen gibt, die reich sind und materielle Mittel besitzen. Sie sind nicht »reich« im verwerflichen Sinn, wenn sie diese Güter einsetzen, um ihren Mitmenschen zu dienen. Wenn es nur Arme gäbe, dann könnte ja auch niemandem geholfen werden: »Wie kann man den Hungernden zu essen geben, den Durstenden zu trinken; wie kann man den Nackten kleiden und den Schutzlosen aufnehmen – alles Dinge, deren Unterlassung der Herr mit dem ewigen Feuer und dem Ausschluss in die Finsternis zu bestrafen droht – wenn ein jeder begänne, alle diese Dinge zu entbehren? (...) Deshalb darf man die Reichtümer, die unseren Mitmenschen dienen können, nicht zurückweisen. Man nennt sie tatsächlich ›Besitz‹, weil man sie besitzt, und ›Güter‹ oder ›Nützliches‹, weil man mit ihnen Gutes tun kann und weil sie von Gott für den Nutzen der Menschen vorgesehen sind« (*Quis dives salvetur?* 13-14).

Im Opus Dei versucht jeder in seinen konkreten Lebensumständen diesen ursprünglichen christlichen Geist in seiner ganzen Radikalität zu leben. Alle haben ihre Arbeit und verdienen sich damit ihren Lebensunterhalt und setzen sich dadurch auf vielfältigste Weise, einige auch durch politisches Engagement, falls sie sich dazu berufen fühlen, für eine gerechte Gesellschaft ein, in der christliche Nächstenliebe und Solidarität nicht einfach an den Staat delegiert, sondern nach Möglichkeit von allen Bürgern auch im täglichen Leben selbstverantwortlich praktiziert werden. Zudem unterstützen sie je nach ihren Möglichkeiten die apostolischen Initiativen und Einrichtungen des Opus Dei. Dazu führt die apostolische Arbeit des Opus Dei zu einer weitgefächerten Mobilisierung von privaten Ressourcen der Gesellschaft, indem Mitarbeiter, Freunde und Gönner oft große Summen zur Verfügung stellen, um körperschaftliche Werke des Opus Dei, die für die jeweiligen Länder oft auch große soziale Bedeutung haben, ins Leben zu rufen.

Entscheidend ist jedoch, dass ein jeder den Geist der Loslösung, die *Tugend* der Armut eben, in seinem persönlichen Leben realisiert. Das Grundprinzip ist gemäß der Ausdrucksweise des Gründers: »Nichts als sein Eigen betrachten, nichts Überflüssiges haben und sich nicht beklagen, wenn das Notwendige fehlt«. Der hl. Josemaria hat in seinem Leben lange Perioden bitterer materieller Armut durchlebt. Ebenso auch viele, die mit der apostolischen Arbeit des Opus Dei in einem neuen Land begonnen haben. In den USA begann das Opus Dei in Chicago, und als erste Wohnung diente … eine Garage. Für mehr reichte das Geld nicht. Das war nicht ein Dauerzustand, es ist vorgesehen, dass jedes Zentrum des Opus Dei ein angenehmes, sympathisches, geschmackvoll eingerichtetes und mit dem nötigen Grundkomfort ausgestattetes Zuhause ist. Aber es gab und gibt auch immer wieder solche Pionierzeiten, und arm ist das Opus Dei immer, weil es infolge der ständigen Expansion seiner apostolischen Arbeit immer an Mitteln fehlt und man zusätzlich zu den aus der beruflichen Arbeit der Numerarier und Assoziierten und den Beiträgen der Supernumerarier stammenden Mittel ständig auf die Mitarbeit und großzügige Mithilfe von Freunden und Gönnern angewiesen ist.

Es ist klar, dass die Supernumerarier zuallererst an ihre eigene Familie, den Ehepartner, die Kinder und andere Familienmitglieder, für die sie Verantwortung tragen, denken müssen. Die Bedürfnisse des Opus Dei figurieren hier etwa so wie ein weiteres Kind, das zur Familie gehört. Jeder gibt, was er seinem Gewissen gemäß geben kann, er versucht großzügig zu sein, nicht auf Kosten der eigenen Familie und unter Vernachlässigung diesbezüglicher Pflichten, sondern indem er es sich durch die Einschränkung persönlicher Bedürfnisse sozusagen vom Mund abspart. Für Eheleute, die Verantwortung für eine eigene Familie tragen, wäre es eine falsche Armut und keine Tugend, der eigenen Familie die notwendigen Mittel vorzuenthalten und nicht auch dafür zu sorgen, dass sie in einem fröhlichen, geschmackvoll und freundlich eingerichteten Zuhause leben, standesgemäß und mit angemessenem Komfort. Die persönliche Armut soll nicht zu einer Abtötung oder zu einer Bußübung für die anderen werden! Im Gegenteil: Sie soll dazu beitragen, den anderen das Leben angenehmer zu machen, ihnen durch das eigene Beispiel aber auch helfen, die beglückende Schönheit des christlichen Geistes der Loslösung selber zu entdecken und leben zu lernen.

Auch für die Numerarier gilt: Priorität hat die eigene Familie, und diese ist für sie das Opus Dei bzw. ihr Zentrum und die Personen, mit denen sie dort zusammenleben. Man gibt also alles für diese Familie. Selbstverständlich hat man auch persönliche Bedürfnisse: Die einen brauchen ein Auto, die anderen ihren Laptop, ihr Mobiltelefon, Bücher, Musikinstrumente oder einen Fotoapparat. Man betreibt auch den einen oder anderen Sport, hat sein Mountainbike oder die Tennis- und Skiausrüstung. Ich nehme meine Querflöte immer überallhin mit, und mein Leben im Opus Dei hat mich auch nicht daran gehindert, noch in späteren Jahren aus reiner Liebe zur Musik mit dem Klavierspielen zu beginnen und entsprechende Kosten zu verursachen ... wenn auch nicht unbedingt zur Freude aller, die sich das Üben mit anhören müssen. Der hl. Josemaria ermunterte jedenfalls seine Söhne und Töchter, die ein Musikinstrument spielten, dies ja nicht aufzugeben, schon deshalb nicht, weil es auch das Familienleben bereichert.

Es erübrigt sich, hier auf Details einzugehen, es genügt das Prinzip: »Nichts als sein Eigen betrachten, nichts Überflüssiges haben und sich nicht beklagen, wenn das Notwendige fehlt«. Nicht dass es in den Zentren des Opus Dei eine Art Kommunismus gäbe, die wahre Armut zeigt sich darin, dass man seine Dinge (Kleider, Schuhe, Auto, Computer, Fahrrad, Sportsachen), aber auch die Einrichtung der Zentren pflegt, damit sie lange ihren Dienst tun können, dass man nicht überflüssige Dinge anhäuft und daran hängen bleibt und nicht die Freude verliert, wenn man zeitweilig auf an sich notwendige Arbeitsinstrumente verzichten oder sonstige Einschränkungen erleiden muss.

Ihren Lohn geben die Numerarier vollständig in die Kasse des Zentrums, man verzichtet also darauf, nach eigenem Ermessen frei darüber zu verfügen. Was man für die täglichen Ausgaben braucht, holt man sich; falls es sich um außerordentliche Ausgaben handelt, tut man das immer mit der vorherigen Zustimmung des Leiters des eigenen Zentrums. Das ist eine gute Hilfe, um sich die Dinge zweimal zu überlegen oder sich manchmal auch ein Nein sagen zu lassen. Dasselbe gilt für den Brauch, dass Numerarier und Assoziierte Geschenke, selbst solche, die sie von der eigenen Familie erhalten, nicht für sich behalten und andere darüber entscheiden lassen, ob man sie schließlich selber benutzt oder nicht. Das und anderes kann manchmal ein echtes Opfer sein. Es ist aber eine konkrete Art, sich innerlich loszulösen und das Herz frei für Gott und die Mitmenschen zu behalten. Supernumerarier leben denselben Geist, aber ihren Lebensumständen entsprechend. Eine Armut, die nicht manchmal etwas weh tut, ist keine echte Armut. Das Schöne am Geist der Loslösung ist aber, dass gerade derjenige, der ihn wirklich lebt, daran Geschmack findet. »Denke daran: der hat mehr, der weniger braucht. – Schaffe dir keine Bedürfnisse« (Der Weg 630).

Dass man das gesamte Einkommen aus eigener Arbeit dem eigenen Zentrum überlässt, um es dann für besondere Ausgaben wiederum dieser Familienkasse zu entnehmen, ist letztlich nichts anderes, als was berufstätige Väter und Mütter einer kinderreichen und armen Familie tun, sofern sie wirklich für ihre Familie leben. Hier wird jeder Cent umgedreht, keine größere Ausgabe wird ohne Mitwissen und Einverständnis des Ehepartners getätigt. Andernfalls würde die Ehe über kurz oder lang in Gefahr geraten, zumindest aber das Vertrauensverhältnis zwischen den Ehepartnern in eine ernsthafte Krise kommen. Ich habe noch nie erlebt, dass ein verheirateter Mann, den ich für irgendeine konkrete apostolische Initiative um finanzielle Unterstützung bat, mir nicht sagte, er müsse das zunächst mit seiner Frau besprechen und ihr Einverständnis erhalten.

Genau das ist das Kriterium für Numerarier: Sie tragen die volle Verantwortung für eine kinderreiche und arme Familie, das Opus Dei. Es wäre inkonsequent, ja geradezu absurd, dass jemand, der sein ganzes Leben mit ungeteiltem Herzen im apostolischen Zölibat hingibt und bereit ist, den Gehorsam Jesu nachzuahmen, danach den Ertrag seiner Arbeit für sich behalten und frei sowie nach seinem Gutdünken darüber verfügen wollte, als wäre er ein Junggeselle. Er würde nicht wie jemand handeln, der die Verantwortung für eine große, weltumspannende Familie und apostolische Unternehmung trägt und aus diesem Grund das Leben Christi nachahmen möchte. Denn, wie der hl. Paulus in einer berühmten Formulierung sagt, Christus »wurde euretwegen arm, um euch durch seine Armut reich zu machen« (1 Kor 8, 9). Auch die Armut und Loslösung der Jünger Jesu Christi hat diesen Sinn: andere reich zu machen, das Herz frei zu haben, um den anderen dienen zu können. Das muss uns etwas kosten und manchmal auch ein Opfer sein. Christus hat sich arm gemacht, obwohl er der allmächtige Herr und Schöpfer des Weltalls ist. Wer sind wir Menschen, was können wir schon geben? Wie viel aber erhalten wir vom Herrn, wenn wir auch seine Armut nachahmen!

Die Armut, wie sie im Opus Dei gelebt wird, ist also eine den Umständen angepasste Konkretisierung jenes selben Geistes, den die ersten Christen und alle Christen aller Zeiten in irgendeiner Form gelebt haben, wenn sie den Geist Christi wirklich nachzuahmen versuchten. Es wäre falsch und würde vor allem gegen Gerechtigkeit und Nächstenliebe verstoßen, wenn ein Christ, der von der Arbeit in seinem bürgerlichen Beruf lebt, diese Tugend etwa in der Weise des hl. Franz von Assisi üben würde. Er würde damit in den meisten Fällen gegen die Nächstenliebe oder Pflichten seines Berufslebens und seiner Familie verstoßen. Aber auch als normaler Bürger dieser Welt soll er dies mit nicht weniger innerer Radikalität als der hl. Franziskus tun. Deshalb hat der Gründer des Opus Dei festgelegt, dass alle Mitglieder des Opus Dei jedes Jahr gerade am Festtag des hl. Franz von Assisi, am 4. Oktober also, den Geist der Loslösung und die Tugend der Armut im Gebet betrachten. Im Opus Dei lebt man diesen Geist aber auf laikale Weise, man trägt eine der eigenen Position entsprechende geschmackvolle und gepflegte Kleidung, hat die Arbeitsinstrumente, die man benötigt, und verlangt für die eigene Arbeit den angemessenen Lohn. Armut heißt zunächst einmal, von seiner eigenen Arbeit zu leben und dabei auch an die Bedürfnisse seiner Familie zu denken.

Die Tatsache, dass die Numerarier und Assoziierten den Erlös ihrer Arbeit – wie gesagt abzüglich der Ausgaben für ihre persönlichen Bedürfnisse und für Verpflichtungen anderer Art – dem Opus Dei, ihrer Familie, überlassen, bedeutet jedoch nicht, dass auch eventuelle zum Zeitpunkt ihrer Aufnahme ins Opus Dei bereits in ihrem Besitz befindliche oder später einmal durch eine Erbschaft an sie fallende Güter (Liegenschaften, Ländereien usw.) automatisch dem Opus Dei zufallen. Im Gegenteil, jeder Numerarier kann frei verfügen, welcher Bestimmung solche Familien- oder Erbgüter zugeführt werden sollen. Er kann sie also auch weiterhin in seinem Besitz behalten. In diesem Falle wird man dann aber die Verwaltung bzw. Bestellung sowie die Nutznießung solcher Güter, das heißt den daraus entspringenden Gewinn, nicht als eigenes Einkommen nutzen, sondern es anderen Personen oder Institutionen seiner freien Wahl überlassen (natürlich können dies auch apostolische Werke, die von der Prälatur geführt sind, sein, aber dies liegt im freien Ermessen des Betreffenden, der hier nach Kriterien der Klugheit, Gerechtigkeit und Nächstenliebe gegenüber Drittpersonen, besonders seinen Verwandten, aber auch gegenüber seiner eigenen Familie des Opus Dei, handeln muss; dieselbe Freiheit existiert auch für die testamentarische Vermachung solcher Güter). Ausgeschlossen und mit dem Geist der Armut und Loslösung, wie er im Opus Dei gelebt wird, unvereinbar ist nur, dass ein Numerarier einfach vom Ertrag solcher Güter lebt, ohne selbst einer beruflichen Arbeit nachzugehen und sich seinen Lebensunterhalt selbst zu verdienen. Er wäre dann im schlechten Sinne »reich«. Zudem bleibt der Betreffende durch die Abtretung von Verwaltung, Bewirtschaftung und Nutznießung solcher Güter an andere, ohne dass er die Eigentumsrechte darüber aufzugeben genötigt wäre, voll für die Aufgaben des Apostolates verfügbar.

Der Geist der Loslösung und seine konkreten und praktischen Konsequenzen sind im Opus Dei wesentlich. Der Gründer bezeichnete die Armut geradezu als den Reichtum des Opus Dei. Ohne den Geist der Armut und Loslösung mit ihren effektiven und konkreten Äußerungen im gewöhnlichen Leben kann es keine übernatürliche Wirksamkeit geben. Dieser Geist ist um so wichtiger für Menschen, die mitten im Beruf stehen und sich durch ihre Berufsarbeit an allen Wegkreuzungen der Erde befinden und in allen Bereichen der Gesellschaft tätig sind, oft auch an verantwortlicher Stelle, was mit entsprechendem Einfluss und manchmal auch mit Macht verbunden ist. Gerade hier bewahrt der Geist der Armut vor Missbrauch und dem menschlichen Hang, eigene Macht zur persönlichen Bereicherung und Übervorteilung zu nutzen und in der beruflichen Arbeit immer einen selbstlosen Dienst am Mitmenschen und an der Gesellschaft zu sehen.

Der Loslösung bedarf es freilich nicht nur von den materiellen Gütern. Die wahre Armut ist umfassend, sie ist die »Armut im Geiste«, von der Jesus in der Bergpredigt spricht. Die »Armen« im Sinne der Bibel sind diejenigen, die sich vor Gott klein und bedürftig wissen und deshalb nicht den Fehler begehen, ihre Hoffnung in die Güter dieser Welt zu legen. Zu diesen Gütern gehört auch das eigene Ich. Unser Ego ist wohl der Schatz, den wir am meisten hüten und zuweilen auch das Idol, das wir, ganz im Geheimen, am innigsten anbeten. Ein junger Student, dem ich einen ersten Entwurf dieses Buches zum Lesen gab, meinte spontan, diese Art von Loslösung sei doch eigentlich noch viel schwieriger: auf das eigene Ich verzichten, indem man auf die anderen hört, die eigenen Ansichten nicht vergöttert und nicht immer denkt, die anderen hätten Unrecht oder man selbst sei der Mittelpunkt des Sonnensystems, eben die Sonne, die alle anderen erleuchtet. Und natürlich hatte mein junger Freund völlig Recht, und deshalb fand ich es auch angebracht, dies hier noch ausdrücklich anzumerken.

Vieles darüber wurde jedoch bereits oben im Zusammenhang mit der Tugend des Gehorsams gesagt, anderes bereits im zweiten Kapitel, als wir über die Liebe zur Wahrheit sprachen. Wer wirklich die Wahrheit liebt, der hängt nicht partout an seinen eigenen Ansichten, sondern hört auf die anderen und ist bereit, sich eines Besseren belehren zu lassen und seine Meinung zu ändern. Loslösung also auf der ganzen Ebene, um das Herz für Gott frei zu haben. Alles hängt zusammen. Die verschiedenen Tugenden bilden zusammen ein wunderbares Geflecht, das stark und strapazierbar ist. Es ermöglicht, in allen Umständen Gott und die Mitmenschen aus ganzem Herzen, in Tat und Wahrheit zu lieben.

Tugenden (4): Arbeitsamkeit, Tapferkeit, Nächstenliebe

Der Geist der Armut zeigt sich natürlich auch ganz besonders in der Arbeitsamkeit. Wie bereits zur Genüge gesagt, leben im Opus Dei alle, natürlich auch die Numerarier, von ihrer eigenen Arbeit. »Wer nicht arbeiten will, soll auch nicht essen«, ermahnt Paulus die Thessalonicher, da es dort offenbar solche gab, die ungerechterweise, aus Faulheit, auf Kosten der anderen lebten. Er und seine Mitarbeiter hätten deshalb ein Beispiel gegeben, so erklärt Paulus, der ja das Handwerk des Zeltmachers praktizierte: »Wir haben uns gemüht und geplagt, Tag und Nacht haben wir gearbeitet, um keinem von euch zur Last zu fallen« (2 Thess 3, 8). Auch die Arbeit einer Mutter und Hausfrau ist Berufsarbeit mit höchster Würde und zudem von unersetzbarer Wichtigkeit für die Gesellschaft. Leider wird das heute oft nicht ausreichend anerkannt. Aber natürlich gibt es auch unter Frauen und Müttern, die dem Opus Dei angehören, Berufstätige, manchmal sogar in hohen Positionen, wie sie vor einigen Jahren etwa eine bekannte Ministerin der englischen Regierung innehatte, Supernumerarierin und Mutter von vier Kindern. Die Väter hingegen sollen gemäß den Ermahnungen des hl. Josemaria keine »Patriarchen« sein, die sich nur um ihre berufliche Karriere kümmern und der Frau Haushalt und Kindererziehung überlassen. Ihr wichtigstes »Geschäft«, so betonte der Gründer des Opus Dei, seien ihre Kinder. Ihnen und der ganzen Familie sollten sie alle nur mögliche Zeit und Anstrengung widmen und ihre Frauen dabei nicht alleinlassen.

Arbeiten ist im Opus Dei, wie der hl. Josemaria scherzhaft sagte, eine chronische, fortschreitende, unheilbare und ansteckende »Krankheit«. Die berufliche Arbeit und die

Erfüllung der eigenen Pflichten im Kreis der Familie sind gleichsam die Achse, um die sich die persönliche Heiligung dreht. Ohne einer regelmäßigen, klar definierten beruflichen Arbeit nachzugehen, könnte man sich im Opus Dei nicht heiligen, so wie ein Rad sich ohne Achse nicht drehen könnte. Ohne zu arbeiten wäre man wie ein Fisch ohne Wasser oder ein Vogel ohne Luft: man würde geistlich ersticken und wäre unfähig, sich übernatürlich fortzubewegen. Dies nicht etwa, weil man im Opus Dei der Ansicht ist, Erlösung und Heiligkeit bestünden in der Arbeit oder würden durch den Erfolg der Arbeit garantiert! Vielmehr muss ja, wie bereits gesagt, die Arbeit in Gebet verwandelt werden, ja *die Arbeit selbst* muss zu Gebet werden: dazu wird sie, wenn sie mit der größtmöglichen – größt*möglichen* – menschlichen Vollkommenheit und Kompetenz verrichtet wird. Das Heil liegt also nicht in der Suche nach eigenem Erfolg, Anerkennung und Brillanz und falschem Perfektionismus, der ja nur der eitlen Selbstbespiegelung nützt. Vielmehr geht es darum, den anderen nützlich zu sein, zu dienen, und dies aus Liebe zu Gott. So wird die eigene Arbeit zur Nächstenliebe und zum Dienst am Mitmenschen. »Das Licht der Jünger Christi darf nicht in der Talsohle bleiben, sondern muss leuchten auf dem Gipfel des Berges, *damit sie eure guten Werke sehen und euren Vater im Himmel preisen* (Mt 5, 16). So arbeiten ist Gebet. So studieren ist Gebet. So forschen ist Gebet. Immer wieder kommen wir auf dasselbe zurück: Alles ist Gebet, alles kann und soll uns zu Gott führen, zum ständigen Umgang mit ihm, von morgens bis abends. Jede ehrliche Arbeit kann Gebet sein; und jede Arbeit, die Gebet ist, ist auch Apostolat« (CB 10).

Natürlich gibt es auch im Opus Dei Menschen, die das Pech haben, eine Zeit lang oder sogar für längere Zeit arbeitslos zu sein. Wer arbeitslos ist, wird auch diese Situation heiligen können: Arbeitssuche, eventuelle Umschulung und all die Mühen, Schwierigkeiten und Ungewissheiten, die damit verbunden sind. Auch das ist Arbeit. Auch die Situation des Arbeitslosen ist eine, wenn auch zuweilen sehr schmerzhafte, Möglichkeit des gewöhnlichen Lebens, in der man Christus und sein Kreuz findet, sich heiligen und apostolisch wirken kann. Der Zustand der Arbeitslosigkeit widerspricht nicht dem Geist der Heiligung der Arbeit und schon gar nicht der Möglichkeit, die Tugend der Arbeitsamkeit zu üben! Ja sie kann sogar zu einer positiven Herausforderung werden, in dieser Tugend zu wachsen.

Die Tugend der Arbeitsamkeit besteht aus einem Geflecht von vielen anderen kleinen Tugenden wie der Ordnung, der Beharrlichkeit und Geduld – sie gehören zur Tugend der Tapferkeit – sowie der Großzügigkeit. Aber auch die Demut ist hier wichtig, da man oft Niederlagen und Enttäuschungen einstecken muss, deshalb aber nicht die Flinte ins Korn werfen darf. Man muss auch lernen, mit seinen eigenen Beschränktheiten und Fehlern sowie mit dem Mangel an materiellen Mitteln und an Zeit zu leben und trotzdem bestmögliche Arbeit zu leisten. Um Gott seine Arbeit als Liebesgabe darbringen und seinen Mitmenschen damit dienen zu können, ist es nicht nötig, ein Genie zu sein, obwohl auch Genies dazu eingeladen sind, mit ihrer Arbeit ihren Mitmenschen zu dienen (was gerade Genies oft nicht gerne oder, weil sie nun einmal genial sind, ganz ohne es zu beabsichtigen tun). Nicht Genies und Spitzentalente sind im Opus Dei nötig, obwohl auch diese willkommen sind, sondern normale Menschen, Durchschnittstalente, die aber gut, gewissenhaft und beharrlich arbeiten, das Detail und die kleinen Dinge pflegen, und das nicht aus pedantischer Manie oder zur Selbstbespiegelung, sondern weil sie wissen, dass wie alles Nützliche auch große Leistungen letztlich aus einem Gefüge von kleinen Dingen bestehen.

Die »kleinen Dinge« sind deshalb ganz besonders wichtig. Denn aus ihnen besteht nun einmal der Alltag. Das Buch »Der Weg« widmet dem Thema ein eigenes Kapitel: »Tut das alles aus Liebe. – Dann gibt es keine kleinen Dinge mehr: alles wird groß. – Beharrlichkeit in den kleinen Dingen, aus Liebe, ist Heroismus.« ... »Eine Kleinigkeit, aus Liebe getan, wie wertvoll ist das!« ... »Du willst wirklich heilig werden? – Erfülle die kleine Pflicht jeden Augenblicks! Tu das, was du sollst, und sei ganz in dem, was du tust.« .... »Du hast den Weg verfehlt, wenn du die Kleinigkeiten geringschätzt.« ... »Die ›große‹ Heiligkeit besteht in der Erfüllung der ›kleinen Pflichten‹ jeden Augenblicks« (Der Weg 813-817).

Der Gründer des Werkes illustrierte dies gerne mit dem Bau der großen gotischen Kathedralen und ähnlicher gigantischer Bauwerke: »Hast du gesehen, wie sie jenen mächtigen Bau errichteten? – Ein Stein, und noch einer. Tausende. Aber einer nach dem anderen. – Und Säcke Zement, einer nach dem anderen. Und Steinquader, die im Verhältnis zur gesamten Masse wenig ausmachen. – Und Eisenteile. – Und Arbeiter, die Tag für Tag die gleichen Stunden arbeiten. Hast du gesehen, wie sie den mächtigen Bau schufen? ... – Mit lauter kleinen Dingen« (Der Weg 823). Das ist wie ein Bild für den Arbeitsalltag so vieler Menschen. Dieser Alltag ist es, wo Gott auf uns wartet, und genau solche Dinge sind es, die wir mit immer wieder erneuerter Liebe dem Herrn als Opfergabe darbringen können. Genau dies ist auch die Lebenswirklichkeit, in der wir mit so vielen Menschen zusammentreffen, Kollegen, Mitschüler, Kommilitonen an der Universität, Kunden, Patienten, Vorgesetzte, Mitarbeiter, Untergebene, Freunde, Nachbarn, Leute, mit denen man gemeinsam den Schulweg oder den Weg zur Arbeit geht. Durch das Beispiel beharrlicher und kompetenter Arbeit und so vieler anderer Tugenden, wie Sinn für Fairness, Takt und Nächstenliebe in den Gesprächen, Hilfsbereitschaft und so fort, bahnen wir uns auch einen Weg zur Seele unserer Mitmenschen. Das berufliche Ansehen, das Prestige, das ein jeder durch seine Arbeit erwirbt, ist wie der Angelhaken des Apostels mitten in der Welt, der ja wie Petrus und die ersten Apostel »Menschenfischer« sein soll.

So zu leben bedarf der Tugend der Tapferkeit, der Geduld, die durch die Liebe zu Gott geformt, gestärkt und auf ihr wahres Ziel ausgerichtet wird. Auch wenn der Enthusiasmus des Anfangs, etwa beim Beginn des Studiums eines neuen Faches oder beim Antreten einer neuen Arbeitsstelle, verflogen ist, muss man fähig sein, aus Pflichtbewusstsein und Liebe weiterzuarbeiten. Immer geht es darum zu versuchen, gute Arbeit zu leisten, bloße Routine und Minimalismus zu meiden. Dazu braucht es auch der äußeren und vor allem der inneren Ordnung. Man muss lernen, klare Prioritäten zu setzen, Überstürzung zu meiden, viele unterschiedliche Beschäftigungen aufeinander abzustimmen: Arbeit, familiäre und gesellschaftliche Verpflichtungen, die Zeiten, die man ausschließlich dem Umgang mit Gott, den Normen des Lebensplanes widmet, geistliche und theologische Weiterbildung, körperliche Erholung. Deshalb ist es wichtig, oft auch ein klares »Nein« zu sagen, Maß zu halten und sich nicht in Arbeitswut oder billigen Kompensationen in Form von kostspieligen und allzu zeitaufwendigen Hobbys (zumeist auf Kosten der Familie und des Apostolates) oder oberflächlicher Spielerei zu verlieren.

Kompetente und seriöse Arbeit, für Schüler und Studenten gewissenhaftes und in die Tiefe gehendes Studieren ist immer ein Dienst am Mitmenschen. Solche Arbeit ist wirkliche Nächstenliebe und bringt anderen Freude. Nächstenliebe besteht nicht darin, dass man alte Kleider verschenkt, die man nicht mehr braucht, oder etwas aus dem eigenen Überfluss spendet, um das Gewissen zu beruhigen. Sie kann sich auch nicht auf außerordentliche Aktionen beschränken, zu denen man nur selten Gelegenheit hat. (Selbstverständlich ist hier nicht die Rede von Menschen, die im Rahmen ihrer Möglichkeiten mit oft bewundernswerter Großzügigkeit Almosen spenden.) Christliche Nächstenliebe und Brüderlichkeit bedeutet zunächst und vor allem, die eigene berufliche Arbeit wirklich als einen Dienst am Mitmenschen aufzufassen und daraus sämtliche Konsequenzen zu ziehen. Das kann sehr anspruchsvoll sein. Wie es der Herr während seiner langen Jahre der Arbeit in Nazareth tat, wovon ja bereits früher ausführlich die Rede war.

Ein Kind Gottes im Opus Dei arbeitet in der Gegenwart Gottes und sucht sich an diese Gegenwart immer wieder zu erinnern. Hier nun schließt sich ein Kreis: Es ist gerade inmitten der Arbeit, wo das Bewusstsein der Gotteskindschaft wirksam werden muss, wo man aber auch so oft dem Kreuz Christi begegnet, man also vielfältige Gelegenheit zur Buße und zu kleinen Abtötungen erhält. Hier im Alltag befindet man sich »im Feuer der göttlichen Schmiede«, aus der mitten in dieser Welt Heilige hervorgehen können, sofern man den Gnaden entspricht, die wir fortwährend von Gott erhalten.

Keiner ist allein: Brüderlichkeit und Familienleben im Opus Dei

Im Opus Dei ist niemand ein Einzelkämpfer, niemand ist allein. In besonderer Weise wird im Rahmen der Kirche auch hier das große Geheimnis der »Gemeinschaft der Heiligen« wirksam, das sich alle Katholiken jeden Sonntag und an hohen Festen im Glaubensbekenntnis vergegenwärtigen. »Sohn, du hast die Gemeinschaft der Heiligen gut erfasst, als du mir schriebst: ›Gestern spürte ich, dass Sie für mich beteten‹!« (Der Weg 546). Das Opus Dei ist eine große geistliche Familie, in der man sich auf dem Weg zur Heiligkeit gegenseitig hilft, mit dem eigenen Beispiel, mit Gebet, vor allem mit Gebet. Man versucht sich zu verstehen und, wenn es nötig ist, zu verzeihen. Dass man sich gegenseitig nicht gleichgültig ist, sondern im Gegenteil jeder versucht, den anderen auf ihrem Weg beizustehen, zeigt sich auch in der so genannten brüderlichen Zurechtweisung. Sie ist ein alter christlicher Brauch; bereits Jesus spricht davon, wie uns die Evangelien bezeugen.

Es würde nämlich dem Geist der christlichen Nächstenliebe und Brüderlichkeit widersprechen, andere, ganz besonders die Leiter, hinter ihrem Rücken zu kritisieren, über andere schlecht zu sprechen oder ihnen unangenehme, vielleicht wahre Dinge unüberlegt, spitz, ironisch, verletzend oder sogar öffentlich ins Gesicht zu sagen, sie dabei zu demütigen und damit schließlich nur eine verständliche Reaktion der Abwehr hervorzurufen. Dennoch kann es oft gegen die Nächstenliebe verstoßen, gewisse Dinge einfach zu verschweigen. In konkreten Fällen könnte aus einem solchen Schweigen auch ein Schaden für die gemeinsame apostolische Arbeit entstehen. Im Opus Dei ist jeder, nicht nur die Leiter, guter Hirte seiner Brüder und mitverantwortlich für ihr geistliches Wohl und die Wirksamkeit ihres Apostolates. Deshalb bedarf es manchmal eines klaren Hinweises voller Verständnis und Feingefühl. Was man sagen muss, sagt man kurz, ohne zu demütigen, und indem man Verletzungen vermeidet, unter vier Augen, nachdem man gebetet und vom Leiter dazu die Erlaubnis erhalten hat. Dadurch wird vermieden, dass gleich mehrere Leute jemandem dieselbe Sache sagen.

Die Praxis der brüderlichen Zurechtweisung gehört zu den Dingen, die den Geist der Brüderlichkeit und die Einheit im Opus Dei ganz besonders stärken. Sie ist wie frischer Wind, der ein Zimmer mit abgestandener Luft durchlüftet, sie bewirkt wie das Fließen des Wassers Klarheit und eint all jene, die im Opus Dei die gleiche Berufung leben. Besonders wichtig ist es, auf die gleiche Weise und falls dies notwendig erscheint, auch die Leiter auf Fehler und Mängel hinzuweisen; man bespricht sich dann zuvor mit dem stellvertretenden Leiter oder dem Priester des Zentrums. Niemand im Opus Dei entbehrt also dieser wichtigen Hilfe, und auf diese Weise wissen auch die Leiter immer, dass sie sich falsch verhalten können und selbst nur unvollkommene Menschen sind.

Der Geist der Brüderlichkeit ist im Opus Dei eine Wirklichkeit, die man nicht mit wenigen Worten einfach so beschreiben kann. Sie schließt das Verständnis für die Schwächen der einzelnen ein und führt dazu, dass gelegentliche Spannungen, Missverständnisse oder charakterbedingte Reibereien, die nun einmal unvermeidlich sind und überall auftreten, wo Menschen zusammen leben und arbeiten, immer wieder durch aufrichtiges Verzeihen und die Suche nach Verständnis gelindert, überwunden und ihre Folgen geheilt werden. Gerade solche Kleinigkeiten sind Gelegenheiten, die auf dem Weg der Heiligkeit dazu dienen können, schließlich in der Demut und der Liebe zu wachsen. Das Opus Dei ist keine »heile Welt«. Aber es ist ein Stück dieser Welt, in dem man aufrichtig versucht, sich gegenseitig zu lieben, in der Hoffnung, dass sich die Worte Jesu erfüllen: »Daran werden alle erkennen, dass ihr meine Jünger seid: wenn ihr einander liebt« (Joh 13, 35).

Entscheidend für das Ambiente einer Familie ist auch die Tatsache, dass es im Opus Dei einen »Vater« gibt. Technisch und kirchenrechtlich ist er der »Prälat des Opus Dei«. Er wird nach seiner Wahl durch den Generalkongress der Prälatur vom Papst ernannt. Bisher ist er immer auch zum Bischof geweiht worden und hat selbstverständlich entsprechende Kompetenzen. Man schuldet seinen Anordnungen und Weisungen, die er auf Grund der Statuten der Prälatur zu geben das Recht und die Pflicht hat, feinfühligen und übernatürlichen Gehorsam. Sämtliche Leiter im Opus Dei sind sozusagen seine Repräsentanten und handeln mit seiner Autorität. Die Priester tun dies im Rahmen ihres priesterlichen Dienstes und ohne Leitungsaufgaben wahrzunehmen. Im Opus Dei ist der Prälat vor allem »der Vater«, der auch immer wieder in die verschiedenen Regionen der Prälatur reist und die Mitglieder dort zu kennen sucht.* Der Prälat

---

* Das Opus Dei ist in »Regionen« aufgeteilt, die nicht immer mit einzelnen Ländern identisch sind. So bilden etwa zurzeit die skandinavischen Länder eine einzige Region (mit Ausnahme Finnlands, das gegenwärtig mit den baltischen Staaten eine Region bildet); auch Hongkong, Macao und Singapur gehören zur selben Region. Das kann sich mit der Zeit ändern. Besonders große Regionen, wie etwa die USA, Spanien oder Mexiko, sind hingegen in mehrere so genannte »Delegationen« unterteilt, damit die Leitungsstrukturen immer übersichtlich bleiben und unter den Gläubigen der Prälatur der Familiengeist gewahrt werden kann.

des Opus Dei ist wirklich ein Vater, der sich um seine Töchter und um seine Söhne kümmert, sich oft um den einen oder anderen ernstlich sorgt, sich mit ihnen zusammen freut oder traurig ist, wenn jemand leidet oder stirbt. Man ist mit ihm auch auf vielfältige Weise affektiv verbunden, man schreibt ihm Briefe und erhält zuweilen auch einen von ihm. Regelmäßig, in der Regel monatlich, schreibt er auch an die Gläubigen der Prälatur eine Art Hirtenbrief. Als meine Mutter starb, rief er mich an, sobald er konnte, um mir einige tröstende Worte zu sagen; meinem Vater schrieb er einige Zeilen voller Herzlichkeit. Die Vaterschaft und die Kindschaft im Opus Dei sind eine Wirklichkeit und führen auch dazu, dass alle im Opus Dei sich in dieser Familie eins wissen. Bestärkt wird diese Einheit auch durch interne Familienzeitschriften, dank deren man, zusätzlich zum offiziellen Amtsblatt der Prälatur »Romana«, das auch via Internet zugänglich ist, Anregungen für das innere Leben und Nachrichten über die apostolische Arbeit in der ganzen Welt erhält.

Eine Familie ist das Opus Dei auch, weil der Gründer, der hl. Josemaria, der gemeinsame Familienvater ist, dessen Leben man zu kennen sucht, zu dem man als Fürsprecher im Himmel betet, dem man sich in kindlicher Dankbarkeit verbunden weiß, da jeder im Opus Dei sich bewusst ist, dass die eigene Berufung eben auch Frucht der Hingabe und Treue dieses, »unseres« Vaters ist, zumindest ohne sie nie hätte Wirklichkeit werden können. Das hat nichts mit »Personenkult« zu tun, sondern ist ganz einfach Ausdruck einer tiefen inneren Verbundenheit. Ganz abgesehen davon, dass der, den man im Opus Dei »unseren Vater« nennt, von der Gesamtkirche zu ihren Heiligen gezählt und auch außerhalb des Opus Dei als solcher verehrt wird, weiß ein jeder im Werk, was es den Gründer alles an Mühe, Opfer, Leid und Kraft gekostet hat, das Opus Dei voranzubringen, und mit welcher Treue zum Willen Gottes er das getan hat. Jedermann ist sich bewusst, dass seine eigene Berufung zum Opus Dei Frucht des Gebetes und der vielen Opfer des hl. Josemaria ist, und geistlich gesehen ist man ihm deshalb wie einem wirklichen Vater mit kindlichen Gefühlen der Dankbarkeit und Zuneigung verbunden. Gerade die Erinnerung an diese geistliche Vaterschaft des Gründers und seine lebendige Gegenwart im persönlichen Gebetsleben und in liturgischen Feiern, vor allem an seinem Fest, das im liturgischen Kalender der katholischen Kirche auf den 26. Juni festgesetzt ist, aber auch bei zahlreichen Familienfesten, an denen man weiterhin im Familienkreis etwa seinen Geburtstag und wichtige Etappen in der Geschichte des Werkes feiert, sind wichtig für die Atmosphäre familiärer Intimität, die im Opus Dei herrscht.

»Familienleben« im engeren Sinne bezeichnet die Tatsache, dass Numerarier in der Regel unter dem gleichen Dach zusammenwohnen, um auf diese Weise die apostolische Arbeit der Zentren betreuen zu können. Die berufliche Arbeit kann dazu führen, dass ein Numerarier zum Beispiel während der Woche in einer eigenen Wohnung lebt (wie es etwa lange Jahre ein Numerarier tat, der Ordinarius für Neuropathologie an der Freien Universität Berlin und Vizepräsident dieser Universität war, zu einer Zeit, in der es in dieser Stadt noch kein Zentrum gab). Das sind nicht allzu seltene Ausnahmen, die sich oft aus beruflichen Gründen aufdrängen, aber eben doch eher Ausnahmen, denn die Betreuung der apostolischen Arbeit, insbesondere die geistliche Unterstützung der Supernumerarier, Mitarbeiter und anderer Personen sowie die Leitung der körperschaftlichen

Werke, verlangt eben gerade von den Numerariern, dort präsent und verfügbar zu sein, wo sich diese Arbeit verwirklicht. Freilich vollzieht sich die Bildungstätigkeit der Prälatur nicht nur in den Zentren, sondern auch von diesen aus an anderen Brennpunkten des Apostolates, wo es selbst keine festen Zentren der Prälatur gibt (darüber wurde bereits gesprochen).

In den Zentren des Opus Dei leben die Numerarier ähnlich wie in einer vom christlichen Glauben geprägten Familie zusammen. Dank der vielen Frauen des Opus Dei, ganz besonders der früher bereits erwähnten Auxiliarinnen, die sich professionell und mit der Mentalität einer Mutter der hauswirtschaftlichen Betreuung der Zentren widmen, sind diese ein wirkliches Zuhause, geschmackvoll und mit jenem Minimum an Komfort eingerichtet, der das Leben angenehm und froh macht. Während die Zimmer der Numerarier nur mit der nötigsten Einrichtung ausgestattet sind, sollen Räumlichkeiten wie Wohnzimmer, Kapelle, Studierzimmer, Bibliothek usw. den Geist der Armut mit Funktionalität, gutem Geschmack und menschlicher Wärme verbinden. Das Familienleben in einem Zentrum des Werkes strukturiert sich mit der Flexibilität, die für Menschen nötig ist, die mitten im Berufsleben stehen oder sich ihren Studien und ihrer sonstigen Ausbildung widmen.

In diesen Zentren gibt es einen einfachen Stundenplan: Man trifft sich morgens in der Kapelle des Hauses zur Betrachtung und zur Heiligen Messe (falls sie nicht abends gefeiert wird oder man aus Arbeitsgründen anderswo und zu einer anderen Zeit in die Messe geht), nimmt zusammen die Mahlzeiten ein, sofern man zu Hause ist, setzt sich mittags und abends nach dem Essen kurz zusammen, um sich bei Kaffee oder Tee zu unterhalten: dabei kommen Ereignisse aller Art, amüsante Erlebnisse, apostolische Initiativen, tagesaktuelle Geschehnisse, Kulturelles und so fort zur Sprache. An gewissen Tagen betet man zusammen den Rosenkranz und abends, bevor man ins Bett geht, trifft man sich kurz noch einmal in der Kapelle zur Gewissenserforschung und zu einem kurzen Kommentar zum Tagesevangelium, den gemäß einem Turnus immer einer vorbereitet. Das ist die Grundstruktur, die sich je nach persönlichen Plänen, Arbeitsverpflichtungen und den Erfordernissen der apostolischen Arbeit abwandelt und individualisiert. Jeder versucht die für ihn nötige Autonomie mit dem Sinn für die Familie und ihre Bedürfnisse und auch die dazu nötige Präsenz im Hause zu vereinbaren. Numerarier sind keine Junggesellen, sondern Angehörige einer Familie und in diesem Sinne nicht weniger gefordert als die Supernumerarier mit eigener Familie und Kindern. Das gilt natürlich ganz besonders auch für die Sorge um die Kranken und Betagten. Der hl. Josemaria sagte, niemand im Opus Dei sollte sich je nach der liebevollen Umsorgung seiner Mutter zurücksehnen und für einen Kranken sei er sogar bereit, »ein Stück des Himmels zu stehlen«, damit er sich wohl und umsorgt fühle und möglichst wenig zu leiden habe. Und schließlich rief er wiederholt, an alle Mitglieder des Opus Dei gerichtet, aus: »Das Opus Dei ist der beste Ort um zu leben und der beste Ort um zu sterben!«

Das Familienleben der Numerarier wird auch durch die vielen kleineren und größeren Familienfeste bereichert, neben den Festen des Kirchenjahres, die alle Christen feiern, durch einige spezielle des Opus Dei selbst, darunter, wie oben erwähnt, das Fest des Gründers sowie der Geburtstag und Namenstag des Vaters, aber auch die Geburtstage oder Namenstage der einzelnen Numerarier, die immer wieder Anlass zu vergnüglichen Momenten geben und die Nestwärme einer echten Familie spüren lassen. Bestimmte Feste, vor allem die großen Festtage des Kirchenjahres, aber auch die eigentlichen Familienfeste, zeichnen sich zum Beispiel durch einen Aperitif, ein besonderes Essen, aber auch neben der Heiligen Messe durch einen feierlichen sakramentalen Segen aus.

Es ist logisch, dass ein solches Leben eine oft heroische und nicht immer einfache Loslösung von den eigenen Verwandten verlangt. Man kann nicht ständig bei allen Festen und Anlässen der eigenen Herkunftsfamilie dabeisein; verständlicherweise haben Eltern und Geschwister manchmal Mühe, das zu verstehen. Übte man hier nicht eine große Zurückhaltung, so würde die apostolische Arbeit vernachlässigt, das Familienleben würde Schaden erleiden, es entstünde eine große Unordnung. Aus ähnlichen Gründen gehen Numerarier prinzipiell nicht zu öffentlichen Veranstaltungen wie Sportereignissen, Konzerten oder ins Kino, es sei denn, dies sei für ihre berufliche Arbeit nötig (wie etwa im Falle von Journalisten, Musikern, Politikern, Leuten mit Repräsentationspflichten usw.). Viele Eltern müssen aus Gründen der Armut und der Präsenz zu Hause auf solche Dinge verzichten, und es würde zu Recht als unangemessen vermerkt werden, würde man Numerarier (dasselbe gilt für die Assoziierten), die den apostolischen Zölibat leben und ihr Leben ganz in den Dienst des Apostolates gestellt haben, bei solchen Gelegenheiten antreffen. Es ist ein Opfer, das zu bringen je nach kulturellen Interessen mehr oder weniger groß sein kann. Wie alle Akte der Loslösung aus übernatürlichen Motiven ist aber auch dieser mit Sicherheit Gott sehr wohlgefällig und entsprechend übernatürlich fruchtbar.

Das heißt aber keineswegs, dass der Numerarier gleichsam die Bande zu seiner ursprünglichen Familie, zu Eltern und Geschwistern durchschneidet. Aber die Hingabe muss sich gerade auch darin zeigen, hier eine echte Loslösung zu leben. Der hl. Josemaria nannte das vierte Gebot »Du sollst Vater und Mutter ehren!« das »liebenswerteste aller Gebote«. Gerade durch die Treue zur Berufung im Opus Dei kann man den eigenen Eltern seine Dankbarkeit und Liebe zeigen, denn dass eines ihrer Kinder von Gott auf diesen Weg gerufen wurde, ist in Wirklichkeit eine Belohnung, ja gleichsam eine Krönung ihrer elterlichen Bemühungen und Liebe. Zudem gibt es für Eltern und Verwandte vielfältige Möglichkeiten, am Leben des Opus Dei, der Familie ihrer Kinder, ja sogar demjenigen des Zentrums ihrer Tochter oder ihres Sohnes teilzuhaben. Wir werden im letzten Kapitel noch einmal eingehend auf dieses Thema zurückkommen.

Zu einer christlichen Familie gehört auch das Wachstum. Das Opus Dei muss wachsen und sich ausbreiten. Das ist ein Erfordernis, damit es seinem Auftrag innerhalb der Kirche zu entsprechen vermag. Es ist klar, dass das Apostolat der Frauen und Männer im Opus Dei auch darauf zielt, viele Menschen zu finden, die von Gott die gleiche Berufung wie sie erhalten können. Sie wollen selbstverständlich andere Menschen für diesen Weg gewinnen, ihnen helfen, in die innere »Krise« der Berufung zu geraten. Nur wer mit seiner eigenen Berufung unglücklich ist, will nicht, dass auch andere diesen Weg gehen. Wahre Treue zur eigenen Berufung ist immer verbunden mit dem tätigen Bestreben, Menschen zu finden, die Gott auf den gleichen Weg beruft, und ihn darum zu bitten, jene Menschen zu finden, auf die das zutrifft, und ihnen zu helfen, sich dem Ruf Gottes zu öffnen.

Wenn man nicht so handelt, dann liebt man seine Freunde nicht wirklich. Schließlich versucht jedermann, seine Freunde von den guten Dingen zu überzeugen, die man selber erlebt hat oder schätzt: von einem Film, einer CD, einem Theaterstück oder Konzert, von den besten Skipisten oder Kochrezepten, von einem supertollen Mp3-Player und neuesten Handymodellen, von der Lektüre eines bestimmten Buches oder einer Reise, eines bestimmten Studiums, Berufs, eines Medikamentes oder sogar einer Zahnpasta. Wenn wir etwas gutfinden, dann möchten wir unsere Freunde daran teilhaben lassen. Und das Beste, der Schatz des christlichen Lebens, die kostbare Perle der Berufung? »Habt ihr nicht manchmal gute Lust, den jungen Menschen um euch herum zuzurufen: Dummköpfe, jetzt lasst doch einmal diesen weltlichen Kram beiseite! Er macht euch das Herz eng ... Oft erniedrigt er es ... Lasst das und folgt mit uns den Spuren der Liebe?« (Der Weg 790). Freilich ist darauf zu achten, dass in diesem Bemühen, neue Berufungen zu finden, die Freiheit der anderen geachtet wird. Klar heißt es dazu in einer für die Bildung der Mitglieder des Werkes bestimmten Schrift: »Kein Druck und kein Zwang irgendwelcher Art, sondern Überfluss an Licht, an Lehre; der geistliche Anstoß des Gebetes und der gut verrichteten Arbeit, das Zeugnis der Glaubenslehre; die gehäufte Kraft des Opfers; das Lächeln der Kinder Gottes, welches Zeichen von Sympathie und Widerschein tiefen übernatürlichen und menschlichen Glücks ist.« Das ist der »Proselytismus« der Mitglieder des Opus Dei. Er ist oft direkt und will den anderen aus seiner geistlichen Schläfrigkeit aufrütteln, was der eine oder andere vielleicht als Zumutung empfindet, die für ihn jedoch vielleicht heilsam ist; nie jedoch darf es sich um Druck oder Missachtung des Gewissens des anderen handeln. Das Opus Dei ist zuallerletzt daran interessiert, dass sich ihm Menschen anschließen, die das nicht aus voller Freiheit, ohne klares Wissen, wozu sie sich entscheiden, und nicht aus rein übernatürlichen Gründen tun.

Siebtes Kapitel

Wie die Berufung erkennen?

Wer das Leben gewinnen will, wird es verlieren;
wer aber das Leben um meinetwillen verliert,
wird es gewinnen.
(Mt 10,39)

Vor der Entscheidung

Von einem bekannten, vor nicht langer Zeit in hohem Alter verstorbenen Mitglied des Opus Dei erzählt man, er habe sich, als man ihn in jungen Jahren mit dem Thema einer möglichen Berufung als Numerarier konfrontierte, nicht entschließen können, den entscheidenden Schritt zu tun. Eines Tages war er auf dem Weg zum Zentrum des Werkes, das er zu besuchen pflegte, zum Studentenheim »Moncloa« in Madrid. Da stellte sich ihm mitten auf der Straße ein Betrunkener in den Weg und begann, vermutlich mit grölender Stimme, ein damals sehr bekanntes und populäres Lied vorzusingen: »Was sinnierst du / und denkst du / so lange herum / und verlierst dabei / deine Zeit?« Normalerweise erkennt man den Willen Gottes nicht mit der Hilfe betrunkener Landstreicher, die einem zufällig über den Weg laufen. Doch Gott kann sich aller möglichen Mittel bedienen, um uns etwas mitzuteilen. In diesem Fall war es ein voller Erfolg: Der Betreffende – er wurde später Architekt und hat als solcher unter anderem auch den Bau des Zentralsitzes des Werkes in Rom geleitet – ließ es sich nicht zweimal sagen und setzte seinem Zögern dank dieser unkonventionellen Intervention eines Unbekannten noch am gleichen Tag ein Ende.

Um sich dem Ruf Gottes zu verschließen, gibt es immer tausend gute, menschlich gesehen zumeist sehr vernünftig scheinende Gründe. Das Ja zur Berufung muss natürlich auch auf vernünftigen Überlegungen beruhen. Es soll ohne Überstürzung erfolgen, nach einer gewissenhaften Abwägung der Faktoren, die wichtig sind, um den Willen Gottes zu erkennen. Allerdings darf man dabei nicht die übernatürlichen Aspekte vernachlässigen und sich auch nicht durch Scheingründe abhalten lassen. Scheingründe sind etwa, man sei zu jung, nicht fähig, habe noch zu wenig Erfahrung, man habe gerade zu viel zu tun, und so weiter. Man erinnere sich an das Gleichnis Jesu von der Einladung zum großen Festmahl des Königs. Die Geladenen wollten nicht kommen, »einer nach dem andern ließ sich entschuldigen. Der erste ließ ihm sagen: Ich habe einen Acker gekauft und muss jetzt gehen und ihn besichtigen. Bitte entschuldige mich! Ein anderer sagte: Ich habe fünf Ochsengespanne gekauft und bin auf dem Weg, sie mir genauer anzusehen. Bitte entschuldige mich! Wieder ein anderer sagte: Ich habe geheiratet und kann deshalb nicht kommen« (Lk 14, 18-20). Wie der Text des Evangeliums zeigt, verurteilt der Herr ausdrücklich diese Reaktionen der zum Festmahl Geladenen. Ihnen allen ist gemeinsam, dass der Grund im Vergleich zur Großartigkeit der Einladung von lächerlicher Bedeutungslosigkeit und in Wirklichkeit gar kein objektives Hindernis ist.

So ist es auch mit den Gründen, die manch einer gegen eine Berufung zum Opus Dei vorbringt. Oft zeigen sie, dass man Angst vor der Hingabe hat oder nicht bereit ist, diese

Angst zu überwinden, letztlich also an sich selbst festhält und nicht willens ist, sein Leben in die Hände Gottes zu geben. Sie können auch Zeichen eines Mangels an Großzügigkeit sein: Man merkt, was die Hingabe kostet, und ist nicht bereit, diesen Preis zu zahlen. Hin und wieder können aber Zweifel auch auf die Kenntnis negativer Erfahrungen von Menschen zurückzuführen sein, die das Opus Dei nach einer gewissen Zeit wieder verlassen und Enttäuschung oder Kritik geäußert haben. Das kann für jemanden, der sich über den Schritt, sein Leben im Opus Dei hinzugeben, Gedanken macht, eine erhebliche innere Belastung darstellen, vor allem wenn solche negativen Erfahrungen und entsprechende Kritik durch die Medien über die Maßen aufgebauscht oder von angesehenen und an sich vertrauenswürdigen Personen, ja sogar Kirchenleuten und Geistlichen weiterverbreitet wurden. Echte Gründe, die einen zweifeln lassen können, sind hingegen: Ist wirklich das Opus Dei mein Weg und nicht vielmehr etwas anderes? Ich habe Menschen kennengelernt, die, erst mit der Möglichkeit einer Berufung zum Opus Dei konfrontiert, ihren eigenen Weg und ihre Berufung in der Kirche gefunden haben – nicht zum Opus Dei.

Den Willen Gottes kann man nicht mit mathematischer Genauigkeit und wissenschaftlicher Sicherheit ausmachen. Niemand, so drückte sich der hl. Josemaria scherzhaft aus, kann erwarten, dass ein Engel vom Himmel herabsteigt, sich eine Feder aus einem Flügel reißt und eine notarielle Beglaubigung ausstellt: »Du hast die Berufung zum Opus Dei.« Um zu erkennen, was Gott will, muss man seine Lebensumstände abwägen – denn Gott spricht auch durch sie – wie auch die Meinung qualifizierter Personen berücksichtigen und vor allem: viel beten. Erst im vertrauensvollen, ganz und gar aufrichtigen Gespräch mit Gott unserem Vater, mit Jesus und indem man Licht vom Heiligen Geist erbittet sowie sich auch vertrauensvoll an unsere himmlische Mutter, die Jungfrau Maria, wendet, kann sich jenes Maß an Klarheit einstellen, das nötig ist, um den entscheidenden Schritt der Hingabe zu tun.

Die vollkommene Klarheit kommt jedoch erst, nachdem man einmal den Schritt – es ist ein Schritt des Glaubens und des Vertrauens – getan hat. Denn es handelt sich um einen Akt der Freiheit. Hätten wir volle Klarheit von Anfang an, wären wir uns mit aller Deutlichkeit, die keinen Zweifel übrig lässt, bewusst, dass Gott uns auf diesen konkreten Weg ruft, dann hätten wir gar keine Möglichkeit mehr, Nein zu sagen und dabei gleichzeitig ein einigermaßen gutes Gewissen zu bewahren. Gott will nicht, dass wir ihm unser Leben unter Druck schenken, er setzt uns nicht die Pistole auf die Brust und will uns nicht erpressen. Das würde er ja tun, wenn wir totale Klarheit hätten. Der Herr lässt uns immer einen Rest an Unklarheit, damit wir selbst den entscheidenden Schritt tun, im Bewusstsein unserer Freiheit, als Schritt der Liebe und selbst gewählten Hingabe. Der hl. Johannes Chrysostomus kommentiert das Wort Jesu »Wenn mir jemand nachfolgen will, verleugne er sich selbst, nehme sein Kreuz auf sich und folge mir« (Mt 16, 24) folgendermaßen: »Beachte auch, wie seine Worte keinerlei Nötigung enthalten (...). ›Wenn mir jemand nachfolgen will‹. Ich zwinge nicht, ich lasse jedem freie Wahl; deshalb sage ich: ›Wenn jemand will‹. (...) Denn wenn dich die Sache selbst nicht anspornt, so bist du auch nicht wert, sie zu erhalten, und selbst wenn du sie erlangtest, würdest du sie nicht zu würdigen verstehen. Das ist der Grund, weshalb Christus uns nicht nötigt, sondern nur einlädt; er nimmt eben Rücksicht auf uns« (55. Homilie über das Matthäusevangelium).

Gott will, dass die Hingabe aus freien Stücken, aus Liebe und als Akt der Großzügigkeit erfolgt. Niemand soll meinen, er sei dazu verpflichtet, so, dass er sich gleichsam direkt gegen Gott stellen würde, falls er den Schritt nicht täte. Genau deshalb kommt auch die volle Klarheit erst danach. Dabei erinnere ich mich immer an eine Szene aus einem der unterhaltsamen Indiana Jones-Filme, nämlich dem dritten: Auf der Suche nach dem Heiligen Gral steht der Titelheld unvermutet vor einem Abgrund, über den es keine Brücke gibt. Es ist eine der letzten Prüfungen, die er bestehen muss, und die Anweisung lautet: »Tu den Schritt des Glaubens«. Indiana Jones tut ihn, den entscheidenden Schritt ins Leere, und in diesem Augenblick erscheint unter dem bereits über dem Abgrund ausgestreckten Bein eine gläserne Brücke, die ihn vor dem Sturz in die Tiefe bewahrt und auf der er sicher über den Abgrund hinwegschreiten kann.

Diese Szene passt gut zu den am Ende der Einleitung dieses Buches zitierten Worten: »Wenn du deinen Weg klar siehst, dann folge ihm. – Warum wirfst du nicht die Feigheit von dir, die dich festhält?« (Der Weg 903). Das Bild der Brücke, die erst mit dem entscheidenden Schritt erscheint, veranschaulicht auch trefflich die Art und Weise, in der Gott immer wieder mit uns verfährt. Wenn wir den Schritt in die Hingabe tun, dann erhalten wir volle Klarheit und erst dann wird der gewiesene Weg wirklich begehbar. Natürlich schwindet dann auch die Angst, die man vorher unter Umständen gehabt hat. Diese Angst ist oft ein Symptom dafür, dass man innerlich die leise Stimme Gottes vernimmt, die einen mahnt, großzügig zu sein. Es muss nicht so sein, aber sehr oft ist dies der Fall. Nur der Betreffende selbst kann sich darüber klar werden, im Gespräch mit dem Herrn und, wie gesagt, nur wenn dieses Gespräch mit schonungsloser Aufrichtigkeit und dem Wunsch, Gottes Willen zu erfüllen, geführt wird.

Wichtig ist aber auch, auf die Ratschläge qualifizierter Menschen zu hören. Wer sind solche qualifizierte Personen? Die in Dingen des geistlichen Lebens bewandert sind und das Opus Dei, seinen Geist, das Wesen dieser Berufung und die entsprechenden Anforderungen gut kennen. Das sind nicht nur jene, die dem Opus Dei angehören. Jedermann ist frei, dort Rat zu holen, wo er will. Es wäre jedoch töricht, jemanden um Rat zu fragen, der keine übernatürliche Sicht besitzt, der vom Opus Dei eine falsche oder gar abwegige Vorstellung hat und dem nicht bekannt ist, was überhaupt in der Kirche eine Berufung ist. Am besten qualifiziert sind natürlich die Personen des Opus Dei selbst, vielleicht gerade der Freund, durch den man mit dem Thema Berufung konfrontiert wurde, der Leiter des Zentrums, in dem man normalerweise ein und aus geht, oder irgendein anderes Mitglied des Werkes. Besonders wichtig ist selbstverständlich auch der Rat eines Priesters des Opus Dei, der uns gut kennt und mit dem man ohnehin schon regelmäßig über sein inneres Leben spricht.

Man könnte natürlich einwenden, die Leute vom Opus Dei seien doch »parteiisch«, nicht objektiv, zu sehr daran interessiert, dass es neue Mitglieder gibt, und würden deshalb sicher in Richtung Ja raten, ja sogar Druck ausüben. Der Einwand ist natürlich nicht a priori von der Hand zu weisen. Es ist tatsächlich möglich, dass vielleicht gerade derjenige, der uns auf das Thema der Berufung hin angesprochen hat und einer unserer besten Freunde ist, aus ganzem Herzen wünscht, dass wir den Schritt tun. Doch kann die

Ermunterung durch einen Freund auch helfen, grundlose und ängstliche Unentschlossenheit und Mangel an Großzügigkeit zu überwinden.

Dagegen, dass jemand zum Opus Dei kommt, weil er unbewusst denkt, damit irgendeinem guten Freund eine Freude zu bereiten, ist jedoch Vorsorge getroffen: Niemand kann nämlich die Aufnahmebitte ins Opus Dei stellen, also den früher erwähnten Brief an den Vater, den Prälaten, oder an den Regionalvikar schreiben, falls er dazu nicht die Erlaubnis des Leiters des Zentrums erhält, der zur Erteilung dieser Erlaubnis wiederum vom gesamten Leitungsrat des betreffenden Zentrums, also mindestes noch von zwei anderen Personen, abhängig ist. Gerade die Leiter der Zentren sind es ja, die keinerlei Interesse daran haben, dass jemand ohne Berufung oder aus den falschen Gründen zum Opus Dei kommt. Sie sind die allerletzten, die den Betreffenden drängen werden, im Gegenteil: Der Gründer hat nämlich den Leitern den Rat gegeben, die Türen ins Opus Dei eher etwas zu schließen, den Weg hinein also zu erschweren, damit jeder diese Tür selber aufstoße; nur um das Opus Dei wieder zu verlassen, solle die Tür jederzeit sperrangelweit offen stehen. Deshalb geschieht es oft, dass man jemanden, der zu viel Enthusiasmus, Unreife oder gar allzu menschliche Motivationen zeigt, warten lässt, um die Entscheidung reifen zu lassen. Wer allerdings bereits in dieser Phase den Leitern des Opus Dei nicht das entsprechende Vertrauen entgegenbringt und ihre Meinung geringachtet, der sollte selbstverständlich ohnehin sich nicht dem Opus Dei anschließen, er würde damit nur sich selbst unglücklich machen. Und das ist selbstverständlich in niemandes Interesse.

Berufung und Elternhaus

Soll man die Eltern fragen? Dieses Problem stellt sich natürlich nur für junge Menschen, insbesondere für Minderjährige. Auf diese Frage gibt es keine eindeutige Antwort, und es gibt dafür im Opus Dei keine allgemeine Regeln und noch weniger konkrete Vorschriften für die Mitglieder. Eines ist klar: Wie die katholische Kirche seit jeher lehrt, haben die Eltern grundsätzlich kein Recht, sich einer von der Kirche anerkannten göttlichen Berufung entgegenzustellen, sofern die von der Kirche erlassenen Richtlinien berücksichtigt werden. Eine solche Berufung ist eine Sache zwischen dem Betreffenden und Gott allein. Es ist zudem sehr wichtig zu verstehen, dass es sich bei der Berufung zum Opus Dei nicht um eine Standeswahl handelt. Man verlässt nicht die Welt, es handelt sich nicht um die Entscheidung, die äußeren Lebensumstände zu verändern, jemanden zu heiraten und mit ihm eine Familie zu gründen, ins Priesterseminar oder in ein Kloster einzutreten. Vergessen wir nicht: Die Berufung zum Opus Dei ist eine Berufung, die man ja als getaufter Christ eigentlich schon hat. Man kommt zum Opus Dei, um etwas zu tun, wozu man als gewöhnlicher Christ ohnehin schon berufen ist: sich im gewöhnlichen Alltag, mitten in der Welt und der Berufsarbeit zu heiligen und das ganze Leben in ein Apostolat zu verwandeln. Die Berufung zum Opus Dei bedeutet nur, dies mit spezifischen Mitteln und gemäß dem Geist des Opus Dei zu tun, gemäß einem Geist, der zur Mitte des Evangeliums gehört und nicht Exklusivgut der Angehörigen des Opus Dei sein soll. Die Berufung zum Opus Dei bedeutet zweitens, die Sendung zu erhalten, unter den Christen und allen Menschen Licht zu sein, damit alle sich dieser Berufung bewusst werden; damit also alle Menschen verstehen, dass die Wege dieser Welt Wege Gottes sein können, wenn wir ihn im Alltag wirklich anzutreffen wissen. Auch wer in jungen Jahren als Numerarier zum Opus Dei kommt, also innerlich bereits die Entscheidung zur Ehelosigkeit trifft, wird dasselbe Studium absolvieren und dieselbe berufliche Laufbahn einschlagen, die er ohnehin gewählt hätte. Er verlässt nicht seinen Platz in der Welt, nicht einmal sein Elternhaus, falls er noch unmündig ist.

Freilich, mit der Zeit wird die Berufung zum Opus Dei auch den äußeren Gang seines Lebens verändern. Das Leben kann einen immer auf Wege führen, die man zunächst nie vermutet hat. Jede Wahl und Entscheidung hat unvorhersehbare Auswirkungen auf die weitere Entwicklung der persönlichen Lebensgeschichte. Es gibt Entscheidungen, die junge, selbst minderjährige Menschen aus ihrem freien Willen treffen, die aber ihr ganzes zukünftiges Leben vorspuren. Denken wir an junge Spitzensportler oder Musiker, aber auch die Wahl einer Berufsausbildung, die sich oft schon in jungen Jahren entscheidet und ohne dass die Eltern darauf wesentlich Einfluss nehmen. Sie finden es ganz normal, dass ihr Sohn oder ihre Tochter ihren eigenen Weg sucht und respektieren dabei die Neigungen und die Freiheit ihrer Kinder. Sie tun das, obwohl solche Entscheidungen enorme, oft nicht wieder rückgängig zu machende und in nicht wenigen Fällen problematische Auswirkungen auf das künftige Leben haben. Warum also sollte man sich in dieser Lebensphase nicht aus freien Stücken und ohne Erlaubnis von irgendwelchen Menschen für Gott entscheiden dürfen? Warum sollte man nicht den Entschluss fassen dürfen, sein Leben ganz in die Hand Gottes zu legen, ja auch dafür, »um des Himmelreiches willen« darauf zu verzichten, einmal zu heiraten und schon jetzt sich entsprechend zu verhalten, das eigene Herz also allein für Gott zu bewahren, zumal dadurch ja auch kein einziges Recht der eigenen Eltern tangiert, geschweige denn verletzt würde?

Es ist klug und auch ein Gebot der Achtung vor den Eltern, dass man auf ihren Rat hört, bevor man sich in der Ehe definitiv an einen anderen Menschen bindet und auch zwei Familien zusammenführt, obwohl die Eltern auch hier kein Recht haben, sich der Entscheidung ihrer Kinder zu widersetzen. Um das eigene Leben Gott zu schenken ist nicht gleicher Rat gefragt, denn hier ist Gott direkt im Spiel, es ist der Herr, der ruft und der sagt: »Wer Vater oder Mutter mehr liebt als mich, ist meiner nicht würdig« (Mt 10, 37). Nur Gott darf so sprechen und solches verlangen.

Wie viele junge, schon erwachsene Menschen verlassen nicht aus rein menschlichen Gründen ihr Elternhaus, und man findet das ganz normal! Doch kann es leider geschehen, dass gerade bei einer Berufung wie derjenigen des Numerariers die Eltern Probleme bekommen. Sie haben sich ja schon seit Jahren eine genaue Vorstellung davon gemacht, was für einen Weg ihr Sohn oder ihre Tochter einmal gehen soll, mit wem sie sie verheiraten wollen, sie stellen sich vielleicht ihr Alter vor, umringt von vielen kleinen Enkelkindern. Und nun macht ihnen hier Gott plötzlich einen Strich durch die Rechnung, und der ganze Zukunftsroman, den sie sich ausgedacht haben, fällt wie ein Kartenhaus in sich zusammen! Das kann ein riesiger Schock sein, vor allem, wenn die Eltern wenig übernatürliche Sicht haben oder keine Christen sind.

Man muss aber auch verstehen, dass Eltern sich zu Recht beunruhigen können, da sie vielleicht das Opus Dei nicht genügend kennen, von anderen Schlechtes darüber gehört oder durch die Medien Irreführendes vernommen haben. Leider gab und gibt es immer wieder kirchlich engagierte Personen, manchmal sogar Kleriker, die aus welchen Gründen auch immer – es kann auf bloßer Unwissenheit beruhen – ihre Autorität dazu missbrauchen, Eltern Angst und Schrecken vor dem Opus Dei einzujagen. Andererseits ist gerade die Berufung des Numerariers etwas Ungewohntes. Ich kenne Mütter, die mir gegenüber gejammert haben: »Wenn er doch wenigstens Priester oder Kapuziner oder Jesuit geworden wäre. Das wäre wenigstens etwas Richtiges. Aber ›Numerarier‹ … ehelos leben … und doch nicht Priester oder Ordensmann sein!« Man kann solche Reaktionen verstehen, sie beruhen zwar auf Unkenntnis, sind dann aber gerade in Anbetracht der Neuheit des Werkes auch nicht weiter verwunderlich. Man muss entsprechende elterliche Ängste, Skepsis oder Enttäuschung, falls sie, wie in den wenigsten Fällen, vorhanden sind, mit Geduld und Feinfühligkeit sowie, indem man die nötigen Informationen gibt, überwinden helfen. Dabei ist nicht zu vergessen, dass die Eltern von jungen Numerariern das Zentrum, in dem ihr Sohn oder ihre Tochter ein und aus geht, ohnehin kennen. Sie kennen auch Leute vom Werk, insbesondere einige der Leiter oder sonstigen Verantwortlichen für die dortige Jugendarbeit. Im gemeinsamen Gespräch klären sich in der Regel die meisten Fragen.

Dabei ist nicht zu vergessen, dass sämtliche Aktivitäten, die in den von den Mitgliedern des Opus Dei ins Leben gerufenen und geleiteten Bildungszentren für Jugendliche durchgeführt werden, tatsächlich eine klare, professionelle und transparente Ausrichtung besitzen. Die Numerarier, die in ihnen in erzieherischer und ausbildender Funktion tätig sind, stehen durch persönliche Gespräche, Gruppenzusammenkünfte, Informationsveranstaltungen, Elternabende, pädagogische Weiterbildungskurse für Mütter und Väter usw. ständig in Kontakt mit den Eltern. Dabei werden sie von der Grundidee geleitet, dass die Erziehungsaufgabe vor allem den Eltern zukommt und andere Personen, die sich pädagogischen Aufgaben widmen, dabei lediglich Mitarbeiter der Eltern zu sein haben.

Dazu kommt, dass gerade die Bildungsarbeit, die in Zentren des Opus Dei für Jugendliche angeboten wird, die jungen Menschen dazu anhält, das Gespräch mit ihren Eltern zu suchen und sie an all dem, was sie im Zentrum erhalten, Anteil haben zu lassen. Das Gespräch innerhalb der Familie ist heutzutage für Jung und Alt eine ernsthafte Herausforderung und oft mit erheblichen Schwierigkeiten belastet. Gerade Christen sollten es jedoch auf Grund ihrer Sendung, in der Welt Licht und Freude zu verbreiten, ganz besonders pflegen.

Den Eltern wird jedenfalls kein Unrecht getan und ebensowenig wird gegen irgendein Gebot der Gerechtigkeit oder der Nächstenliebe verstoßen, wenn man den Schritt ins Opus Dei tut, ohne sie darüber informiert oder sie dazu gar ausdrücklich um Erlaubnis gefragt zu haben. Die Wahrscheinlichkeit ist hoch, dass ein Vater und eine Mutter ihrem Kind den Rat geben würden zu warten, ja dass sie in der Regel alles versuchen würden, um die Entscheidung hinauszuzögern. Ich persönlich weiß von meiner eigenen Mutter, die bereits Supernumerarierin des Opus Dei war und für meine Berufung gebetet hatte, dass sie, sobald sie erfuhr, dass ich den Schritt getan hatte, in Tränen ausbrach; es waren die Tränen einer Mutter, deren Herz mit allen Fasern an ihrem Sohn hing. Daraus entsteht ja auch das berühmte Schwiegermutterproblem: Wenn der Sohn heiratet, dann wird die Schwiegertochter zur Konkurrentin, die der Mutter den Sohn weggenommen hat. Da sind starke, ja manchmal unbändig starke natürliche Instinkte mit im Spiel, und nur menschliche Tugend und, im Falle einer göttlichen Berufung, übernatürliche Sicht und manchmal auch die Zeit können helfen, diese Probleme zu überwinden.

Natürlich gibt es Eltern, die ihren Kindern wie in anderen entscheidenden Lebensfragen (Eheschließung, Familie, Berufswahl) auch in dieser Beziehung ausgezeichnete Ratgeber sind! In einigen Fällen wird man jedoch von den Eltern in dieser Hinsicht keine sehr nützlichen Ratschläge erhalten. Es gibt da freilich auch Ausnahmen, auch solche amüsanter Art. So etwa die Geschichte eines Studenten, der Angst hatte und sich nicht entschließen konnte, als Numerarier zum Werk zu kommen. Er liebäugelte mit dem, wie er meinte, »leichteren« Weg des Supernumerariers. So entschloss er sich, seinen Vater, der selbst Supernumerarier des Werkes war, zu fragen, in der Hoffnung wohl, von diesem einen Ratschlag nach seinem Geschmack zu erhalten. Doch der Papa muss geahnt haben, was in seinem Sohn vorging. Auf dessen Frage, was denn genau ein Supernumerarier sei, gab er schlau zur Antwort: »Die Supernumerarier sind die Eltern der Numerarier.« Welche Folgen diese Auskunft in diesem konkreten Fall hatte, weiß ich nicht, aber die Antwort war sicherlich nicht die dümmste …

Ein anderer bekannter Fall ist derjenige von Montserrat Grases, einer jungen Katalanin, die, noch minderjährig, um die Aufnahme ins Opus Dei bat, vorher aber ihre Mutter um Rat fragte, was sie auch in ihrem Brief an den hl. Josemaria erwähnte. Dies ist in der von J. M. Cejas verfassten Biographie über Montse dokumentiert. Die junge Numerarierin starb im Alter von siebzehn Jahren an einer unheilbaren Krankheit; ihr Heiligsprechungsprozess wurde wenige Zeit nach ihrem Tod eröffnet. Klar ist, dass Eltern, die übernatürliche Sicht haben, ihre Kinder gut beraten. Das gilt auch für jene Eltern, die die Freiheit ihrer Kinder respektieren und Vertrauen in ihre Reife haben. Man versteht, dass oft gerade aus Mangel an diesen Voraussetzungen schmerzhafte Konflikte zwischen Eltern und einem ihrer Kinder entstehen können, das sein Leben in einer göttlichen Berufung hingeben möchte.

Es gibt zudem durchaus Fälle, in denen es ratsam und sogar geboten ist, die Eltern zu fragen, oder in denen die Leiter des Werkes selbst vom Betreffenden verlangen, zuerst die Eltern zu informieren und anzufragen, oder dies sogar selber tun. Dies kann in bestimmten Fällen ein Gebot der Klugheit, aber unter Umständen auch eine Forderung der Gerechtigkeit und der Nächstenliebe sein. Von denen hingegen, die zum Opus Dei kommen möchten, bevor sie das Minimalalter von sechzehneinhalb Jahren erreicht haben und deshalb den Status eines so genannten Aspiranten erwerben möchten, verlangt man in jedem Fall, dass sie zuvor mit ihren Eltern darüber sprechen und diesen Schritt nicht ohne deren Zustimmung tun.

Nicht zu vergessen ist dabei aber auch, dass, wenn im Falle einer Person voraussichtlich permanente Verpflichtungen gegenüber der eigenen Familie bestehen, dies ein klares Zeichen dafür ist, dass Gott diese Person gerade nicht als Numerarier zum Opus Dei beruft, etwa im Falle eines Einzelkindes einer alleinstehenden und hilfsbedürftigen Mutter, gegen deren Lebensumstände aus schwerwiegenden Gründen der Gerechtigkeit und der Nächstenliebe ein Leben als Numerarier verstoßen würde. Die oder der Betreffende könnte als Assoziierte(r) zum Werk kommen, was in diesem Falle gerade bedeuten würde, dass sie bei ihrer Mutter bleibt und für sie sorgt.

Die andere Frage ist: Hat man einmal den Schritt getan und um die Aufnahme ins Opus Dei gebeten, soll man es dann den Eltern sagen? Die Antwort ist: Man soll es ihnen auf keinen Fall *verheimlichen*. Es gibt keinen Grund, dass sie es nicht erfahren sollten. Doch muss man Rücksicht darauf nehmen, dass sie sich unter Umständen grundlose Sorgen machen werden. Dazu kommt ein natürliches Schamgefühl. Wenn ein junger Mensch sich frisch verliebt hat, wird er sicher auch nicht sofort und als Erstes seine neue Liebe nach Hause bringen, um sie seinen Eltern vorzustellen und sie um ihre Meinung zu fragen! Das geschieht später, nach einer ersten Konsolidierung der neuen Beziehung. Das Ja zur Berufung zum Opus Dei vollzieht sich in der Intimität der Beziehung zwischen jedem Einzelnen und Gott, sie ist auch eine Art Liebesgeschichte, und bevor es zu einer ersten auch juristischen Eingliederung ins Opus Dei oder gar zu einer definitiven Bindung kommt, werden ja ohnehin noch Jahre vergehen.

Oft begehen junge Menschen am Anfang aus Scham oder Angst vor der Reaktion von Eltern, Verwandten und Freunden den Fehler, ihren Entschluss, sich dem Werk anzuschließen, zu verheimlichen. Solche Geheimnistuerei ist ein Mangel an Natürlichkeit, zwar verständlich, aber dennoch ein Fehler, Schwäche, Mangel an Mut und oft auch Mangel an übernatürlicher Sicht und Gottvertrauen. Noch problematischer ist es, gerade in dieser ersten Phase der Berufung die Pflichten gegenüber dem eigenen Elternhaus zu vernachlässigen, die Berufung als Vorwand zu nehmen, zu Hause der Drückeberger zu sein, sich den häuslichen

Aufgaben zu entziehen oder den Eltern jetzt weniger Zuneigung zu zeigen. Die Berufung darf nicht zum Vorwand und zur Rechtfertigung pubertärer Asozialität in der eigenen Familie werden! Das alles entspräche gerade nicht dem Geist des Opus Dei.

Das Gegenteil sollte der Fall sein! Die Berufung zum Opus Dei ist die Heiligung des gewöhnlichen Lebens und der normalen Lebensumstände, in denen ein jeder sich befindet. Und das ist etwa für einen Schüler oder Studenten, der in seinem Elternhaus wohnt, gerade auch das dortige Leben. Wenn die Eltern merken, dass ihr Sohn oder ihre Tochter ihnen gegenüber gehorsam, dass sie glücklich und froh, hilfsbereit und liebevoll sind, werden sie gelassener reagieren, wenn sie von der Berufung ihres Sohnes oder ihrer Tochter erfahren. Wie bereits erwähnt, befinden sie sich ohnehin in der Regel in engem Kontakt mit dem betreffenden oder einem anderen Zentrum des Werkes und können auch dort ihre Zweifel lösen. Die Idee, dass das Opus Dei den Eltern ihre Kinder »wegnimmt«, greift daneben, denn das Gegenteil ist der Fall. Immer wieder – auch dies wurde bereits erwähnt – nannte der Gründer des Opus Dei das vierte Gebot »Ehre Vater und Mutter …!« das »liebenswerteste aller Gebote« und ermahnte gerade die Numerarier, es mit ganz besonderer Sorgfalt und Feinfühligkeit in ihrem Leben zu beachten. Oft merken die Eltern mit den Jahren, dass es gerade ihr Numerarier-Sohn oder ihre Numerarier-Tochter ist, mit dem oder mit der sie eine besondere und in ganz spezieller Weise bereichernde Beziehung haben, auch wenn es unter Umständen nicht dasjenige ihrer Kinder ist, das sie am häufigsten sehen und weder Weihnachten noch die meisten Geburtstage mit ihnen zusammen verbringt.

Die Eltern werden auf keinen Fall und in keinem Moment im Stich gelassen. Falls Eltern von Numerariern irgendeinmal in finanzielle Schwierigkeiten geraten, weil es keine anderen Familienangehörigen gibt, die für sie im Alter, in Krankheit oder ernsthafter materieller Not sorgen, so wird das Opus Dei selbst sich um sie kümmern, auch in finanzieller Hinsicht, falls es nötig sein sollte. Denn das Opus Dei ist auch für die Eltern der Numerarier eine Familie, es ist ja die Familie ihres Sohnes oder ihrer Tochter, die Eltern gehören da auf eine ganz natürliche Weise dazu. Diese Familie wird sie nie im Stich lassen. Es kann sein, und kommt auch tatsächlich immer wieder vor, dass ein Numerarier, wenn andere Hilfe fehlt, eine Zeitlang bei einer alten, kranken oder dem Tode nahen Mutter oder Vater verbringt, sei es, dass er in einem Zentrum in der Nähe wohnt, sei es, dass er sogar bei ihr oder ihm zu Hause lebt. Oft wird es aber auch möglich sein, die Betreuung durch andere Mitglieder des Werkes sicherzustellen, denn berufliche Bindungen machen es nicht immer möglich, dass ein Numerarier in seine Heimat zurückkehrt, um sich um seine Eltern zu kümmern. Man wird es aber nie zulassen, dass Eltern von Numerariern Not leiden oder in Einsamkeit sterben. Kurz: Im Opus Dei geschieht dasselbe, was in jeder guten christlichen und in vielen anderen Familien geschieht: Die Eltern gehören zur Familie und man sorgt sich um sie bis zu ihrem Lebensende, ohne aber dabei die *eigene* Familie zu vernachlässigen und einer ungeordneten Anhänglichkeit an das eigene Elternhaus zu verfallen. Wie viele Ehen zerbrechen daran, weil er oder sie in ungeordneter Weise an seiner oder ihrer ursprünglichen Familie hängt und dabei der Ehepartner und die eigene Familie zu kurz kommen!

Eine Sache zwischen jedem Einzelnen und Gott

Als der junge Josemaria Escrivá als Sechzehnjähriger an einem kalten Wintermorgen im Schnee die Fußspuren eines frommen Ordensmannes, der barfuß einem Kranken die Kommunion gebracht hatte, sah, entschloss er sich, sein Leben ganz Gott hinzugeben. »Es gibt Menschen, die aus Liebe zu Gott solche Opfer bringen! Was tue ich für Gott?« fragte sich der Sechzehnjährige. Er verspürte die Vorahnungen einer großen Liebe, deren genaue Konturen er noch nicht kannte. Aber er tat den Schritt, ohne zu zögern. Es war eine Angelegenheit zwischen ihm und Gott. Er war der einzige Sohn seiner Eltern, nur eine seiner Schwestern war noch am Leben, mehrere, beinahe auch er selbst, waren im frühen Kindesalter gestorben – erst später kam noch ein Bruder hinzu –, und da er nicht genau wusste, was Gott von ihm wollte, entschloss er sich, Priester zu werden. Er dachte, auf diese Weise könne er voll für die ihm noch unbekannten Pläne Gottes zur Verfügung stehen. Ordensmann zu werden war für ihn ausgeschlossen. Er sagte immer, beim Betreten eines Klosters befalle ihn Traurigkeit. Der junge Josemaria, der ja eigentlich Architekt werden wollte und Latein verabscheute, liebte das Leben, die Welt, alles Schöne, Kunst, Literatur, Architektur und Gesang, er liebte es, geschmackvoll und elegant gekleidet zu sein, und auch noch in fortgeschrittenem Alter sang er bei tagelangen Autofahrten durch ganz Europa profane Liebeslieder, deren zumeist sehr poetische Texte er auf seine Liebe zu Gott bezog.

Wir haben schon gesehen: Volle zehn Jahre sollte es dauern, bis Gott dem jungen Josemaria, dann schon Priester, Klarheit darüber geben würde, was er von ihm wollte. Aber die Hingabe war Sache eines Augenblicks. Der

Wunsch, den Willen Gottes zu erfüllen, war das, was seinem nachfolgenden Gebet Wirksamkeit verlieh. Er identifizierte sich mit einer Gestalt aus dem Evangelium, mit Bartimäus, dem blinden Bettler von Jericho, der auf die Frage Jesu, was er von ihm wolle, antwortete: »Rabbuni – Herr und Meister – ich möchte wieder sehen können« (Mk 10, 51). *Domine, ut videam*, »Herr, lass mich sehen«, so lautete mit den Worten des blinden Bartimäus das Gebet des jungen Josemaria während all dieser Jahre. Und der Herr hat ihm die erbetene Klarheit geschenkt.

Die Berufung muss man wollen und man muss sie im wörtlichen Sinne »erbeten«. Aber ein solches Gebet kann nur wirksam sein, wenn es verbunden ist mit dem vollen Vertrauen in den Herrn und dem aufrichtigen Wunsch, seinen Willen zu erfüllen. Jesus sagt zu Bartimäus: »Geh hin, dein Glaube hat dir geholfen.« Wenn wir glauben und vertrauen, dann wird uns der Herr jene Klarsicht geben, die wir brauchen, um seinen Willen zu erfüllen. Von Bartimäus heißt es dann: »Im gleichen Augenblick konnte er wieder sehen und er folgte Jesus auf seinem Weg« (Mk 10, 52).

Diese Episode muss sich bei jedem einzelnen in der einen oder anderen Weise wiederholen. Wie gesagt: Der Herr lädt ein. Auch Bartimäus musste zunächst einmal laut rufen, ja sogar das Risiko eingehen, verlacht zu werden und den Unmut der anderen Menschen zu erregen. »Sohn Davids, Jesus, hab Erbarmen mit mir!« schreit er ohne Unterlass. »Viele wurden ärgerlich und befahlen ihm zu schweigen. Er aber schrie noch viel lauter.« Und so geschah es, dass der Herr ihn erhörte: »Jesus blieb stehen und sagte: Ruft ihn her!« (Mk 10, 47-49). Jesus erweckt zuerst immer den Anschein, vorübergehen zu wollen, nicht zu sehr auf uns zu achten. So kann es auch uns erscheinen. Warum ich?

Soll er doch auf mich zukommen, mir ein klares Zeichen geben! Aber nein. Wenn wir die Vorahnungen der Liebe in uns spüren, wenn wir merken, dass der Herr irgendwie mehr von uns verlangt, dann sollten *wir* nach ihm rufen und ihn »zwingen«, stehen zu bleiben, auch wenn viele und vieles uns zurufen, wir sollten schweigen. Als der Blinde merkt, dass Jesus ihn ruft, reagiert er kompromisslos: »Da warf er seinen Mantel weg, sprang auf und lief auf Jesus zu.« Und darauf folgt der entscheidende Dialog, den wir bereits kennen. Bartimäus sieht ... »und er folgte Jesus auf seinem Weg«, er wird ein Apostel!

Domine, ut videam: »Herr, mach, dass ich sehe«. Wer aufrichtigen Herzens so betet, mit dem Wunsch, den Willen Gottes zu erfüllen, wird eine Antwort erhalten. Wie gesagt, wahrscheinlich nicht *totale* Klarheit und Sicherheit, aber eine genügend große, damit man mit seinem Verstand und freien Willen fähig ist, den Akt der großzügigen Hingabe zu leisten und dem Herrn mit den Worten des Propheten Samuel aus dem Alten Testament zu sagen: *Ecce ego quia vocasti me*, »Hier bin ich, weil du mich gerufen hast« (1 Sam 3, 5).

Freiheit und Großzügigkeit gegenüber Gott

Gott wendet sich immer an die Freiheit des Menschen. Die hl. Theresia von Avila hörte einmal, dass der Herr in ihrem Inneren folgende Worte sprach: »Theresia, ich wollte ... aber die Menschen haben nicht gewollt«: gleichsam ein Ausdruck der Betrübnis Gottes über die mangelnde Großzügigkeit der Menschen. Wir beklagen uns oft über den Zustand der Welt und schieben die Schuld Gott zu. Wir meinen, er sei doch allmächtig und deshalb schuld an allem

Übel. Dabei sollten wir uns die Frage stellen, ob wir wirklich den Willen Gottes erfüllen, ob wir bereit sind, unsere Freiheit in seinen Dienst zu stellen. Was im ersten Punkt des Buches »Die Spur des Sämanns« steht, trifft jedenfalls exakt meine eigene frühere Einstellung und persönliche Erfahrung, wie ich sie zu Beginn des vierten Kapitels beschrieben habe: »Viele Christen sind der Überzeugung, dass die Erlösung überall, wo Menschen leben, sich verwirklichen wird und dass es wohl einige Menschen geben muss – sie wissen nicht, welche –, die mit Christus dazu beitragen. Aber sie rechnen hierfür mit Zeiträumen von vielen Jahrhunderten, und in der Tat würde es ewig dauern, wenn es nach dem Ausmaß ihrer Hingabe ginge. Auch du dachtest so – bis einer kam, der dich wachrüttelte« (SdS 1). Lassen auch wir uns wachrütteln, wie es Paulus in seinem Brief an die Römer tut: »Die Stunde ist gekommen, aufzustehen vom Schlaf« (Röm 13, 11)! Die ersten Christen waren von der Dringlichkeit der Aufgabe, das Erlösungswerk Christi voranzubringen, zutiefst überzeugt. Der Appell des Apostels richtet sich auch heute noch an uns wie auch der Nachsatz dazu: »Lasst uns ablegen die Werke der Finsternis und anlegen die Waffen des Lichts« (Röm 13, 12), was auch immer das für einen jeden bedeuten mag. Jedenfalls erwartet der Herr unsere Großzügigkeit. Wer bewusst nicht großzügig ist, auf den wird sich der Herr wenig stützen können. »Nur ein Schritt trennt den Mangel an Großzügigkeit von der Lauheit« (SdS 10). Die Lauen sind jene, die den Herrn im entscheidenden Moment im Stich lassen, weil sie vor dem Kreuz davonlaufen.

Der liebevolle Plan der göttlichen Vorsehung hebt menschliche Freiheit nicht auf. Der Wille Gottes stößt sich aber oft am Nichtwollen des Menschen, doch auch daraus kann Gott wiederum Gutes entstehen lassen und seine Absichten zu Ende führen, auf Umwegen, die wir aber nicht Gott anlasten sollten. Doch erinnern wir uns erneut an die Geschichte vom reichen jungen Mann, der traurig wegging, als er vernahm, was der Herr von ihm verlangte. Auch Jesus war bestimmt traurig, denn, wie der Evangelist Markus ja ausdrücklich hinzufügt, er liebte diesen jungen Menschen. Seine Einladung war als Geschenk gedacht, und es wurde zurückgewiesen. Gegenüber dem, was der Herr uns anbietet, ist die Hingabe unseres Lebens wenig. »Wie wenig ist ein Leben, um es Gott anzubieten! ...« (Der Weg 420). Und vergessen wir nicht: Die Welt braucht Heilige, Menschen, auf die sich der Herr ganz verlassen kann. Diese »Handvoll ›seiner‹ Leute in jeder menschlichen Tätigkeit«, wie es im »Weg« heißt – wir haben die Stelle bereits im ersten Kapitel kennengelernt –, macht den ganzen Unterscheid aus. Denn es ist ein offenes Geheimnis: »Es gibt Weltkrisen, weil es an Heiligen fehlt« (Der Weg 301).

Großzügigkeit und Großherzigkeit sind herrliche Tugenden. Ein großes Herz haben bedeutet fähig sein, sich für all das Gute und Schöne zu öffnen, das wir noch nicht selber besitzen, und das, was wir besitzen, anderen mitzuteilen, ja uns selbst ihnen zur Verfügung zu stellen. »Die Großherzigkeit bewirkt, dass wir aus uns heraustreten und uns zum Wohl aller für das Große und Wertvolle bereitstellen. Wer diese Tugend besitzt, kennt die Enge der Kleinkariertheit, des egoistischen Kalküls und der auf Vorteil versessenen Intrigen nicht, denn er stellt vorbehaltlos seine Kraft in den Dienst einer Sache, die sich lohnt. Er ist fähig, sich hinzugeben. Nur *geben* genügt ihm nicht, *er gibt sich selbst*. Und so kommt er schließlich dem höchsten Zeichen von Großherzigkeit auf die Spur: sich Gott hinzugeben« (FG 80).

In einer Kirche der deutschen Stadt Münster, die im Zweiten Weltkrieg durch einen Bombenangriff zerstört und dann wieder aufgebaut wurde, gibt es ein Kruzifix, das bei diesem Angriff stark beschädigt wurde: Der am Kreuz hängende Jesus hat keine Arme mehr. Darunter steht die Inschrift: »Ich habe keine anderen Hände als die euren!« – ein bewegendes Bild. Gott will in dieser Welt mit unseren Händen arbeiten, er braucht uns, das heißt: er *will* uns brauchen, er will sein Erlösungswerk mit unser Mithilfe zu Ende führen. Das ist die Aufgabe aller Christen. Doch wie wenige sind sich dessen bewusst! Mit Hilfe jener, die dem Ruf zum Opus Dei entsprechen, soll dieses Bewusstsein wieder überall, wo Menschen leben und arbeiten, wach werden und die Verwirklichung dieser Aufgabe sich beschleunigen. Wie sehr sie sich beschleunigen wird, hängt von der Antwort ab, die jeder auf die Gnadengaben gibt, die er von Gott empfängt. Auch für uns sollte jedes Kruzifix eine liebende Einladung des Herrn sein, mit ihm zusammen am Erlösungswerk mitzuwirken. »Ich liebe Christus am Kreuz so sehr, dass jedes Kruzifix mir wie ein liebevoller Vorwurf meines Herrn erscheint: Ich leide, und du … feige. Ich liebe dich, und du vergisst mich. Ich bitte, und du … sagst nein« (Kreuzweg 11, 2).

Welcher auch immer der Weg eines jeden ist, auch derer, die dieses Buch bis hierher gelesen haben: Falls wir den Ruf des Herrn hören, verschließen wir ihm nicht unser Herz. »Je weiter dein Herz wird, aus Liebe zu Gott, desto glücklicher wirst du sein« (SdS 18) – nicht die Traurigkeit des reichen jungen Mannes, der dem Herrn davonläuft, wartet auf uns, sondern das Glück der Apostel, die für ihre Liebe zum Herrn und ihre Treue ihr Leben hingegeben haben. Nur dadurch konnten sich das Evangelium und die Kirche über die ganze Welt ausbreiten. Diese Aufgabe ist auch heute noch keinesfalls abgeschlossen und sie braucht Christen aus einem Guss, wahre Jünger des Herrn, Apostel, die bereit sind, in den Spuren der ersten Apostel Jesus Christus zu folgen.

* * *

Wie am Ende der Einführung gesagt, kann nicht die Lektüre eines Buches darüber entscheiden, ob jemand sein Leben ganz in die Hand Gottes gibt oder nicht. Es entscheidet sich vielmehr im persönlichen Gebet, im Umgang mit dem Herrn. Ein Buch kann Kenntnisse vermitteln und auch helfen, in der richtigen Weise zu beten; es kann aber das Gebet, das direkte, vertrauensvolle und aufrichtige Gespräch mit Gott unserem Vater, mit Jesus, unserem Herrn, den Umgang schließlich mit dem Heiligen Geist nicht ersetzen. Im Gebet lernen wir, Gott zu lieben, und nur aus Liebe zu Gott kann jemand schließlich den Schritt in die Hingabe vollziehen. Und auch für diesen ersten Schritt in die Hingabe gilt, was der hl. Josemaria von der Beharrlichkeit in der Hingabe sagt: »Verliebe dich, und du wirst ihn nicht lassen« (Der Weg 999). Allein die Liebe zum Herrn kann jemanden dazu führen, die eigene Freiheit ganz an ihn zu binden. Und in nichts anderem als einer solchen freiwilligen Liebesbindung besteht auch die Hingabe an Gott im Opus Dei.

Ein letzter Ratschlag: Für wen die Angst vor dem Kreuz Christi, obwohl es in Wirklichkeit liebenswert, Quellgrund wahrer Freude und so überaus fruchtbar ist, ein Hindernis sein sollte, der möge sich voller Einfachheit an die Gottesmutter wenden. Maria ist auch unsere Mutter. Kurz vor seinem Tod sagte Jesus zu seinem Lieblingsjünger Johannes, der dicht neben Maria unter dem Kreuz stand: »Siehe, deine Mutter!« (Joh 19, 27). Zusammen mit Johannes haben wir alle Maria zur Mutter erhalten, und die glorreiche Jungfrau wartet nur darauf, dass wir sie, wie es »Der Weg« (497) nahelegt, um Hilfe anrufen. »Sprich: Meine Mutter – deine, weil du ihr aus vielen Gründen angehörst –, deine Liebe binde mich an das Kreuz deines Sohnes; lass es mir nicht an Glauben, an Mut, an Kühnheit fehlen, um den Willen unseres Herrn Jesus zu erfüllen.«